Peter Auer
Von Dahlem nach Hiroshima

1900 –	Max Planck referiert am 14.12. in Berlin erstmals über die Quantentheorie
1901 –	Otto Hahn promoviert magna cum laude mit einer Dissertation in organischer Chemie
1902 –	Fritz Straßmann wird am 22.2. in Boppard geboren
1903 –	Albert Einstein schreibt am 27.9. die Formel $E = mc^2$ nieder
1907 –	Hugo Junkers erfindet den Doppelkolbenmotor
1912 –	Adolf Hitler wohnt im Männerheim in der Meldemannstraße 27 im XX. Wiener Bezirk
1914 –	Albert Einstein kommt am 29.3. nach Berlin
1915 –	Albert Einstein referiert am 2.6. im Großen Saal der Berliner Sternwarte erstmals über »Relativität der Bewegung und Gravitation«
1918 –	Lise Meitner und Otto Hahn entdecken das Protactinium
1922 –	Niels Bohr und Werner Heisenberg treffen sich erstmals in Göttingen
1924 –	Hugo Eckener muß als Reparationsleistung das Luftschiff ZR3 über den Atlantik fliegen und in den USA abliefern
1928 –	Hans Geiger und Walter Müller erfinden das Elektronenzählrohr
1929 –	Gustav Stresemann stirbt am 3.10. in Berlin
1931 –	Carl Zuckmayer veröffentlicht »Der Hauptmann von Köpenick«
1932 –	General Kurt von Schleicher wird am 2.12. Reichskanzler
1933 –	Das »Ermächtigungsgesetz« passiert am 24.3. gegen die Stimmen der SPD den Reichstag
1934 –	Das Ehepaar Joliot-Curie entdeckt die künstliche Radioaktivität
1936 –	Carl von Ossietzky erhält am 23.11. den Friedensnobelpreis zugesprochen
1939 –	Nikolaus Riehl als Direktor der »Wissenschaftlichen Hauptstelle« der Auer-Gesellschaft informiert Ende Februar/Anfang März Wehrmachtsoffiziere von den theoretischen Möglichkeiten, aus Uran Waffen zu bauen

1942 –	Robert J. Oppenheimer und Leslie R. Groves treffen sich erstmals am 8.10. und vereinbaren »weitere Zusammenarbeit«
1943 –	Im Ghetto von Warschau kommt es im April zum Aufstand der 60.000 Juden
1944 –	Die ersten (von insgesamt 1.050) »V-Waffen« werden am 13.6. auf London und Süd-England abgefeuert
1945 –	Hitlers Befehl »Nero«, der die sofortige Selbstzerstörung aller Industrie- und Versorgungsanlagen im Deutschen Reich fordert, ergeht am 19. 3. – Albert Speer setzt sich dem offen entgegen
1945 –	Henry Stimson überreicht am 16.7. gegen halb acht Uhr abends in Babelsberg Präsident Truman ein Telegramm, das mit den Worten beginnt: »Operated on this morning. Diagnosis not yet complete but results seem satisfactory...«
1948 –	Oberst Alexis I. Jelisarow läßt am 16.6. – eine Viertelstunde vor Mitternacht – die Routinesitzung der Vier Mächte in der Berliner Kommandantur platzen: »Nje budet nowogo sassidanije« (Es wird keine weitere Sitzung mehr geben). Die Allianz der Verbündeten ist zerbrochen, der Kalte Krieg hat »offiziell« begonnen. Das Gebäude der Kommandatura an der Dahlemer Thielallee 64 liegt dem Gebäude Thielallee 63 exakt gegenüber, in dem Straßmann und Hahn zehn Jahre zuvor die Kernspaltung entdeckten
1949 –	In Gatow landet am 6.10. ein Hastings-Transporter; die letzte Maschine der Berliner Luftbrücke, über die 2.342.257 Tonnen Fracht in die abgeriegelte Stadt geschafft worden waren
1950 –	Die Lebensmittelkarten verlieren am 1.9. in Berlin ihre Gültigkeit
1952 –	Albert Einstein lehnt im November, nach dem Tod von Chaim Weizmann, das Ansinnen ab, neuer Staatspräsident von Israel zu werden
1954 –	Enrico Fermi stirbt am 28.11. in Chicago
1955 –	Albert Einstein stirbt am 18.4. in Princeton

1962 – Niels Bohr stirbt am 18.11. in Kopenhagen
1967 – Robert Oppenheimer stirbt am 18.2. in Princeton
1968 – Otto Hahn stirbt am 28.6. in Göttingen
1969 – Zwei Menschen betreten am 20.7. den Mond
1976 – Werner Heisenberg stirbt am 1.2. in München
1978 – Das erste künstlich gezeugte Kind wird am 26.6. in London geboren
1983 – Lech Walesa erhält den Friedensnobelpreis, seine Frau nimmt ihn am 10.12. entgegen
1986 – Michail Gorbatschow ruft am 18.12. bei Andrej Sacharow in Gorki an und eröffnet ihm, daß seine Verbannung aufgehoben sei
1989 – Der Berliner Kantinenpächter Gerhardt Meyer verläßt am 11.9. am Steuer seines Toyota Corolla legal Ungarn und reist im Transit in die BRD. Am 9.10. veröffentlicht das »Neue Deutschland« in Ausgabe 237 achtundzwanzig Fotos von Erich Honecker
1990 – Hans J. Corsalli nimmt am 1.7. um 0 Uhr 01 in einer Filiale am Berliner Alexanderplatz als erster DDR-Bürger im Rahmen der Währungsreform DM in Empfang und kauft sich eine Büchse Bier
1994 – Stefan Heym hält am 10.11. im Berliner Reichstag als Alterspräsident die Eröffnungsrede und berichtet, daß er den Reichstag habe brennen sehen

Peter Auer

Von Dahlem nach Hiroshima

Die Geschichte der Atombombe

Aufbau-Verlag 1995

Mit 38 Abbildungen, Skizzen und Faksimiles

ISBN 3-351-02429-0

1. Auflage 1995

Einbandgestaltung Torsten Lemme
Reproduktion LVD-GmbH, Berlin
Druck und Binden Wiener Verlag, Himberg
Printed in Austria

Den sinnlosen Opfern sinnloser Kriege

Inhaltsverzeichnis

Ein sehr kurzes Vorwort

»Jetzt bereite ich mich vor«, schreibt Harry S. Truman am 3. Juli 1945 seiner Mutter, »Stalin und Churchill zu besuchen, und das verursacht allerhand Umstände. Ich muß meinen Smoking, meinen Frack ... schwarzen Mantel, Zylinder, weichen Hut, steifen Hut und hundert andere Sachen mitnehmen.«

Zu diesem Zeitpunkt hatte er die Welt noch nicht verändert...

DEZEMBER 1938
Berlin...

Sechzehn Grad unter Null, die Schiffahrt auf der Oder eingestellt, die Donau zugefroren, auf der Zugspitze ein Jahrhundertwert von minus zwanzig Grad. Es ist kalt geworden in diesem Staat. Und es ist kalt geworden in dieser Stadt.

Die Kälte ist schwer zu beschreiben. Auch deshalb, weil sie sich nicht nur an den Thermometern ablesen läßt. Alles, so trügt der Schein, verläuft normal, und erschreckend ist die Unsäglichkeit dieser Normalität in Stadt und Land. Denn was bedeutet schon diese Vokabel normal? Steht sie für so deutsche Wesenszüge wie Traulichkeit und Gemütlichkeit? Diese Stadt und dieses Land sind anders geworden. Fassaden wurden aufgezogen, um Einsichten zu versperren. Die Parole ersetzt das Wort. Die Freiheit des einzelnen ist zur Unfreiheit der Masse verkommen. Aber das Fatale daran wiegt weit schwerer – die Masse in ihrer bleiernen Alltäglichkeit spürt die Unfreiheit nicht. Noch schlimmer: Sie vermißt ihre Freiheit nicht mehr.

Die Saat ist aufgegangen.

Und die wenigsten wissen es.

Ein Volk schaut weg, ein Volk hört weg, ein Volk denkt weg. Die Fähigkeit, wach zwischen den Zeilen zu lesen, zwischen den Silben zu hören, ist irgendwann in den vergangenen fünf Jahren auf der Strecke geblieben.

Oder belügen sich Millionen und Abermillionen dieser notorischen Weg-Schauer, Weg-Hörer, Weg-Denker selbst, um draußen nicht dabei ertappt zu werden, daß ihr Leben und ihr Sein nur noch auf einer einzigen Lüge fußt? Beim Berliner Lokal-Anzeiger, dem Massenblatt des kaisertreuen Scherl, der es für die kleinen und schweigenden Leute gegründet hatte und das jetzt der konservative Hugenberg den Kleinen, den immer noch obrigkeitsfürchtig Schweigenden täglich offeriert, wiegt die Wochenendausgabe vor dem Fest schwerer als sonst im Jahr. Der Inseratenteil als ein Kaleidoskop des Handelns und Wirtschaftens, die kunterbunten Annoncen aller Art als ein Spiegel der Gegenwart – Haus Vaterland und Kempinski, das Weinhaus Huth am Potsdamer Platz, das Adlon am Brandenburger Tor rühmen sich als erste Adressen für stimmungsvolle Festlichkeiten und elegante Abende.

Es wird Karl Ritters neuer Großfilm »Pour le Mérite« angekündigt. Mit Paul Hartmann, Carsta Löck, Elsa Wagner, Paul Dahlke und Willi Rose. Hitler kommt zur Uraufführung am 23. Dezember in den Ufa-Palast am Zoo, spricht vom »bisher besten Film der Zeitgeschichte«.

Im Titania Palast laufen Luis Trenkers »Liebesgrüße aus dem Engadin«, in der Komischen Oper steht »Aimée« auf dem Spielplan – mit Olga Tschechowa und Carl Raddatz. »Die Zauberflöte« in der Staatsoper Unter den Linden, Regie: Gustaf Gründgens, musikalische Leitung: Herbert von Karajan, bleibt den Abonnenten der Gruppen A und C vorbehalten, Bertha Drews und Heinrich George geben im Schillertheater »Heinrich IV.«.

Es empfehlen sich Kukident und Grieneisen, Hertie und das KaDeWe (mit einer Puppe samt Glasaugen für RM 5.90). Peek und Cloppenburg in der Steglitzer Schloßstraße hat ein »wirklich nettes Weihnachtsgeschenk« ins Lager genommen: einen Morgenrock für sechsfünfzig – solange der Vorrat reicht. C & A in der Wilmersdorfer Straße 108 offeriert ganzseitig ein »Nachmittagskleid aus Krepp Faconné mit Glockenrock und apart gezogener Bluse in hübschen Farben für 9.75 Reichsmark«. Am Sonntag, dem 18. Dezember, haben die Kaufhäuser durchgehend geöffnet. An diesem Goldenen Sonntag, dem 18. Dezember, verfehlt das Trabergenie Charlie Mills beim Rauhnachtsrennen im Sulky von Mario seinen dreitausendsten Sieg um einen Hals, gewinnt Hänschen Frömming im Bergkönigsrennen mit Only über 2.100 Meter zweitausendvierhundert Reichsmark – eine halbe Länge.

Zwei Tage zuvor hatte der Führer das Ehrenkreuz der

Deutschen Mutter gestiftet. In drei Stufen – für vier und fünf, sechs und sieben sowie acht und mehr Kinder. Text der Meldung im Völkischen Beobachter: »Die Inschrift lautet ›das kind adelt die mutter‹ und jüdische Mütter werden von der Verleihung selbstredend ausgeschlossen.«

Tazio Nuvolaris Vater Arturo, ein Großgrundbesitzer, ist bei Eisesglätte nahe Mantua mit 76 Jahren nach dem Sturz vom Motorrad tödlich verunglückt: Schädelbruch. Der Trainer der Deutschen Fußballnationalmannschaft heißt Sepp Herberger. Die arbeitstägliche Kohlenförderung des Ruhrgebietes erreicht 436.711 Tonnen. Bei AEG in Hennigsdorf rollt die fünftausendste elektrische Lokomotive aus der Halle – es handelt sich um die E 19, die eine Spitzengeschwindigkeit von 225 km/h erzielt. In Kiel wird der erste deutsche Flugzeugträger, die »Graf Zeppelin«, im Dreischichttakt fertiggebaut. Der katholische Raphael-Verein mit Sitz in Hamburg verweist in einem Rundschreiben, dem neununddreißigsten, daß Brasilien seine Bereitschaft erklärt habe, verstärkt Juden aufzunehmen. Kölnisch Wasser von 4711 kostet in der Festpackung (klein) 1,25 Reichsmark. Im Märkischen Museum wird das Hindenburgzimmer nach einem Festakt der Öffentlichkeit übergeben – der eichene Schreibtisch ist das wuchtige Herzstück; an ihm hatte am 30. Januar 1933 die entscheidende Aussprache des Führers mit dem Reichspräsidenten stattgefunden. Salamanderschuhe kosten weniger als zehn Mark, und entlassene jüdische Wissenschaftler dürfen nun auch nicht mehr als »Privatleser« die Bibliotheken der deutschen Hochschulen nutzen.

Am Gärtnerplatztheater in München probt der fünfunddreißigjährige niederländische Operettenbuffo Johannes Heesters die Rolle des Danilo in Franz Lehárs »Die Lustige Witwe«; die Premiere unter der musikalischen Leitung von Peter Kreuder ist für die Silvesternacht 38/39 angesetzt.

Am Kaiser-Wilhelm-Institut an der Thielallee in Dahlem arbeiten in den Vorweihnachtstagen Prof. Otto Hahn und Dr. Fritz Straßmann an einer komplizierten Versuchsreihe. Es geht – sehr vereinfacht formuliert – um die Überprüfung von Experimenten des italienischen Wissenschaftlers Enrico

Fermi. Der hatte bei seinen Forschungen in Rom nach der Bestrahlung von Uran mit Neutronen Aktivitäten beobachtet, die er künstlichen Atomarten jenseits des Urans zuschrieb, sogenannten Transuranen. Die Situation, in der sich die beiden Männer in Berlin befinden, ist ungewöhnlich. Hahn, Radiochemiker und Organiker, und Straßmann, der sich als Anorganiker und Analytiker versteht, müssen auf die Physikerin Lise Meitner als Mitarbeiterin verzichten.

Schon 1933 war ihr an der Berliner Universität die Lehrbefugnis entzogen worden. Max Plancks Intervention an das Preußische Ministerium für Wissenschaft, Kunst und Volksbildung vom 30. August 1933 brach eine Lanze für sie: »Wie mir berichtet worden ist, wird gegenwärtig im Ministerium der Plan erwogen, den nichtarischen Privatdozenten die venia* zu entziehen. Sie haben mir bereits in höchst dankenswerter Weise gestattet, Ihnen eine Liste von nichtarischen Physikern zu überreichen, deren Verbleib in ihrer bisherigen Tätigkeit für die wissenschaftliche Forschung durchaus notwendig erscheint. Von den in der Liste genannten Namen möchte ich nun außer dem von Max Born auch noch den von Frl. Lise Meitner ganz besonders unterstreichen. Sie bildet zusammen mit Herrn O. Hahn die Seele des Kaiser-Wilhelm-Institutes für Chemie, das diesen beiden seinen Ruf und sein Ansehen in der Welt verdankt.«

Lise Meitner war in einer vier Jahre andauernden gemeinsamen Arbeit am Institut die Rolle der theoretischen Physikerin und Kapazität auf dem Gebiet der Radioaktivität zugewachsen. Die Bekanntschaft mit Hahn währte zudem fast drei Jahrzehnte. Aber durch den »Anschluß« Österreichs an das Deutsche Reich am 13. März 1938 war die österreichische Staatsbürgerschaft der in Wien geborenen Jüdin hinfällig geworden. Als sogenannte Ostmärkerin im Reich war Lise Meitner ohne juristischen Schutz der Nazi-Willkür ausgeliefert. Zudem griffen die verschiedenen Rassengesetze mit ihren verklausulierten Gummi-Paragraphen. Scheinbare Nebensächlichkeiten verschärften die Lage der »Nicht-Arier« von Woche zu Woche.

* Venia legendi: Erlaubnis, akademische Vorlesungen zu halten

Die traditionsreichen jüdischen Kulturvereinigungen wurden Ende März 1938 von »Körperschaften des öffentlichen Rechts« in »eingetragene Vereine« umgewandelt. Juden mußten seit Mitte April des Jahres jedes Vermögen, das fünftausend Reichsmark überstieg, unaufgefordert den Finanzbehörden melden, jüdische Gewerbetreibende hatten sich seit Mitte Juni registrieren zu lassen und ihre Geschäfte so zu kennzeichnen, daß die jüdische Inhaberschaft von außen unzweifelhaft zu erkennen war. Ebenso wurden alle vorbestraften Juden im Zuge einer »Säuberung von Asozialen« inhaftiert. Dabei blieb ohne Belang, ob diese »Vorstrafe« ein Delikt im Straßenverkehr, eine Bagatelle gleich welcher Art, oder ein Gewaltverbrechen gewesen war.

Lise Meitner verließ ihre dem Institut gehörende Dienstwohnung und zog heimlich ins Hotel Adlon an den Pariser Platz. Sie hatte Angst, bei einer nächtlichen »Überprüfung ihrer Personalien« schutzlos angetroffen und ohne jede Zeugenschaft deportiert zu werden.

Die – keinesfalls mehr gefahrlosen – Versuche von Geheimrat Carl Bosch, dem Präsidenten der Kaiser-Wilhelm-Gesellschaft, beim Reichsminister des Inneren, Wilhelm Frick, eine legale Ausreise in einen neutralen europäischen Staat zu erwirken, wurden schroff und unmißverständlich abgeblockt. Es bestünden politische Bedenken gegen die Ausstellung eines Auslandspasses. Und: »Es wird für unerwünscht gehalten, daß namhafte Juden aus Deutschland in das Ausland reisen, um dort als Vertreter der deutschen Wissenschaft oder gar mit ihrem Namen und ihrer Erfahrung, entsprechend ihrer inneren Einstellung, gegen Deutschland zu wirken.« – Lise Meitner verschwand am 14. Juli 1938 aus Berlin.

Otto Hahn teilte seinen Kollegen zunächst lapidar und fast beiläufig mit, daß Frau Meitner »in den Urlaub gefahren« wäre.

Zwei Tage später begannen am Institut die Sommerferien. Erst am 29. August sollte der reguläre Laborbetrieb wieder aufgenommen werden. In diesen dazwischenliegenden sechs Wochen war das Gesetz über die Streichung der Approbation jüdischer Ärzte publiziert worden, seit dem

17. August hatten alle »Volljuden« die Vornamen Israel beziehungsweise Sara anzunehmen.

Reinhard Heydrich als Chef der Sicherheitspolizei erließ in Absprache mit dem Justizministerium die Verfügung, Juden, die »mit Ariern Rassenschande getrieben« hätten, nach Beendigung des regulären gerichtlichen Verfahrens in die »Schutzhaft« eines Konzentrationslagers zu nehmen. In Bern sah im Spätsommer 1938 Dr. Heinrich Rothmund (er wurde 1954 »unter Verdankung für geleistete Verdienste« ehrenvoll pensioniert) wegen des immer mächtiger anschwellenden Flüchtlingsstromes nur noch einen Ausweg aus der die Schweiz bedrohenden Asyl-Problematik: Rothmund, Leiter der Eidgenössischen Fremdenpolizei, intervenierte beim Innenministerium des Deutschen Reiches in Berlin und verlangte, daß mit sofortiger Wirkung die Reisedokumente von Juden und Halbjuden mit »einem deutlich lesbaren Großbuchstaben J« per Stempel zu kennzeichnen seien.

Am Tag, da sich die Chemiker des Kaiser-Wilhelm-Institutes nach dem Urlaub wieder zusammenfanden, gab Otto Hahn vor versammelter Runde offen zu, daß er bewußt die Unwahrheit gesagt habe. Lise Meitner hätte sich keineswegs auf eine Erholungsreise in ihre Heimat begeben, sondern die Flucht angetreten, antreten müssen. Die so eng Vertraute werde an ihren angestammten Platz nicht mehr zurückkehren. Die Gefahr für ihre persönliche Unversehrtheit sei zu groß.

Obwohl der Großteil der Kollegen dieses Weggehen ohne jeden Abschied bedauerte – Angst vor gefährlichen Horchposten im Institut kannte man zu diesem Zeitpunkt offenbar noch nicht –, verschwieg Otto Hahn einen eminent wichtigen Punkt. Es gab die Absprache, sich so bald wie möglich per Brief über den Fortgang der Arbeit im Laboratorium auszutauschen. Tatsächlich wurde die Korrespondenz zwischen Lise Meitner und Otto Hahn im Herbst immer intensiver; manche Briefe kreuzten sich sogar.

Fritz Straßmann, der dem einstigen Triumvirat als Gleichberechtigter angehörte, mußte sich von nun an immer intensiver und weitgehend allein um die Experimente kümmern.

Hahn, seit 1929 Direktor am Institut, stand vor einer Fülle anderer Aufgaben und Probleme, die ihn erkennbar belasteten. Zudem befand er sich auch in einer ganz persönlichen Krise: Seine Frau Edith ist schwer krank. Nahezu jeden Tag besucht er sie in der Klinik in der Charlottenburger Nußbaumallee. Die Fahrt dorthin ist zeitraubend – der sparsame Professor nutzt nur die öffentlichen Verkehrsmittel.

Private Briefe geben die Verfassung des fast sechzig Jahre alten Mannes wieder: »Die Nervosität hier ist außerordentlich – heute nachmittag marschieren wir, um eine Rede anzuhören. Aber wir Alten gehen nicht die ganze Zeit mit, sondern stoßen später zu den anderen. Heute abend gehe ich vielleicht zu den H.; arbeiten kann man ja nicht.«

Daß Fritz Straßmann, der unterdessen Unentbehrliche, an dem Institut verblieben war, verdankte er einer unkorrekten Handlungsweise von Otto Hahn, die nach den üblichen preußischen Vorschriften nicht zulässig gewesen wäre: Straßmann forschte viele Monate, ohne in irgendeiner Personalliste geführt zu werden. Er erhielt kein Stipendium, geschweige denn ein reguläres Gehalt. Seine tägliche und oft genug auch nächtliche Anwesenheit in den Laboratorien an der Thielallee hätte durchaus Anlaß zu handfestem Ärger mit den vorgesetzten Behörden geben können. »So etwas« durfte »man« nicht. Aus Furcht vor Sabotage, Spionage.

Im Zimmer 27, parterre rechts, unweit des runden Frühstückszimmers im markanten Turm, lebte der Chemiker Straßmann, einer inneren Emigration nicht unähnlich, wie in einer Klause. Lise Meitner, die im Hahnschen Privatlabor in der praktischen Alltagsarbeit uneingeschränkt schaltete und waltete und fraglos das Sagen hatte, bewirkte zudem, daß ihr »Zögling« Straßmann eine ansonsten übliche Pauschale für die Laborbenutzung nicht zu bezahlen brauchte. Straßmann wäre nicht in der Lage gewesen, die festgelegten 120 Reichsmark monatlich aufzubringen, konnte er sich doch, bei seinem Bruder in Untermiete wohnend, in diesen frühen Berliner Jahren überhaupt nur dank vieler Nachhilfestunden halbwegs über Wasser halten.

Der durchaus resoluten Lise Meitner, die äußerlich weit zerbrechlicher wirkte als sie in ihrem Inneren es gewesen

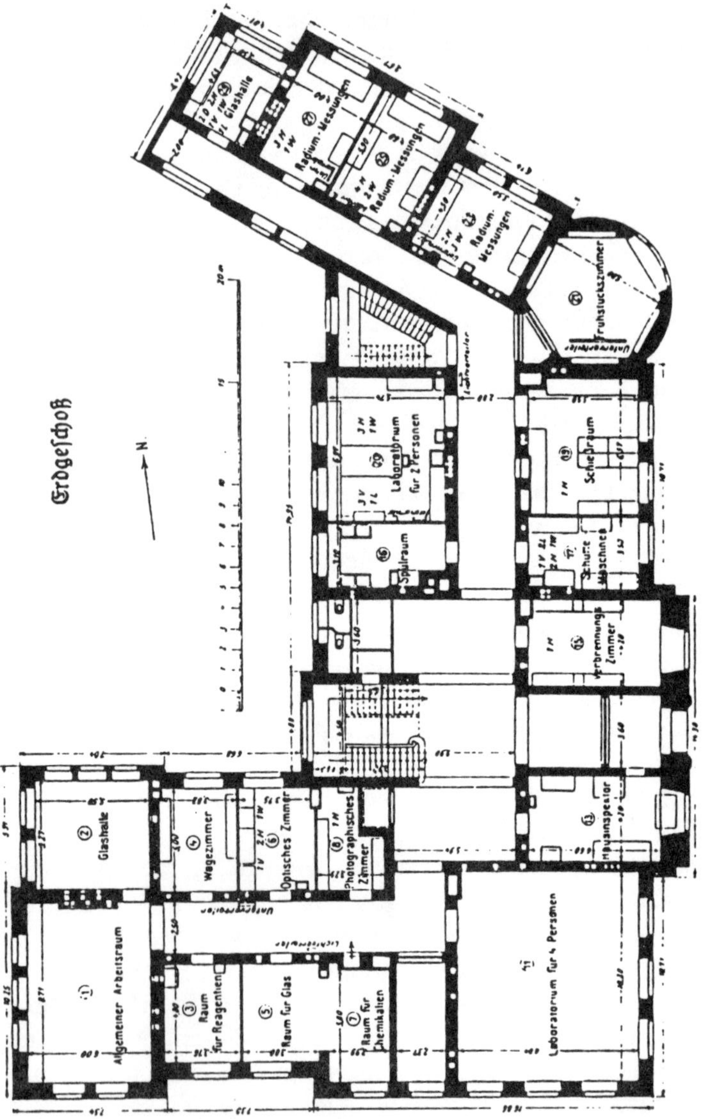

Kaiser-Wilhelm-Institut für Chemie in Berlin-Dahlem (1912), Grundriß des Erdgeschosses, das ab 1926 ausschließlich die Abteilung Lise Meitners beherbergte. Hier wurden auch die von ihr angeregten Uran- und Thorium-Untersuchungen durchgeführt in den Räumen 29 (Bestrahlungszimmer), 23 (Meßzimmer) und 20 (sog. Privatlabor Hahn, wo Fritz Straßmann die chemischen Analysen und Trennungen durchführte). Die Hahn/Meitnersche Abteilung war ursprünglich in den Räumen 23/25/27/29 untergebracht gewesen.

ist, verdankte es der bescheidene Kollege, daß ihm später aus einem Sonderfonds, über den Hahn verfügen durfte, ein Zuschuß von 50 Mark im Monat ausbezahlt wurde. Das »Fräulein Professor Meitner«, wie sie im Hause voller Respekt genannt wurde, hat Hahn dabei vermutlich keine andere Chance gelassen, als ihrem Vorschlag oder »Befehl« zu folgen. Sie war die einzige in der Umgebung des Chefs, die es sich leisten durfte, ihren de-facto-Vorgesetzten aus dem Labor hinauszukomplimentieren und lächelnd zu konstatieren: »Laß mal, Hähnchen, davon verstehst du nichts...«

Der Kontakt zwischen Lise Meitner und Fritz Straßmann war im Laufe von Monaten und Jahren eng geworden. Briefe – nach dem Zusammenbruch des NS-Regimes aus dem zerbombten Deutschland nach England, wo Lise Meitner sich niedergelassen hatte, und in entgegengesetzter Richtung geschrieben, – beweisen die menschliche Nähe zwischen den beiden. Lise Meitner: »Meine lebendigste Erinnerung an Sie liegt mehr als 25 Jahre zurück, als Sie mit Professor Hahn und mir zusammen arbeiteten; ich sehe das sogenannte Privatlabor vor mir, oder das Zimmer 27, wo wir unsere Messungen machten, und wie beeindruckt ich von manchen unserer mehr persönlichen Gespräche war, die so deutlich Ihre unbeirrbare Einstellung zu den damaligen Ereignissen in Deutschland widerspiegelten.«

Dem Assistenten war sein Arbeiten in dieser Dreiergemeinschaft so wichtig geworden, daß es ihm auf materielle Vorteile offenbar gar nicht mehr so sehr ankam. Straßmann hatte ein lukratives Angebot aus der freien Wirtschaft ausgeschlagen. Unter mehr als hundert Bewerbern war ihm durch die Deutsche Solvay Aktiengesellschaft in Bernburg der Posten des Leiters im Forschungslabor angetragen worden. Eine herausragende Stellung, mit damals beachtlichen runden zehntausend Mark an Jahresdotation verbunden. Nach einigem Zögern sagte der Kandidat ab. Er weigerte sich, den schon vorliegenden Kontrakt unterschrieben zurückzuschicken. Zum einen wollte er Dahlem nicht mehr verlassen, zum anderen war das Arbeitsverhältnis an die Bedingung geknüpft, daß er als ein leitender Angestellter der Solvay AG entweder der Partei oder zumindest einer NS-Organisation hätte angehören müssen. Kurios: Solvays Aktienmehrheit befand sich in belgischer Hand.

Jede Bevormundung ablehnend, voller Mißtrauen gegen die menschenverachtende Politik der neuen, selbsternannten Herren im Land und höchst sensibel dummen Schreihälsen gegenüber, war der Unbeugsame längst als »politisch unzuverlässig« qualifiziert. Gefährlicher Pression konnte er sich entziehen: durch jene selbstgewollte Emigration in seiner Arbeit im Labor.

Dennoch bedeutete so ein »Sich-Zurückziehen« für Fritz Straßmann keinesfalls Kuschen oder Duckmäuserei. Im Gegenteil: Schon am 9. Oktober 1933 war er demonstrativ aus dem Verein Deutscher Chemiker ausgetreten. Die Standesorganisation hatte sich sehr schnell willfährig gezeigt, einen Teil ihrer angestammten Mitglieder im Regen stehen zu lassen, und mit keiner Silbe, geschweige denn mit einem geharnischten Manifest gegen das »Gesetz zur Wiederherstellung des Berufsbeamtentums« protestiert, das schon am 7. April 1933 erlassen worden war. Dort hieß es – arrogant und lakonisch – im Paragraphen 3, Absatz 1: »Beamte, die nichtarischer Abstammung sind, sind in den Ruhestand zu versetzen.« Und in Paragraph 4: »Beamte, die nach ihrer bisherigen politischen Betätigung nicht die Gewähr dafür bieten, daß sie jederzeit rückhaltlos für den nationalen Staat eintreten, können aus dem Dienst entlassen werden.«

Zu denen unter den Wissenschaftlern, die in der Folgezeit ihre Arbeit aufgeben mußten, gehörten am Ende neun Nobelpreisträger: Albert Einstein, Gustav Hertz, Erwin Schrödinger, Eugene Wigner, Dennis Gabor, Fritz Haber, Peter Deybe, Max Delbrück und Boris Chain...

Nachdem der Verein Deutscher Chemiker seinen Statuten in vorauseilendem Gehorsam auch einen Arierparagraphen zugefügt hatte, kündigte Straßmann brieflich seine Mitgliedschaft auf. Zehn Tage später bestätigte der eingetragene Verein diesen Austritt und richtete an den Aufmüpfigen mahnende Worte: »Innerhalb seines Aufgabenkreises ist der Verein als geeignete Berufsorganisation aller deutschen Chemiker anerkannt worden. Aus Ihrer Austrittserklärung geht jedoch hervor, daß Sie die für Sie zuständige Berufsorganisation ablehnen. Wir werden daher einen entsprechenden Vermerk auf Ihrer Karteikarte vornehmen. Sollten Sie nach reiflicher Überlegung jedoch das Verbleiben im Verein für zweckmäßig halten, so werden Sie gebeten, bis spätestens zum 1. Dezember Ihre Austrittserklärung zurückzuziehen. Mit deutschem Gruß!«

Seit Anfang des Jahres 1935 besserte sich die finanzielle Situation für Straßmann. Er hatte nun eine »halbe« Planstelle und galt offiziell als Angestellter des Kaiser-Wilhelm-Institutes für Chemie; mit dem Titel eines »Teil«-Assistenten. Das entsprach der Gehaltsklasse C – weniger als dreihundert Reichsmark.

Die rigide Verweigerung der Lehrerlaubnis für Lise Meitner durch die Nazis – Max Plancks Petition war ohne eine Begründung zurückgewiesen worden –, hatte unerwartete Folgen. Die von der Universität Ausgestoßene, die bei ihrer Habilitierung 1922 die erste Frau in Preußen gewesen war, die derartiges erreichte, konzentrierte sich nach dem 6. September 1933 (an diesem Tag ging das offizielle Schreiben bei ihr ein, sie sei »gemäß § 3 des Gesetzes zur Wiederherstellung des Berufsbeamtentums« nicht mehr länger tragbar), wie befreit umso engagierter in den Hahnschen Privatlaborräumen.

Es bleibt festzuhalten, daß Lise Meitner getauft und protestantisch erzogen war. Ihr Vater, ein Wiener Anwalt, und ihre Mutter, die die sieben Kinder versorgte, hatten jeweils einen jüdischen und einen christlichen Elternteil gehabt und waren bemüht gewesen, die Familie in einem Geist von Liberalität und Toleranz und ohne alle Glaubensschranken aufwachsen zu lassen.

Das Naheliegende schlug sie aus: Studenten heimlich am Institut zu unterrichten. Die Möglichkeit dazu hätte sie ohne weiteres gehabt, denn die meisten ihrer Vorlesungen hatte sie ohnehin in Dahlem an der Thielallee und nicht an der Luisenstraße gehalten und ihre Kollegien waren stets privatim oder privatissime zu nennen gewesen. Aber um weder Hahn noch die anderen einer überflüssigen Gefahrensituation auszusetzen, akzeptierte sie das Verbot nach außen hin klaglos. Wie es in der Seele der Verletzten aussah, verschwieg sie. Als sie ihr Innerstes endlich offenbarte, waren Jahrzehnte ins Land gezogen. Selbst dann hatte Hahn noch seine Schwierigkeiten, sie zu verstehen. Einzig Fritz Straßmann blieb ihr, dem sie gestattete, etwas von ihrem Verwundetsein zu erfahren.

Sie war es, die den entscheidenden Anstoß gab, dort fortzufahren, wo sie von 1907 an in der legendären »Holzwerkstatt« unweit des Deutschen Reichstages einst eine so erfolgreiche Arbeit geleistet, die gesamte Radiochemie zu neuen Ufern geführt, nie gegangene Pfade betreten und eminente Erkenntnisse publiziert hatten.

Die Radioaktivität war seit 1934 zwangsweise wieder ihr Areal. Jetzt reagierten Meitner und Hahn und bald auch Straßmann auf ihrer kleinen und scheinbar geschützten Insel im Kaiser-Wilhelm-Institut auf die Arbeiten in Paris und Rom.

Das Ehepaar Irène und Frédéric Joliot-Curie hatte sich mit dem Phänomen der künstlichen Radioaktivität auseinandergesetzt, und schon Marie Curie, Irène Joliot-Curies Mutter, war wegen ihrer bahnbrechenden Arbeiten zusammen mit dem Ehemann Pierre und ihrem Kollegen Henri Becquerel als die Entdeckerin der Elemente Radium und Polonium (Marie Curie stammte aus Polen) mit dem Physik-Nobelpreis des Jahres 1903 ausgezeichnet worden. Das Jurorengremium erkannte ihr allein dann 1911 auch noch den Chemie-Nobelpreis zu! Das Ehepaar Joliot-Curie sollte 32 Jahre später den Preis für Chemie des Jahres 1935 erhalten. Es vergingen übrigens 53 Jahre, ehe Aage Bohr 1975 den Nobelpreis für Physik entgegenehmen durfte; sein Vater Niels hatte ihn 1922 erhalten.

Von der Bedeutung der Arbeiten auf dem Gebiet der natürlichen und künstlichen Radioaktivität hatten die politisch Verantwortlichen in den zuständigen Ministerien und Verwaltungen in Deutschland keinerlei Vorstellung. Ihnen war nichts bewußt von der möglichen Tragweite allen Fortschritts auf dem Gebiet der Atomforschung. Becquerel hatte schon 1886 den Nachweis erbracht, daß die zweifelsfrei erwiesene Radioaktivität von Uran ein Hinweis auf die

Existenz von subatomaren Teilchen sein mußte. Zwei Jahre später schaffte es Marie Curie, das Radium zu isolieren. Es hat die Ordnungszahl 88 im periodischen System der Elemente. Zum Gelingen ihres Experimentes nutzte sie Pechblende aus dem nordböhmischen Joachimsthal.

Es gehört zu den politischen und wissenschaftlichen Kuriosa, daß zwar seit 1939 aus Joachimsthal, das nach Annexion eines Teils der Tschechoslowakei ans Deutsche Reich gefallen war, kein Uran mehr exportiert wurde und daß andererseits vier Jahre zuvor noch einer »Nicht-Arierin« bis zu deren Weggang aus Deutschland das Feld der Erforschung der Radioaktivität überlassen blieb, zumal da nicht Lise Meitner allein als Gegnerin des NS-Regimes gelten konnte. Auch Otto Hahn gehörte nicht zu den blinden Ja-Sagern oder gar zu den Begeisterten und Überzeugten. Und Männer seines Umfeldes wie Max Delbrück und Fritz Straßmann wurden in vorhandenen Dossiers ohnedies als »verstockt« klassifiziert.

Otto Hahn als Institutsleiter konnte es zwar nicht allzu lange verhindern, daß ihm eine braune Laus in den Pelz gesetzt wurde: Kurt Heß avancierte zum Leiter der Gas-Abteilung und bekam unter dem Dach sein eigenes Büro mit schrägen Wänden. Heß nahm dies hin, weil er in dem Glauben lebte, die Tage ließen sich zählen, bis er Hahn in dessen durchaus noblem Direktionsbüro samt Sekretariat im ersten Stock würde beerben können. Es ist aber unter anderem auch dem Einfluß der Großindustrie zuzuschreiben, daß die weltweit anerkannte Berliner Kaiser-Wilhelm-Gesellschaft den Parteibuchbonzen nicht a priori schutzlos ausgeliefert wurde. Die chemische Industrie brauchte die Forschung, sie war auf deren führende Köpfe angewiesen, und die Großaktionäre (auch in Übersee ...) wußten, daß mit der rasant fortschreitenden Entwicklung auf allen wissenschaftlichen Feldern nur dann Schritt zu halten war, wenn der Aderlaß im Deutschen Reich nicht zu verheerend wurde. Ein Chemiker, der mehr Nazi als Wissenschaftler war, konnte die Deutschen nicht voranbringen. Dies zu betreiben, blieb Sache der Hochqualifizierten. Kapazitäten, wie Lise Meitner eine war.

Ein Unterfangen, bei dem im übrigen trotz wirtschaftlich katastrophaler Eckdaten von Anfang an sehr viel Geld mit im Spiel gewesen ist. Die I.G. Farben finanzierte in den Jahren zwischen 1925 und 1935 die chemische Forschung auf vielen Kanälen mit annähernd einer Milliarde Reichsmark!

War dies einer der Gründe, weshalb die Österreicherin Lise Meitner nach der Machtübernahme durch die Nazis noch rund vier Jahre scheinbar gefahrlos in Deutschland arbeiten konnte? Auffallend ist gewiß auch, daß an der Forschungsstätte neben Heß nur zwei weitere Parteimitglieder, die den »Bonbon« meist unter dem weißen Arbeitskittel verbargen, ihrer Arbeit nachgingen – Otto Erbacher und Kurt Philipp. Beide wandten sich nach dem Zusammenbruch des Tausendjährigen Reiches mit höflichen Briefen an ihre ehemalige Kollegin, um sie zu bitten, ihnen einen »Persil-Schein« zu erteilen.

In Paris, im hochsubventionierten Institut de Radium, hatten die jungen Curies die Radiochemie vorangebracht: Durch den intensiven Beschuß von Aluminium, Magnesium und Bor mit Alpha-Teilchen stießen sie erstmals auf radioaktive Atomarten.

Fermi und seine Mitarbeiter in Rom gingen einen Schritt weiter und bombardierten – weitgehend auf dem Wissen und den Erkenntnissen der Curies in Paris fußend – alle in der Natur vorkommenden Elemente systematisch mit langsamen Neutronen.

Fermi – ein Wissenschaftler, dessen Fähigkeiten außer Zweifel standen –, zog seinen Schluß aus den Ergebnissen und publizierte die Behauptung, die von ihm erzeugten künstlichen Radionuklide (nahezu hundert an der Zahl) seien Transurane, die in der Natur »regulär« nicht vorkämen. Sie könnten mit einem sehr hohen Maß an Wahrscheinlichkeit als Elemente jenseits der schon bekannten 92 angesehen werden, mit den logischen Ordnungszahlen 93 und 94; möglicherweise sogar auch 95.

Es spricht für Fermi, daß er in seinen Veröffentlichungen in der »Ricerca Scientifica«, einer Wochenzeitschrift der Italienischen Forschungsgemeinschaft, die Konjunktive nicht verheimlicht, daß er, als ein der Exaktheit verpflichteter Wissenschaftler, in seinen Formulierungen oftmals ein »könnte« und »würde« gebraucht. Die Männer in seiner Gruppe nannten ihn wegen seiner quantentheoretischen Unfehlbarkeit längst den »Papst«. An der Via Panisperna machte das Institut für Theoretische Physik der Universität Rom inmitten eines Parks mit Palmen, Zypressen und Bambussträuchern auf zufällige Passanten den Eindruck der etwas zu voluminös geratenen Stadtvilla eines reichen Aristokraten. Ein Pantheon mochte es sein mit seiner hohen Kuppel aus gebrannten Ziegeln. Aber im Keller des südlichen Flügels – Fermis Arbeitsbereich – barg eine Bleikammer einen wahrhaft sonderbaren Schatz: ein Gramm Radium. In Staatsbesitz und Schätzungen zufolge an die siebenhunderttausend Lire wert. Ein üppiges Mittagessen auf der campo dei fiori schlug damaliger Tage mit drei Lire zu Buch.

Otto Hahn veröffentlichte 1951 – nun schon als Präsident der Max-Planck-Gesellschaft – einen Beitrag seines Kaiser-Wilhelm-Institutes für Chemie. Darin artikulierte er seine frühen Zweifel an Fermis Theorie: »Soweit die Untersuchungen im Ausland nachgeprüft wurden, wurden sie alle bestätigt; keiner dachte an etwas anderes. Auch in dem Institut von Mme. Joliot-Curie wurde intensiv über das Uran und die Transurane gearbeitet, allmählich mit seltsamen Ergebnissen, die schwer in das Schema unserer Transurane hineinpaßten, aus Mangel an anderen Erklärungen aber von Curie und Savitch ebenfalls den Transuranen zugeteilt wurden... Hahn und Straßmann arbeiteten allein weiter und kamen im Herbst 1938 zu sehr merkwürdigen Ergebnissen. Sie fanden neben den zahlreichen Transuranen einige neue künstliche Isotope, die sie dem Element Radium zuschreiben mußten, ein an sich schon seltsames Ergebnis. Versuche, dieses Radium von dem als Träger zugesetzten chemisch sehr ähnlichen Barium abzutrennen, schlugen fehl. Wie sollte aber aus dem Element Uran mit der Kernladung 92 ein Element mit der niedrigen Kernladung 56 entstehen? Dies schien nach dem damaligen Stande der physikalischen Erkenntnis völlig unmöglich.«

Irène Joliot-Curie und Paul Savitch hatten bei der Bestrahlung von Uran als Trägersubstanz ein Kalium-Lanthan-Sulfat benutzt. Dies war ihrer Meinung nach der optimale »Transporter«.

Fritz Straßmann wollte diesen Weg nicht gehen. Der Praktiker im Labor hielt das für unlogisch und falsch. Bestimmte analytische Überlegungen führten ihn lange zuvor an das Barium heran. Schon 1936 – es wird vermutlich im Frühsommer gewesen sein –, hatte er erste Versuche unternommen, Bariumsalze als Träger zu verwenden. Schnell bekam er die Gewißheit, daß Bariumsalz aktiv war; das Maß der Aktivität blieb ihm zunächst aber noch unbekannt. Mehr aus Langeweile – er hatte für Lise Meitner einen nächtlichen Strahlenversuch bis zum vollständigen Zerfall von Aktivitätsmessungen zu überwachen –, nutzte er die Zeit der erzwungenen Untätigkeit, um auf eigene Faust zu experimentieren. Bis ins Morgengrauen notierte er auf einer Schmierzettelsammlung Werte und Kurven. Gegen acht Uhr erschien Lise Meitner, um den Übernächtigten abzulösen. Als sie ihn fragte, was er »da habe«, berichtete er zunächst voller Euphorie von seinen Erkenntnissen über das aktive Barium. Aber die überschwengliche Begeisterung wurde gebremst: »Ach, das können Sie getrost in den Papierkorb werfen, das überlassen Sie mal lieber uns, den Physikern...«

Jetzt, zweieinhalb Jahre später, kann ihn – aus anderem Grund – die Physikerin Lise Meitner nicht mehr entmutigen. Straßmanns Vorschlag, auf Barium zu setzen, wird von Hahn sofort akzeptiert. Es bleibt ihnen – bei Lichte besehen – keine Alternative. Mit ihrer Skepsis Fermi und Joliot-Curie gegenüber stehen sie in der wissenschaftlichen Welt ohnehin allein da, und außerdem deutet alles darauf hin, daß sie sich in einer Sackgasse verrennen.

Seit Mitte Oktober 1938 fußen alle ihre Laborarbeiten auf der Nutzung von Bariumchlorid. Während Otto Hahn sich am 13. November bei Niels Bohr an dessen Institut in Kopenhagen nach langen Wochen wieder mit Lise Meitner und ihrem Neffen Otto Robert Frisch trifft, sucht Straßmann immer ungeduldiger und von Ahnungen getrieben nach dem Zusammenwirken von Radium und Barium.

Manche Nacht verbringt er nicht zu Hause in der Ladenburgstraße 1, sondern im Labor – er will das Problem auf jede nur denkbare Weise einkreisen und experimentiert, um die einzelnen Isotope, die allen bekannten wissenschaftlichen Grundlagen nach Radium sein müßten, vom inaktiven Radium zu trennen. Aber das dabei angeblich erzeugte »künstliche Radium« verhielt sich am Ende nie wie natür-

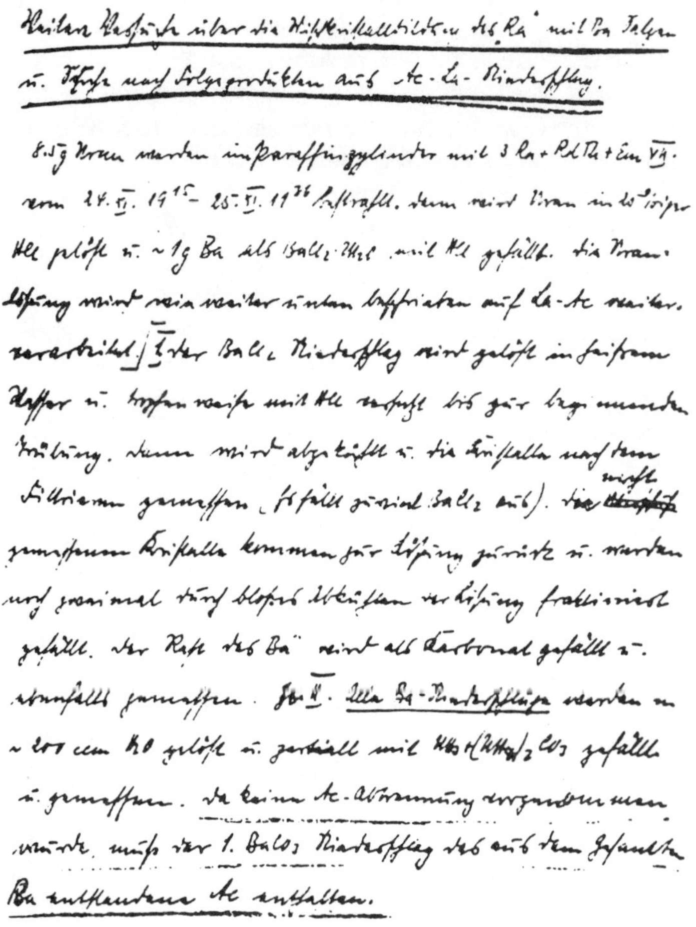

Weitere Versuche über die Mischkristallbildung des Ra mit Ba Salzen u. Suche nach Folgeprodukten aus Ac-La-Niederschlag.

8.5 g Uran werden im Paraffinzylinder mit 3 Ra + Be ... vom 24. XI. 19^15 – 25. XI. 11^36 bestrahlt. dann wird Uran in 10%iger HCl gelöst u. ~1 g Ba als BaCl₂·aq mit HCl gefällt. Die Uranlösung wird wie weiter unten beschrieben auf La-Ac weiter verarbeitet. Der BaCl₂ Niederschlag wird gelöst in heißem Wasser u. tropfenweise mit HCl versetzt bis zur beginnenden Trübung. dann wird abgekühlt u. die Kristalle nach dem Filtrieren gemessen (es fällt zuviel BaCl₂ aus). Die nicht gemessenen Kristalle kommen zur Lösung zurück u. werden noch zweimal durch bloßes Abkühlen der Lösung fraktioniert gefällt. Der Rest des Ba wird als Carbonat gefällt u. ebenfalls gemessen. Zu II. Alle La-Niederschläge werden in ~100 ccm HCl gelöst u. partiell mit NH₃(NH₄)₂CO₃ gefällt u. gemessen. Da keine Ac-Abtrennung vorgenommen wurde, muß der 1. BaCO₃ Niederschlag das aus dem gesamten Ba entstandene Ac enthalten.

Versuchsprotokoll. Notiert von Fritz Straßmann am 25. 11. 1938

liches Radium. Irgend etwas liegt in der Luft. Im November, nach Hahns Rückkehr, gehen die Arbeiten intensiv weiter. Mitte Dezember, in einer neuerlichen äußerst präzise angelegten Versuchsphase zwischen dem dreizehnten und dem sechzehnten, wird Hahn wie Straßmann klar, daß sie sich vor einer Unmöglichkeit befinden. Das von ihnen immer wieder erzeugte Radium reagiert nicht wie Radium und kann ergo auch keines sein.

Spätestens in den Mittagsstunden des 15. Dezember 1938 wissen sie voll Staunen und auch Schrecken, daß ihr künstlich erzeugtes »Radium« sich nicht nur wie Barium verhält, sondern tatsächlich auch Barium ist.

Das aber stellt nun endgültig alle vermeintlich ehernen Gesetze der Chemie und der Physik auf den Kopf. Eine Unmöglichkeit als unanfechtbare Realität.

Und sie wollen es noch immer nicht glauben. Obwohl sie es wissen! Wo verbirgt sich der entscheidende Fehler, an welcher Stelle biegen sie auf den Irrweg ein?

Sowohl am Samstag, dem 17. Dezember, als auch am Sonntag, dem 18. Dezember, wiederholen Straßmann und Hahn, assistiert von der Laborantin Irmgard Bohne und der Chemikerin Clara Lieber, die Versuche.

Unterdessen sitzt jeder Handgriff: Wie ein Ritual vollzieht sich in der Thielallee in drei nahe beieinanderliegenden Zimmern im Parterre die Arbeit. Alles nimmt jeweils im Bestrahlungsraum Zimmer 29 seinen Anfang. Als Neutronenquelle dient ihnen eine Mischung aus insgesamt einem Gramm Radium und Beryllium. Dieses Präparat führen sie in sechs verschließbaren Messingröhrchen, die so lang sind wie Filterzigaretten, in einen tortengroßen Paraffinblock. Das Paraffin hat eine wichtige Aufgabe – es soll die ausgesandten Neutronen möglichst wirksam abbremsen. Tatsächlich werden die Neutronen verlangsamt und treffen auf die Uranprobe.

Die mit den Neutronen beschossene Uranprobe bringt Straßmann dann vorsichtig auf die andere Seite des Flurs ins Laboratorium, Zimmer 20. Die künstlich erzeugten radioaktiven Elemente werden mit sehr komplizierten chemischen Methoden vom bestrahlten Material getrennt,

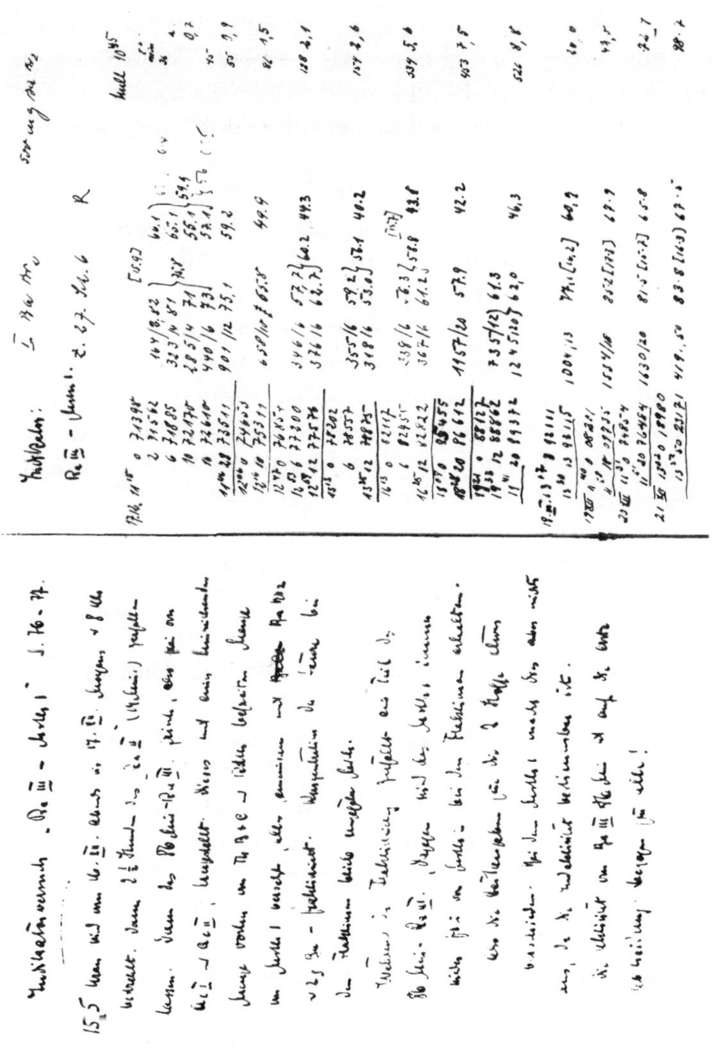

Versuchsprotokoll und Messungsergebnisse. Notiert von Otto Hahn am 16. und 17. 12 1938.

Fachausdruck: fraktioniert. Erst im Meßzimmer – es liegt als Nummer 23 genau neben dem Frühstücksraum des Institutes – wird mit durch Batterien verstärkten Geiger-Müller-Zählrohren die tatsächliche Radioaktivität gemessen und protokolliert. Immer weniger Zweifel sind nun möglich. Im Bestrahlungsraum vollzieht sich jedesmal tatsächlich etwas Elementares, das in seiner Tragweite nicht zu überblicken ist. Immer dann, wenn die verlangsamten Neutronen aus Radium und Beryllium auf das Uranpulver treffen, bewirken sie eine Veränderung des Urankerns. Er zerplatzt.

Es ist am 18. Dezember fast Mitternacht, als beiden die Erkenntnis unumstößlich klar wird: Fermi und Curie haben unrecht. Es gibt die angeblichen Transurane nicht! Sie werden für immer als ein reines Phantasieprodukt in die Annalen der Chemie eingehen müssen. Als klassischer Irrtum.

Uran verhält sich vollkommen anders. Es teilt sich in zwei annähernd gleiche Bruchstücke, in Krypton und in Barium.

Und die Formel?

Im nachhinein beinahe schon simpel:

$92_{\mathrm{U}} + \mathrm{O}_{\mathrm{n}} = 56_{\mathrm{Ba}} + 36_{\mathrm{Kr}}$

Die Welt findet sich an einem neuen Anfang. Und an einem Abgrund.

Denn – noch wissen sie es nicht –, bei einer Kernteilung werden zusätzliche Neutronen frei, die ihrerseits weitere Urankerne spalten können – es tritt eine Kettenreaktion ein.

Am 19. Dezember schreibt Otto Hahn den in der Zwischenzeit berühmt gewordenen Brief an Lise Meitner nach Stockholm. Aus den Zeilen spricht das Immer-noch-nicht-begreifen-können des Unfaßbaren. Hier meldet sich nicht der überlegene Professor der Chemie zu Wort, der für seine Leistungen mit dem Nobelpreis gekürt werden wird, hier steht der Zauberlehrling, dem die Antworten fehlen: »... Es ist nämlich etwas bei den Radium-Isotopen, was so merkwürdig ist, daß wir es vorerst nur Dir sagen. Die Halbwertzeiten der drei Isotope sind recht genau sichergestellt; sie lassen sich von allen Elementen außer Barium trennen, alle Reaktionen stimmen. Nur eine nicht... Es könnte noch ein höchst merkwürdiger Zufall vorliegen. Aber immer mehr kommen wir zu dem schrecklichen Schluß: Unsere Ra(dium)-Isotopen verhalten sich nicht wie Ra(dium), sondern wie Ba(rium)... Ich habe mit Straßmann verabredet, daß wir vorerst nur Dir dies sagen wollen. Vielleicht kannst Du irgendeine phantastische Erklärung vorschlagen. Wir wissen dabei selbst, daß es eigentlich nicht in Barium zerplatzen kann... Falls Du irgend etwas vorschlagen könntest, das Du publizieren könntest, dann wäre es doch noch eine Arbeit zu dreien! Daß wir dauernd Unsinn machen oder sonst irgendwelche Infektionen uns Streiche spielen, glauben wir nicht.«

Lise Meitner antwortet umgehend. Ein Luftpostbrief zwischen Berlin und Stockholm war zu dieser Zeit nur einen Tag auf dem Weg. Sie bekennt: »Mir scheint vorläufig die Annahme eines so weitgehenden Zerplatzens sehr schwierig, aber wir haben in der Kernphysik so viele Überraschungen erlebt, daß man auf nichts ohne weiteres sagen kann: es ist unmöglich... Ich werde Freitag sehr wahrscheinlich auf etwa eine Woche nach Kungälv fahren, wenn Du inzwischen schreibst, so adressiere bitte dorthin.«

Der Laborantin Irmgard Bohne (sie war für die Sekretärin Else Müller eingesprungen) diktiert Otto Hahn am 20. Dezember einen zusammenfassenden Bericht für die Fachzeitschrift »Die Naturwissenschaften«. Die erscheint im Springer-Verlag, einem traditionsreichen und renommierten Haus. Wegen der bevorstehenden Weihnachtsfeiertage und in der Furcht, die wichtige Post könne im Wust der Glückwünsche hängenbleiben, trifft sich Otto Hahn mit Dr. Paul Rosbaud. Er übergibt ihm persönlich die Abhandlung.

Rosbaud – ein erklärter Regimekritiker – war zwar im Springer-Verlag offiziell funktionslos und nirgendwo im Impressum der Zeitschrift aufgeführt. Dennoch besaß er das uneingeschränkte Vertrauen von Dr. Ferdinand Springer und hatte als ein vielseitig bewanderter Naturwissenschaftler sein Arbeitszimmer im Verlagshaus an der Linkstraße.

Paul Rosbaud ist sich der Bedeutung dieser Arbeit sofort bewußt. Nicht nur deshalb, weil Hahn persönlich sich zu ihm bemüht, weiß er um die Wichtigkeit. Trotz der bevorstehenden Festtage kippt er den bereits vorgesehenen Aufmacher für Heft 1 des Jahres 1939 und läßt statt dessen den

Hahnschen Artikel absetzen. Er trägt den Titel: »Über den Nachweis und das Verhalten der bei Bestrahlung des Urans mittels Neutronen entstehenden Erdalkalimetalle«. Autorenzeile: Von O. Hahn und F. Straßmann, Berlin Dahlem. In einer ersten Fußnote noch der Hinweis: Aus dem Kaiser-Wilhelm-Institut für Chemie in Berlin Dahlem. Eingegangen am 22. Dezember 1938.

In der fast siebenhundert Zeilen langen Publikation kommt das Wort Kernspaltung nicht ein einziges Mal vor.

Der Mann, der es zum ersten Mal ausspricht, ist – bei einem Waldspaziergang in Kungälv –, Otto Robert Frisch. Meitner und Frisch haben nach den praktischen Versuchen im Berliner Labor an der Thielallee nun in ihrem Exil auch sehr bald die schlüssige theoretische Erklärung: Sie vertreten die These, daß das andere Produkt der Spaltung Krypton sein müsse.

Da aber Edelgase keine chemischen Verbindungen eingehen, können Trägersubstanzen – wie bei anderen Produkten üblich – nicht zur Extraktion verwendet werden. Straßmann findet – wieder – den praktischen Ausweg. Er ersinnt einen Überleitungsversuch, bei dem das vermutete radioaktive Edelgas mit einem Luftstrom auf Watte gezogen wird. Dort muß es folgerichtig dann auch Isotope absetzen.

Fritz Straßmann wird recht behalten. Mit seinem letzten Experiment vom 25. Januar 1939 ist die Kernspaltung endgültig nachgewiesen.

Was er und Otto Hahn damit ausgelöst haben, kann keiner der beiden erahnen. Eine Gedenktafel am Institutsgebäude wird es Dezennien später so formulieren:

»In diesem Hause, dem damaligen Kaiser-Wilhelm-Institut für Chemie, entdeckten im Dezember 1938 Otto Hahn und Fritz Straßmann die Uranspaltung. Diese Tat hat der Erforschung der Materie und des Weltalls neue Wege eröffnet und die Verwendung der Energie der Atomkerne dem Menschen in die Hand gegeben.«

Es würde intensiver Suche bedürfen, um irgendwo anders auf diesem Globus eine Relieftafel zu entdecken, die sich an der Wahrheit so verlogen vorbeischummelt...

Der erste Rückblick

Boppard – verschlafen, rheinweinselig, deutschnational, weit weg von der lauten Welt, kaisertreu. Städtchen in der Schleife am Strom. Schiffe tuckerten gelassen abwärts nach Koblenz, zu Bonn hin und Köln. Runter ins Niederländische. Die, die den Berg hochmußten, fürchteten die tückischen Wirbel und die brockigen Untiefen zwischen St. Goar und St. Goarshausen. Oben wachte die Loreley, deutscher Fels und Ich-weiß-nicht-was-soll-es-bedeuten. Erst wenn die Pfalz bei Caub passiert, war es geschafft. Dann kamen Bingen und Mainz.

Die kleine Welt in so viele kleine Kästchen gepfercht. Ein jeder und ein jedes hatte da seinen Platz. Und das Wechseln von Schublade zu Schublade wurde mühsam, vielen verwehrt. »Schuster bleib bei deinem Leisten«, sagten sie so gern. Und damit meinten sie nichts anderes, als daß es sich nicht lohne, den eigenen Stand geringzuschätzen oder gar zu verraten.

In den Schenken am Ufer und in der winkeligen Schachtelstadt saßen die, die immer da saßen, an ihren Eichentischen. Der Doktor und der Apotheker und der Kohlenhändler und der Vertreter für die Schaumweine und der Pastor und mancher Ratsherr. Und nebenan der Lehrer und der Milchhökerer und der Gerichtsschreiber.

Weinseligkeit mochte diese nicht sichtbaren Linien manchmal verwischen, aber so ein kaisertreues und deutschnationales Gespinst aus Redlichkeit und Frömmelei, aus Neid und Verlogenheit, aus Dummheit und Stolz kuschte nüchtern anderntags wieder vor ungeschriebenem Gesetz – das war das bei weitem unbarmherzigste. Ihr da, wir da. So stand es nirgendwo und hatte jedem einzuleuchten. Nicht allein in Boppard am Rhein.

Richard Straßmann saß am zweiten Tisch. Er trank gern, selten zuviel. Er war der Gerichtsschreiber. Seine Vorfahren kamen aus dem Bergischen Land; Schleifer und Weber und Schnitzer. Die Frauen und die Töchter trugen das Zeug in Flechtkörben auf dem Kopf von Hof zu Hof.

Richard Straßmann, 1856 geboren, hat es weg von daheim zu etwas gebracht. Sie versetzten ihn. Von Amt zu Amt, von Elberfeld nach Gerresheim, nach Eitorf. Mit seiner gestochen scharfen Schrift, mit der er als »Vereidigter« dokumentierte, war er vorangekommen.

Hausbesitzer durfte er sich nennen. Das ist viel für einen aus dem Bergischen Land Zugezogenen. Untadelig sei er gewesen, hieß es in den Bewertungen nach einer jeden Inspektion. Imker aus Passion war er, und die Sterne schaute er bei klaren Himmeln. Das kleine Erbe und die Hypothek, die er als Beamter in Anspruch nehmen durfte, ermöglichten den Kauf des Hauses in der Säuerlingstraße 11. Das Domizil durchaus geräumig und das, was man in Boppard reputierlich nannte. Sechs Kinder hatten Richard Straßmann und seine Frau Julie, ein Jahr älter als ihr Mann. Die Haushaltshilfe hieß Luise und war mitgekommen aus Eitorf. Und sie saß bei Tisch; was ihr zeigte, daß man keinen Standesdünkel hegte. Gegen Entgelt wurde ein Stipendiat aus Frankreich durchgefüttert. Dreimal ist Julie noch schwanger gegangen in Boppard. Neun Kinder zogen sie schließlich groß, eine kreuzgesunde Frau muß sie gewesen sein, die mit 47 ein letztes Mal niederkam. Ihre robuste Natur vererbte sich. Alle Nachkommen blieben über Kindbett und Jugend am Leben. Für jene Zeiten durchaus keinesfalls etwas Selbstverständliches.

Der Jüngste kam am 22. Februar 1902 zur Welt. Nachmittags um zwei. Auf Friedrich Wilhelm wurde er getauft. Fritz nannten sie ihn. Das Friedrich Wilhelm nur förmlich herausgekramt bei der Einschulung und anderen offiziellen Gelegenheiten. Ein königlicher Name, auch ein Indiz für das Kaisertreue im weinseligen Boppard.

Die Älteren haben Erinnerungen behalten an das Schiffer-Städtchen am Rhein, der Benjamin wird später auf ein Hörensagen angewiesen bleiben. Die Anekdoten werden sich ohnehin immer ähnlicher. Und schrumpfen am Ende aufs stolze Berichten, daß die Straßmannschen mit der Brut von den Humperdincks tollten. Engelbert Humperdinck hatte in der Nachbarschaft gelebt. Sein Haus war das »Schlößchen«, die Säuerlingstraße bekam irgendwann einmal ihr neues glänzendes Emaille-Schild an die Ecke: »Humperdinckstraße«.

Ganze vier war Fritz, als sie den Gerichtsschreiber beförderten. Rechnungsrat am Oberlandesgericht in Düsseldorf. Ins Bergische Land gingen Briefe, Selbstbewußtsein durfte da zwischen den Zeilen durchklingen, das Haus in Boppard mußten sie nicht verkaufen – für die Ferien blieb es viele Jahre noch genutzt.

Friedrich Wilhelm Straßmann wurde zur Volksschule angemeldet, konnte sie nach drei Jahren schon verlassen, durfte ein Jahr früher als die anderen wegen Talent und Reife an die »Städtische Oberrealschule in Entwicklung« in der Scharnhorststraße. Das alles überschaubare Welt, das könnte etwas sein von rheinischer Bravbürgerlichkeit, von diesem »Etwas-erreicht-haben-durch-Fleiß-Gefühl«.

Draußen ist Krieg.

Fritz Straßmann war zwölf, als der Kaiser am Abend des 1. August 1914 vom Balkon des Berliner Stadtschlosses den Zehntausenden von Menschen unter ihm zurief, daß er nun keine Parteien, sondern nur noch Deutsche kenne. Und vier Tage später, als es galt, die Einwilligung aller im Reichstag vertretenen Parteien zu den Kriegskrediten zu erlangen, sagte Wilhelm II. im Weißen Saal des Schlosses, daß die Ursache dieses Krieges »allein das Ergebnis eines seit Jahren tätigen Übelwollens gegen Macht und Gedeihen des deutschen Reiches« sei. Und er nahm seine Gegner voller Pathos in die vermeintlich heilige Pflicht am Vaterland: »Ich fordere Sie auf zum Zeichen dessen, daß Sie fest entschlossen sind, ohne Parteiunterschiede, ohne Standes- und Konfessionsunterschiede zusammenzuhalten mit Mir durch dick und dünn, durch Not und Tod, vorzutreten und Mir dies in die Hand zu geloben.« Dieses Konglomerat aus Patriotismus, Herrenmenschen-Attitüde und »Gott mit uns« hinterließ Wirkungen: Selbst Karl Liebknecht stimmte nicht gegen die Kredite, erst drei Monate später, am 2. Dezember, wagte er, freilich als einziger inmitten einer Übermacht von Abgeordneten, diesen Schritt.

Es mußte nun nur noch die Nacht verstreichen, ehe – zweiunddreißig Stunden vor der offiziellen Kriegserklärung – sich am 2. August 1914 um zehn Uhr in einer Waldlichtung bei Joncherey nahe Mühlhausen der zweiundzwanzigjährige Leutnant Albert Mayer aus Magdeburg vom 5. Regiment der Jäger zu Pferde und der einundzwanzigjährige Korporal Jules André Peugeot aus Étupes sekundenlang ins Auge schauten. Dann drückten beide zu gleicher Zeit ab. Die Projektile aus den Pistolen fanden ihre Ziele punktgenau. Beide waren auf der Stelle tot.

Das war in jenem Jahr, da im 16. Bayerischen Reserve-Infanterie-Regiment ein Mann mitmarschierte, den die Angst umtrieb, dieser heißersehnte Krieg könnte sein jähes Ende finden, noch ehe er sich bewähren dürfe. Aber bei Ypern am 29. Oktober 1914 traf er auf die Briten, und der Soldat schrieb am 4. Dezember in einem Brief an den Münchner Schneidermeister Josef Popp, daß sein Regiment in nur einer Woche von dreitausendfünfhundert auf sechshundert zusammengeschmolzen wäre. Heldenhaft. Und in einem Buch – sechs Jahre später sollte es während einer Festungshaft entstehen – erinnerte er sich der Stunden von Ypern so: »Und dann kommt die feuchte kalte Nacht in Flandern, durch die wir schweigend marschieren, und als der Tag sich dann aus den Nebeln zu lösen beginnt, da zischt plötzlich ein eiserner Gruß über unsere Köpfe uns entgegen und schlägt in scharfem Knall die kleinen Kugeln zwischen unsere Reihen, den nassen Boden aufpeitschend; ehe aber die kleine Wolke sich noch verzogen, dröhnt aus zweihundert Kehlen dem ersten Boten des Todes das erste Hurra entgegen. Dann aber begann es zu knattern und zu dröhnen, zu singen und zu heulen, und mit fiebrigen Augen zog es nun jeden nach vorne, immer schneller, bis plötzlich über Rübenfelder und Hecken hinweg der Kampf einsetzte, der Kampf Mann gegen Mann.«

Das Buch: »Mein Kampf«. Sein Autor: Adolf Hitler. So

wird es sich jedenfalls später immer lesen. Der Wahrheit entspricht das nicht. Denn Hitler, am 1. April 1924 vom Sondergericht München zu fünf Jahren Festungshaft verurteilt, saß seine Strafe auf der Festung Landsberg am Lech mit Oberstleutnant Wilhelm Kriebel, »Oberland«-Führer Dr. Friedrich Weber und einem vierten Mann ab, gegen den nicht verhandelt worden war. Dieser Mithäftling, der von Österreich aus ins Gefängnis zog, um mit seinem »Führer« die Haft zu teilen, hieß Rudolf Heß. Er schlüpfte in die Rolle eines Privatsekretärs, dem der Kopf des Aufstandes vor der Feldherrnhalle sein Credo in die Maschine diktierte – ein schwarzes Reisemodell der Marke Remington.

Heß »kanalisierte« und entwirrte das spontan Formulierte. Das ungewöhnliche »literarische« Treiben der beiden blieb der Anstaltsleitung keinesfalls verborgen. In einem Rapport vom 15. September 1924 an das Landgericht München hieß es: »Hitler beschäftigt sich täglich viele Stunden lang mit dem Entwurf seines Buches, das in den nächsten Wochen erscheinen soll, und seine Autobiographie, Betrachtungen über das Bürgertum, Judentum und Marxismus, deutsche Revolution und Bolschewismus, über die nationalsozialistische Bewegung und die Vorgeschichte des 8. November 1923 enthalten wird.« Der Titel, unter dem die »Franz Eher Nachf. GmbH. Deutschvölkische Verlagsbuchhandlung« die ersten Werbe-Veröffentlichungen anlaufen ließ, war holprig: »4 1/2 Jahre Kampf gegen Lüge, Dummheit und Feigheit – Eine Abrechnung von Adolf Hitler.« Erst mit dem Erscheinen am 18. Juli 1925 stand nur noch das prägnante »Mein Kampf« auf den Umschlag geschrieben. Franz Josef Eher, ein Redakteur, hatte dem Kleinunternehmer Johann Maderer alle Rechte am Sonntagsblättchen »Der Beobachter« abgekauft. Ein Elaborat, das allein in Haidhausen rechts der Isar unter die Leute kam. Bei Eher erschien von 1920 an die Zeitung »Völkischer Beobachter«. Das Hitler-Buch fand zwischen 1925 und 1933 mehr als eine Million Käufer. Käufer, nicht Leser. Die Zahl derer, die sich durch das Gedankengut des Autoren quälten, blieb verschwindend klein.

Fritz Straßmann war dreizehn, als die Deutschen bei Ypern am 22. April 1915 zum erstenmal als Kampfmittel Giftgas einsetzten, wider alles Völkerrecht. Dreizehn war er, als am 1. Juni 1915 im »Berliner-Intelligenz-Blatt« die kurze Notiz erschien: »Auf der Treptower Sternwarte spricht Professor Dr. Albert Einstein am Mittwoch, dem 2. Juni, abends 8 Uhr vor den Mitgliedern des Vereines von Freunden der Treptower Sternwarte über Relativität der Bewegung und Gravitation.« Nie zuvor hatte in Deutschland ein Wissenschaftler über dieses Thema referiert. Jetzt, im Saal der Sternwarte, geschah das zum erstenmal. Journalisten waren nicht gekommen. Kein Interesse.

Fritz Straßmann war fünfzehn, als er 1917 nach der Untersekunda von der Schule sollte, um in einer Düsseldorfer Fabrik erst eine Lehre anzutreten und danach am Technikum sich zum Ingenieur ausbilden zu lassen. Sein wesentlich älterer Bruder Arthur war diesen Weg gegangen, hatte es in jungen Jahren »zu etwas« gebracht. Aber ein Meister im Werk befand den Anwärter als zu weich, zu klein, zu schmal, als daß er sich zurechtfinden könnte in den riesigen weiten Industriehallen und an den Maschinen im Staub und Lärm. Vater und Sohn standen ratlos vor den Pforten. Was denn nun werden solle, wollte der Rechnungsrat von seinem Jüngsten wissen. Und der bat, ob es denn zuviel verlangt sei, eines Tages Chemie studieren zu dürfen. Und so kehrte nach den Ferien dieser Friedrich Wilhelm Straßmann als Obersekundaner an die alte Schule zurück.

Fritz Straßmann war noch keine siebzehn, als er im Oktober 1918 zu einem Hilfseinsatz nach Nordfrankreich geholt wurde. Von der Schule weg: Er konnte nicht an die Mutter schreiben, kein Lebenszeichen von sich geben. Aber es stieß ihm nichts zu in den letzten Kriegstagen, so wie den anderen Straßmann-Söhnen auch nicht, die allesamt unversehrt von den Fronten zurückkehrten zu ihren Frauen und Verwandten. Das ist gewesen in jenem Oktober und November 1918, in dem das Land immer schneller taumelte; in eine Niederlage stürzte, die keine Freude aufkommen ließ

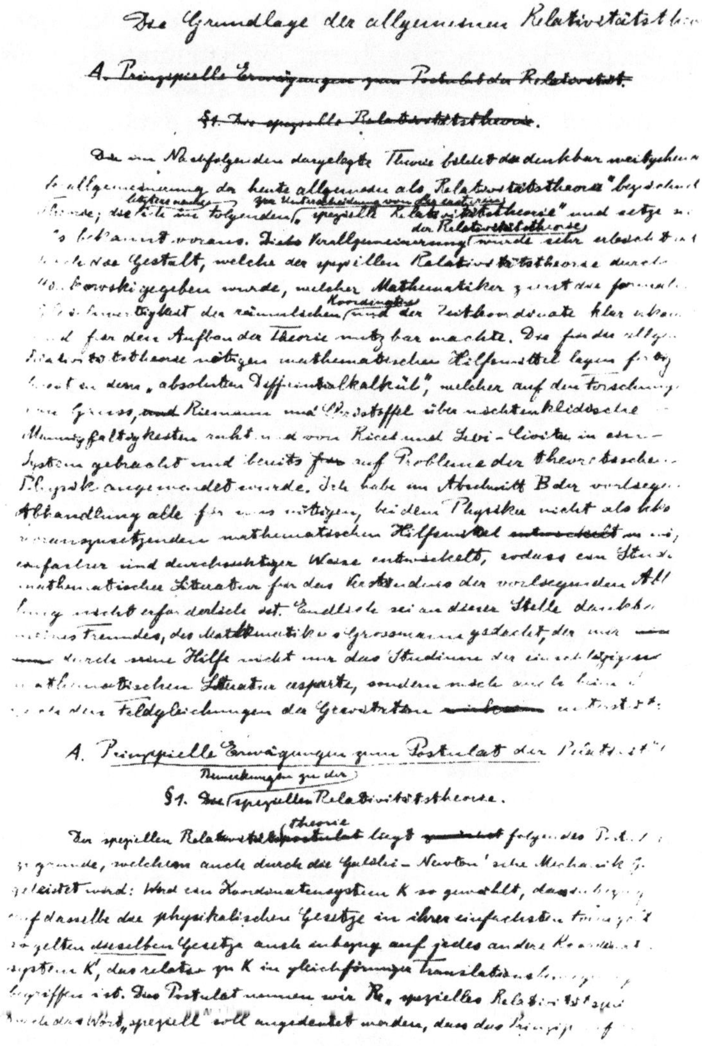

Albert Einstein, Die Grundlage der allgemeinen Relativitätstheorie. Erste Seite der Originalhandschrift

darüber, daß im Frieden nicht mehr geschossen und gestorben wurde. Das ist jener November gewesen, in dem das Land seine Treue zu seinem Kaiser vergaß.

Fritz Straßmann war noch keine siebzehn, als am 9. November 1918 im Gartensaal des Château de la Fraineuse hoch am Hang über dem belgischen Spa General Wilhelm Groener seinem Monarchen zu übermitteln hat, was kurz zuvor beim Frühreport das offene Votum der anwesenden Generalstabsoffiziere erbracht hatte: Zwölf der sechzehn Abstimmenden wollten keine Untertanen, sondern Bürger in einer Republik sein. Das Gottesgnadentum eines Königs oder Kaisers, dieses großgeschriebene Mir und Wir, es war Makulatur.

In ihrem Hauptquartier, dem Hôtel Britannique, einem Grand Hotel mit zweihundert pompösen Zimmern, einem riesigen Park und eigenen Thermalquellen, war den Offizieren endgültig klargeworden, daß allein die Abdankung ohne jedes Wenn und Aber einen Waffenstillstand herbeiführte. Nein, nichts ging mehr. Ein Hinauszögern der Waffenruhe war – und die Alten wußten es nur zu gut – schieres sinnloses Morden an den ihnen anvertrauten Jungen. Ein Hinschlachten der kommenden Generation, ein Wegwerfen der eigenen Söhne.

Dieser Krieg verloren. Die Siege allein Erinnerung. Der Triumph von Tannenberg ein Strohfeuer. Wilhelm II. mußte schon im August 1916 begreifen lernen, daß sein Chef der Obersten Heeresleitung, General Erich von Falkenhayn, bei Verdun fünfzig deutsche Divisionen geopfert hatte. Sinnloses Blutvergießen. (Wobei gefragt werden darf, ob es denn je ein sinnvolles Blutvergießen gegeben haben mag...)

Vom 29. August 1916 an hießen die wilhelminischen Heerführer Paul von Hindenburg (damals achtundsechzig) und Erich Ludendorff (damals einundfünfzig). Ein aus der Not geborenes Paktieren – der Kaiser verachtete den bürgerlichen Ludendorff –, titulierte ihn bei Tischgesprächen entre eux als »Feldwebelfresse«. Wissend, wie gegenseitig diese Abneigung blieb. Der Parvenü Ludendorff pochte menschenverachtend darauf, daß seiner eiskalten Tatkraft allein der Weg von unten nach oben zu danken war. Und nicht einem »von« vor dem Namen und hinter dem militärischen Dienstrang. Ludendorffs Können und die Fortune schienen die Wende möglich zu machen. Rückzüge waren ihm nicht Symbol von Niederlage oder Feigheit, sondern ergaben Sinn, wenn sie die Fronten begradigten. Immer weniger ließen sie den Kaiser in ihr Handwerk eingreifen, immer öfter setzte sich Ludendorff über von Hindenburg hinweg. Im Range eines Ersten Generalquartiermeisters befehligte er 240 Divisionen mit fünf Millionen Soldaten. Das Unternehmen »Alberich«, das vom März 1917 an ein Straffen der »Siegfriedlinie« bewirkte und das mehr als 400 000 Mann vor dem unmittelbaren Fronteinsatz verschonte, ist sein Verdienst. Hoffnung keimt. Aber der Gegner nun (mit Unterstützung von jenseits des Atlantik) ist zu mächtig. Vorbei.

Ludendorff hatte zu büßen. Willemzwo entließ ihn am 26. Oktober 1918. Groener als Nachfolger. Was sollte der noch bewerkstelligen können, was an Gutem aus der Notlage ziehen? Eine Armee am Ende. Ein Staat in Selbstauflösung. Ein Volk – zu müde, um die Verzweiflung zu beklagen. Die Städte als Hort von Revolution. Das begann mit Streiks. In Berlin, bei AEG, Borsig, Daimler, Loewe, Siemens.

Ludendorff war – wie in einer Schmierenkomödie – mit einer Sonnenbrille getarnt nach Schweden geflohen. Der Preußen-König, der Hohenzoller, der Kaiser, der Mann, dessen Selbstüberschätzung keinen Dämpfer erfahren hatte, gefiel sich selbst hier in Belgien in dieser Götterdämmerung. Als säße er in einer Wagnerschen Kulisse. Die Abschnitte der Siegfriedlinie trugen die Kodeworte »Hagen« und »Wotan« und »Kriemhilde« und »Freya« und »Brunhilde«...

Wilhelm Groener, wieder »nur« ein Bürgerlicher, sprach ohne erkennbare Emotion: »Das Heer wird unter seinen Führern und Kommandierenden Generalen in Ruhe und Ordnung in die Heimat zurückmarschieren. Aber nicht unter dem Befehl Eurer Majestät. Denn es steht nicht mehr hinter Eurer Majestät.«

»Und der Fahneneid...«

Groener: »Der ist in einer solchen Lage Fiktion.«

(Am Rande und vorweggenommen: An der Fiktion Demokratie wird ein Jahrzehnt später Groener selbst scheitern müssen. Und willenlos mitansehen, wie ihm das Amt eines Reichswehr- und Reichsinnenministers der jungen Republik aus den Händen gewunden wird.)

Der machtlose Kaiser hat keine weitere Frage. Und auch keine Antwort. Hindenburg (mit im Raum) schaut weg, hin zu den Ardennen. Alles, was sich nun zutragen mußte vom Augenblick an, betraf nicht allein einen abgehalfterten Monarchen, der sich der Illusion vom »Gottesgnadentum« hingeben mochte. Dies blieb nicht ein Schauspiel vom Untergang einer weltfernen Sippe. Das war nicht simpel nur anrührendes Hohenzollernschicksal. Nicht der Preis dafür, daß das Geschlecht seit Friedrich dem Großen keinen ersten Diener seines Volkes hervorgebracht hatte, sondern Hurenböcke, Verschwender, Kartätschenprinzen, Dummköpfe, Waffennarren, Mütterhasser oder (bestenfalls) Spinner.

Hier wurde Weltgeschichte gezeichnet. Das stellte die Weichen. Nicht für die Tage nach dem Waffenstillstand, nicht für turbulente Monate der Unsicherheit, nicht für die Jahre des Sich-Zurechtfindens in der jungen und doch so gebrechlichen Demokratie.

Jedes kommende Ereignis für sich wird Kleinigkeit bleiben, zufällige Fußnote, Ironie, Kurzschlußhandlung. Aber die Summe des Sagens, Handelns, Denkens muß alles bald in Scherben fallen lassen.

In einem Lazarett im Pommerschen Pasewalk lag ein Gefreiter, den sie noch vor weniger als hundert Tagen, am 4. August 1918, mit dem Eisernen Kreuz Erster Klasse ausgezeichnet hatten. EK I, selten unter Mannschaftsgraden verliehen, da hatte einer sich durch besonderes Tapfersein hervorzuheben aus den anderen. Da war er nun, im Quartier der Maladen, weit hinter den Fronten. Schwer verwundet seit der Nacht vom 13. auf den 14. Oktober 1918. In Ypern – wieder in Ypern – ist er in ein mehrstündiges Trommelfeuer von Granaten, mit Gas gefüllten Granaten, geraten. Blind geworden. Seine Augen, so schilderte er ohne zu lamentieren, steckten in seinem Schädel als seien es hellrot glühende Kohlen.

Und nun, am 10. November 1918, kam ein Feldgeistlicher ins Lazarett nach Pasewalk in Pommern, und alle wurden im großen Speisesaal zusammengerufen; manche karrten sie auf Tragen heran – die, denen die Beine amputiert worden waren. Und der alte Pastor sagte ihnen – er konnte seine Tränen nicht verbergen – daß die Revolution im ganzen Reich ausgebrochen, das Haus Hohenzollern untergegangen und ihr aller Deutschland von Stund an eine Republik sei. Und er faltete die Hände und betete zu seinem Gott und erflehte dessen Segen, um das Herrscherhaus zu schonen und zu schützen. In Ewigkeit, Amen.

Der Gefreite, der Tapfere mit dem EK I, in dem schon lange der grenzenlose Zorn war gegen all die, die sich des Verrates am Vaterland schuldig gemacht hatten, der sich verzehrte im Auflehnen gegen jene, die nicht so denken oder sein wollten wie er und die anderen Aufrechten, wird die Stunde von Pasewalk nicht mehr vergessen. Später schrieb er auf der Festung: »Ich wußte, daß alles verloren war. Auf die Gnade des Feindes zu hoffen, konnten höchstens Narren fertigbringen oder – Lügner und Verbrecher. In diesen Nächten wuchs mir der Haß, der Haß gegen die Urheber dieser Tat.«

Und dann kommt der Satz, der in weniger als drei Dezennien zwei Städte auf diesem Globus bersten lassen wird durch die Kraft der Atome und durch die Urgewalt im Inneren des Universums. Der Satz: »Ich aber beschloß, Politiker zu werden.«

An diesem 10. November 1918 saß der ins Exil gejagte Kaiser seit 6 Uhr 30 im niederländischen Grenzort Eijsden fest. Wartend auf das Kommende. Nicht wissend, daß ihm Graf Godard Charles John van Aldenburg-Bentinck Asyl gewähren würde: auf Schloß Amerongen nahe Maarn in den Hügelketten des Utrechter Moränenrückens. Wilhelmina, die Königin, war durch ihr Außenministerium von dem Heimatlosen auf dem Perron von Eijsden informiert. Sie entschied, den Bittsteller in »Würde« zu behandeln. Das hinderte die abkommandierten Offiziere nicht, den Weg ins »Noch-mal-davongekommen-Sein« nach mehr als zwanzig Stunden erst freizugeben. Die Zwischenzeit überbrückte der Mann im Offiziersrock in seinem Salonwagen. Bei einem Frühstück, das sich bis in den frühen Abend hinzog und bei dem Pilsener Bier vom Faß aufgetragen wurde.

Am Nachmittag des 11. November traf der höfische Bummelzug, dessen Lokomotive seit mehr als 36 Stunden unter Dampf stand, in Maarn ein. Die letzte Strecke ins von Aldenburgsche Herrenhaus legte die Gesellschaft aus Bediensteten, Adjutanten, Schranzen und Bewachern in einem Autokonvoi zurück. Vom Volk begafft, die »Würde« der Stunde sichtlich wahrend.

Eine Frage der Zeit, bis man im Triumphe wieder zurückkehre. Nach Potsdam, von wo man am 29. Oktober aufgebrochen war. Zurück in die Heimat, auf die Schlösser. Ein Viertel seines Lebens hatte der Kaiser noch vor sich. Er sah Potsdam nie wieder.

Fritz Straßmann war noch keine siebzehn, als an diesem 11. November 1918 der Waffenstillstand nach vier Jahren Krieg besiegelt wurde. In einer menschenleeren Lichtung des Waldes bei Réthondes. Der nächstgrößere Ort hieß Compiègne.

Es war zwei Uhr morgens, als die letzte Sitzung ihren Anfang nahm. Im Wagen Nummer 2419 D der »Société Internationale des Wagons Lits et des Grands Express Européens« saßen sich Marschall Ferdinand Foch und Staatssekretär Matthias Erzberger gegenüber. Der Franzose und der Deutsche; ein jeder als Doyen seiner Delegation. Nr. 2419 D – ein Speisewagen, in dem in Friedenszeiten die Notabeln tafelten. Friedenszeiten – das war lange her.

Der Weg in die Lichtung hatte vier Tage zuvor schon seinen Anfang genommen. Eine Odyssee: Über Genfer Kanäle war Berlin signalisiert worden, daß ein Waffenstillstand (freilich einer ohne alle Bedingungen der Deutschen) in greifbare Nähe rücken könne. Da aber bliebe dem »Erzfeind«, dessen Niederlage außer Frage stünde, nicht viel an Zeit. Jetzt oder nie. Nach diesem imaginären »Nie« ginge das Sterben an den Fronten in nicht gekannter Härte sofort weiter.

In der Picardie war ein handtuchschmaler Grenzstreifen als Terrain benannt worden, durch den die Unterhändler des Kaisers und seiner Armee schlüpfen könnten. Der Zentrumspolitiker Erzberger, stockkatholischer Schwabe aus Buttenhausen bei Münsingen, einst Volksschullehrer und seit 1903 im Reichstag, hatte neben dem Chauffeur im Auto gesessen, das hinter Terlon aus dem vermeintlichen Schutz deutscher Linien hervorgerollt war.

Durch zwei weiße Bettlaken an den Kotflügeln als Friedensvehiculum gezeichnet. Auf dem Dach ein Signalhornist, vor Angst und Kälte gleichermaßen schlotternd. Im Dorf La Capelle hatten die Sendboten auf einem verwüsteten Marktplatz ihren ersten Kontakt mit einem französischen Unteroffizier gehabt, von dem waren sie zu Militärlastwagen geleitet worden. Sonderbare Fracht, die da huckelnd zum Pfarrhaus von Homblière bei St. Quentin, dem Hauptquartier der Ersten französischen Armee, eskortiert wurde. Illusion alle Hoffnung, die Strapazen mögen ein Ende haben von nun an. Ein Versteckspiel. Demütigend, entwürdigend, wohlvorbereitet. Am Bahnhof von Tergnier durften sie sich wieder entspannen.

Was sie sahen, erstaunte sie. Fackeln beleuchteten eine Lokomotive und drei elegante Waggons. Dies sei – sagte ein Major mit prinzlichem Bourbonenblut in den Adern – nun ihr Domizil. Der Salonwagen trug sogar in vergoldeten Lettern das Monogramm von Kaiser Napoleon III. Eine Formation hatte das Gewehr präsentiert, von Ordonnanzen war Cognac kredenzt worden.

Im Nichts und im Nirgendwo, ein geschliffenes Glas vor sich und ein respektables Diner auf den Tellern. Dann war ihr Zug angefahren, ins Schwarz der Nacht hinein. Und als die Lokomotive anderntags zum Stillstand gekommen und endlich auch das Dampfen und Fauchen und Zischen verstummte, hatten sie in einer Lichtung gestanden – kein Anzeichen, daß hier Menschen leben mochten.

Zu Fuß, so hatte man den Übernächtigten bedeutet, sollten sie zu einer Garnitur stapfen, die auf ein Nachbargleis rangiert war, durch Bäume halb verdeckt und schlecht auszumachen, etwa fünfhundert schwere mühselige Schritte durch Moos entfernt.

Es war Fochs Höhle, sein Nest – Wagen Nr. 2419 D. Der Fuchs-Bau.

Am 8. November hatte um neun Uhr morgens das Verhandeln über den Waffenstillstand begonnen. Nein, doch kein Verhandeln. Das Akzeptieren eines Diktates. Das Konfrontiertwerden damit, daß es eine gnadenlose und eiskalte Abrechnung geben würde.

Ohne den Eintretenden die Hand zu reichen, hatte der Marschall, ein fast siebzig Jahre alter Militärhistoriker und Dozent für Strategie (eine ungewöhnliche Karriere für einen von den Jesuiten erzogenen Bauernjungen aus den Pyrenäen), die Offiziere an seiner Seite vorgestellt: Generalstabschef Maxime Weygand und Rosslyn Wemyss, Admiral und Erster Lord der Britischen Admiralität. Dann völlig übergangslos: »Sind Sie bereit, den Waffenstillstand zu erbitten?«

Erzbergers dürres »Ja« beinahe nicht abwartend, hatte sich Foch gesetzt und die 34 Bedingungen für eine Feuereinstellung verlesen: Ablieferung aller Waffen, Ablieferung von 5.000 Lokomotiven, Ablieferung von 150.000 Eisenbahnwaggons, Ablieferung von 10.000 Lastkraftwagen. Alles in einem einwandfreien, gebrauchsfertigen und »korrekt gereinigten« Zustand. Und dies innerhalb von 36 Tagen. Nichts in diesen 34 Artikeln griffe im übrigen den Friedensverhandlungen vor. Die tatsächliche Reparation müsse andernorts behandelt werden. Behandelt, nicht verhandelt. Eine »Selbstverständlichkeit« sei außerdem, sans doute, die Übergabe der gesamten deutschen Hochseeflotte. Zu einem Zeitpunkt, der mit »unverzüglich« angegeben worden war.

Drei Tage habe Berlin, mehr an Zeit könne die Entente dem einstigen Angreifer nicht gewähren. Drei Tage. Merci, au revoir.

Am 11. November 1918 um 4 Uhr 55 trocknete die Tinte unter den Dokumenten. Erzberger unterschrieb. Der deutsche Kapitän zur See Rüdiger Vanselow heulte wie ein Kind, Wemyss starrte ihn fassungslos an. Eine »Flammender Protest« betitelte Absichtserklärung müsse er noch verlesen, erklärte Erzberger. »Oui«, sagte Foch. Und am Ende stand der Marschall auf, murmelte »Très bien« und verließ den Waggon. Grußlos.

Sechs Stunden später war Friede in Europa. Um 11 Uhr.

Um 11 Uhr 15 starb bei Menin ein württembergischer Schütze, der an der Flandernfront auf britische Stellungen schoß, in deren kurzer und gezielter Gewehrgarbe. Des Deutschen Uhr war falsch gegangen.

Fritz Straßmann war noch keine siebzehn, als am 21. November 1918 vor der Mündung des Firth of Force zwanzig nautische Meilen südlich der Insel May zwei Flotten aufeinander zuliefen. Die der Briten, der Sieger, und die der Deutschen, der Unterlegenen. Die Historie in Krieg oder Frieden hatte nie zuvor eine solche Anhäufung von Booten gesehen. 370 Kriegsschiffe befehligte der englische Admiral Sir David Beatty, neunzigtausend Mann taten Dienst auf ihnen. Vom Matrosen bis zu den 19 Admirälen, die Sir Beatty unterstellt waren. Die Briten hatten sich in Spithead-Formation aufgereiht, in zwei parallelen Linien, die keinen Anfang und kein Ende bis hinter den Horizont hinaus zu haben schienen. Dann tauchte die »Cardiff«, ein leichter Kreuzer, von Osten her aus dem Nichts auf. Die »Cardiff«, die den Deutschen entgegengedampft war. Die riesige Nationale schlug im Wind. Und in ihrem Kielwasser ließen sich nach und nach 179 deutsche Boote unter dem Kommando von Vizeadmiral Ludwig von Reuter ausmachen: Schlachtschiffe, Zerstörer, Kreuzer, kleine Einheiten und U-Boote. Des Kaisers Armada. Jenes Kaisers, der da gesagt hatte, der Deutschen Zukunft läge auf dem Wasser. Nie war diese hochgerüstete Flotte im Krieg wirksam zum Einsatz gekommen. Sie war neu und unversehrt. Und sie war von Stund an Beutegut. Zielhafen: Scapa Flow...

Ist Friede auf dem Kontinent? Ein epochales Mißverständnis.

Fritz Straßmann war noch keine siebzehn, als am 16. Januar 1919 in München ein Extrablatt der Neuesten Nachrichten auf die Straßen geworfen wurde: »Liebknecht und Rosa Luxemburg erschossen. Berlin, 16. Januar – Der Kraftwagen, der den verhafteten Liebknecht aus dem Edenhotel ins Gefängnis bringen sollte, hatte im Tiergarten eine Panne. Liebknecht versuchte zu fliehen und wurde von der Begleitwache erschossen.«

Der »Fluchtversuch« war fingiert. Die Schüsse waren

Mord. Und die Täter werden bald milde Richter finden. Mitte Mai 1919 verurteilt das Gericht des Garde-Kavallerie-Schützenkorps in Berlin den Husaren Otto Runge zu zwei Jahren und zwei Wochen Gefängnis, die dank der mehrwöchigen Untersuchungshaft als »verbüßt« gelten. Und den Oberleutnant Kurt Vogel zu zwei Jahren und vier Monaten. Vogel bleibt zwei Tage in Moabit hinter Gittern, dann gelingt ihm die Flucht – dank eines kompletten Schlüsselsatzes, den ein Aufseher »vergessen« hatte. Die Mitangeklagten Horst von Pflug-Harttung, ein Kapitänleutnant, und die Leutnants zur See Ulrich von Rittgen, Heinrich Stiege, Bruno Schulze und Rudolf Liepmann werden »mit Rücksicht auf die ganzen Umstände und die Schnelligkeit, in der sich die Dinge abgespielt haben«, freigesprochen. Berufung ist nicht zulässig.

Fritz Straßmann war noch keine siebzehn, als sich im Uhrensaal des Französischen Außenministeriums am Pariser Quai d'Orsay am 18. Januar 1919 die »Großen Vier« zur »Conférence des Préliminaires de Paix« trafen; die Vorkonferenz der Sieger. Lloyd George, Vittorio Emanuele Orlando, Woodrow Wilson und Georges Clemenceau. Der Brite, der Italiener, der Amerikaner und der Franzose als Gastgeber berieten an diesem Tag zu erstenmal. Dem Tag, an dem vor 48 Jahren in Versailles Wilhelm I. zum deutschen Kaiser proklamiert worden war.

Fritz Straßmann war gerade siebzehn, als am 29. April 1919 die deutsche Delegation unter Außenminister Ulrich Graf Brockdorff-Rantzau in Versailles eintraf und im abseits gelegenen Hôtel des Réservoirs Quartier nahm. Die Emissäre der jungen Republik (außer Brockdorff-Rantzau noch Justizminister Otto Landsberg, Postminister Johann Giesberts sowie Robert Leinert, Carl Melchior und Walther Schücking) logierten in einem Ghetto; sie durften den Hotelpark nicht verlassen und die Straßen von Versailles selbst nicht betreten. Offiziere einer Militärmission flankierten die Wagen, die zu den Konferenzräumen fuhren.

Was da vor den Toren von Paris von dieser Stunde an sich

ereignete, was gedacht, gesagt, geschrieben und vollzogen wurde, gehorchte irrationalen Gesetzmäßigkeiten. Bar aller Vernunft kosteten die Sieger wie trunkene Marodeure den Triumph des flüchtigen Augenblicks, den Wahn einer nie wiederkehrenden Gelegenheit aus. Von Beginn an galt für die Franzosen die Maxime einer unbarmherzigen Rache und einer gnadenlosen Vergeltung.

Raymond Poincaré, der Staatspräsident, ein erfahrener Diplomat, ein als gemäßigt geltender Republikaner mit Idealen und einem Credo von Humanité und Fraternité, machte in seiner Eröffnungsrede ohne Umschreibungen und Schnörkel klar, daß es allein gälte, Rechnungen vorzulegen und zu begleichen. Ein Inkasso für die Ereignisse des zurückliegenden halben Jahrhunderts; für Sedan und 1870/71 und für Verdun und die vielen anderen Schlachtfelder und das Geschehen der letzten vier Jahre.

Seine ersten Worte, wohlbedacht und exakt gesetzt, warfen die Fackel ins Stroh.

Europa, es hatte so viele Sommer und Winter gebrannt. Das junge Jahrhundert, es mußte soviel Leid sehen. Nie wieder – so schworen es die Sieger – sollten die Söhne gehen und sterben müssen da draußen in den Schrapnellen und im Gas.

Armes Europa: Es mußte – eben weil die Rachegelüste aufbrachen wie die Beulen der Schwarzen Pest – noch einmal brennen. Und da war die Mitte des Jahrhunderts noch kaum gefunden. Und Europa würde nicht mehr allein brennen. Es mußten wieder die Söhne und die Enkel gehen und sterben. Die Welt würde sich in den Flammen finden, hilflos und eingekesselt. Vom Atlantik über den Alten Kontinent über Nordafrika und Asien hinweg bis zum Pazifik und in die Neue Welt, von Rotterdam, der Stadt des weisen Erasmus, bis nach Hawaii, das zu den Vereinigten Staaten von Nordamerika zählte. Und bis hin an einen Ort, der Hiroshima hieß.

Poincarés Sätze, heute nachgelesen, machen frösteln. Damals aber wurden sie in der französischen Presse wie das Gelübde eines Messias, das Gebet eines Jüngers ausgebreitet, wuchsen zur Pflichtlektüre an Schulen; wiedergekäut vom Pfaffenmund auf den Kanzeln hin zu den Frommen unten auf den harten Bänken.

Und vergib uns unsere Schuld, wie auch wir vergeben...?

Poincaré sagte: »Wenn, nach langen Wechselfällen, diejenigen, die durch das Schwert herrschen wollten, durch das Schwert umgekommen sind, so haben sie es sich selbst zuzuschreiben. Dieser Sieg ist vollständig, da ja der Feind um den Waffenstillstand nur nachgesucht hat, um einem nicht wieder gutzumachenden militärischen Zusammenbruch zu entgehen. Und es gebührt jetzt, im Interesse der Gerechtigkeit und des Friedens, aus diesem vollen Sieg die vollen Forderungen zu ziehen.«

Am 7. Mai 1919 überreichten die Siegermächte im Speisesaal des Hôtel Palace Trianon den Deutschen ihre Friedenskonditionen. Das Dokument mit dem offiziellen Titel »Conditions de Paix des Puissances Alliés et Associés«. Der Vertrag war in zwei Sprachen abgefaßt: französisch und englisch. Die Dauer der Zeremonie, in der das Konvolut überreicht wurde: ganze 47 Minuten. Clemenceau ergriff das Wort; jener Clemenceau, der den Royalisten in Frankreich, den nationalbewußten Konservativen ein rotes Tuch war. Jener »Liberalist«, der als Publizist und Verleger in seinem Blatt »L'Aurore« dem verbannten Emile Zola die Plattform gebaut hatte, um dem stolzen Frankreich eine seiner tiefgreifendsten Krisen aufzubürden. »J'accuse« hatte Zola in einem Offenen Brief gerufen und die Sache von Alfred Dreyfus vertreten, dem elsässischen Juden, der als Spion der Deutschen vor Cayenne in Festungshaft saß. Clemenceaus »L'Aurore« als die Publikation, in der Félix Faure als Staatspräsident offen attakiert wird, weil er im Verdacht steht, antisemitische Verschwörer innerhalb der Armee zu decken. Und dieser Clemenceau sagte nun: »Meine Herren Delegierten des Deutschen Reiches! Es ist weder der Ort noch die Stunde für überflüssige Worte. Sie haben vor sich die Versammlung der Bevollmächtigten der kleinen und großen Mächte, die sich vereinigt haben, um den fürchterlichsten Krieg auszufechten, der Ihnen aufgezwungen worden ist. Die Stunde der Abrechnung ist da. Sie haben uns um Frieden gebeten. Wir sind geneigt, ihn Ihnen zu gewähren. Wir übergeben Ihnen das Buch des Friedens. Ich rechne darauf, daß Sie diese Prüfung in dem Geiste der Höflichkeit vornehmen werden, welche zwischen den Kulturnationen vorherrschen muß; der zweite Versailler Friede ist zu teuer von uns erkauft worden, als daß wir es auf uns nehmen könnten, die Folgen dieses Krieges allein zu tragen. Um auch die andere Seite meines Gedankens zu Ihrer Kenntnis zu bringen, muß ich notwendigerweise hinzufügen, daß dieser zweite Versailler Friede, der den Gegenstand unserer Verhandlungen bilden wird, von den hier vertretenen Völkern zu teuer erkauft worden ist, als daß wir nicht einmütig entschlossen sein sollten, sämtliche uns zu Gebote stehenden Mittel anzuwenden, um jede uns geschuldete berechtigte Genugtuung zu erlangen.«

Und er schloß: »Es wird keine mündliche Verhandlung geben, und die Bemerkungen werden schriftlich vorgebracht werden müssen.« Genugtuung in vierhundertvierzig Artikeln. Abrechnung in fünfzehn Kapiteln. Das »Buch des Friedens« auf 208 Seiten. Jeder Punkt präzise bis in das winzigste Detail: Verlust von zwölf Prozent des Territoriums, eines Zehntels der Bevölkerung, aller Kolonien. Besetzung des Rheinlandes. Das Verbot, einen Generalstab zu ernennen. Und Reparationen in einer Höhe von hundert Milliarden Goldmark.

Fritz Straßmann war siebzehn Jahre alt, als am 21. Juni 1919 – der erste Frühlingstag nach Wochen schwerer Stürme – gegen zehn Uhr ein Flaggensignal, der rot gezackte Stander Z, über die Decks von Kreuzern, Zerstörern, Schlachtschiffen und Torpedobooten flog. Vizeadmiral Ludwig von Reuter befahl die Selbstversenkung: »Öffnet die Seeventile«. Ein irreales Schauspiel vor Orkney. Der kleine Ausflugsdampfer »Flying Kestrel« hatte die Kinder mehrerer Schulklassen an Bord. Fassungslos erkannten sie, was da geschah: Lautlos sank eine Flotte auf den Meeresboden. Das Linienschiff »Friedrich der Große« um 12 Uhr 16; es folgten SMS »Baden«, »Derfflinger«, »König Albert«, »Kaiserin«. Dann, schon als letzte, die »Hindenburg« um 17 Uhr 05. Die deutschen Offiziere und die Mannschaften (sie hatten Hunde, Musikinstrumente und Kleiderkoffer bei sich...) wurden geborgen und bei schlechten Bedingungen dreizehn Monate lang interniert. In Berlin tafelte Ludendorff derweil mit dem Chef der Britischen Militärmission, Sir Neill Malcolm. Ludendorff sagte: »Man hat uns einen Dolch in den Rücken gestoßen.«

Und eine Legende hatte das Licht der Welt erblickt.

Fritz Straßmann war siebzehn Jahre alt, als am 28. Juni 1919 im Spiegelsaal des Schlosses von Versailles um 16 Uhr 04 auf die elfte Seite des Friedensvertrages Reichsaußenminister Hermann Müller und Reichskolonialminister Johannes Bell als letzte ihre Namen neben die Lacksiegel im roten Seidenband setzten.

Clemenceau sagte: »Der Friede ist geschlossen.«

Und dann bat er die Delegierten, solange sitzen zu bleiben, bis die Ordonnanzen der Militärmission die Deutschen hinausgeführt hätten. Kein Ton, kein Atmen schier, als die fünf Männer, die Nicht-Sieger, die links von Clemenceau, Wilson und Lloyd George an einer Ecke der U-förmigen Tafel plaziert worden waren, abschätzig begafft und angestarrt den Raum verließen. Der Schall jedes Schrittes verfing sich im Prunksaal, in dem Bismarck den König der Preußen zum Kaiser der Deutschen erhoben hatte. Als sich die schwere Flügeltür aus Limousin-Eiche endlich wieder langsam und leise schloß, brach tosender Jubel los.

Es bedurfte nicht des Charismatikers, der den kleinen Leuten an Rhein und Ruhr, zwischen Turbinen und Drehbänken, hinter Oder und Warthe und Neiße und Netze, vor Fabriktoren und Bahnsteigsperren, in Coburg und Gera und Schwerin und Erfurt nur das zurückzugeben versprach, was er pathetisch den »heiligen Stolz« nannte.

Es genügte schon ein einziger Rattenfänger.

Die Schimäre von der geraubten Ehre vagabundierte durch das deutsche Land.

Fritz Straßmann war siebzehn, als sein Vater in den ersten Tagen des Jahres 1920 starb. Die Mutter mußte auskommen mit einer reichlich bescheidenen Beamtenpension, von der wegen der immer noch laufenden Hypotheken auf das Haus in Boppard viel nicht blieb.

Fritz Straßmann war seit fünf Tagen achtzehn, als er am 27. Februar 1920 sein Abiturzeugnis ausgehändigt bekam. »Von der mündlichen Prüfung wurde er befreit bis auf das Lateinische, in dem er sich nach dem Erlasse vom 4. April 1918 einer mündlichen Prüfung unterziehen mußte.« Mathematik gut, Chemie gut, Physik gut, Turnen und Handschrift genügend. Am Ende: »Die unterzeichnete Prüfungskommission hat ihm demnach, da er jetzt die Oberrealschule verläßt, um Chemie zu studieren, das Zeugnis der Reife zuerkannt und entläßt ihn mit den besten Segenswünschen.«

Es war nach der Absetzung des Kaisers und nach dem Sturz der Monarchie, als im Angesicht der Revolution Unternehmer einerseits und Gewerkschaften andererseits wie »Partner gleichen Standes« aufeinander zutraten und einen Vertrag bekundeten, den die Presse zu einer »Magna Charta« hochjubelte. Die bürgerliche Presse, um Mißverständnissen die Tür zuzuschlagen... Dabei hatten der Großindustrielle Hugo Stinnes und der Gewerkschaftsführer Karl Legien nichts anderes festgeschrieben, als daß überall im Deutschen Reich die tägliche Höchstarbeitszeit acht Stunden nicht mehr übersteigen dürfe!

Eine schwierige Frage: Waren die Kinder ihrer Zeit außer in Not von außen auch in eine Leere von innen geboren und hineingewachsen? Heile Welt? Gute alte Zeit?

Die konsumhörige und wohlstandsgläubige Gesellschaft nennt jene Zeiten heute hochmütig schlecht. Kohlrübenwinter wären es gewesen. Und Kohlrübe – das steht für Unglück. Welch Leidensweg muß da von einem durchmessen werden, für den viele Winter zu Kohlrübenwintern werden?

Fritz Straßmann selbst sah das aber anders. Sie trugen zu »feinen« Stunden gestärkte Matrosenanzüge, und sie tollten sich beim Indianerspielen. Löcher in den Hosen, Löcher in den Strümpfen, Löcher in den Schuhen. Täglich Schuhe tragen zu dürfen: ein Privileg. Es gab kinderreiche Sippen, da mußten die Jungs nach dem ersten Sommergewitter bis in den Spätherbst hinein barfuß laufen, um das einzige Paar zu schonen, vom Bruder übernommen.

Fritz und seine Mitschüler waren »Kreuzkirchler«, Mitglieder einer evangelischen Kinder- und Wandergruppe, die der Pädagoge Wilhelm Mosel wie ein Vater betreute. Fraglos ein Ersatzvater. Mosel und Straßmann schrieben sich bis ins Jahr 1976; dann starb Mosel – hoch in den Neunzigern.

Jahrzehnte später erinnerte sich Straßmann: »Wenn ich nun sagen soll, wie die naturwissenschaftlichen Fächer mich in der Schule beeinflußt haben, so kann ich den Unterricht in Mathematik und Physik vom gleichen Lehrer als überdurchschnittlich bezeichnen. In Physik ließ er uns häufig selbst experimentieren. Das war damals sicher ungewöhnlich. Ich möchte annehmen, daß die Eigenbetätigung, das Spielen mit sinnvollem Spielzeug, Jugendliche zum Nachdenken über Probleme anregt. Wenn ich die Chemie in der Schule auch nicht auf so individuelle Weise kennenlernte wie die Physik, so war doch mein Interesse dafür bereits geweckt worden. Die Schönheit und Vielfalt von Farben und Formen – Kristalle – die beobachtbare Verwandlung waren so aufregend, daß sie den Wunsch zu eigenem Tun beherrschend werden ließen. Daß die ursprüngliche Freude an der Schönheit der Chemie mir geblieben ist, habe ich festgestellt, als ich mich mit dem Mikroskop und der Mikrofotografie beschäftigen mußte. Der Vergleich mit der modernen Malerei und Graphik liegt nahe.«

Fritz Straßmann war achtzehn, als er mit Beginn des Sommersemesters unter der Matrikel 4378 am 4. Mai 1920 an der Technischen Hochschule in Hannover inscribierte. Er wohnte für drei Jahre bei seinem Bruder Arthur, dem Zweitältesten, draußen vor der Stadt in Wunstorf, mußte täglich mit der Vorortbahn pendeln zwischen Uni und Bude.

Studiengebühren hätte er nicht bezahlen können. Die Mutter zu drängen, aus dem Haus in Bopppard eine Art Erbanteil zu ziehen, um so die Ausbildung zu finanzieren, kam ihm nie in den Sinn. Er gab Nachhilfeunterricht (eine unerläßliche Nebenbeschäfigung, die ihn bis in die vierziger Jahre hinein zu ernähren hatte und die selbst dann noch die Berliner Haushaltskasse aufpolsterte, als Straßmann und Hahn in Dahlem entdeckt hatten, daß sich der Kern eines Atoms aufspalten läßt), und er blieb während seiner Studienzeit immer angewiesen auf den »Gebührenerlaß für Minderbemittelte«, der in Preußen beantragt werden konnte. Das aber bedeutete, sich diese Art von Unterstützung mit zusätzlicher Leistung erarbeiten zu müssen.

Bettelstudenten waren sie – und sie störten sich keineswegs daran. Eine Zweiklassengesellschaft mit diesen, die dank väterlicher Wechsel bummeln konnten, und mit jenen, die Zusatzprüfungen als Nachweis ihres Fleißes und Könnens abzulegen hatten, um Vater Staates »Gnade« nicht zu verspielen, galt als »ganz normal«.

Wilhelm Biltz, Anorganiker in Hannover und Straßmanns Professor, sah in seinem Satz: »Wenn Sie kein Geld haben, dann dürfen Sie eben auch nicht studieren« keinen Widerspruch zwischen der angeblichen Freiheit von Forschung und Lehre und seiner persönlichen Auffassung von akademischem Leben.

All dies ist Alltag. Bude und Uni und Armut, Bahnfahren und Hunger haben, Obrigkeit und Untertan, Herr und Diener. Dies ist ein Stück Leben im Deutschen Reich nach einem verlorenen Krieg. Ein Stück aus einer Schablone abgezirkelt und gestanzt. Hundertfach, tausendfach. Und jedes Stück, aufeinandergelegt, sähe gleich aus, wäre kongruent.

In diese Zeit, der sie so gerne die alte Burschenherrlichkeit ansingen und die doch so träge und belanglos vorbeistreicht, fällt ein Ereignis, das den Deutschen und den meisten Menschen in Europa vollends gleichgültig bleiben wird.

Dem Europa-Dienst der britischen Agentur Reuter ist die Meldung vier Zeilen wert. Die Berliner »Vossische Zeitung« druckt die Nachricht. Die Provinzgazetten, die Reuter nicht abonniert hatten, wissen nichts von dem Geschehen. Und deren Leser folglich auch nicht.

Am 4. November 1921 geschah ein politisch motivierter Mord. Auf dem Hauptbahnhof von Tokio erstach der neunzehn Jahre alte Student koreanischer Herkunft Ito Nakeaka (er arbeitete in einem Wartesaal Dritter Klasse als Hilfsdiener und leerte Spucknäpfe) einen Mann, der im Begriff war, den Zug nach Kyoto zu besteigen. Das Opfer hieß Takashi Hara. Hara war Ministerpräsident von Japan.

Das Kaiserreich von Japan. Eine abgeschottete Welt. Hinter einem undurchdringlichen Vorhang aus Bambus und Seide. Fremden Augen, fremden Ohren, fremden Seelen verborgen. Und unverständlich. Shogune und Daimyo – Fürsten und Ritter – als Gralshüter.

Eine Welt der Klassen, der Alten, der Hörigen, der Konservativen, der Starrsinnigen. Die Oligarchie achtete in geradezu panischer Angst auf Beharrlichkeit, die sie Tradition nannte. Die Kaiser waren ihr verpflichtet. Göttliche Pflicht für die göttlichen Kaiser. Monarchen als Marionetten von Hofschranzen und Militärs – dies war nirgendwo auf den Kontinenten etwas Ungewöhnliches. In Japan aber lagen die Dinge zudem anders. Die Rolle des unnahbaren Herrschers als Bewahrer dynastischer wie religiöser Prinzipien ließ ihn zum Spielball zweier Interessengruppen werden: der Feldherren und der Frommen. Herangewachsen, ja fast schon herangezüchtet in unermeßlich reichen und unvorstellbar mächtigen Sippen: den Tokugawa, den Choshu, den Satsuma.

Da könnte der Wachsame bei genauem Hinhören mit etwas Mühe einen Zeitzünder mit leisem Ticken vernehmen.

Denn Priester und Offiziere blieben Feinde einer jeden Öffnung zum Fortschritt. In der Ära des Kaisers Mutsuhito (1868 bis 1912) lag die Macht in den Händen unbeugsamer Samurais. Männer, von deren Grausamkeit sich aufgeklärte Europäer kein Bild machen konnten. Grausamkeit als Mittel zum Zweck. Heiliges Mittel zum Zweck. Grausamkeit, um dem Ziel eines wahrhaft allmächtigen Staates näher zu kommen. Und Grausamkeit, um dank eines allmächtigen Staates auf Eroberung gehen zu können, um den Nachbarn den Willen Japans aufzuzwingen. Zwar hatte Mutsuhito in seiner langen Regierungszeit (er war als Fünfzehnjähriger auf den Thron gekommen) periodisch wenigstens eigene Vorstellungen von ansatzweiser Liberalisierung durchdrücken können. Aber das Primat der Hohepriester blieb zu übermächtig, als daß von einer Humanisierung des alltäglichen Lebens an der Schwelle zum zwanzigsten Jahrhundert etwas durchschimmerte. Kompromißlos wurde der Gottkaiser auf die prunkvolle Rolle des allwissenden Erfüllers heiliger Zeremonien zurechtgestutzt. Der Goldene Käfig – hermetisch abgeriegelt. Den Schlüssel hütete die Geistlichkeit.

Will keiner das Ticken des Zeitzünders vernehmen?

Japan war so weit weg. Geographisch wie geistig. Gefährlich wurde die Lage nach der Thronbesteigung von Mutsuhitos Nachfolger Yoshihito, vollzogen in aller Heimlichkeit. Niemand aus dem Volk bekam den neuen Kaiser zu Gesicht. Der war schwachsinnig. Er (Mitte der Dreißig) mußte während seiner Regentschaft bevormundet werden, zu Lebzeiten schon verlor er offiziell die Würden seiner Ämter. Das gab den Weg frei für Feldmarschall Fürst Yamagata Aritomo, dessen imperiale Kolonisationspolitik skrupelloser Eroberungen keinen Widerspruch in den eigenen Reihen mehr finden konnte.

Der Zeitzünder tickte; man mußte nur hinhören (wollen).

Die Folgen in Japan waren naheliegend: Zwei Schichten vor allem – wenn auch noch unzulänglich in Logik und Logistik – wuchsen zu Widerstandsnestern: die organisierte Arbeiterschaft in den großindustriellen Betrieben und die Intellektuellen an den Universitäten.

Ministerpräsident Hara (seit 1918 im Amt) witterte diese Gefahr. Nach außen gab er vor, dem Ideengut der Jüngeren wohlwollend gegenüberzustehen. Tatsächlich aber war er nicht bereit, Demokratie nach englischem Vorbild auch nur im entferntesten in Erwägung zu ziehen. Eine unmonarchische Regierungsform wie die der Amerikaner, die sich seit der Wilson-Administration zunehmend in der Rolle des »Welt-Polizisten« gefielen, seit sie mit ihrem Kriegseintritt am 6. April 1917 den Weltkrieg zugunsten der Entente entschieden (als Waffenlieferant hatte die Stahlindustrie der USA ihre Finger schon seit dem Sommer 1914 mit im Spiel gehabt), war dem »bürgerlichen«, aber erzkonservativen Hara purer Greuel. Zudem wußte jeder japanische Grundschüler, daß 1853 sieben Kriegsschiffe eines US-Geschwaders zwei Häfen des Insel-Reiches okkupiert hatten und dies als eine Art »strategische Selbstverständlichkeit« ansahen.

Die Tat des Koreaners aus dem Wartesaal Dritter Klasse hätte auch das Meisterstück eines Geheimdienstes sein können. Ein Stellvertreter-Delikt. Von dem alle etwas haben. Nur Täter und Opfer nicht. Aber danach haben Geheimdienste noch nie gefragt. Nichts konnte Orthodoxen, die noch orthodoxer denken wollten als Hara, besser ins Konzept passen als der Mord auf dem Perron vor dem Schnellzug nach Kyoto.

Mit dem Attentat ließ sich einerseits das schon in Unwucht versetzte Rad der neuen Zeit abrupt abbremsen, andererseits durften alle probaten Daumenschrauben nochmals nachgedreht werden.

Da sollte irgendwo eine Zeitbombe ticken? Nein, die hörte man nicht...

Als Hirohito 1926 neuer Regent wurde, fanden sich im Reich der Mitte schon Sozialisten und Liberale in einem Topf mit Kommunisten und Anarchisten. Allein das Nachdenken über neue Theorien, über geistige und politische Wege ins Morgen, galt Hochverrat gleichgestellt. »Gesetze zur Wahrung des Friedens«, Notstandsverordnungen, die nach dem infernalischen Erdbeben vom 1. September 1923 automatisch in Kraft getreten waren, blieben kommentarlos bestehen, zehn Jahre Gefängnis drohten jedem, der »eine Vereinigung mit dem Ziel der Änderung des Nationalgebildes oder der grundsätzlichen Bekämpfung des Privateigentums organisierte, einer solchen Vereinigung beitrat oder andere zum Beitreten veranlaßte«.

Nicht genug damit: Nach dem Tod des blöden Yoshihito am 21. Dezember 1926 konnte der neue Tenno Hirohito (sozusagen als Morgengabe an die Priester und die Militärs) das formulieren, was die Konservativen in mühsamer Kleinarbeit dem Kronprinzen ins Gewissen geflüstert hatten: Feinde gäbe es zuhauf. Jenseits des Pazifik die gottlosen Amis. Und deren Schergen schürten im Reich der Weisen die Unruhe. Die Schaffung einer »Hohen Sonderpolizei zum Schutz der mythischen Ehre des Nationalgebildes« machte Japan nach innen zu einem Polizeistaat. Eine Notverordnung belegte den Widerstand gegen das Gesetz zur Wahrung des Friedens mit der Todesstrafe. Die Freizügigkeit, mit der Heer und Admiralität hochrüsten konnten (die Industrie dankte es durch Bestechungsgelder und horrende Spenden), wandelte Japan nach außen vollends zu einem hungrigen Wolf.

Selbst Schwerhörige konnten jetzt nicht mehr abstreiten, daß irgendwo etwas tickte.

Fritz Straßmann war zweiundzwanzig, als er am Ende des Wintersemesters 1923/1924 seine Diplomvorprüfung für Chemiker ablegte. Seit einem Jahr wohnte er in der Nähe der Technischen Hochschule in Hannover, als Untermieter eines betuchten Milchhändlers. Dessen Sohn gab er Nachhilfeunterricht. Nicht der einzige, der sich bei Straßmann präparieren ließ. Auch jüngere Studenten paukten bei ihm. Eine seiner Elevinnen war Liu. Die Frau eines Studenten aus China. Sie wollte deutsch lernen. Es kam anders: Er begann, mit ihr chinesisch zu sprechen.

Bei allem Fleiß, das Recht auf ein Stipendium nicht zu verlieren, blieb Zeit: Ausflüge in den Harz, Winterreisen in Hütten, Bergwanderungen. Irgendwo bei Bauern Quartier nehmen, bei den Eltern anderer Studenten einkehren. Eine heile Welt. Wenn »heil« ein relativer Begriff sein darf. Die Inflation war bewältigt, vergessen noch längst nicht. Ruhe im Land? Allenfalls eine sehr trügerische.

Erzberger ermordet. Feme. Drahtzieher Korvettenkapitän a.D. Hermann Ehrhardt, der berüchtigte Kopf der »Brigade Ehrhardt« aus der Revolution von 1919.

Nach dem Scheitern des Kapp-Putsches saß der Weltverbesserer im Münchner Untergrund fest und mußte fürchten, wegen Hochverrates vor Gericht gestellt zu werden. Er gründete – getarnt als Holzverwertungsfirma – einen radikalen Geheimbund alter Kameraden, der auf mehr als fünfzehntausend Anhänger bauen konnte! Deckname OC für Organisation Consul, deren Kopf ein gewisser Konsul Eichwald sein sollte, der aber in Realität Ehrhardt gewesen ist. Unter neuer Identität schlüpfte der »Konsul« in die Rolle des Biedermannes, besaß Papiere auf den Namen Hugo Eisele und konnte in der Gewißheit agieren, ein wohlbehüteter Zeitgenosse in des Wortes wahrstem Sinn zu sein. Sein Schirmherr, der ihm die Pässe und andere Dokumente verschaffte, war ein gewisser Ernst Pöhner. Dessen Beruf? Polizeipräsident in München! Das erste Opfer der OC wurde der bayerische USPD-Landtagsabgeordnete Karl Gareis. Die Mörder entkamen. Per Los wurden Heinrich Tillensen und Heinrich Schulz ausgesucht – beide hatten ihrem Kaiser als Kapitänleutnants gedient –, das »Urteil an Erzberger, dem Erzverräter« zu vollstrecken. Am 26. August 1921 schossen die beiden als »Studenten« im Oppenauer Hotel Hirsch einquartierten ehemaligen Militärs oberhalb von Bad Griesbach auf ihn und seinen Begleiter, den Zentrumsabgeordneten Carl Diez. Der überlebte, Erzberger verblutete an den Fangschüssen in den Kopf.

Bei ihren Ermittlungen kam die Polizei bald auf die richtige Spur – Tillensen und Schulz aber durften sich sicher fühlen. Sie hielten sich unbehelligt in Budapest auf; ihren wichtigsten Mitwisser, den Marineoffizier Manfred von Killinger, der den Befehl zum Attentat überbracht hatte, sprach ein Offenbacher Schwurgericht am 13. Juni 1922 mit Glanz und Gloria frei. Und das Reichsgericht in Berlin verwarf die Revision der badischen Staatsanwaltschaft als »unbegründet und unzulässig«. Seit 1933 wohnten die Mörder, die vorübergehend in Österreich und Spanien untergetaucht waren, unbehelligt in ihrer Heimat. Ein 1946 in Freiburg eröffnetes Verfahren wegen Mordes verlief alsbald im Sande. Deutsche Richter dachten in einem eigenen – einem deutschen – Geist. Die Französische Militärverwaltung pochte auf Wiederaufnahme. In Offenburg hörten die Angeklagten, die als Kaufleute ehrbar das Wirtschaftswunder miterlebten, 1950 ihr Urteil: fünfzehn Jahre wegen Totschlags. Sechsundzwanzig Monate später setzte die Gefängnisverwaltung Schulz und Tillensen auf freien Fuß.

Angegriffene Gesundheit. Gute Führung...

Rathenau ermordet. Feme. Als Jude, als Homosexueller permanent von den Antisemiten attackiert. Der Bauarbeiter Walter Krischbin als Zeuge erinnerte sich beim Prozeß bis ins Detail des Geschehens: Gestalten in Ledermänteln und getarnt durch enganliegende Automobilisten-Kappen saßen in einem dunkelbraunen Benz-Tourenwagen. Zu dritt verfolgten sie in ihrem Viersitzer, dessen Verdeck zurückgeklappt war, das weit langsamere Cabriolet des Ministers. In der scharfen Kurve, an der von der Koenigsallee die Wallotstraße abbiegt, manövrierte sich der Mann am Volant neben Rathenaus Chauffeur. Der mußte seine Aufmerksamkeit auf eine Pferdedroschke konzentrieren. Die beiden Männer auf den Rücksitzen standen auf. Einer schoß, der andere schleuderte eine Handgranante. Fünf Schüsse fielen an diesem 24. Juni 1922 gegen zehn Uhr vierunddreißig. Der Benz raste davon. Das Opfer verblutete, war tot, als der erste Arzt in der Grunewaldvilla eintraf, in die man Rathenau in fiebriger Hast zurückgeschafft hatte. Stein für Stein ergab die Fahndung ein deutliches Mosaik. Der Benz hatte tagelang in der Garage der Schmargendorfer Mechaniker Diester und Schütt gestanden. Sein Besitzer – ein Fabrikant aus Freiburg in Sachsen – vermißte ihn angeblich nicht. Aus deutschnationalen Kreisen sickerten Namen durch. Bald herrschte Gewißheit: Ernst Werner Techow der Chauffeur. Erwin Kern aus Kiel und Hermann Fischer aus Chemnitz die Schützen. Auf der Rudelsburg an der Saale stellten Beamte der Politischen Polizei die Mörder. Während der Verhaftung starb Kern durch einen Querschläger; Fischer setzte sich selbst die Pistole an die Schläfe und drückte ab. Ein Narr, der die Welt glauben machen wollte, sie allein seien die handelnden Figuren im Spiel gewesen.

Das Verfahren in Leipzig legte nur die Spitze eines Eisberges frei. Techow, auf einem Adelsgut der Mark Brandenburg verhaftet, entging dem Fallbeil, weil nationale Kreise hinter den Kulissen »ein Zuviel an Emotion« befürchteten. Stattdessen fünfzehn Jahre Zuchthaus. Den Angeklagten erschien ihr Tun als Fanal. Ein Signal, das das »Volk« aufrütteln möge. Mathilde Rathenau, die Mutter, hatte Techows Mutter einen Brief geschrieben: »In namenlosem Schmerz reiche ich Ihnen, Sie ärmste aller Frauen, die Hand. Sagen Sie Ihrem Sohn, daß ich im Namen und Geist des Ermordeten ihm verzeihe, wie Gott ihm verzeihen möge, wenn er vor der irdischen Gerechtigkeit ein volles offenes Bekenntnis ablegt und vor der göttlichen bereut. Hätte er meinen Sohn gekannt, den edelsten Menschen, den die Erde trug, so hätte er eher die Mordwaffe auf sich selbst gerichtet als auf ihn. Mögen diese Worte Ihrer Seele Frieden geben.«

Als »unehrliches Geschwätz« verlachten die Feinde des Toten das alles. Der Frankfurter Dichter Ernst von Salomon, mitangeklagt, in jedes Detail des Mordes eingeweiht, rechtfertigte sich in den fünfziger Jahren – ohne Reue, mit Kalkül. Der Bann, in den er angeblich gezogen, der charismatische Einfluß des ultrarechten Reichstagsabgeordneten Karl Helfferich als das vermeintlich hehre und somit zu billigende Motiv. Kein feiges Verbrechen, sondern politisches Handeln in wirrer Zeit. Eine Heldentat folglich. Dreihundert Fememorde wühlten Weimar in den ersten vier Jahren der jungen Republik nicht sonderlich auf. Salomons Roman »Der Fragebogen« trug zudem eines Tages süße Früchte: bei Rowohlt 1951 als der Bestseller nach dem Krieg mit horrenden Umsätzen und beachtlichen Tantiemen.

Ernst von Salomon war beileibe nicht der erste Literat, der Honig sog: Schon Robert Musil hatte in seiner Satire »Der Mann ohne Eigenschaften« den Toten, dem sie zum Requiem Wagners Trauermarsch aus der Götterdämmerung spielten, als Dr. Paul Arnheim zur Karikatur gemacht...

Faustrecht. Ein ohnmächtiger Staat; Regierungen, die Rücksicht nahmen und allseitige Zweckbündnisse schlossen. Allseitig freilich nur nach der rechten Seite hin. Koalitionen, um den »aufrechten« Wähler zu ködern und die Finanziers aus der Schwerindustrie, die keine Rüstungsgüter produzieren durfte, bei der Stange zu halten.

Pecunia non olet.

Die Einführung der Rentenmark durch Reichsbankpräsident Hjalmar Schacht hatte das Währungssystem seit dem 22. Dezember 1923 einigermaßen stabilisiert. Doch die dramatische Währungsreform machte die Losung, daß ehrliche Arbeit sich immer noch lohne, zu einem höhnischen Spottwort. Die Roßkur wirkte, aber sie hatte – wieder – die Ärmsten der Armen getroffen. Deren Notgroschen weg.

Und die Schieber die Gewinner, die Raffkes am Drücker. Niemand hatte eine gerechte Rezeptur besessen, mit deren Hilfe sich der reale Geldumlauf von 400.338.326.350.700 Millionen eindampfen ließ. Trillionen waren es nun schon und nicht mehr nur »lumpige« Milliarden, Billionen und Billiarden.

Das Leben des Studiosus Straßmann in Hannover schien Zufälligkeiten zu gehorchen. Er vernachlässigte zeitweise sogar die »klassische« Chemie und ließ sich fesseln durch Geologie, Kristallographie und Mineralogie. Sein Lehrer in diesen Fächern, Otto Erdmannsdörfer, konnte ihn anspornen und fördern. Das »Umsatteln« aber (Straßmann hätte es möglicherweise riskiert) kam nicht zustande: Mentor Erdmannsdörfer war nach Heidelberg berufen worden. Eine Auszeichnung: Neben Berlin, Leipzig und Göttingen galt Heidelberg als eine der hochgeachteten Lehrstätten im Deutschen Reich. Der Professor ging, der Student blieb, rückte näher an Friedrich Quincke. Bei ihm schrieb er dann auch seine Diplomarbeit: Studien über das Verhalten von Chlorkalken. Ergebnis »sehr gut«. Quinckes Kommentar: »Ich bescheinige ihm, daß er dabei eine außergewöhnliche Fähigkeit zeigte, sich in den wissenschaftlichen Gedanken der Aufgabe hineinzuleben und ihn durch richtige Versuche und besonders auch durch Modifikation dieser Versuche durchzuführen.«

Und weiter – heute im Wissen dessen gelesen, was der Chemiker Fritz Straßmann in seinem Laboratorium durch richtige Versuche und Modifikationen noch erkennen wird –, die nüchterne Feststellung des Dozenten: »Neben der sehr erfreulichen praktischen Geschicklichkeit der Laboratoriumsarbeit besitzt er auch recht gute Kenntnisse in den verschiedenen Zweigen der Chemie.«

Herr Quincke – woher soll der 1924 wissen, was sein Schützling nur vierzehn Jahre später dank dieser »praktischen Geschicklichkeit« bewegen wird?

Die Welt.

Fritz Straßmann war zweiundzwanzig, als Winston Churchill im Oktober 1924 mit seiner Familie in die Downing

Street Nummer 11 zog. Ins Schatzamt. Der »Bulle« war der Mann, der als erster den Mut besaß, den Briten zu sagen, wo sie stünden. Am Abgrund. Das machte den mutigen Vollblutpolitiker und Schriftsteller zwar einsam, und es vergrößerte sich die Distanz sowohl zu seinen Parteifreunden als auch zu den politischen Widersachern. Aber es entsprach der Wahrheit. Der Glanz und die Macht des Empires war mit dem Ende des Weltkrieges zu einem Gutteil verspielt. An sichtbaren Zeichen fehlte es nicht. Der, der es leugnete aus Überzeugung oder gegen besseres Wissen verschwieg, betrieb Vogel-Strauß-Politik. Versailles und sein »Friede« hatte nicht die Deutschen (allein) in den Ruin getrieben, es hatte auch die Sieger von ihrem Bankrott-Sein nicht befreien können. Nun schwelten nicht nur die unzählbar vielen ungelösten Probleme zwischen den Staaten Europas, es gärte auch in den Ländern selbst.

Jede kleine Krise und demzufolge auch die große Rezession schürten die Spannungen zwischen den sozialen und gesellschaftlichen Schichten aufs neue. Die Unternehmer, die straff organisierten Gewerkschaften und die Arbeitslosen stellten die Pole dar. Großbritannien war mit einer Hypothek aus den Schützengräben und aus den Konferenzsälen zurückgekehrt, für die man in den Redaktionen schnell das Wort von der »englischen Krankheit« fand. Niemand hatte zu einem Zeitpunkt die ersten Symptome gesehen, da sie noch hätten behandelt werden können. Aber zu dieser Zeit schien alles im Lot und zum Besten zu stehen. Und die Diplomaten der Entente, die Briten mit den Franzosen gemeinsam vornweg, legten den Deutschen die Wechsel vor und befahlen »Unterschrift ohne Widerrede oder von neuem Krieg an allen Fronten!«

Aber: Auf der Insel hatten nun die Baumwollspinnereien, die Werften, die Maschinenfabriken, die Börsenhändler, die Juwelenimporteure, die Herrenschneider, die Seidenmanufakturen ihren wichtigsten Exportmarkt zwischen Straßburg und Königsberg, zwischen Apenrade und dem Schwarzwald verloren. Und der mächtige Verbündete, die USA, der als neutraler Staat Rüstungsartikel aller Art in den Bäuchen der Schiffe nach Osten über den Atlantik geschickt hatte, pochte in der Alten Welt auf die Rückzahlung der Kredite. Die Alte Welt besaß nichts mehr.

Für Großbritannien allein fielen 35 Millionen Pfund pro Jahr an Zinsen an. Und selbst wenn die überwiesen worden wären, hätte der Schuldner von seinem Debet in Höhe von fast fünf Milliarden, um es genau zu sagen: 4.933.701.642 Dollars noch nichts getilgt.

Schatzkanzler Winston Churchill intervenierte auf offenem Weg und über verborgene Kanäle. Da war doch der »Friedensengel« Wilson, der Versöhnende; der Missionar derer, die nun guten Willens sein sollten. Jener, der am 25. Januar 1919 unter den Kristallüstern auf der Pariser Friedenskonferenz in den berühmten vierzehn Punkten ein Friedensprogramm unter dem Dach eines Bundes der Völker zurechtgezimmert hatte. Und einstimmig war an jenem Tag die Entschließung über die Gründung des »Völkerbundes« angenommen worden. Aber der inflatorische Gebrauch des Begriffes Frieden konnte dessen Abnutzungserscheinungen nicht vereiteln. Woodrow Th. Wilson, Demokrat, Calvinist und erzogen in einem bigotten Pfarrhaus, saß nicht mehr im Amt. Seine spendablen Versprechungen ließen sich von niemandem einklagen. Die höheren Weihen des Friedensnobelpreises hatte man ihm in Stockholm im Dezember 1919 noch feierlich mit auf den Weg gegeben. Das eiskalte Abwickeln erledigte nun, 1924, Calvin Coolidge, ein nicht eingeplanter Zufallspräsident. Denn Warren G. Harding, Wilsons legitimer Nachfolger, Vater einer Anzahl unehelicher Kinder und »Besitzer« von drei Geliebten, hatte zu barock gelebt: tödliche Herzverfettung. Advokat Coolidge, spindeldürrer Asket, betätigte (und bewährte) sich als Oberbilanzbuchhalter. Nicht ein Posten war vergessen: Von 1913 an hatten die Vereinigten Staaten von Amerika – finanziert durch das Bankhaus des John Pierpont Morgan – die Rüstungsgüter geliefert. 1913 für 800 Millionen Dollar, 1915 für drei Milliarden Dollar. Und so weiter, und so weiter, und so weiter... Jede Quittung war da, jeder Lieferschein, jede Empfangsbestätigung. Auch der Krieg, gerade der Krieg, wird nachprüfbar durch eine wasserdichte doppelte Buchführung. (Und die – ein Segen der Alten Welt –

hatten die Fugger zu Augsburg in ihrer Goldenen Stube erfunden.)

Den arroganten Engländern oder dem überheblichen Churchill etwas stunden oder am Ende gar erlassen? Undenkbar für Präsident Coolidge. Seine Antwort an die Downing Street blieb bei aller taktisch-diplomatischen Verbrämung eine schallende Ohrfeige für die arm gewordenen Vettern: »Sie haben doch das Geld von uns geliehen? Oder stimmt das nicht?« ließ er Churchill ausrichten.

Der Satz (das sollte er ja wohl auch) sickerte schnell in die Chefredaktionen der Fleet Street. Und die Wetterhähne drehten sich in beachtlicher Geschwindigkeit. Die USA und das Vereinigte Königreich gebärdeten sich wie zerstrittene Internatszöglinge. Andererseits schaute ein Großteil der Briten in Ober- und Mittelschicht auf die Deutschen. Die waren strenggenommen mit den Angelsachsen verwandt, fleißige Gesellen vom eigenen Geblüt, das blieben doch stets Partner und Kunden, bei denen die Redlichkeit des Handschlages zählte wie ein Kontrakt auf Pergament mit Siegel und Sand.

War da, in Versailles, etwa das falsche Schwein geschlachtet worden? Stimmte das, was Ludendorff beklagt hatte, daß schuld am Dolchstoß allein die Juden seien? Gehörten die Banken in den Straßenfluchten der Neuen Welt nicht allesamt dem jüdischen Großkapital und seinen undurchschaubaren Hintermännern? Waren die am Ende fürs Unglück zur Verantwortung zu ziehen? Das fragte sich leicht. Das schrieb sich schnell. Das flog in Windeseile aus.

Wer Widerwort einwarf und daran erinnerte, daß bei einem »Déjeuner« im Garten des Neuen Palais zu Potsdam der Preußische König und Deutsche Kaiser am 5. Juli 1914 die Würfel auf den Tisch fallen ließ, wer nicht vergessen hatte, daß die aberwitzige Nachrüstung von Wilhelm II. zielstrebig durchgepeitscht wurde, um auf dem Festlandssockel so mächtig zu werden, auf daß man die englischen Verwandten, die sich später die Windsors nannten, nie mehr zu fürchten habe, wer durchschaute, daß der Mord am Habsburgischen Thronfolger eine fast herbeigesehnte Gelegenheit bot, um aufzusitzen und loszureiten, der konnte von Pragmatikern und Opportunisten die Antwort bekommen, was denn so gefährlich sei an der deutschen Flotte. Die liege unbrauchbar und sicher verwahrt unter Wasser vor Scapa Flow!

Das Kaleidoskop der politischen Jahre in diesem Deutschland ist schnell gedreht: Die Verträge von Rapallo (paraphiert in einem Prinzessinnen-Schloß, das heute über dem Hafen von Santa Margherita als Luxushotel dient und vierfarbig mit dem Umstand wirbt, es wäre das Lieblingsdomizil von Eva Braun gewesen), der Marsch auf die Feldherrnhalle, das Scheitern des Putsches, die Festungshaft des Hitler, der feige zu Boden gegangen war, während der Greis Ludendorff erhobenen Kopfes in die Gewehrläufe hineinschritt, ohne daß ein Schuß (auf ihn) fiel. Noch dies zu Ludendorff: 1925 läßt er sich von den Mitgliedern der NSDAP zum Reichspräsidenten-Kandidaten nominieren. Im Jahr darauf gründen er und seine – zweite – Frau Mathilde den »Tannenbergbund«. Das Ziel des Zirkels: »der energische Kampf gegen überstaatliche Kräfte«. Die da heißen: Marxisten, Jesuiten. Und Juden.

Fritz Straßmann war ein junger Mann Mitte Zwanzig, als er am Institut für Physikalische Chemie in Hannover bei Hermann Braune als Doktorand begann. Noch vor wenigen Monaten wäre es ihm nicht in den Sinn gekommen, zu promovieren. Denn er war zu arm. Aber ohne einen Doktortitel standen die Chancen für junge Chemiker, in der Industrie beschäftigt zu werden, auf null. Akademiker, die mit Schildern vor dem Bauch an den Eingängen von Berliner Bars lungerten und die Passanten animierten; Doktoren, als Chauffeure bei Großfleischern in Lohn und Schinkenbrot; Dozenten, die ihre Familie ernährten, indem sie abends auf Pferderennbahnen am Totalisator mitrechneten – die alltägliche Normalität und von keinem mehr fassungslos bestaunte Realität.

So karg die Zeiten waren, so sehr sich, vor allem in den Ballungsgebieten, die politische Unruhe wie ein drohender Schatten über die Republik breitete, so schwer es für die schlecht ausgebildete Landjugend bleiben mußte, am angestammten Platz Beschäftigung zu finden, so oft immer noch der Terror als Waffe zur Durchsetzung von verquaster Ideologie genutzt wurde, so bürgerlich und betulich verlief das Leben in Hannover.

Der Druck von außen war dort nur selten spürbar. Er ließ sich allenfalls in den Gazetten erahnen.

Hermann Braune als der Doktorvater von Fritz Straßmann gewährte ihm wie auch den anderen Anvertrauten die Zeit und die akademische Freiheit, eigenes Profil zu finden. Er, der Ältere, sah die Jungen als Kollegen von morgen, für die das vielleicht erreichbar sein mochte, was seiner Kriegsgeneration jetzt verwehrt blieb. Braune wußte, daß er sich Illusionen machte, wenn er von einer raschen Besserung der Situation träumte. Aber bessere Zeiten – wann auch immer sie anbrächen – stoßen den Nachrückenden die Türen auf: gute und vernünftige Rahmenbedingungen, ein demokratischer Staat mit ausreichenden Etatposten, seine Forschung zielstrebig und solide voranzubringen. Die Republik als Gemeinwesen, um in der Rolle des Mäzens in die Zukunft zu investieren. Die in die Regierungsverantwortung Genommenen als Garanten für den Abbau der gefährlichen Zeitbombe Arbeitslosigkeit.

Zwar kam es so – Braune erlebte es mit –, nur waren die Vorzeichen anders geschrieben. Arbeitslosigkeit durch Hochrüstung abzuschaffen, den jungen Akademikern den Aufstieg zu ermöglichen, indem die Juden in der Wissenschaft und in der Verwaltung »ausgemerzt« und »endlich ausgerottet« wurden – dies blieb Weltverbesserern vorbehalten, die jetzt noch keiner ernst nehmen mochte.

Fritz Straßmann hatte sich seinen eigenen Freundeskreis geschaffen. Er war in der Musikantengilde von Hannover aktiv, er spielte nun auch ein Instrument: Geige, die zu beherrschen er sich weitgehend selbst beibrachte. Hartnäckig konnte er stundenlang üben. Geld für Stunden bei einem Lehrer blieb äußerst selten übrig.

Hausmusik wurde in dieser Zeit noch gepflegt. Studentinnen sangen mit. Eine von ihnen: Maria Heckter. Sie, eine Mathematikstudentin aus Göttingen, hatte Straßmann kennengelernt, als sie sich bei ihm, dem erfahrenen Einpauker, für ihr Examen präparieren lassen wollte. Die Beziehung wurde allmählich enger, im Frühsommer 1928 arbeiteten beide gemeinsam im Laboratorium für Glastechnik und Mechanik. Unmerklich lockerten sich die Fäden zur Familie, die Nachrichten kamen seltener, beschränkten sich auf Karten zu Festen oder Geburtstagen. Als jüngster und noch nicht verheirateter Sohn übernahm Fritz es, sich um die Mutter in Düsseldorf zu kümmern. Erhalten blieb ein vertraut-familiärer Brief an die Schwester Paula vom 26. Dezember 1928: »Euch allen auch von mir herzliche Weihnachtsgrüße und Neujahrswünsche. Ich habe für acht Tage ausgespannt und bin am 23. hergekommen, um mit der Mutter Weihnachten zu feiern. Meine Arbeit ist endlich fertig geworden. Und nun kommt noch die schriftliche Arbeit an die Reihe, für die ich drei Monate angesetzt habe, so daß ich Ostern fertig sein werde. Es wird ja auch allmählich Zeit. Denn ich habe nun während der Doktorarbeit das ganze Jahr verloren, das ich während meiner Ausbildung meinen Studiengenossen gegenüber an Vorsprung gewonnen hatte. Na, dafür haben die es ja auch nicht nötig gehabt, noch neben dem Studium Stunden zu geben, und so bin ich alles in allem genommen doch von Herzen froh, daß es soweit ist. Dann geht es wahrscheinlich gleich ohne Aufenthalt in die Praxis und hoffentlich ins Ausland. (Ich bereite mich so allmählich darauf vor und lerne chinesisch und spanisch.) Auf diese Art hoffe ich, noch ein schönes Stückchen Welt zu sehen. So nun Schluß und seid alle herzlich gegrüßt und geküßt und haltet mir ein Däumchen, daß alles gut geht! Euer Fritz.«

Fritz Straßmann war siebenundzwanzig Jahre alt, als er am 30. April 1929 mit einer mündlichen Prüfung seine Promotion abschloß. Zu diesem Zeitpunkt hatte er schon als Assistent bei Braune gearbeitet. Er leitete die physikalisch-chemischen und elektrochemischen Praktika. Braune urteilte: »Ich sehe ihn als Chemiker von hoher Begabung und größtem Fleiß, mit dem ich sehr gerne zusammengearbeitet habe, namentlich da er sich durch selbständige Arbeitsweise auszeichnet.« Die »Zeitschrift für Physikalische Chemie« publizierte die Dissertation in leicht gekürzter Form unter dem Titel »Über die Löslichkeit von Jod in gasförmiger Kohlensäure« und nannte als Autoren gleichberechtigt H. Braune und F. Straßmann.

Die Promotionsurkunde beginnt mit den Worten: »Die Technische Hochschule Hannover unter dem Rektorate des Ord. Professors Dr. phil. et med. vet. eh. Friedrich Quincke verleiht mit dieser Urkunde dem Herrn Dipl.-Ing. Fritz Straßmann aus Boppard (Rhein) die Würde eines Doktor-Ingenieurs...« Sie schließt: »... seine wissenschaftliche Befähigung erwiesen und hierbei das Prädikat sehr gut bestanden erworben hat. Hannover, den 30. April 1929 Rektor und Senat der Technischen Hochschule«

Boppard – verschlafen, rheinweinselig, deutschnational, weit weg von der lauten Welt, kaisertreu – in der Promotionsurkunde fand es sich (scheinbar vergessen) noch einmal wieder.

Fritz Straßmann war siebenundzwanzig, als am 22. Oktober 1929, einem Dienstag, an der Börse in New York die Aktienkurse zum Zusehen schnell ins Schlingern gerieten. Die vermeintlich als »schlecht« bekannten Papiere gaben als erste nach und ihnen folgten die »wackligen«, dann die »durchschnittlichen«. Die kleinen Fische wurden immer nervöser und verkauften in Hast. Ein Teil der Broker bewahrte nach außen hin zunächst Gelassenheit und orderte sogar noch nach. Dennoch schloß die Wall Street mit einem Rekordtief. Die Abendgazetten an den Vorort-Zügen und die Radiostationen trugen die Unsicherheit am Finanzplatz nach draußen, die Korrespondentenbüros von AP und Reuter und UP funkten die Krise über die Meere. Mit Spannung erwarteten anderntags Wien, Mailand, Budapest, Paris und Berlin das, was am Handelsplatz Nummer eins geschehen würde. Zaghafte Wiederbelebungsversuche und gezielte Aufkäufe der scheinbar immer noch sicheren Titel blieben ohne Wirkung. Am 25. Oktober, einem Freitag, kollabierte das System. Unter der Bürde ihrer eigenen Last war die New Yorker Börse zusammengebrochen wie ein morscher Holzschuppen im ersten Herbststurm.

Das Karussell aus Spekulieren und Prolongieren und

Kreditieren, aus Hasard und Chuzpe und Betrug hatte sich nicht mehr bremsen lassen. An diesem Schwarzen Freitag wechselten wie in einem fiebrigen Wahn 16,5 Millionen Aktien ihre Besitzer. Market in Panic brüllten die Negerjungen über die Stühle der Schuhputzer ins Grau von Manhattan hinein, die Blätter übertrafen sich in ihren Schlagworten: Collapse! Spectacle! Phenomenal.

Auf dem Parkett selbst herrschte zwischen den beiden Glockenschlägen indessen schon Grabesstille. Die Investoren hatten bei einem Rekordumsatz von 89,7 Milliarden rund dreißig Milliarden Dollar verloren! Viele Papiere lagen längst bei dem achtzigsten Teil ihres Nominalwertes. Sie waren als Altpapier wertvoller denn als Aktie. Aus den Büros der Wolkenkratzer stürzten sich Menschen in die Tiefe, in schäbigen Hotels und in Luxussuiten gleichermaßen entdeckten Portiers die Leichen von Selbstmördern; Familienväter, die vor 72 Stunden als gutsituierte Bürger das Haus auf dem Land verlassen hatten, kehrten als erledigte Kreaturen zurück. Dreißig Milliarden Dollar: die Summe, die die Vereinigten Staaten von Amerika als Eigenanteil in den Ersten Weltkrieg investiert hatten.

Kam das alles so überraschend, traf die Insider der Blitz aus heiterem Himmel?

Beileibe nicht: Denn den Bankern und Brokern hatten die Kleinen ins Handwerk gepfuscht. Die Trittbrettfahrer. Die, die dem Geld hinterherhechelten, anstatt ihm gelassen entgegenzugehen. Und all das noch immer eine Folge des unsäglichen »Friedens« von Versailles und St. Germain. Zunächst einmal waren ja nicht nur die Engländer und die Franzosen als Sieger stark verschuldet oder überschuldet, auch andere Europäer klopften an Amerikas Türen um Anleihen: Italien, Ungarn. Jene, die sich »Sieger« nennen durften. Ihre Maschinen zu Hause längst veraltet, alle auf Investitionsschübe angewiesen. Zudem waren auch das Deutsche Reich und das kleine Österreich an die US-Banken herangetreten. Dort stießen sie auf offene Ohren und Taschen. Staaten als Kreditnehmer sind immer solidere Partner als Fabrikanten. Freilich verlangen Regierungen andere Konditionen; sie pochen auf langfristige Rückzahlung.

Das hieß, daß (oft genug am Rand der Legalität oder illegal) die Kreditlinien der Großbanken von Manhattan überschritten waren. Die Banken besaßen das Geld zwar nominal, auf dem Handelsplatz aber fehlte es. Statt dessen waren Dollarpakete in Europa plaziert und ausgegeben und nicht vorzeitig einklagbar. In die brodelnde Hochkonjunktur der amerikanischen Wirtschaft, die sich vor Aufträgen aus Übersee teilweise nicht retten konnte, mischte sich das Aktiengeschäft mit den unzähligen Klein- und Kleinstanlegern, die, winzig wie Ameisen, zusammengenommen dennoch zu einem Faktor beim Wertpapierhandel geworden waren. Von 1923 bis 1926 war der Stock-Index von etwa sechzig auf nahezu zweihundert Punkte geklettert. In den zweieinhalb Jahren vor der Katastrophe um über siebzig Punkte. Manche Werte waren innerhalb von sieben Jahren um das Viereinhalbfache gestiegen. Die Hausse wie endlos. Jede Traummarke ließ sich mühelos überspringen. Selbst die einst als utopisch angesehene 250 schien in Jahresfrist greifbar. Das machte das gefährliche Spiel zum Gesellschaftsspiel: Hausfrauen setzten sich auf den Zug und erzielten Gewinne. Und eine Armada von Habenichtsen oder Job-Springern besserte sich in wenigen Wochen den Etat auf. Man nahm einen Kleinkredit, trug ihn an die Börse, wartete gut einen Monat, hatte sein Geld deutlich vermehrt und zahlte mit Zins und Zinseszins zurück. Wissend, daß immer noch eine erkleckliche Summe hängenblieb.

Irgendwer mußte diese Zeche bezahlen. Wer? Die Banker wußten, wie dünn das Eis war, auf dem sie standen. Alle zusammen. Groß und klein. Wie in einem Dominospiel reichte ein Stein, um die Lawine loszutreten. Ende Oktober war es soweit: Der Aktienmarkt hatte sich in ein Nichts aufgelöst. Betriebe schlossen, Fabriken entließen ihre Leute, Hausfrauen fehlte der Dollar, um an der Ecke Lebensmittel zu holen. Kreditinstitute mit guten Namen chancenlos in ihrem Bemühen, ihr Geld von den Gläubigern zurückzuholen.

Angesichts der unvorstellbaren Kapitalnot auf dem eigenen Kontinent pochten die angeschlagenen Großbanken bei ihren Debitoren in der Alten Welt an. Man wolle sein Geld zurück! Aber auch dieses Geld nicht mehr da – investiert, verbaut, ausgegeben, schlicht: weg!

Die Arbeitslosigkeit schwappte über den Atlantik. In Österreich werden es sechshunderttausend, in Deutschland rast die Quote der Erwerbslosen von 800.000 im Jahr 1928 auf zwei Millionen (1929), auf drei Millionen (1930) und schließlich auf mehr als sechs Millionen im Spätwinter 1933. In dieser Zeit melden jährlich um die 25.000 Betriebe Konkurs an. Ihre Besitzer, die Meister, die Arbeiter stehen vor dem Nichts – Massenentlassungen überall. Auch in England ein ähnliches Bild. Die Arbeitslosenziffer von einer auf zwei Millionen gestiegen. Tendenz unverändert.

Der Erste Weltkrieg offenbarte seine Folgen, mit der die Ökonomen nicht gerechnet hatten oder nicht rechnen wollten. Die USA waren 1919 aus dem Desaster wider Erwarten als die großen Gewinner herausgetaumelt. Mit frisch gewonnener Kraft, voller Selbstüberschätzung, mit ebensoviel Arroganz wie Sendungsbewußtsein und in dem verhängnisvollen Glauben, allein den Amerikanern sei nun die Rolle zugefallen, auf allen fünf Kontinenten das letzte saeculum dieses Jahrtausends zu dirigieren und zu reglementieren.

Weder den Magnaten Morgan noch Mister Miller in Kentucky kümmerte es, daß ein krankes England zu einer lebensgefährlichen Achillesferse werden müßte, ließe man es allein von seiner Erinnerung zehren. Den Briten waren die Kolonien zu Klötzen geworden – eine tückische Last. Kalte Gewalt unterdrückte überall draußen im Empire die Lust nach Freiheit, die die Aufsässigen einklagten. Queen Victorias Riesenreich mutierte zum fernen Stern, der zwar noch gleißend hell am Firmament funkelte, in Wahrheit aber längst verglüht war. Tot und erloschen.

Es mag Staatsmänner gegeben haben, die das wußten. Aber das Haus Windsor und sein König verfolgten eine Politik von vorgestern, der Prince of Wales spielte Polo oder Bridge und die Konservativen griffen bei erhöhter Gefahr zum Bajonett, dem Mittel der Politik von Vorvorgestern. Wie in frühimperialistischen Tagen eroberten sie Territorien, die sich als Muster ohne Wert entpuppten. Stanley Baldwin, der es 1923 zum Premier gebracht hatte, sagte bei seiner traditionellen Rundfunkansprache in der BBC: »Das Britische Empire ist eine gewaltige Kraft, mit der man auf Dauer rechnen muß. Es steht fest und unerschütterlich bei jedem Wind, und es trotzt jeder Sturmflut.«

Der König, den seine Untertanen voller Inbrunst in ihrer Hymne besangen, war auch Kaiser von Indien. Potenz und Ämterfülle, als wäre England das alte Rom. Da lagen aber zweitausend Jahre dazwischen.

Der Krieg, in den sie mit Geheul gezogen waren, hatte sie als arme Schlucker entlassen.

Allein die Japaner blieben von Wind und Sturmflut unberührt. Und bauten an einer Flotte, wie sie die Welt noch nie gesehen.

Fritz Straßmann war siebenundzwanzig, als er Mitte Juni 1929 nach Berlin kam. Als Stipendiat der Notgemeinschaft der Deutschen Wissenschaft durfte er mit Wirkung vom 1. Juli 1929 für ein Jahr in Berlin arbeiten. In Dahlem, am Kaiser-Wilhelm-Institut für Chemie, dessen Direktor Prof. Otto Hahn war.

Hahn suchte schon seit geraumer Zeit einen Fachmann für angewandte Radiochemie. Die »Szene« kennend und um den guten und soliden Ruf der nahen Hochschule in Hannover wissend, hatte er sich an Hermann Braune gewandt, ob der ihm einen Absolventen empfehlen könne.

Dessen Rat: »Nehmen sie Straßmann!« Und das hatte er gesagt, ohne zu zögern.

Der Umworbene (er wußte nichts von den Vorgesprächen Hahn-Braune) geriet unversehens in eine durchaus zwiespältige Situation. Zum einen hatte er im Gefüge der Hannoverschen TH als Assistent einen sicheren Platz und konnte sich trotz seiner Jugend ohne Überheblichkeit einen gewissen Stellenwert zuschreiben. Zum anderen war seine Position mit 400 Reichsmark im Monat dotiert: dies ein Gehalt, von dem sich – Bescheidenheit vorausgesetzt – fraglos leben ließ. Zumal er – noch – alleinstehend war.

Eine in greifbare Nähe gerückte Zusammenarbeit mit Hahn, *dem* Hahn in Berlin, ließ ihm viel Zeit fürs Grübeln freilich nicht. Otto Hahn als Direktor des führenden staatlichen Institutes für Chemie in Deutschland, als eine in ganz Europa anerkannte Kapazität, als Vater der nationalen Radiochemie, zählte zu den wenigen Wissenschaftlern in Preußen, die unmittelbar nach Kriegsende trotz aller nicht verschwiegenen Ressentiments in ausländische Zirkel und Foren gebeten wurden. Das Team Hahn/Meitner hatte sich in seiner berühmten »Holzwerkstatt« unweit des Reichstagsgebäudes einen ausgezeichneten Ruf erkämpft.

Und auch jetzt noch, ein Vierteljahrhundert und einen Weltkrieg danach, arbeiteten Meitner und Hahn in Dahlem sehr eng zusammen. Sie hatten sich auf Umwandlungsprodukte des Urans spezialisiert. Ein Experimentieren, das aufhorchen ließ und der Chemie weltweit neue und gesicherte Erkenntnisse eintrug. Hahn in seiner zurückhaltenden Art schrieb dazu viel später:

»In Berlin gingen Lise Meitners und meine Arbeiten gut voran. Nach verschiedenen Methoden machten wir Versuche über die Halbwertszeit des Protactiniums sowie des Actiniums und bestimmten das sogenannte Abzweigungsverhältnis des Protactiniums aus dem Uran. Auch die direkten Umwandlungsprodukte des Urans, Uran X und Uran Y, mit ihren Umwandlungszeiten und Strahlen wurden kontrolliert. Es sah gerade so aus, als ob uns das Uran nichts Neues mehr zu bieten hätte, als wir eine doppelte Betastrahlenumwandlung beim Uran X fanden. Neben der bekannten Umwandlung des Uran X_1 in das kurzlebige Protactiniumisotop Uran X_2 stellte ich eine sehr kleine Menge – einige Promille – eines zweiten Isotops des Protactiniums fest, das ich Uran Z nannte. Es war das erste Isomer der natürlichen Radiumumwandlung. Erst mehr als 15 Jahre später wurden weitere – und zwar künstliche – radioaktive Isomere gefunden.«

Der Stipendiat Fritz Straßmann konnte eine Summe von 180 Reichsmark beanspruchen. Ein Salär, das auf dem teuren Berliner Pflaster vorn und hinten nicht ausreichen würde.

Bruder Paul Straßmann, er hatte zunächst Theologie und dann Jura studiert, lebte seit Jahren in Berlin und war als Kammergerichtsrat tätig. Der um 22 Jahre ältere bot ihm an, für dieses Stipendiatenjahr Quartier freizumachen; in einer Mädchenkammer, die längst als Abstellraum genutzt worden war. Fritz Straßmann wurde in der Uhlandstraße 73 zum Untermieter bei Bruder und Schwägerin, einer Opernsängerin und Halbjüdin, die schon wenige Jahre später in Gefahr geriet.

Um mit seinem Geld über die Runden zu kommen, zog der Neu-Berliner sich einen »Stamm« von Studenten heran, die sich mit seiner Hilfestellung zu Vorprüfungen und wichtigen Examina rüsteten. Das geschah in Hinterzimmern von kleinen Cafés oder in den Villen der Eltern seiner wißbegierigen (oder lernfaulen) Klientel. Den größten Teil der Tage – und auch vieler Nächte – verbrachte der Assistent im Kaiser-Wilhelm-Institut.

Sein Labor befand sich in der ersten Etage, nach hinten zum Garten hinaus. Räume, die dem Institutsleiter Hahn als eigene »Direktoratslaboratorien« zur Verfügung gestellt worden waren. Lise Meitner forschte parterre. Ihr eigentliches Arbeitszimmer war armweitenbreit und so klein, daß an der Tür keine Nummer stand. Im Institut war das Kabuff immer nur »die Neun«. Seinen Raum teilte sich Straßmann mit Otto Werner. Auch der ein Doktor-Ingenieur. Es gehörte zu Hahns Eigenheiten, »seinen« Wissenschaftlern jede Freiheit in ihrem Vorgehen zu lassen. Das Ziel gab er vor – gewiß. Über den Weg dorthin verlor er am liebsten kein Wort zuviel. Schon aus der engen und verschworenen Zusammenarbeit mit »Lise« in der Vorkriegszeit hatte er die Erfahrung, daß ein Debattieren in großem akademischem Kreis schnell zum zeitraubenden Palaver ausarten konnte. Er vertraute denen, die einander kannten und, aufeinander eingespielt, mit wenigen Worten der Lösung näherkamen. Werner und Straßmann – die sich übrigens auch noch verblüffend ähnlich sahen – bildeten unter solchen Aspekten ein ideales Duo. Ihr Reich hieß im Haus »unser Ingenieurbüro«.

Dieses Eingrenzen der kleinen Zirkel und das Erhalten typischer Zellen machte es Hahn später, in der Ära der NS-Diktatur, leichter, sein Haus vor den Ideologen abzuschirmen. Die Zackigen, Forschen brauchten ja stets ein Plenum, auf dem sie das Wort nehmen und führen konnten. An Reagenzgläsern und im konzentrierten Beobachten von Instrumenten und Stoppuhren fand jedoch keiner die Muße, deren Reden zuzuhören. So blieb das Institut eine kleine Insel. Mit Ausnahme einer mittäglichen Teepause im sechseckigen Erkerzimmer unten im Turm, bei der in Hahns Abwesenheit die Fachblätter durchforstet wurden, gab es keine Konferenz, in der regelmäßig alle zusammensaßen. Das verhinderte, daß sich jemand in die Defensive gedrängt sehen konnte oder gar offen angegriffen wurde. Noch ahnte Hahn nicht und auch kein anderer, welch Geist von diesem Hort der Chemie noch abzuwehren wäre.

Denn immerhin schaffte es Professor Hahn, der Jüdin Lise Meitner bis in den Sommer 1938 hinein ihren Arbeitsplatz in seiner Nähe zu erhalten. Ein Platz, der sogar »sicher« schien, trotz jener psychologischen Situation, in der sich die allein durch ihren österreichischen Reisepaß geschützte Frau befand, nur zu gut wissend, was täglich mit den Juden in der Stadt und im Land geschah und wie zynisch und menschenverachtend die neuen Herren mit den angeblich »rassisch Minderwertigen« umsprangen.

Es würde noch anders kommen. Es war nur noch nicht soweit.

Fritz Straßmann hatte bei einem Vorstellungsgespräch kurz vor seinem Umzug nach Berlin seinen künftigen Chef voller Offenheit darauf aufmerksam gemacht, daß er am Ende wohl der falsche Mann sein könne. Er verstehe von der Radiochemie überhaupt nichts. Dessen Antwort, daß er gerade dann der richtige Mann sei, verblüffte ihn. Aber Otto Hahns Vorliebe, Neuland ganz unvoreingenommen zu betreten und sich mit einer geradezu bewundernswerten Naivität an Unerkanntes heranzutasten, hatte immer wieder Erfolge gehabt.

Die Untersuchungen, mit denen sich Straßmann (und zeitweise auch Werner) zunächst fast ausschließlich zu befassen hatten, lagen auf dem Feld der anorganischen Salze. Nach der von Hahn in den zwanziger Jahren entwickelten »Emanier-Methode« versuchten die beiden, neue Erkenntnisse über Oberflächen und Gitterstrukturen organischer Substanzen zu gewinnen. Ein weites akademisches Feld, unverständlich für den Laien, für Nicht-Chemiker bedeutungslos.

Handelte es sich vielleicht doch um eine Form von l'art pour l'art auf dem Gebiet der Wissenschaften? Keinesfalls. Die chemische Industrie in Deutschland konnte in diesen Krisenzeiten keine Groß-Labors unterhalten, um prophylaktisch Forschung zu betreiben. Einer der Gründe, weshalb Straßmann auf die Hannoversche Assistentenstelle und danach auf den Stipendiatsplatz angewiesen blieb (und sogar als Doktor-Ingenieur nirgendwo aufgenommen wurde), war das Unvermögen der Pharmakonzerne, Geld für etwas abzuzwacken, das nicht sofort und keinesfalls vor übermorgen Rendite versprach. So mußte der Staat einspringen. Vorausgesetzt, er war sich dessen bewußt, daß seine akademische Elite ausdörren, umsatteln, fortgehen würde, verwehrte man ihr auch noch die allerletzte Chance.

Aber nur sehr wenigen Institutionen, eben auch dem renommierten Kaiser-Wilhelm-Institut für Chemie, durfte es vorbehalten bleiben, nach allen Richtungen hin neugierig zu sein.

Hahn war offenkundig kein begnadeter Rhetoriker, der die Hörsäle mitriß. Kein Effekthascher. Kein Selbstdarsteller oder Exot im Lehrbetrieb (wie Albert Einstein ihn manches Mal durchaus geschickt zu spielen wußte). Hahn blieb aber immer experimentierfreudig. Er scheute die Umwege nicht. Selbst dann, wenn ihm einleuchtete, daß es – wieder einmal – ein sehr weiter Umweg sein würde. Empirisches Vorgehen mit aller möglichen Sorgfalt in der Praxis schätzte er stets höher ein, als das Brüten über Formeln und Zahlenkolonnen. Wer sich – wie er in der »Holzwerkstatt« – mit den Arbeitern der Universität, dem Pedell und anderen verbündet, um sich aus rohen Bohlen einen Arbeitstisch zu zimmern, der verachtet die mit dem goldenen Füllfederhalter am Revers.

Dies mußte Fritz Straßmann und seinen Vorgesetzten fast zwangsläufig aneinanderbinden. Denn auch Straßmann fand nichts dabei, nächtelang geduldig in seinem Labor auszuharren, um zu messen und Protokoll zu führen. Exakte Handarbeit vor Ort erschien auch ihm weit erfolgversprechender (und spannender) als das Philosophieren über Theorien.

Unterdessen waren die Rahmenbedingungen in der freien Wirtschaft um keinen Deut besser, sondern eher noch schlechter geworden. Das Ende des gesicherten, wenn auch beileibe nicht lukrativen Stipendiatenjahres in Dahlem rückte immer näher. Und dann?

Dennoch entschloß sich Straßmann, Maria Heckter zu überreden, ihm zu folgen und nach Berlin zu ziehen. Dank der Vermittlung von Professor Gustav Keppler fand sie einen Platz als Assistentin am Kaiser-Wilhelm-Institut für Silikatforschung. Straßmann half ihr bei den Examensarbeiten so gut er konnte.

Otto Hahn wußte selbstverständlich von den finanziellen Sorgen seiner Mitstreiter, von ihren Problemen, mit denen sie am Ende allein dastanden. Die Trennung von Straßmann vor allem hätte seine Arbeit unmittelbar berührt, sogar beeinträchtigt. Straßmanns Selbständigkeit war eine feste Größe ihres gemeinsamen Handelns geworden.

Als Institutsdirektor hatte er Hintertüren und versteckte Etatpöstchen. Später schrieb Otto Hahn einmal: »Er begann mit einer Untersuchung über die Struktur kristallisierter und amorpher anorganischer Salze nach radioaktiven Methoden. Hierbei kam er zu Erkenntnissen, die vor allem auch für die Glasforschung nicht nur von theoretischem Interesse sind, sondern auch neue Wege der Glasuntersuchung erschließen.«

Am Ende schaffte es der Mentor, das Stipendium seines Schützlings dreimal zu prolongieren. Eine vierte Verlängerung konnte er dann nicht mehr durchfechten. Nolens volens mußte er Fritz Straßmann am 1. Oktober 1932 ein förmliches Entlassungszeugnis schreiben, das er ihm in gedrückter Stimmung im Direktionszimmer übergab.

Darin hieß es: »Seine gründlichen Kenntnisse der anorganischen und physikalischen Chemie kamen ihm sehr zustatten. Er hat seine Untersuchungen mit großem experimentellem Geschick, absoluter Zuverlässigkeit und wirklichem Verständnis durchgeführt. Er besitzt das Vertrauen aller Instiutsangehörigen, und ich bedauere, daß ich keine Möglichkeit habe, ihn an unserem Institut zu halten.«

Es ließe sich auch sagen, daß ein Betrag von ganzen einhundertachtzig Reichsmark fehlte, um den wohl besten Mann an Hahns Seite beschäftigen zu dürfen.

Fritz Straßmann ist dreißig Jahre alt, als er Ende 1932 als Doktor der Chemie auf der Straße steht. Und sich fragen muß, ob es nicht klüger und vernünftiger wäre, im Adlon Koffer zu schleppen, bei Aschinger Bier zu zapfen oder im Gloria-Palast Filme vorzuführen. Auch so zwingt ein Staat seine Söhne in die Knie.

Fast anderthalb Jahrzehnte waren nun schon seit dem Waffenstillstand verstrichen, und der deutsche Staat vermochte keine Ruhe zu finden. Nach außen nicht. Und verhängnisvoller: nach innen nicht.

Die seit 1921 im Londoner Zahlungsabkommen verankerten Reparationsverpflichtungen in einer Höhe von nunmehr einhundertzweiunddreißig(!) Milliarden Goldmark mußte irreale Marke bleiben. Man besaß sie nicht, punktum.

Auch das Haager Reparationsabkommen vom Januar 1930, das die Handschrift von Owen Young, dem Generaldirektor von General Electric, trug, kanalisierte allein die Hoffnungslosigkeit. Denn es sollte den Deutschen von nun an aufgebürdet bleiben, per annum zwei Milliarden Reichsmark abzustottern, mit steigenden Zinsen bei gleichbleibender Tilgung. Und dies achtundfünfzig Jahre lang – ergo bis zum 31. März 1988. Ob Inflation und Arbeitslosigkeit, ob Young-Plan oder die Straßenkrawalle – die Verdrossenheit wuchs.

»Weimar« – dieser Begriff stand für ein System. Seit dem 30. September 1919 tagte der Reichstag wieder am Spreebogen mit Blick auf die Siegessäule, die damals noch auf dem Königsplatz stand. Allein die neue deutsche Reichsverfassung, auf die Friedrich Ebert als erster frei gewählter Reichspräsident vereidigt worden war, trug den Namen »Weimarer Verfassung«.

Wer wollte, verband das Synonym »Weimar« mit Schwäche, mit Schmach, mit Bildern wie »Das Golgatha der deutschen Seele«. Eine schleichende Krankheit. Nicht in den Körpern. In den Köpfen.

Bei den Wahlen zum Reichstag am 20. Mai 1928 hatte die Mitte (und darunter fielen sowohl die Bürgerlichen als auch nach eigenem Selbstverständnis die Sozialdemokraten) eine klare Majorität. Die Kommunisten auf der Linken zementierten ihre Macht als feste politische Größe, die Rechten um die NSDAP herum aber dümpelten in Bedeutungslosigkeit. Eine Splitterpartei, die im Ergebnis an neunter Stelle lag. Konkret: 810.000 Wähler von 31 Millionen, die an die Urne gegangen waren. 2,6 Prozent, zwölf Mandate für den Reichstag. Eine Fünf-Prozent-Hürde kannte die Verfassung des Deutschen Reiches nicht – die Nazis wären an ihr gescheitert...

Stresemanns plötzlicher Tod am 3. Oktober 1929 riß einen der klügsten und weitsichtigsten Politiker von der europäischen Bühne. Einen Staatsmann, dem Achtung gezollt wurde. Friedensnobelpreisträger von 1926 – gemeinsam geehrt mit Aristide Briand. Auch dies ein kleines Symbol. Nun war die Integrationsfigur zwischen Arbeiterklasse und Unternehmern, Konservativen und Liberalen, Bauern und Städtern, Katholiken und Protestanten, Zentrum und SPD, Reichswehr und Intellektuellen, Gewerkschaften und Mittelstand gegangen. Die letzte Integrationsfigur.

Es bedurfte von Stund an allein der Großzügigkeit eines Fritz Thyssen und seiner Wahlkampfspenden und der vernetzten Presse eines Alfred Hugenberg, dessen Ufa, der vielen um Nuancen nur manipulierten Nachrichten, um im Sog von Mut-, Chancen- und Hoffnungslosigkeit den Boden zu pflügen. Mit plumper Parole, mit massiver Drohung, mit heroischem Durchhaltewillen, mit verlogenem Pathos, mit kafkaesker Massensuggestion, mit magischer Inszenierung. Dies reichte, um die Saat ausbringen zu können. Und niemand außer den Nationalsozialisten klimperte auf der Klaviatur von Parole, Drohung und Pathos so geschickt und skrupellos.

Adolf Hitler, hofiert von den Firmen Borsig, Daimler und manchen anderen, trat endgültig auf den Plan. Sein Wort, die »Vorsehung« habe ihn geschickt, war ernst gemeint. Keiner lachte.

Aus dem Lager der kleinen, grauen, geduckten und um ihr bißchen piefiges Leben betrogenen Leute bewegten sich die »normalen« Deutschen immer mehr hin zur neuen heilversprechenden Bewegung, hin zur NSDAP: all die aus dem Kleinbürgertum, die Angestellten im öffentlichen

Dienst, die Fabrikarbeiter, die Selbständigen, die in sich die Stimme hörten, allein »ein gesundes Volksempfinden« könne der Ausweg aus der Misere sein.

Keine Revolution, keine Erosion, kein Sturm der Bastille, kein Erobern von Barrikaden – nein. Nur ein Rücken nach rechts. Leise, unauffällig, unaufhörlich, mit geducktem Kopf und eingezogenen Schultern die Obrigkeit aus den Augenwinkeln beobachtend.

Und zu schön war die Melodei, die der Mann da vorne an der Spitze der Bewegung auf seiner Flöte blies.

Am 15. September 1930, einem Montag, sind im Morgengrauen gegen 3 Uhr 35 die 35 Millionen Stimmzettel gezählt und ausgewertet. Hitler, der euphorisch gefaselt hatte, bei dieser Reichstagswahl würden ihm sechzig Mandate zufallen, erfuhr aus dem Tageblatt, daß 6.401.210 Deutsche ihm das Vertrauen geschenkt hatten. Die NSDAP als zweitstärkste Partei (hinter der SPD) im Reichstag. Mit 18,3 Prozent. Der Stimmanteil innerhalb von zwei Jahren um 490 Prozent gestiegen. Frei und geheim gewählt! Statt zwölf nun einhundertsieben Sitze. Die Nationalsozialisten zogen in braunen Hemden ins Parlament der deutschen Demokratie ein. Das kleine, winzige Geschwür an der Seele der Masse war über die beiden Sommer zur Pest gewachsen.

Heinrich Brüning, der Reichskanzler, dem konservativen Flügel des Zentrums zuzurechnen, ein Finanzexperte, verstand sich nicht auf Außenpolitik, das ureigenste Feld Stresemanns, er war kein Mann, der im Inneren Leitlinien zu pflocken wußte. Jene, die hinter Brüning die Fäden hielten, waren General Kurt von Schleicher und Paul von Beneckendorff und von Hindenburg, der Reichspräsident. Heinrich Brüning wurde die tragische Figur am Ende, der ratlose Puppenspieler, dessen Marionetten sich von ihm losrissen.

Die Nationalsozialisten, eine rüpelige Horde von ungebildeten Männern, stumpf, scheinbar Schlachtenbummler einer Vereinsmannschaft. Nazis, denen die verletzliche Würde eines Hohen Hauses nicht in die Köpfe drang, die nichts von dem begriffen, was Verantwortung hieß, die auf Parlamentariern lastet, denen jedes Bewußtsein und Hineindenken-Können in eine klassische Demokratie nach den Spielregeln des Unterhauses in London oder des Kongresses in Washington fehlte – die alle wären – noch – zu isolieren und zu domestizieren gewesen. Noch.

Ein Bundeskanzler der Sozialdemokratischen Partei Deutschlands wird vier Dezennien und einen Weltkrieg später bei seiner Regierungserklärung des Jahres 1969 im Bonner Parlament die umstrittene These in den Raum stellen, daß das Volk chancenlos sei, wenn ein Verbrecher erst einmal die Macht über das Volk gewonnen habe. Ein »nationaler Verrat« und eben kein Putsch wäre es gewesen, der den Verbrechern die Pforten aufschloß. Und die Opposition auf den christlich-demokratischen und christlich-sozialen Bänken und Hinterbänken heulte auf, als dieser angeblich nationale Verrat angesprochen wurde.

Denn tatsächlich hielten die Sozialdemokraten 1930 einen Schlüssel in Händen. Ihre 143 Abgeordneten waren doch eine Macht im Staat, ein Faustpfand für die Demokratie, so malade und fragil sie auch dastand. Was sollten die Deutsch-Nationalen von Hugenberg mit 41 Mandaten bewirken? Die anderen Kleinen in der numerischen Bedeutungslosigkeit: Bayerische Volkspartei, Bauernpartei, Christlich Soziale, Landvolk, Freikonservative. Faktoren nur noch das Zentrum und die Kommunisten mit 68 beziehungsweise 77 Stimmen und Sitzen. Aber Brüning wollte und konnte keinen Weg entdecken, um eine Anti-Hitler-Koalition zurechtzuzimmern.

Brüning lavierte und leugnete und fintierte, versprach, zog den Kopf ein, schielte hin zu Hindenburg, den er als Frontoffizier fast schon hündisch ergeben als seinen obersten Befehlshaber ansah – wie im »glorreichen« Krieg so auch im demütigenden Frieden.

Es gehört wohl zur großen historischen Tragik und Schuld der SPD, die soziale Demokratie an den Galgen geführt zu haben. Eben weil diese Partei in der Weimarer Republik mit der numerischen Überzahl ihrer Parlamentarier nichts anzufangen wußte. Eine Schuld, mit der sie nicht allein in den Annalen stehen wird: Auch die Kommunisten (von Moskau straff geführt und bis ins Detail hinein instruiert) wurden

Opfer eines fatalen Irrtums – als »Staatsfeinde« bekämpften sie unversöhnlich die SPD. Und nicht die Nazis.

Michail Gorbatschow erinnerte sich mehr als ein halbes Jahrhundert später in einem persönlichen Brief dieser Tragik. In einem Schreiben, das an Willy Brandt ging. Wochen vor der Wiedervereinigung. Der Herr im Kreml als besorgt Mahnender, welchen Preis beide Völker für dieses Irren bezahlen mußten.

Das Land der Dichter und Denker bot der freien Welt das Szenario eines von Notverordnungen zusammengekleisterten Gemeinwesens. Brüning verwaltete Elend. Keine Vision für eine Nation, sondern nur Kladden, in denen die Schulden aufgelistet standen. Dem ohne parlamentarische Mehrheit dümpelnden Brüning mußte bewußt werden – bei allem Widerwillen gegen derlei Gedanken – daß ohne die Nationalsozialisten nichts mehr gehen konnte. Kurt von Schleicher ebnete die Wege, sondierte bei Ernst Röhm, bei Gregor Strasser. Wer trieb Hitler zur Eile? Die Zeit arbeitete für ihn. Er genoß die Rolle des Weisen, der Hof hielt. 1931 erschien das Buch »Adolf Hitler – Eine historisch politische Studie über den Nationalsozialismus«. Der Verfasser in einem der Kernsätze: »Er glaubte an das, was er sagte. Auch daran, daß die Stunde auf den Retter des Volkes, auf den Erneuerer versunkener, auf den Schöpfer neuer Werte harre.« Der derart beeindruckte Autor war Wissenschaftler, Dozent an der Hochschule für Politik in Berlin und aktiver Politiker – Reichstagsabgeordneter der linksliberalen Deutschen Staatspartei. Er hieß – Theodor Heuss. Nicht allein für ihn konnte jener Retter des Volkes nur Hitler sein.

Ein Retter übrigens, dem in Berlin Rabatt gewährt wurde. Die Hotelbetriebs AG, der Kempinski und Aschinger als Großaktionäre angehörten, minimierten die Logiskosten um dreißig Prozent. Zwischen Februar 1931 und Januar 1933 residierte Adolf Hitler in der Suite 140/142 im »Kaiserhof«. Dort sammelte er in Extrazimmern und Sälen die Seinen um sich. Noch priesen die ihn nicht als ihren Führer. Goebbels maßte sich ein simples »Chef« an, Heß duzte ihn, Strasser sagte »Herr Hitler«. Der »Vorsitzende der NSDAP« (der offizielle Titel seiner Würde) haßte das »Adlon«, das ihm zu unmoralisch war und bevorzugte den »Kaiserhof«, dessen Suiten wie aus einer Art Trotzreaktion im Preis über denen des Adlon lagen.

Den Kunden der Herberge konnte das polternde Gehabe der Nazis, die dort sogar ihre Fraktionssitzungen ansetzten, nicht verborgen bleiben. Sie und die Mannen vom »Stahlhelm« ließen oft gegen Mitternacht den Geräuschpegel dröhnend anschwellen. Vor allem einen »Verlust der jüdischen Gesellschaft und Zirkel« beklagten Angestellte voller Sorge. Aber die Geschäftsführer und Aufsichtsratsmitglieder der Hotelbetriebs AG wußten zu beschwichtigen: Man habe den Eindruck, daß das Personal »ausreichend Taktgefühl besitze, um der Lage Herr zu werden.«

Der Lage Herr werden...

Brüning konnte es nicht mehr. Hindenburg kam mit in die Partie. Er empfing Hitler am 10. Oktober 1931. Dem Alten hatte dessen Regimentskamerad von Schleicher eingeflüstert, daß mit den Nazis dann gut Kirschen essen sei, wenn man ihren Anführer mit einem Ministerposten abspeise. Landwirtschaft zum Beispiel. Oder Volksbildung.

Das Gespräch, das – wider anderes Kolportieren – nie als ein Vieraugen-Gespräch stattfand, weil Hindenburg längst zu beeinflußbar von außen war, endete ohne Ergebnis. Danach soll erstmals die Sentenz vom »böhmischen Gefreiten« gefallen sein. Hindenburg mochte nicht fein unterscheiden, ob Braunau in Böhmen oder anderswo im Reich der Habsburger (mit denen er nie etwas anfangen konnte...) läge.

Andere Ketten indessen waren längst geschmiedet. Die »Nationale Opposition« als Schirmherrin der sogenannten Harzburger Front. Dieses Treffen ließ sich nicht abtun als ein Konvent undemokratischer Ewiggestriger; keine sektiererische Kultfeier einiger weniger Versprengter. Den Feldgottesdienst hielt den lauschenden und betenden Nazigrößen Himmler und Röhm ein Mann aus der höchsten Kirchenhierarchie: der antisemitische Domprediger Bruno Doehring. Franz Seldte und Theodor Duesterberg vom »Stahlhelm«, Geheimrat Alfred Hugenberg und Hitler als neue Figuren auf dem politischen Schachbrett.

Ihr Treffen vom Sonntag, dem 11. Oktober 1931 war nur vordergründig betrachtet ein Fehlschlag. Hitler weigerte sich zwar, eine Parade des »Stahlhelm« abzunehmen, weil er sich mit Hugenberg und mit Seldte nur als ein gleichberechtigter Partner eingestuft fühlte und nicht als der wahre und alleinige Führer. Aber ohne diese Spitzfindigkeiten vollzog sich erst nach Bad Harzburg in wenigen Monaten endgültig der Schulterschluß der Rechten.

Nicht die Politiker, die besoldeten und bevorzugten Abgeordneten, sondern die Wähler orientierten sich weg von der demokratischen Mitte. Was den Linken nicht gelang, weil die Gräben der Ideologien zwischen ihnen zu tief waren, bewältigten die Konservativen und Nationalen. Schulterschluß. Der »Bürger« wollte nach so vielen Wirren Ruhe und Ordnung im Land. In seinem Land. Der Deutsche sollte wieder wer sein in der Welt.

Hitler mußte nicht erneut gegen Barrikaden anstürmen. Ihm würde eine Seitentür genügen, um der »Schöpfer neuer Werte« zu sein. Die Reichstagswahlen vom 31. Juli 1932 klären die Fronten: Fast vierzehn Millionen der Stimmen für Hitler, acht Millionen für die Sozialdemokraten, mehr als fünf für die Kommunisten und nur viereinhalb Millionen für das Zentrum. Dennoch muß die NSDAP einen Koalitionspartner aufbieten; mit 37 Prozent ist sie von der absoluten Mehrheit meilenweit entfernt.

Am 30. August 1932 tritt der Deutsche Reichstag zu seiner Eröffnungssitzung zusammen. Die Genossen der KPD hatten aus Moskau die schwerkranke Clara Zetkin aus einem Sanatorium geholt. Sie ist fünfundsiebzig Jahre alt. Gestützt erreicht sie das Rednerpult – ihr gebührt die protokollarische Ehre, als Alterspräsidentin des Hohen Hauses die erste Rede zu halten. Sie sagt mit klarer Stimme: »Ich eröffne den Reichstag in Erfüllung meiner Pflicht als Alterspräsidentin und in der Hoffnung, trotz meiner jetzigen Invalidität das Glück zu erleben, als Alterspräsident den ersten Rätekongreß Sowjet-Deutschlands zu eröffnen.« Die Politikerin nimmt nicht den diktatorischen Staat unter einer denkbaren faschistischen Führung ins Visier, sondern die Weimarer Verfassung. Dann gibt sie das Wort weiter – wer wird Reichstagspräsident? Mehrheitlich stimmen die Abgeordneten für einen Kandidaten der NSDAP: Hermann Göring.

Keiner vermag den gordischen Knoten zu zerschlagen. Neuwahlen. Noch 1932, am 6. November. Zwar gehen die Nazis mit 196 Sitzen als vermeintliche Gewinner daraus hervor, aber KPD und SPD kämen zusammen auf 221 Mandate. Franz von Papen muß dem Spuk ein Ende machen. Zu lange – befindet das industrielle Großkapital an Rhein und Ruhr – hat die totale Handlungsunfähigkeit des Deutschen Reiches nach innen und außen gedauert. Zu sehr – befindet das industrielle Großkapital an Rhein und Ruhr – wächst die Gefahr der Volksfront. Eine neuerliche Wahl könnte »Moskaus Truppen« an die Schalthebel schwemmen.

Das Gebot der Stunde heißt Diskretion. Die Magnaten von Eisen und Stahl zeigen nach außen hin Scheu, mit dem Emporkömmling vor aller Augen zu schachern. Das Imperium der Kohlebarone ist durch breit gefächertes Wertpapier in ein Korsett von Zwängen geschnürt. Jüdische Bankhäuser halten Aktienpakete, deren Besitzer in Paris, Rom, Madrid, Zürich und New York residieren. Die Aufmärsche der SA, das Rüpeln der Braunhemden im Reichstag, die Phrasen von Goebbels und Hitlers Buch sind dort sehr wohl genau besehen und gehört worden.

Ein Umweg muß ans Ziel führen. Die Familie Henkell gerät mit ins Spiel. Annelies Henkell, die Tochter und Universalerbin der Schaumwein-Dynastie, hatte 1919 bei einem Tennisturnier in Bad Homburg einen jungen Mann mit blendenden Umgangsformen kennengelernt. Joachim Ribbentrop, der von seiner Stiefmutter Olga, einer geborenen von Prittwitz und Gaffron, adoptiert worden war und sich voller Gelassenheit ein »von« zwischen Vornamen und Nachnamen gesetzt hatte. Die Ribbentrops als eine traditionshegende Offizierssippe. Einer der Ahnen soll im Dienst der Lippischen Grafen den Westfälischen Frieden unterzeichnet haben.

Annelies Henkell und Joachim von Ribbentrop heiraten 1920. Nur kurzfristig agierte der Ehemann noch als Generalvertreter von Henkell in Berlin. Wohlbemessene Apanagen ermöglichen den Kauf einer weiträumigen Villa in der

Dahlemer Lentzeallee 9, unweit des Platzes am Wilden Eber. Von Ribbentrop mischt im Im- und E port von Weinen mit, hält Drähte zu britischen und skandinavischen Handelskontoren. Ein eher unpolitischer Mensch. Konservativ – gewiß. Meilenweit vom Ge ohle und Gezänk des halbuniformierten braunen Pöbels entfernt. Dennoch s mpathisiert er mit Hitler und dessen nationalen Ideen. Er trifft ihn zum erstenmal Mitte August 1932 auf dem Obersalzberg. Erst nach dieser persönlichen Begegnung tritt der Henkell-Schwiegersohn in die Partei ein.

Dieser Mann – das Abzeichen mit dem Hakenkreuz trägt er fast nie in der ffentlichkeit – wird den »interessierten Kreisen« dienlich. Seine Villa als Berliner Anlaufpunkt für die Repräsentanten eines Staates, der zu kollabieren droht. Franz von Papen zieht die Fäden. Ribbentrops Rolle (und darauf beruft der sich bei den Nürnberger Prozessen vergeblich) kann nur die eines Quartiergebers sein.

Annelies von Ribbentrop versah (nach der Hinrichtung ihres Mannes) dessen larmo ante Tagebücher mit Fußnoten und erläuternden Kommentaren. Sie schrieb: »Die Zusammenkünfte in unserem Haus blieben streng geheim, was für das Gelingen der Regierungsbildung nicht unwichtig war. Ich erinnere mich besonders deutlich an die Besprechung, die in der Nacht vom 10. zum 11. Januar 1933 stattfand, weil ich an diesem Abend mit Adolf Hitler zum ersten Male zusammentraf. Ich begrüßte ihn im Arbeitszimmer meines Mannes, wo er mit Herrn von Papen eine Besprechung unter vier Augen führte. Zu den Besprechungen wurde Herr von Papen von unserem lang ährigen Fahrer abgeholt und zurückgebracht. Hitler dagegen pflegte auf unserem Garagengrundstück aus- und einzusteigen, um unser Haus durch den Garten unbemerkt zu erreichen.«

In den Mittagsstunden des 18. Januar – es ist ein Mittwoch – versucht Hitler, sekundiert von Röhm und Himmler, von Papen mit einem Ultimatum zu überrumpeln. Er fordert die Kanzlerschaft. Aber Franz von Papen blockt ab – Hindenburg, ohne den nichts liefe, würde dem nie und nimmer zustimmen. Ministerposten lägen im Bereich des Verhandelbaren, die Macht in der Reichskanzlei nicht. Hausherr

Ribbentrop verläßt seine scheinbar neutrale Gastgeberposition und mischt sich offen ein: möglicherweise brächte ein Vier-Augen-Gespräch mit Oberst Oskar von Hindenburg, dem Sohn des Präsidenten, einen Weg aus der Sackgasse.

Vier Tage später – kurz vor Mitternacht – ziehen sich Hindenburgs Sohn, dessen Einfluß auf den Vater immer mächtiger wird, und Adolf Hitler aus der Runde mit Franz von Papen, Wilhelm Frick, Hermann Göring, Paul Körner, Otto Meißner und Joachim von Ribbentrop zurück. In der kleinen Bibliothek sitzen sie über zwei Stunden zusammen. Hindenburgs Staatssekretär Meißner und Frick hatten zuvor eine Brücke zu bauen versucht, über die der greise Feldmarschall möglicherweise gehen würde: Ein »Kabinett der Nationalen Einigung« mit Hindenburg nicht allein als Staatsoberhaupt, sondern auch als oberstem Befehlshaber der Reichswehr. Ihm bliebe zudem die verbriefte Befugnis, die Leitlinien von Außen- und Verteidigungspolitik zu ziehen. Kanzler Hitler könne sich im Kabinett nur auf zwei Minister der NSDAP stützen; von Papen falle die Rolle des Reichskommissars in Preußen und die Vizekanzlerschaft zu.

Montag, 23. Januar: Vater und Sohn Hindenburg frühstücken gemeinsam – der Alte lehnt Hitler kategorisch ab.

Dienstag, 24. Januar: Tee bei Ribbentrop in Dahlem – mit Frick, Göring und von Papen.

Mittwoch, 25. Januar: Tee bei Ribbentrop in Dahlem mit Hindenburgs Sohn. Der hat längst begriffen, daß ein permanentes Macht-Vakuum auf lange Sicht Moskau darüber nachdenken lassen könnte, ob eine Allianz auf Zeit mit der SPD dem Marxismus den Weg bereiten würde. Die Tage eines Hindenburg als Reichspräsident ließen sich dann an den Fingern einer Hand abzählen.

Donnerstag, 26. Januar: Hitler hat Berlin verlassen. Franz von Papen macht Oskar von Hindenburg klar, daß auch die nationale und katholische Rechte nicht auf ewig bedingungslos zum Staatsoberhaupt stehen werde, wenn die Dinge nicht endlich in Fluß gerieten.

Sonntag, 29. Januar: Hitler ist wieder im Kaiserhof, frühstückt mit Ribbentrop. Unterdessen bittet Franz von Papen Hermann Göring zu sich. Am Nachmittag eröffnet er ihm, daß Hindenburg bereit sei, Hitler zu empfangen. Der Termin: Montag um 11 Uhr in der Reichskanzlei an der Wilhelmstraße. ‹

Am Montag, dem 30. Januar 1933...

Als die Nacht über die große Stadt gefallen ist, leuchtet der Pariser Platz im Schein der Fackeln. Durch das Brandenburger Tor kommen die Blöcke der Kolonnen. Menschen über Menschen. SA marschiert »in ruhig festem Schritt«.

Joachim von Ribbentrop schreibt in sein Tagebuch: »Es war mein heißes Gebet, daß diese neue Regierung unser Reich vor dem Chaos bewahren und Deutschland wieder zu einem geachteten Platz unter den anderen Nationen der Erde führen möge.« Die Morgenblätter zeigen auf den Titeln das Kabinett. Wie lange wird sich dieser Hitler als Übergangskanzler halten können? Zwanzig Reichsregierungen sah das Land seit 1919 kommen und gehen. Die kürzeste hielt einundfünfzig Tage, die langlebigste nicht einmal zwei volle Jahre. Reichskanzler Adolf Hitler – auf den Pressefotos flankiert von Franz Seldte und Alfred Hugenberg – werde so schnell gehen wie er gekommen sei. Des sind sich die meisten der erfahrenen politischen Redakteure sicher.

Fritz Straßmann wurde drei Wochen später einunddreißig Jahre alt. Am 22. Februar 1933. Am 27. Februar glühte der Reichstag aus. Am 23. März gaben die Parteien mit Ausnahme der SPD – die KPD war schon verboten –, den Ermächtigungsgesetzen ihre Zustimmung. Am 7. April erging der Erlaß, sogenannte Gauleiter einzusetzen. Am 2. Mai verbot man die Gewerkschaften. Am 10. Mai – eine Stunde vor Mitternacht –, erhellte Feuerschein den Königsplatz in München, den Schloßplatz in Breslau, den Römerberg in Frankfurt, die Umgebung der Bismarcksäule in Dresden und den Platz zwischen der Lindenoper und der Bibliothek in Berlins Mitte. Die Bücher brannten, die Scheiterhaufen bekamen immer neue Nahrung, die sie gefräßig verzehrten.

DEZEMBER 1942
Chicago ...

Andersons Nachtschicht beginnt um 21 Uhr. Die Assistenten haben einander abgelöst. Sie setzen deren Arbeit fort. Wortlos, mit geschmeidigen Bewegungen, ihre Handgriffe vielhundertmal geübt. Dr. Herbert Anderson hat vor sich das Protokollbuch liegen. Er trägt ein: »Nachtschicht vom 1. auf den 2. Dezember 1942« Die letzten Stunden dieses Dienstags ziehen sich hin. Gegen zwei Uhr morgens betritt einer der Männer im graublauen Kittel die Empore des Schichtleiters: »Alles liegt« Anderson schreibt ins Protokoll: »57. Lage fertig«

Er sagt den Leuten, sie könnten nun nach Hause gehen, es gäbe nichts mehr für sie zu tun. Aber sie sollten anderntags schon früher als gewohnt wieder herkommen. Falls etwas geschähe, das jetzt unvorhersehbar sei. Als sie weg sind, kocht er sich Kaffee. Er steht an der Balustrade und ist einen Augenblick versucht, Fermi anzurufen. Der hat – unter dem Tarnnamen Farmer – in der Nähe eine kleine Wohnung gemietet. Doch er will ihn nicht stören – Anderson schaut auf den Meiler dort unter ihm.

Der Pile. Chicago Pile 1.

Ein sonderbares Gebilde. Von den Millionen Menschen, die in Chicago leben, weiß eine Handvoll Leute, was sich hier verbirgt. Auf dem Campus der Universität. Nur die wenigen können sich eine Vorstellung machen, welche Folgen ihr heimliches Tun haben wird. In der Squash-Halle unter der Westtribüne der universitätseigenen Football-Arena, dem Stagg-Stadium. Ellis Avenue, zwischen 56. und 57. Straße. In diesem Meiler, der an seiner Basis etwa acht mal acht Meter mißt und der sich bei einer Höhe von ebenfalls rund acht Metern nach oben pagodenähnlich verjüngt (er erinnert entfernt an das Modell einer kubistischen

Wohnstadt aus Backsteinen), ruhen 385 Tonnen Graphit, 40 Tonnen Uranoxyd und sechs Tonnen reines Uran.

CP 1 ist ummantelt von einer Art Kiste aus dicken und ungehobelten Holzbohlen. Aussparungen sind offengehalten: dort finden sich Reihen von systematisch angeordneten Bohrungen, in die kinderarmdicke Stäbe gesteckt werden können.

Diese Stäbe sind Bremsen. Die Wissenschaftler nennen sie ZIPs. Ihr Material, Bor und Cadmium, verhindert, daß die Kernreaktion früher als erwünscht einsetzt.

Seit dem 7. November errichten sie den Turmbau. Wie ihr Babel aussehen mag, kann keiner prophezeien.

Efeu umrankt draußen das neogotische Zweckgebäude. Efeu, der den Biederbürgern die heimelige Idylle von Ländlichkeit vorgaukelt. Das Uran, das sie auch im internen Sprachgebrauch nur das »Metall X« nennen, wird von der Westinghouse Company geliefert. Für die letzten drei Tonnen, die sie bekamen, hatten sie 22 Dollar pro Pfund zu bezahlen. Der Preis war ins Bodenlose gestürzt, anfänglich hatte er noch bei über tausend Dollar je Pfund gelegen.

Für das experimentelle Konzept zeichnete Leo Szilárd verantwortlich, für das mathematisch-physikalische Fundament Enrico Fermi.

Der Ungar und der Italiener sind der Meinung, daß sich mit jeder Schicht die Zahl der Neutronen annähernd verdoppeln wird. Die mit Cadmium ummantelten Buchenholzstäbe verhindern durch Absorption das unerwünschte vorzeitige Freiwerden von Neutronen.

Beim Fügen der ersten Schicht von CP 1 lag die Produktionsrate in Nähe von Null. Beim Erreichen des Wertes Eins – dies die noch nicht erwiesene Hypothese von Szilárd – müsse der Reaktor »kritisch« werden, Energie erzeugen.

Eine Energie, die nichts benutzt, was von außen kommt, nicht die Sonnenwärme, nicht die Kraft der in die Tiefe stürzenden Wasser, nicht den Sturm, nicht die Verbrennung von Holz, Kohle oder Öl. Eine Energie aus dem Inneren, aus der Urkraft des Universums. Ohne ein Zutun von außen. Der homo sapiens an der Schwelle in eine ihm unbekannte neue Identität.

Fermis Rechnen bestätigt Szilárds Ahnen. Durch kurzes Entfernen eines Teiles der ZIPs wird täglich ermittelt, wie sich die Zuwachsraten im Inneren der Pagode verhalten – sie steigen. Regelmäßig.

Mit der 57. Lage – dessen sind sich die Physiker unterdessen sicher – müsse der Wert Eins zumindest tangiert werden.

Anderson wartet unruhig auf das Grau des Wintermorgens. Dieser Mittwoch, der 2. Dezember 1942, wird ein kalter Tag mit rauhen Winden. Seit zwei Tagen erleben die Bürger die Auswirkungen des Krieges unmittelbar in ihrer eigenen Stadt. Benzin ist rationiert; nie zuvor verordnete die Administration eine solche Maßnahme. Zwei Drittel aller privaten Autos bleiben stillgelegt. Lieferwagen beherrschen das Straßenbild. Die Tramways und die Hochbahn quellen schier über von Menschen. Alles scheint auf einmal anders. In dieser brodelnden Stadt, in der sich in wenigen Stunden die Welt wandeln wird.

Fermi betritt die Halle kurz nach halb neun, setzt sich an seinen angestammten Platz – an einen Holztisch auf der Empore. Er ist immer noch Staatsbürger des faschistischen Italien, Bürger eines Landes, das ihn und seine Frau, Laura Capon, Tochter eines römischen Juden, der hoher Offizier der Kriegsmarine war, ins Exil zwang und das sich nun mit den USA im Krieg befindet. Feindesland. Und er baut dem Feind die Bombe.

Kann er das?

Vor sich eine Anordnung von Geigerzählern, an der Stirnwand ihm gegenüber Kontrolltafeln mit elektrischen Meßgeräten: Voltmeter, Ampèremeter, Galvanometer. Der Raum kalt, er läßt sich nicht gut heizen.

Szilárd und Wigner laufen nervös auf der Empore umher, allein Fermi sitzt. Nur eine Frau im Raum – Leona Woods. Und oben noch sechs Männer: Anderson, Weil, Wilson, Allison, Hilberry und Marshall. Unten steht am Meiler Dr. Walter Zinn. Seine Aufgabe: die Stäbe zu ziehen.

Um 9 Uhr 54 sagt Fermi: »ZIP out.« Alle blicken auf Zinn, der zögert. Dann bewegt er den Stab eine Handspanne weit zu sich hin. Die Geigerzähler ticken in die gespenstische Stille hinein. Schneller als je zuvor.

Um 10 Uhr 03 zieht Zinn den Stab vollends heraus, legt ihn neben sich auf den gefliesten Boden. Für eine Spanne von Sekunden werden die Zähler noch einmal schneller, aber dann – nach zwei, drei Atemzügen – scheint die Aktivität der Neutronen zu verebben. Der Pulsschlag wird dürrer, flacher, wie das malade Herz eines Schwerkranken. Nur noch unregelmäßig die Signale. Gleich dem Flackern vor dem Tod. Stumm. Ein Irrweg? Die Sackgasse? Das Ende?

Was werden die Deutschen in diesen Stunden tun? Niemand hier weiß es.

Weit waren sie gekommen, die Deutschen. Sie hatten am 22. Juni 1941 um drei Uhr und fünfzehn Minuten »Barbarossa« begonnen. Sie kamen mit 153 Divisionen, 600.000 motorisierten Fahrzeugen, 3.580 Panzern, 7.184 Geschützen und 2.740 Flugzeugen. In den letzten Novembertagen – der Winter war mit fünfunddreißig Grad unter Null eingebrochen – erreichten Stoßtrupps die Peripherie von Moskau. In den Zeiss-Feldstechern zeichneten sich Türme ab: die Silhouette des Kreml. Stalins Nervenzentrum – als Schattenriß auf die Okulare gestochen. Weiter kamen sie nicht.

Im Spätsommer 1942 standen deutsche Landser auf drei Kontinenten: In Europa herrschte Hitler am Nordkap und an der spanischen Grenze, in Finnland und auf dem Balkan. In Afrika hatte Rommel für ihn El Alamein genommen. In Asien stiefelten sie über wüstes Land. Auf dem höchsten Berg des Kaukasus, dem Elbrus, schlug das Hakenkreuz knatternd im Wind; am 21. August hatten Deutsche dort »ihre« Fahne gehißt. Am 23. August erreichten Eliteeinheiten der Sechsten Armee einen Uferstreifen an der Wolga; bei Stalingrad.

Im Spätherbst des Jahres 1942, Adolf Hitlers Führerhauptquartier ist in die Nähe der ostpreußischen Stadt Rastenburg verlegt worden – in die sogenannte Wolfsschanze. Montgomerys Achte britische Armee treibt seit dem Beginn der Offensive von El Alamein Rommel vor sich her; Tobruk fällt, wenig später auch Benghasi. Am 22. November ist die Sechste Armee von Generaloberst Friedrich Paulus im Kessel von Stalingrad unentrinnbar in ihrem kalten tödlichen Verließ eingekesselt; Göring verspricht seinem Führer wider alles bessere Wissen, die Luftwaffe könne Ersatz schicken. Pro Tag landen anfangs weniger als achtzig Tonnen an Versorgungsgütern, mehr als dreihundert würden gebraucht. Mussolini rät Hitler, das Kapitel des Krieges mit Rußland »auf die eine oder andere Weise abzuschließen, es habe keinen Zweck mehr«. Im Reich läuft der Film »Dr. Crippen an Bord« mit Rudolf Fernau in der Titelrolle.

Die Arbeiten an der deutschen Uranmaschine kommen langsam voran. Werner Heisenberg wird am 1. Juli 1942 zum Direktor des Kaiser-Wilhelm-Institutes für Physik ernannt. Er bindet Carl Friedrich von Weizsäcker und Karl Wirtz an sich. Kurt Diebner ist nahegelegt worden, trotz seiner exponierten Stellung im Heereswaffenamt und seiner langjährigen Zugehörigkeit zur NSDAP, Dahlem zu verlassen. Aber die Hartnäckigkeit des promovierten Physikers wird unterschätzt. Mit jungen, unbekannten Männern, die als ausgebildete Akademiker von den Universitäten in Berlin und Leipzig kommen und denen ein Einberufungsbefehl an die Ostfront erspart bleibt, zieht sich der Geächtete – voll Hohn gern »Kurtchen« genannt – zurück in die Heeresversuchsanstalt des Heereswaffenamtes.

Dieses Institut war wegen der seit Monaten anhaltenden Bombardements auf Berlin ausgelagert worden. In den Süden, in die Nähe der brandenburgischen Ackerbürgerstadt Luckenwalde. Dort, zwischen Gottow und dem Gut Kummersdorf nördlich des Baruther Urstromtales, besaß die Wehrmacht ein weitläufiges und im Krüppelkiefernwald gegen Luftangriffe leicht zu tarnendes Gelände. Posten der Feldgendarmerie bewachten das fast vollständig umzäunte Areal. Die Bauern der Gegend waren zumeist eingezogen, ihre Frauen bestellten die Böden in der Nachbarschaft. Neugierig war hier gewiß keiner, an das Rattern der Lastwagen, die unter Planen verborgene Güter ankarrten, hatten sich die Leute gewöhnt. Ein ministerieller Beschluß vom Juli 1942 schränkte die finanziellen Mittel für den »Uranverein« so sehr ein, daß den Physikern das Improvisieren Alltag wurde; manche von ihnen aus dem Kreis um Heisenberg hatten als Universitätsassistenten wenige Jahre zuvor noch aus volleren Töpfen geschöpft.

Nach Schichtversuchen in Berlin, Heidelberg und Leipzig folgt die Gruppe Diebner anderen Bauprinzipien. Die Physiker vertreten die These, daß Schichten weit weniger an Nutzen brächten als einzelne Würfel, die man wie an Bindfäden gitterartig in den Reaktor hängen könne. Damit prallen die Ansichten der »Klassiker« und »Arrivierten« um Paul Harteck und Werner Heisenberg auf die der »Aufrührer« um Diebner und Werner Czulius. Als ginge es um bürokratisches Verwalten einer Schulbehörde werden Gremien eingesetzt, den offenen Disput zu beenden. Da Schweres Wasser und Uranoxyd nur in begrenztem Umfang abrufbar sind, fällt die Schlichtungskommission des Uranvereines am 28. Februar 1942 eine Entscheidung, die nicht mehr ist als ein fauler Kompromiß. Das Heereswaffenamt dürfe zwar weiterforschen, müsse aber »aus gegebenem Anlaß« das Patronat des Reichsforschungsrates anerkennen. Mit einer solchen »salomonischen Lösung« verriegeln sich die Deutschen an dieser Wendemarke den Weg hin zur Kernwaffe.

Diebner läßt in Gottow ein Bauwerk errichten, das jeder Beschreibung als »Kernforschungszentrum« spotten würde. Aus Brettern zimmern ihm Handwerker in der Wehrmacht eine Art Bockmühle ohne Flügel, die auf einem kleinen, etwa mannshohen Hügel steht. Nach der einen Seite eine Klapptür mit zwei Hälften, Sprossenfenster mit Fensterläden, ein Dach aus Teerpappe.

Das ganze in seinem Inneren keine zehn Quadratmeter groß. Die Forscher heben eine Grube aus und beginnen ihre Versuche am Meiler. Der Grundgedanke ist klar: Es werden 118 Uranwürfel in einen Bottich aus Paraffin und Holzbohlen gehängt – Durchmesser des Atommeilers: ein Meter. Die Würfel hängen an feinsten Fäden aus einer Leichtmetallegierung in dem Schweren Wasser. Jeder Würfel ist so fixiert, daß er sich immer in der identischen Entfernung von 14,5 cm zu seinen zwölf Nachbarwürfeln befindet. Die 254 Kilogramm Uranmetall werden von 610 Kilogramm Schwerem Wasser umhüllt. Das Arbeiten birgt eine Fülle von Gefahren. Die Männer tragen (weitgehend) staubdichte

Overalls, Handschuhe, Gesichtsmasken und Gummistiefel. Sollte es Zwischenfälle geben, würde – so Diebner – »allenfalls die Bruchbude in die Luft fliegen«. Ein Mehr an Risiko sah man nicht. Da unterdessen die Auer-Gesellschaft in Oranienburg in der Lage ist, Uran in Platten und Würfeln zu liefern, laufen seit Ende 1942 die Arbeiten an der Uranmaschine zum erstenmal auch offiziell zweigleisig. Das Kaiser-Wilhelm-Institut führt die Experimente in Plattenanordnung weiter, in Gottow konzentriert man sich auf die hängenden Würfel im Gitterraster. Eines Tages – möglicherweise schon in ein oder zwei Jahren – werden sie erfahren, ob sie einen Irrweg gegangen sind, in eine Sackgasse sich verrannt haben oder nicht.

Was werden die Amerikaner in diesen Stunden tun? Niemand hier weiß es.

Fermi läßt nach einer langen Pause alle Stäbe – bis auf einen – ziehen. Er schaut auf George Weil, der nun unten bei Zinn steht. Keiner von ihnen kann sicher sein, was in Augenblicken geschieht. Weil nickt. »ZIP out«, sagt Fermi. Es ist 11 Uhr 36. Nun schnellen die Neutronenwerte rapide nach oben. Die Geigerzähler auf dem Tisch rattern in wütendem Stakkato. Die Zeiger an der Kontrollwand schlagen deutlich aus.

Der Erfolg?

Ein ungewöhnliches Geräusch urplötzlich. Ein metallisch-dumpfer Knall. Ungewißheit. Nur Fermi begreift, was eben passierte: Das von ihm erdachte Sicherheitssystem, primitiv aber wirksam, ist offensichtlich intakt. Die Produktionsrate sinkt sofort auf einen Wert nahe Null. Ein Kontrollstab ist in seine vorausberechnete Position ins Herz des Kernes gefallen. Eine Art Schnellabschaltung bei Zwischenfällen. Fermis einziger Fehler: Er hatte die Auslösemarke zu niedrig justiert. Der Stab löst sich, obwohl der Bereich des Kritischen noch nicht erreicht ist.

Fermi unterbricht das Experiment. Sie beraten auf der Empore, dann steigen drei Physiker nach unten und bringen alle beiseite gelegten ZIPs in deren angestammte Position. Als sie fertig sind, sagt der Italiener: »I'm hungry.«

Sie gehen essen.

Erst kurz vor zwei kehren sie in ihre Halle unter die Westtribüne des Stagg-Stadiums zurück.

Szilárd und Fermi an den Geigerzählern, Zinn und Weil an dem Meiler, die anderen lehnen an der Balustrade der Empore. Die Physiker ziehen Stab um Stab aus dem Block. »ZIP out« melden sie mit monotoner Stimme nach oben... Der jeweilige Zeitpunkt wird im Protokollbuch notiert.

Die Arbeit hat so etwas wie Routine bekommen. Einige trinken Kaffee, sie beobachten abwechselnd die Zeiger an der Wand, hören auf die Geigerzähler und schauen auf die Männer da unter ihnen. Das Ticken auf dem Tisch gerät zur Melodie, deren rhythmischer Takt immer hastiger vorandrängt.

Es ist 15 Uhr 26, als sich ein letzter Cadmium-Stab noch exakt auf 2,54 cm Länge im Pile befindet.

Fermi: »ZIP out«.

Zinn legt ihn beiseite, die Spannung ließe sich anfassen, jeder ist von ihr gefesselt. Die Neutronenproduktionsrate steigt auf 1,054.

Das bedeutet, ohne die Spur eines Zweifels, daß sie im kritischen Bereich liegt. Sie haben es geschafft. Hier, jetzt, in aller Heimlichkeit.

Aber was haben sie geschafft? Dürfen sich Fermi und Wigner, Weil, Zinn, Anderson, Wilson und die anderen ihrer Sache sicher fühlen?

Das Risiko, das sie eingegangen sind, bleibt unermeßlich groß. Nie hat ein Mensch sich in derlei Dimensionen gewagt, nie in der Geschichte des Universums in solch ein Abenteuer gestürzt. Im Reich des Punktes eins hat sich nie zuvor ein Conquistador niedergelassen. Was befindet sich hinter dieser Marke? Haben sie einen faustischen Pakt geschlossen? Ist ihr Leben in Gefahr? Bleiben ihnen nur noch Stunden, vielleicht allein Minuten, ehe die Flamme losbricht und alles Leben verzehrt?

Wie gefräßig, wie erbarmungslos, wie höllisch kann diese Flamme sein? Lästern sie Gott?

Etwas abseits, auf einem Balkon, schauen zwei Männer stumm zu. Arthur Holly Compton und Crawford H. Greenewalt. Zwei hochbegabte Naturwissenschaftler, die im – strikt geheimen – Regierungsauftrag das Atom-Projekt koordinieren. Allein dem Mann im Weißen Haus zur Rechenschaft verpflichtet. Und dieser Präsident – er hat die Bombe gefordert. Um nahezu jeden Preis.

Das Risiko, nun ist es unüberschaubar groß. Fermi hat die Sicherheitsapparatur abgeschaltet, die am Vormittag funktionierte. Kein Ventil mehr da, kein Damm, der die Sturmflut zähmen könnte. Wer wird sich stemmen gegen den Ozean der entfesselten Energie? Keiner wird diesen Physikern in der Halle die Frage beantworten können, ob CP 1 eine stabile Marke erklommen hat oder ob sich die Ereignisse verselbständigen.

Keiner spricht. Die Stille macht frösteln. Sie blicken zu Fermi hin, der immer noch an seinem Platz am Tisch sitzt.

Der – wie befreit – sagt mit tiefer Stimme: »Es ist geglückt. Ja, es ist geglückt. Er erhält sich selbst. Wir haben es geschafft.«

Aber keiner applaudiert, kein Jubel, kein Lärm. Das Stummsein will nicht weichen.

Ihre Uranbatterie liefert ein halbes Watt, weniger sogar. Das mochte ausreichen, um die Glimmbirne einer kleinen Taschenlampe zum Aufleuchten zu bringen.

Es vergeht nahezu eine halbe Stunde. Um 15 Uhr 54 schiebt Zinn den ersten der Stäbe wieder in den Meiler. Leiser und langsamer das Ticken. Der kritische Bereich ist verlassen. Die Energie konnte sich der Kontrolle durch den Menschen nicht entziehen.

Noch nicht entziehen.

Ihr aller Tun hat einen Sinn, die Gewalt des Atoms ungehindert zu erwecken. Dafür werden sie bezahlt. In aller Heimlichkeit. Nehmen sie schmutziges Geld an? Dollars, an denen Blut klebt?

Szilárd zaubert eine Flasche Rotwein aus seiner Mappe; Chianti, um Fermi, den Italiener, zu erfreuen. Irgend jemand hat aus einem Kaffeeautomaten auf der Tribüne Pappbecher organisiert. Sie prosten sich zu. Nachdenklichkeit, Zweifel, auch Angst.

Es gehört nicht viel dazu, um sich auszumalen, was nun

kommen wird. Noch wissen sie nicht konkret, daß schon in weniger als einem Jahr die Todesfabriken auf Hochtouren laufen, um die Bombe, die immer »ihre« Bombe bleiben muß, fertigzustellen. Schon in den ersten Wochen des Jahres 1943 gehen Wissenschaftler, Ingenieure, Bauarbeiter ans Werk. Ohne zu ahnen, was sie da tun. Uran wird gebraucht. Und Graphit. Sie liefern es, sie machen sich keine Gedanken über das tatsächliche Ziel ihres Weges.

Clinton Engineer Works wird bald die Organisation heißen, bei der die Fäden zusammenlaufen. Zwei Werke mit einer Gesamtfläche von runden tausend Hektar Land liefern nahe von Knoxville, Tennessee, das konzentrierte U 235. Die Atombrenner für die Herstellung von Plutonium werden in Hanford, westlich von Pasco, Washington, am Columbia River errichtet.

Vier geheime Städte sollten sie aus dem Boden stampfen, darunter das später zur Legende wachsende Oak Ridge. Hier leben dann 79.000 Seelen (und allein dies Wort wird zum Paradoxon – weil ihr Werk ein seelenloses ist). Eine Stadt aus der Retorte und am Ende die fünftgrößte im Staate Tennessee. In Hanford werden 60.000 Menschen wohnen, in Richland 17.000 – Frauen und Kinder unter ihnen. Kinder, deren Väter mit dem Sterben hantieren.

Und als sie ihre Arbeit getan, als das Sterben vorbei, als der Erfolg von Japan mit einer Parade in den Großstädten und Konfetti, das aus den Fenstern regnete, gefeiert ist, als die Orden verteilt und die Titel verliehen und die eigenen Gefallenen mit einem Trompetensolo würdig geehrt sind – da werden es auch wieder Geisterstädte sein. Der Wind wird sich in die Fensterläden krallen, die Februarstürme werden die Dachrinnen fortreißen.

Keiner wird sie reparieren. Und der Regen wird von den Ziegeln nach unten tropfen.

Arthur H. Compton ist nach draußen gegangen. Er meldet ein Ferngespräch nach Cambridge, Massachusetts, an. Dr. James B. Conant von der Harvard-Universität, Vertrauensmann des Weißen Hauses, erwartet die Nachricht:

Compton sagt: »Jim, es wird dich interessieren, daß der italienische Seefahrer gerade in der Neuen Welt gelandet ist.« Und als Hinweis darauf, daß Fermi und seine Leute früher zum Ziel gekommen waren als geplant, fügt er hinzu: »Die Erde war nicht so groß wie er geglaubt hatte, und so kam er eher als erwartet in der Neuen Welt an.«

Conant will wissen: »Waren die Eingeborenen freundlich?«

Compton: »Alle sind gesund und munter gelandet.«

Der zweite Rückblick

Sie erwarteten ihn in New York an der Pier nahe der 57. Straße West. Als die »Drottningholm« am 16. Januar 1939 gegen halb zwei Uhr nachmittags vertäut wurde, standen Laura und Enrico Fermi zusammen mit John A. Wheeler und George Pegram inmitten der Massen, die eine solche Schiffsankunft in sonderbarer Melancholie vereint. Niels Bohr, sein Sohn Erik und Léon Rosenfeld, ein Naturwissenschaftstheoretiker und Freund der Familie, hatten eine anstrengende Überfahrt hinter sich – schwere See, Windstärke sieben bis acht. Man begleitete die Neuankömmlinge zum King's Crown Hotel, wo auch die Fermis und Leo Szilárd logierten. Auf der anderen Straßenseite befand sich das Hauptgebäude der Columbia University. Ohne Wheeler und Rosenfeld, die mit der Bahn nach Princeton hinausfuhren, trafen sich die anderen trotz der sichtlichen Erschöpftheit Bohrs bei einem Chinesen zum Abendessen. Laura Fermi wußte sich viele Jahre später noch zu erinnern, daß physikalische Fragen und Probleme an diesem Abend kein Thema waren und daß Bohr auffallend wortkarg blieb. Tatsächlich verheimlichte der Däne den Freunden etwas Entscheidendes. Bohr, sein Sohn und Rosenfeld hatten während der gesamten Atlantikpassage an einer mühsam organisierten Schreibtafel gearbeitet. Denn unmittelbar vor Auslaufen des Schiffes war ihm vom Hafenagenten der schwedisch-amerikanischen Reederei ein Brief übergeben worden, den Lise Meitners Neffe Frisch von Kopenhagen nach London geschickt hatte. In ihm informierte Frisch den Mentor über die Straßmannsche Entdeckung der Kernspaltung am Dahlemer Kaiser-Wilhelm-Institut.

Bohr fühlte sich wegen der Vertraulichkeit von Frischs Ausführungen verpflichtet, Fermi noch nicht einzuweihen.

Was er aber nicht ahnen konnte – Rosenfeld hatte im Zug fast ununterbrochen mit Wheeler über die phänomenale Erkenntnis diskutiert. Und der Zufall wollte es, daß just am Abend dieses denkwürdigen 16. Januar 1939 in Princeton auf dem Campus der montägliche Zeitungsabend auf dem Programm stand. »Bibelstunde« nannten sie das scherzhaft, wenn sie im Kreis der Chemiker und Physiker die Fachpresse analysierten. In dieser Bibelstunde drehte sich zwangsläufig alles um die Neuigkeit aus Deutschland, um das scheinbare Paradoxon, daß es im Atom zu einer – wie von Frisch formuliert – »fission«, zur Spaltung kommen konnte.

In Princeton wurde zum erstenmal auf dem amerikanischen Kontinent das Wissen um die elementare Kraft nuklearer Energie publik gemacht. Spötter mochten die nicht unlogische Frage stellen: »Wo sonst?« Denn die kleine Stadt im Bundesstaat New Jersey hatte ihren Stellenwert selbst bei Durchschnittsamerikanern. Sie war der Olymp der Klugen in ihrer Zeit. Es war Teil des american dream, in der Illusion zu leben, einem jeden stünde das Mekka des großen Geistes offen. Wenn er nur strebsam und gescheit genug sei. Die neue Gesellschaft, losgelöst von den Verkrustungen der Alten Welt, ohne etablierten Adel und abgeschottete Hocharistokratie, war bereit, das Märchen vom Tellerwäscher, der es zum Hotelkönig bringt, zu glauben. So blieb denen da unten die fromme und immer tröstliche Hoffnung, einer der Nachgeborenen könne es besser haben. Könne dann auch dazugehören zu denen im erlesenen Zirkel von Princeton. Könne näher heranrücken an die Reichen. An einen Kennedy beispielsweise. John Fitzgerald Kennedy, zweitältester Sohn von Joseph P. Kennedy, dem Multimillionär und Diplomaten, war 1936 in Princeton immatrikuliert worden. Er mußte aber bald wieder weichen. Gewogen und zu leicht befunden. Später kaschierte in den Biographien tünchend eine »Gelbsucht« den frühen Abbruch der Studien. Das Gerücht einer Mesalliance mit einer Brasilianerin samt Abtreibung geisterte durch die Bostoner Kreise. JFK wanderte nach Harvard ab, an die älteste Alma Mater der Vereinigten Staaten, begründet 1636. Er blieb auch dort Mittelmaß.

Die Behauptung, Albert Einstein sei in Princeton der verantwortliche Institutsleiter gewesen, wurde zwar häufig als Tatsache ausgegeben, stimmt aber nicht. Der Mathematiker Oswald Veblen als Dekan »sammelte« dank seines stolzen Etats die hochkarätigsten Europäer und »hortete« die Emigranten am Institute for Advanced Study. Veblen besaß ausreichend Einfluß, um Einstein, der tatsächlich eine Art äußerst diskret behandelte »Probezeit« absolvieren mußte, danach ein auf mindestens fünf Jahre verbrieftes Arbeitsverhältnis an der Universität zu garantieren. Dem Nobelpreisträger, der sich bereits seit Mai 1921 Ehrendoktor der Princeton University nennen durfte (Begründung in der Laudatio: »Sie sind der neue Kolumbus der Naturwissenschaften, der einsam durch die fremden Meere des Denkens fährt«), wurde ein stolzes Salär für sein Wirken zuerkannt: 16.000 Dollar; das entsprach der Dotierung eines Dekans und war das Doppelte dessen, was ein »normaler« Professor an Gehalt beanspruchen durfte.

Nach außen hin sah sich die Elite gern als Gleiche unter Gleichen. Rassenkonflikte – wie in Europa – tauchten nicht auf. Die Animositäten kamen subtiler an die Oberfläche. Eugene Wigner verließ Princeton und erinnerte sich: »Es war ein Elfenbeinturm«.

Nun findet sich Bohr in ihm. Und er ist sich dessen bewußt, daß die Erkenntnis aus Berlin mehr bedeutete als ein unsicheres Suchen und Stochern in einem dunklen Sumpf. Mehr als das Anlanden auf einer Insel, die bislang im weiten Meer als konturlose terra incognita in den Seekarten skizziert war.

Die vollzogene Spaltung des Urans – keiner mußte dies eher begreifen als der Nobelpreisträger Niels Bohr – bedeutete, daß der Mensch die Erde sich untertan machen würde. Der Mensch nun – zum erstenmal in der Schöpfungsgeschichte – wissend und in der Lage, die Welt, in der er lebte, mit eigener Hand zu sprengen. Nicht heute, nicht morgen. Aber eines Tages mit wahrhaft tödlicher Gewißheit. Das Erkennen eines Phänomens, das Chemiker wie Physiker befähigte, den Globus zu zertrümmern, als sei er ein Findling auf einer Koppel. Theologen, in ihrem unerschütterlichen Credo an Gnade und Allmacht des Herrn, mußten sich geschlagen geben. Sie brauchten dazu nur ein paar Zahlenkolonnen zu lesen. Die Formel für die Endlichkeit des Seins war gefunden. Sternstunde der Menschheit.

Bohr hielt diese Zahlenkolonnen in seinen Händen. Die Experimente von Lise Meitner und Frisch bewiesen, daß die beiden Bruchstücke des Uran-Atoms mit der Energie von je hundert Millionen Elektronenvolt auseinanderjagten und damit die unfaßbare Menge von zweihundert Millionen Elektronenvolt freimachten. Dies ließ sich auch so formulieren: Hier wurde eine Kraft erschlossen, die dreimillionenmal so groß war wie die Energie von Kohle und ein explosiver Stoff, dessen Kraft das Dynamit um das Zwanzigmillionenfache übertraf. Gab es ihn noch, den Gott, der dies zuließ?

Albert Einstein, der nach dem Tod seiner Frau Elsa am 20. Dezember 1936 den vielen, denen er bislang mit karger Zurückhaltung entgegengetreten war, nun mit einem kaum mehr verhüllten schroffen Sprödesein begegnete, ging einer vertiefenden Diskussion mit Bohr aus dem Weg. Der Däne wußte um die Hintergründe und versuchte, ihn zu verstehen, sein Eingepuppt-Sein zu tolerieren.

Einstein über sich: »Ein Bär in seiner Höhle.« Und weiter: »Diese Bärenhaftigkeit ist durch den Tod der mehr mit den Menschen verbundenen Kameradin noch gesteigert.«

Beim zweiten Lesen ein sehr verräterischer Satz. Nicht der Tod der Frau hat ihn verändert. Mit Elsas Sterben ist für ihn eher die Schleuse verlorengegangen, durch die er an die Umwelt kam. Sie war mit den Menschen verbunden, nicht er.

Einstein und seine Frauen – ohnehin ein besonderes Kapitel. Gewiß privat. Und gewiß nicht zu übergehen. Sein gespaltenes ego wird da freigelegt: Die Serbin Mileva Maric, geboren als die Tochter eines Großgrundbesitzers in Titel, lernte ihren künftigen Mann (drei Jahre jünger als sie) im Physikalischen Institut des Zürcher Polytechnikums kennen. Dessen Leistungen sind eher durchschnittlich, sie hingegen ist ein Wunderkind und wegen ihrer Körperbehinderung (ein angeborenes Hüftleiden) von den Professoren fürsorglich beobachtet.

An den ersten Satz, den die beiden wechselten, wußte sich Mileva bis an ihr Ende zu erinnern: »Haben Sie je daran gedacht, daß Newton in einigen seiner Schlüsse nicht Recht hat?« hatte Einstein sie gefragt.

Mileva bekommt fünf Jahre später ein Kind von ihm, das »Liserl«, das sofort zur Adoption freigegeben wurde. Einstein wird das Mädchen – obwohl er Mileva am 6. Januar 1903 zu Bern auf dem Zivilstandesamt heiratet – nie in seinem Leben sehen.

Die junge Frau sucht sich in der unkonventionellen Ehe ihre unkonventionelle Rolle. Sie arbeitet für Einstein, der am Patentamt Bern eine respektabel dotierte Position erhielt, an den wissenschaftlichen Arbeiten. So intensiv, daß ihre Studien zurückstehen müssen und am Ende gar die in Angriff genommene Dissertation der Doktorandin unbeachtet liegenbleibt.

Es gibt unterdessen ernsthafte Theorien, die Mileva den Löwenanteil der Berechnungen zutrauen, die Einstein auf dem Feld der Entdeckung photoelektrischer Wirkungen und ihrer Gesetzmäßigkeiten publizierte. Für diese Arbeiten wurde Einstein mit dem Nobelpreis geehrt. Das Preisgeld der Schwedischen Akademie der Wissenschaften in Höhe von 180.000 Schweizer Franken überließ er 1921 Mileva, von der er seit dem 14. Februar 1919 »wegen natürlicher Unverträglichkeit« geschieden war.

Unklar blieb bis heute, ob der berühmte Physiker die Mutter seiner beiden Söhne Hans Albert und Eduard gut gesichert wissen wollte oder sich nur ungalant freigekauft hatte.

Ehe war für Einstein erklärtermaßen ein Gefängnis; die Boshaftigkeit von ihm, diese Institution wäre von einem »phantasielosen Schwein erfunden« worden, ist verbrieft.

Auch seine zweite Frau, die zu Fettleibigkeit neigende Cousine Elsa, hatte über Jahre unter ihrem Mann zu leiden. Unzählig die Affären. Sein Freund Moritz Marianoff bekam viel davon mit und registrierte fast buchhalterisch: »Je gewöhnlicher und verschwitzter die Personen, umso besser für ihn...« Auch nach der Scheidung von Mileva reißen die Fäden zu ihr bis über den Atlantik und in die Nachkriegszeit hinein nicht ab. Zumal Eduard wahnsinnig geworden war. Am 4. August 1948 starb Mileva, die sich bis zur Selbstzerstörung um den Unheilbaren gekümmert hatte. Einsteins menschenverachtender Kommentar im Antwortschreiben auf eines der Kondolenztelegramme: »Mir geht es soweit gut, indem ich die Nazizeit sowie zwei Frauen siegreich überlebt habe.«

Wen will es da wundern, daß er ein Jahr vor Elsas Tod auf die Nachricht, seine Frau habe einen schweren Herzanfall erlitten, gelassen reagierte und anderntags zwei Kollegen mit den Worten »Elsa war am Abkratzen« informierte?

Als Thomas Mann in den späten dreißiger Jahren in Princeton ein paar Gehminuten entfernt in eine eigene Villa zog, kam es zu allerdings seltenem persönlichen Kontakt zwischen Dichter und Denker. Sie kannten sich aus Berlin. Thomas Mann hatte einmal auch eine Einladung in die Haberlandstraße 5 angenommen. Schon zu dieser Zeit ließen sich die Animositäten schlecht übertünchen. Später, in den USA und als Nachbarn in Princeton, wuchs die – gegenseitige – Abneigung.

Begegnungen in der Öffentlichkeit brachten beide mit Takt über die Runden. Einig im Kampf gegen Hitler und seine Unterwerfungspolitik in Europa (»Der Herrgott scheint dem Teufel für dort Generalprokura gegeben zu haben«) vermieden sie alles, was in den Medien auf eine Kontroverse unter den berühmten Emigranten hindeuten könnte. Die Publikation »Jewish Forum« hatte eine Ehrenplakette gestiftet, die Einsteins Kopf darstellte. Als Thomas Mann Ende Januar 1939 diese Ehrung zuerkannt wurde, hielt Einstein selbst die Verleihungsrede. Er wird vermutlich nicht gewußt haben, daß Thomas Mann ihn in seinem »Felix Krull« als Schrull der Nachwelt erhielt – in der Figur des liebenswürdig angetrottelten Professors Kuckuck, dem der Hochstapler im Coupé nach Lissabon gegenübersitzt...

Einstein einmal zu Freunden: »Thomas Mann ist ein beeindruckender Schulmeister. Er braucht stets jemanden zum Belehren. Offenbar gibt es für ihn nur wenige Dinge, die er nicht erklären kann. Ich habe immer neugierig und gespannt darauf gewartet, daß er mir die Relativitätstheorie erläutert.«

Der Große der Physik lebte in der Mercer Street 112 tatsächlich wie der Bär in der Höhle. Selbst Niels Bohr vermochte daran nicht zu rütteln. Keine Begegnung mit dem Genius. Nur einmal, bei einem Empfang mit offiziellem Charakter, reichten sich Bohr und Einstein die Hand. Sie sprachen kurz miteinander. Nebensächliches. Bohr ist die Enttäuschung, ja die Erschütterung deutlich anzumerken gewesen ob des Banalen der Situation. Einstein hingegen schien wie erleichtert, daß die weitblickendsten Geister ihrer Epoche – er und sein Gegenüber – nicht über das Entscheidende zu debattieren hatten. Nicht reden und nachdenken über diese greifbar nah daliegende Kettenreaktion. Kein Reden über Gott und die Welt.

Bohrs alter ego mußte daher ein anderer werden. Die Wahl konnte nun nur noch auf Enrico Fermi fallen. Der war, gemeinsam mit seiner Frau Laura, Sohn Giulio, Tochter Nella und dem Kindermädchen am 2. Januar 1939 mit der »Franconia« angekommen. In Rom hatten sich seit 1934 sogenannte »Neutronenphysiker« zusammengeschlossen und unter Fermis Leitung auch die Transurane entdeckt. Ein – wie sich später zweifelsfrei erwies – zeitraubender Irrweg. Aber auch schon Bohr und dessen niederländischer Kollege Dirk Coster (er hatte im Juli 1938 gemeinsam mit Paul Rosbaud Lise Meitner im Adlon abgeholt und nach Holland in Sicherheit gebracht) waren bereits 1922 auf diesen falschen Pfad geraten und ebensowenig in ihrem Suchen entscheidend vorangekommen. Die faschistische Politik des Duce, die Durchsetzung der ehrwürdigen Universitäten Italiens (Bologna ist die älteste der Welt) mit Horden von Schwarzhemden spaltete das Lager der Intellektuellen bald unversöhnlich. Die einen sahen die Unmöglichkeit, in einem menschenverachtenden System zu forschen und zu lehren, die anderen witterten, ähnlich wie in Deutschland, ihre einmalige Chance, unter der Schutzglocke einer totalitären Administration unbegrenzt Mittel bewilligt zu bekommen. Freilich: Dann hatte der Zweck die Mittel zu heiligen.

In solcher Atmosphäre von Spitzelei und Drohung, Mißtrauen und Doppelzüngigkeit zog Fermi die Konsequenzen. Er fuhr im Herbst 1938 nach Kopenhagen, bemerkte dabei schon, welche Schwierigkeiten ihm subalterne Dienststellen bei der Visa-Beschaffung machten; besser: sollten und mußten. Mit dieser Auslandsreise war er Mussolini vorerst entkommen. Ganz so dramatisch, wie manche Archive dann aber dies Weggehen aus der Heimat darstellten, war die Flucht dennoch nicht. Alles war bestens vorbereitet, Fermis Kinder trugen Maß-Garderobe vom Feinsten. Die Legende von der Atlantikpassage in einem alliierten Unterseeboot unmittelbar vor Kriegsausbruch ist Gerücht. Die Amerikaner hatten zu diesem Zeitpunkt aus ihrer neutralen Haltung zwischen Komintern und Antikomintern kein Hehl gemacht. Und für die Briten fand sich kein plausibles Motiv, Fermi unter Wasser über den Atlantik zu bringen.

Tatsache bleibt, daß der Physiker, 1901 in Rom geboren, gewarnt war. Seine Sicherheit sei auf Dauer nicht zu garantieren. Fermi hatte sich Anfang der zwanziger Jahre nach Abschluß seiner Studien und der Promotion zum Doktor phil. in Pisa (da war er nicht einmal zweiundzwanzig) entschlossen, zu Max Born nach Göttingen zu gehen. Dort wurde er Studienkollege von Werner Heisenberg.

Der Preis für Physik wurde ihm vom Nobel-Institut der Königlich Schwedischen Akademie der Wissenschaften zuerkannt, als frühe – verfrühte? – Krönung seines Tuns. So nahm Fermi dann auch am 10. Dezember 1938 – der Tradition entsprechend am Todestag des Stifters, der 1896 in San Remo gestorben war – die Ehrung entgegen. Mit ihm gemeinsam wurde als Literaturpreisträgerin die amerikanische Schriftstellerin Pearl S. Buck gewürdigt. Urkunde und Medaille in Händen haltend, wird Fermi sich dessen bewußt gewesen sein, daß das Schicksal ihm in der Stunde des höchsten wissenschaftlichen Ruhms eine bittere Entscheidung unausweichlich aufgedrängt hatte. Das Weggeben der Heimat. Viel an Symbolischem liegt in der Goldmedaille von Erik Lindberg: Sie zeigt auf der einen Seite das Relief des Stifters Alfred Bernhard Nobel, der als erster Dynamit in Massenfabrikation hergestellt hatte. Und sie zeigt auf der anderen Seite zwei Frauengestalten – die eine nimmt der anderen behutsam einen Schleier von den Augen und lehrt sie das Schauen in eine neue Welt...

Das Absurde der Zeremonie vermochte keiner der Honoratioren im entferntesten zu ahnen: Aus heutigem Wissen darf die Ehrung Fermis als lupenreiner Fehlgriff gelten: Seine Theorien sind von Straßmann und Hahn just acht Tage später ad absurdum geführt. Fermi fügte bei der Drucklegung des Festvortrages in einer zweiten Korrektur eine durchaus ehrliche Fußnote an, ehe das Werk im März 1939 in mehreren Sprachen publiziert wurde: »Es wurde erforderlich, den Gesamtfragenkomplex der transuranischen Elemente neu zu überdenken, da sich herausstellen könnte, daß es sich bei vielen von ihnen um Spaltprodukte des Urans handelt.«

Fermi hatte schon auf dem Weg nach Stockholm Kenntnis von einem Angebot der Columbia-Universität in New York. Dort – so wurde es ihm offeriert – schätze man sich glücklich, übernähme er einen Lehrstuhl im Pupin Physikalischen Laboratorium.

Viele Jahre später wird eine der meistgestellten Fragen lauten, weshalb in den Vereinigten Staaten und eben nicht im Deutschen Reich oder in Japan so viel an geistigen Reserven mobilisiert werden konnte, um die Bombe zu bauen und zu werfen. Und eine der vielen Antworten besagt, daß das Einwanderungsland Amerika – arm an Tradition – noch immer von unzähmbarem Pioniergeist beseelt ist.

So ergab sich gleichsam in einer Selbstverständlichkeit das in Europa undenkbare Phänomen, daß die Neuankömmlinge Fermi und Bohr – der Italiener und der Däne – in den USA zu Leitfiguren wuchsen.

Noch war alles Experimentieren um die Kernspaltung ein wirres Nebeneinander, Forschung ohne Methode, Versuchen mit der Hoffnung auf den Zufall, Scharlatanerie und pennälerhaftes Tüfteln. Aber dies sollte sich schon bald ändern. Am 26. Januar 1939 leiteten Fermi und Bohr im Physikalischen Vorlesungsraum des Carnegie-Institutes an der George-Washington-Universität die später berühmt gewordene sogenannte Fünfte Konferenz. Bohr ergriff als erster das Wort und informierte das Auditorium über die absolut gesicherte Erkenntnis, daß in Berlin-Dahlem den Chemikern Otto Hahn und Fritz Straßmann das Zertrümmern eines Uranatoms gelungen sei.

Den Emigranten – viele von ihnen saßen im Raum – brauchte niemand zu erzählen, was diese Vorgänge am Kaiser-Wilhelm-Institut für Konsequenzen haben würden. Seit 1933 wurde im Deutschen Reich die Politik der Hochrüstung vorangetrieben, wider alle Klauseln des Vertrages von Versailles, der doch auch die Handschrift eines amerikanischen Präsidenten, die von Woodrow Th. Wilson, trug.

Hitler hatte innerhalb der letzten neun Monate Österreich und einen Teil der Tschechoslowakei annektiert und dabei skrupellos die Alte Welt an die Schwelle eines Krieges bugsiert, er würde gewiß nicht zögern, seinen Militärs die neue Waffe in die Hand zu geben, wenn sie sich als bau- und brauchbar erwiese.

Berlin tanzte in diesen Tagen: Am Samstag, dem 28. Januar 1939, war Presseball in allen Sälen des Zoopalastes. Juden hatten längst keinen Anspruch mehr auf Karten. Schriftleiter wurde, wer Arier war. Die großen Chefredakteure waren schon gegangen, Verleger wie die Ullsteins als Löter in einer Kleinteilefabrik in der Nähe Londons untergekommen. Eine junge Schwedin sang mit betörendem Timbre: Zarah Leander. Zwei Tage später, am Montag, dem 30. Januar 1939, empfing Hitler aus Anlaß des 6. Jahrestages der Machtergreifung drei Ingenieure, die als Nationalpreisträger geehrt wurden: Willy Messerschmitt, Ernst Heinkel und Ferdinand Porsche.

Am Abend sprach der Führer vor den 885 Mitgliedern des erstmals zusammengerufenen Großdeutschen Reichstages, in dem nun auch die Vertreter der Ostmark und des Sudetenlandes ihre Plätze einnahmen. Mehr als eine Stunde hatte sich Hitler in der Reichskanzlersuite der Krolloper auf seine Regierungserklärung vorbereitet. Im Salon hing ein übermannsgroßer Spiegel. Dann ging er hinaus und bekräftigte seine Entschlossenheit, das Judenproblem zu lösen, da Europa aus rassischen und wirtschaftlichen Gründen nicht eher zur Ruhe käme, ehe nicht die jüdische Frage ausgeräumt sei: »Dies wird ohne sentimentale Anwandlungen geschehen dank der brutalen Erziehung, die uns die westlichen Demokratien fünfzehn Jahre lang angedeihen ließen.«

Nach zweieinhalb Stunden schloß er mit den Worten: »Indem wir die Nation in diesem großen Reich in dankbarer Ehrfurcht umfangen, erschließt sich uns der herrliche Reichtum deutscher Geschichte. Danken wir Gott, dem Allmächtigen, daß er unsere Generation und uns gesegnet hat, diese Zeit und diese Stunde zu erleben.«

In der Wilhelmstraße spiegelten sich Fackeln im nassen Asphalt, als Hitler gegen Mitternacht mit Heß und Göring auf dem Balkon der Reichskanzlei stand. In London und Paris wurde in den am Mittwoch erscheinenden Gazetten ausführlich auf Hitlers Rede eingegangen. Die im Reich akkreditierten Korrespondenten zeigten sich in ihrer Einschätzung weitgehend einig: Hitler habe seine Grenzen durchaus erkannt. Nichts deute darauf hin, daß er nun – nach Erreichen seiner politischen Ziele – einen Krieg vom Zaune brechen würde. Am 7. Februar 1939 lud in Berlin Alfred Rosenberg die Mitglieder der Auslandspresse zu sich. Er berichtete von Planungen, die Juden in den Grenzen des Deutschen Reiches in ein Territorium abzuschieben, das geeignet sei, rund fünfzehn bis zwanzig Millionen »rassisch Minderwertige« und daher in Deutschland nicht brauchbare Menschen aufzunehmen.

Am 7. Februar 1939 traf sich in New York die Amerikanische Physikalische Gesellschaft der Columbia-Universität im Vorlesungssaal 301 am Broadway/Ecke 199th Street. Hatte es beim Kolloquium in Washington zuvor noch ein prinzipielles Fragen nach der Energie aus der Uranspaltung gegeben, so genügten die zwölf Tage zwischen dem Zusammentreffen Ende Januar und jetzt, um bereits verblüffend detailliert der Kettenreaktion aus schnellen und langsamen Neutronen nachzugehen.

Kapazitäten hatten unterdessen mit ihren Teams die verschiedenen Modelle von Atomzertrümmerungsanlagen gebaut. Dies alles war beileibe kein Werkeln im inner circle der heimlich Eingeweihten. Sogar die Boulevardblätter in New York versuchten, ihrem Massenpublikum klarzumachen, welche Revolution der Physik zu gelingen schien. Mancher Assistent bezog seine ersten spärlichen Weisheiten aus Zeitungen, während er beim Friseur oder beim Schuheputzen saß. John R. Dunning, John A. Wheeler, Philip H. Abelson – sie alle waren Wissenschaftler mit in Fachkreisen bekannten Namen. Sie alle fahndeten mit. Sie wurden sich einig, daß das Experiment von Berlin unwiderlegbar bleiben mußte. Sie ereiferten sich in ihrem Uneinigsein, wie nun weiter vorzugehen wäre. Die Zahl der noch offenen Fragen blieb nicht erahnbar. Ratlosigkeit. Luiz W. Alvarez erging es nicht anders als Teller oder Szilárd.

Nun waren die meisten von ihnen gekommen: Wheeler, Dunning, Fermi, Bohr. Der schrieb sein Wissen mit Kreide an eine Schultafel. Ihm und Wheeler war unterdessen vieles bewußt geworden. Später bekannte Bohr freimütig, der fünfminütige Fußmarsch zwischen der Fuld Hall und dem Princeton Club habe ausgereicht, um hinter das Geheimnis zu kommen. »Und ich ärgerte mich maßlos, daß ich mir nicht schon früher mal die Zeit zu einem kurzen Spaziergang genommen hatte.«

Er und Wheeler hatten daraufhin in Princeton eine schon unglaublich präzise und korrekte Theorie des Spaltvorganges entwickelt. Was Bohr nun geduldig mit verhaltener Stimme und voller Gelassenheit vortrug, war so einprägsam, daß es auch Nicht-Physikern möglich gewesen wäre, das Wesentliche in den Gedanken nachzuvollziehen: Denn Uran kommt in der Natur in drei Arten vor. Diese Arten haben einen Namen – Isotopen. Alle drei Isotopen besitzen eine essentielle Verschiedenartigkeit: eine jeweils andere Anzahl von Neutronen. So enthält das Uran mit dem Atomgewicht 238 jeweils immer 146 Neutronen. Diese Form von Uran ist weitverbreitet. 99,3 Prozent allen Urans, das gefördert wird, ist ein sogenanntes Uran 238 (U 238). Nur 0,7 Prozent des auf dem Globus vorkommenden Urans gehört in die Gruppe des Uran 235 (U 235). Die Logik besagt, daß dieses Uran das Atomgewicht 235 hat. In dessen Kern befinden sich stets 143 Neutronen. Das dritte Uran 234 (U 234) mit einem Atomgewicht von 234 enthält 142 Neutronen. Es ist die mit Abstand seltenste Form, taucht nur mit einer Häufigkeit von 0,008 Prozent auf. Aus einem Kern platzende Neutronen erreichen verschiedene Geschwindigkeiten. Sie sind von elementarer Bedeutung. Das grundsätzliche Phänomen des Neutrons war bereits 1932 in Cambridge von Sir James Chadwick entdeckt worden.

Sir Chadwicks naturwissenschaftliche Experimente und Berechnungen fußten auf Arbeiten seiner Landsleute Frederick Soddy und Ernest Rutherford. Ihnen schreibt die einschlägige Literatur seit 1902 die radioaktive Zerfallstheorie zu, die freiwerdende Energien nachweist und damit das Phänomen der Energie aus Atomkernen vorwegnimmt. Unbewiesen – aber als Hypothese deklariert – hatten zuvor schon zwei Deutsche eine nahezu identische Ahnung in kleinem Kreis publiziert; zwei Gymnasiallehrer! Die beiden, Julius Elster und Hans Geitel aus Wolfenbüttel, schrieben am 19. Januar 1899: »Ein radioaktives Atom geht... unter Energieabgabe in einen stabilen Zustand über... und zwar folgerechter Weise unter Änderung seiner chemischen Eigenschaften.«

Chadwicks Veröffentlichungen bewiesen, daß diese Neutronen – der Name verdeutlicht es – elektrisch neutral sind. Aber exakt dieses neutrale Verhalten wird zur essentiellen Eigenschaft. Denn jeder Atomkern hat um sich eine kompakte Wallanlage, die einen feindlichen Eindringling von außen abwehrt – einen elektrischen Keuschheitsgürtel von hoher Zuverlässigkeit. Protonen und Elektronen, ebenfalls elektrisch geladen, können wegen ihres Zustandes des Geladenseins nicht an den Kern heran. Sie werden von dem Keuschheitsgürtel davongejagt, rüde zurückgeschleudert. Nicht so das Neutron: Es kann die Sperre ungeladen völlig mühelos durchstoßen, die Keuschheit des Kerns ist nicht zu verteidigen. Alle Energie, die in so einem Atomkern schlummert, läßt sich »normalerweise« nicht anzapfen. Die Betonung hat aber auf dem Wort »normalerweise« zu liegen. Einsteins Relativitätstheorie, die besagt, daß ein Körper, der sich bewegt, eine größere Masse aufweist als derselbe Körper im Zustand der Ruhe, ist – auch – ein Weg zur Atomenergie.

Dieser undimensionierbare Reservetank, der in jedem Atomkern aufbewahrt ist, kann nämlich dann aufgeschraubt werden, wenn das Neutron ungehindert in diesen Kern vorpreschen darf – durch den wertlos gewordenen Keuschheitsgürtel hindurch.

Sir Chadwick, der Entdecker dieser physikalischen Erkenntnis, wurde für seine Arbeit 1935 mit dem Nobelpreis belohnt. Er mußte von dieser Stunde an kein volles Jahrzehnt mehr warten, ehe er mit eigenen Augen in der Wüste von New Mexiko miterleben konnte, welche Folgen dieses Unkeuschwerden hat. Ob ihm in dieser Sekunde die beiden Frauen, von denen die eine der anderen den Schleier wegnimmt, in den Sinn kamen? Die Frauen von der Kehrseite der Medaille zum Preis des Alfred Nobel...

Neutronen erreichen beim Herausplatzen aus dem Kern, dank der unvorstellbaren Energie, eine Geschwindigkeit von mehreren tausend Kilometern in der Sekunde. Aber es sind immer drei verschiedene Geschwindigkeiten. Stark simplifiziert eine langsame, eine mittlere und eine hohe. Bohr und Wheeler waren beim empirischen Forschen vergleichsweise schnell einer Besonderheit auf die Spur gekommen: Die Neutronen mittleren Tempos können den Kern des Urans nicht zum Zerplatzen bringen. Das Uran weiß sich seiner Angreifer zu wehren und frißt die Energie des störenden Neutrons ohne Folgen auf. Es verzehrt die Energie. Zudem hat – auch dies war erkannt – das am häufigsten vorkommende U 238 die Eigenheit, sozusagen frigide zu sein. Es absorbiert die stürmische Zudringlichkeit des ungebetenen Freiers. Ergebnis: Just das Uran, das es auf der Welt in Hülle und Fülle gab, war ungeeignet, eine nutzbringende Kettenreaktion in Gang zu setzen oder gar aufrecht zu erhalten. Dies mußte für Bohr und Fermi und die anderen in den ersten Wochen des Jahres 1939 eine bedeutsame Erkenntnis bleiben. Denn dadurch konnten die Deutschen, denen allein U 238 im eigenen Einflußbereich zur Verfügung stand, keinen »Unfug« mit dem unbrauchbaren Element anstellen.

Es sei denn...

Es sei denn, es gelänge der Wissenschaft, aus U 238 das U 235 zu machen. Uran 235 war von anderem Schrot und Korn. Es war – um im Bild zu bleiben – weniger tugendhaft, wesentlich anfälliger gegen die Verlockungen von außen. Sowohl die langsamen als auch die schnellen Neutronen konnten seinen Kern spalten und die schlummernde Energie freisetzen.

Und damit hatte der Wettlauf begonnen.

Der Nation, der es gelänge, die große Menge an U 238-Vorräten in U 235 umzuwandeln, mußte dann »nur noch« einen Weg ausmachen, um mit langsamen oder schnellen Neutronen eine ungehemmte Kettenreaktion in Gang zu setzen. Die Physiker würden damit einen Treibsatz gewinnen, der zweimillionenmal stärker war als die Energie des Benzins. Niemand wiegte sich in der illusorischen Sicherheit, die Deutschen könnten unterdessen ins Hintertreffen geraten sein. Längst war auch schon aufgefallen, daß in Berlin und an anderen Universitäten keinerlei Veröffentlichungen zu nuklearen Themenkreisen mehr auftauchten. Die Geheimdienste wiesen in ihren Dossiers darauf hin, daß im Deutschen Reich die einst übliche Ausfuhr von Uran aus den eigenen Gruben im sächsischen Aue, einer alten Bergbaustadt, zunächst deutlich gedrosselt und dann abrupt gestoppt worden war. Zudem besaßen die Nazis nun, nach der Annexion eines Teiles der Tschechoslowakei, auf der Südseite des Erzgebirges in Joachimsthal, nördlich von Karlsbad, den Zugang zu ergiebigen Uranvorkommen, über deren wahre Dimensionen niemand etwas Exaktes aussagen konnte.

Alle im Vortragsraum in New York wußten, daß ihre Forschungs- und Entwicklungsarbeit mit den Etats normalen Hochschulbetriebes nicht finanzierbar sein konnte. Ein sinnloses Unterfangen von Beginn an. Die finanziellen Rahmenbedingungen an den Instituten waren bei aller Großherzigkeit potenter Stifter und Mäzene so lächerlich gering, daß nicht einmal von fünfstelligen Zuschüssen geträumt werden durfte. Die Berge an ungelösten, an noch nicht einmal im Ansatz erkennbaren Schwierigkeiten erforderten das Zehnfache. Zumindest. Und dies über Jahre. Millionen und Abermillionen – im Wissen, daß viele Monate vergehen konnten, ohne daß sie auch nur einen einzigen Schritt vorankamen.

Hier spätestens offenbarte sich das Dilemma eines demokratischen Gemeinwesens: Eine Diktatur ohne Parlament schöpfte aus dem vollen, um voranzukommen. Das Ziel im Auge, jeden Zweifel, gar Widerstand, negierend. Die Emigranten in Princeton und anderswo vermuteten, Hitlers Leute verfügten über ein Füllhorn. Die Pessimisten verkannten die Wesenszüge urdeutscher Bürokratie: Von Weizsäckers Versuch, zwei Rechenschieber zu beschaffen, scheiterte. Heisenberg mußte (bei einem Etat, der zunächst 275.000 Reichsmark und am Ende 350.000 Reichsmark für das gesamte »U-Projekt« betrug) die Rechenschieber mit Hilfe eines dreifach ausgefertigten Dringlichkeitsgesuches organisieren... Auch in Washington mußte nicht nur die Administration, sondern auch der Kongreß sein Plazet geben. Wie aber in einem Staat, in dem die Schwachen Hunger litten, der vor der Last sozialer Probleme in den großen Städten stand, der die Folgen von Weltwirtschaftskrise und Rezession noch immer nicht im Griff zu haben schien, der mit den besitzlosen Nicht-Weißen auf einer Sprengbombe saß, für ein Projekt Geld loseisen, das man weder korrekt beschreiben konnte (weil man zuwenig wußte), noch gar korrekt beschreiben durfte (weil man längst zuviel wußte)?

So fiel den Universitäten die absonderliche Aufgabe zu, nach einer Massenvernichtungswaffe zu suchen. Die sich hieraus ergebenden Konflikte lagen jedermann klar vor Augen. Aber dieser Hitler als in Mitteleuropa uneingeschränkt agierender Diktator lieferte ausreichend Argumente, um psychologische Barrieren überwinden zu können. Leo Szilárd, der noch keine Dozentur besaß und an der physikalischen Fakultät der New Yorker Columbia-Universität nahezu unentgeltlich hospitierte, ließ sich von Freunden aus Oxford wichtige Apparaturen für Neutronenversuche per Schiff nachschicken. Die Wartezeit überbrückte er mit einer wichtigen Mission. Er versuchte Leute anzupumpen, die bereit sein könnten, ihm zweitausend Dollar vorzustrecken. Dieses viele Geld benötigte er für ein Gramm Radium, auf das er bei den künftigen Experimenten angewiesen sein würde. Der Mann, der ihm die Scheine endlich in die Hand drückte, war ein Fabrikant für Oberhemdenkragen aus stoffähnlicher Pappe, »Eddi« Liebowitz.

Privater Initiative entsprang auch die Kooperation von Fermi und Anderson, die auf dem Feld der Neutronenemission aktiv wurden. Victor Weisskopf von der Universität Rochester, Teller in Washington und Wigner in Princeton tauschten sich intensiv aus, um der Uran-Bombe auf die Spur zu kommen. Aus dem trägen Behördenapparat des Staates, durchdrungen von Ignoranten, würden sie auf lange Zeit keine Unterstützung erhoffen können.

Einer aus der Runde, der ahnte, wes Geistes Kind die Majorität der Kongreßabgeordneten war, sagte es lakonisch so: »Eher machen die im Kapitol eine Milliarde fürs perpetuum mobile locker, als daß sie uns eine halbe Million für die Kettenreaktion überlassen.«

Der Wettlauf, der da begonnen hatte – war es überhaupt noch einer?

Dieses vermeintliche Wettrüsten gegen die Deutschen wandelte sich – auch dies eine der unzählbaren Ironien, die sich die Geschichte des atomaren Infernos noch gönnen wird – fast ausnahmslos zu einem Zweikampf unter Deutschen. Zumindest aber unter Gelehrten, die von deutschem Denken, deutschem Geist, deutschen Eigenschaften (guten wie schlechten) nachhaltig geprägt worden waren. Hahn, Bohr, Heisenberg, Peierls, Weisskopf, Wigner, Teller, Fermi, Weizsäcker, Bethe, Szilárd – alles Männer, die sich persönlich kannten und nun in verschiedenen Lagern standen.

Im Sommer 1939 folgte Werner Heisenberg einer Einladung von Robert Oppenheimer an die University of Columbia in Berkeley. »Opp« zählte längst zu den Vordenkern auf dem Feld nuklearer Energienutzung. Seine Doktoranden skizzierten denkbare Modelle von Atombomben an Wandtafeln. Und fühlten sich nicht als Jünger der Phantastereien eines Jules Verne, sondern als Eingeweihte in ein faszinierendes Experiment. In Chigago debattierten der Deutsche Heisenberg und der Amerikaner Arthur Compton über die Angst, die überall auf der Welt vor diesem immer mächtiger auftrumpfenden »Reich« und seinem »Führer« zu verspüren wäre. Heisenberg soll gelassen abgewiegelt haben. Er mochte oder konnte keinen Sinn darin sehen, daß viele der Physiker ihn bedrängten, bei ihnen an den Universitäten der Vereinigten Staaten zu bleiben, nicht mehr zurückzukehren. Auch Victor Weisskopf und Hans Bethe wandten sich fast beschwörend an ihn, mahnten, warnten. Vergebens.

Es kommt ein Mann ins tödliche Spiel, dessen Name in Vergessenheit geriet: Dr. Gustav Stolper. In Wien als Sohn eines jüdischen Bankbeamten geboren, seit 1925 Chefredakteur am Berliner Börsen-Courier, befreundet mit Hjalmar Schacht und Theodor Heuss. Ein Mann liberaler Gesinnung, der mit einem Mandat der von ihm mitbegründeten Deutschen Staatspartei in den Reichstag eingezogen war und noch 1933 emigrierte. Die von ihm herausgegebene Zeitschrift »Der deutsche Volkswirt« mußte er an Schacht verkaufen. Ein Politiker mit Leib und Seele, auch ein weitblickender Philantrop, ein Realist und durch Leiden lebensklug gewordener Menschenkenner, dem Pessimismus allerdings zuwider blieb. Dieser Gustav Stolper, der nun in New York lebte, hatte Leo Szilárd den entscheidenden und am Ende auch korrekten Hinweis gegeben, wie am geschicktesten an Präsident Roosevelt heranzukommen sei: durch die Vermittlung von Alexander Sachs. Alex Sachs, Bankier und Politiker, zählte wegen seiner vielseitigen Begabung und seiner analytischen Prognosen im wirtschaftspolitischen Beraterkreis von Roosevelt zu den wenigen »Experten«, denen der Mann im Oval Office auch tatsächlich vertraute. Sachs wurde auserkoren, dem Präsidenten einen Brief von Albert Einstein persönlich zu übergeben.

Ein Einstein-Brief, der unterdessen längst zur Legende geworden ist und um den so viel an Halbwahrheiten gesponnen ist, daß Korrekturen versucht werden müssen: Einstein hatte – im Widerspruch zu manchem, was zeitgeschichtliche Werke publizieren – nie persönlich Gelegenheit, F. D. Roosevelt das Horrorszenario einer deutschen Bombe vor Augen zu führen. Und ihm deshalb auch niemals expressis verbis die »Vorzüge« einer Atombombe klargelegt.

Als Albert Einstein Berlin und sein Haus in Caputh verlassen hatte, am 17. Oktober 1933 von Bord der »Westernland« ging und an der Battery von Manhattan den Boden der Vereinigten Staaten von Amerika betrat, war der Nobelpreisträger von 1921 längst ein weltberühmter Mann, eben *der* Physiker des Jahrhunderts. Er sollte bei seiner Ankunft sogar mit einer Konfettiparade geehrt werden, ein Rummel, dem sich der Scheue durch einen Seitenausgang entzog. Sein New Yorker Anwalt Herbert Maas lotste ihn durch eine Schleuse der Quarantänestation.

Wer aber – außer Einstein – sollte die Öffentlichkeit in den USA aufrütteln und darauf hinweisen, welch Schicksal die Juden in Deutschland fraglos zu fürchten hatten? Dies ist der Grund gewesen, weshalb ein Vertrauter des Emigranten, Stephen Wise, Rabbiner in New York, eine Einladung ins Weiße Haus einfädelte.

Am 24. Januar 1934 fuhr das Ehepaar Einstein am Hauptportal vor. Private Gäste der Roosevelts würden sie sein. Kein Protokoll, keine Presse, keine Fotos, keine Berater. Zu viert am Tisch, man dinierte im beinahe familiären Zirkel, und – eine ungeheuer seltene Auszeichnung –, die Einsteins verbrachten sogar die Nacht bei ihren Gastgebern; sie schliefen im Franklin Room. Es gibt keine verbindlichen Gesprächsnotizen, weder vom Gastgeber noch von den Gästen. Das zwanglose Abendessen wurde nirgendwo im Detail festgehalten. Pure Spekulation: Sie werden gewiß über mehr debattiert haben als über Kinder, Küche, Geigenspiel und Segelsport. Der Förderer eines zionistischen Staates läßt wohl die Visite beim Ersten Mann im Staat nicht verstreichen, ohne über die Juden und die Gefahr, in der sie waren, zu reden. Gewiß – der US-Präsident steuerte aus Gründen der Opportunität einen Neutralitätskurs. Aber nichts mochte ihn davon abbringen, unter dem Siegel der Verschwiegenheit seinem Gast klarzumachen, wie er den Lauf der Entwicklung sehe.

Eine weitere Zusammenkunft ist nie mehr zustande gekommen. Eine der Ursachen ist im Tod von Einsteins Frau und in dessen selbstauferlegter innerer Emigration zu suchen. Die Ehe mit Elsa erschien ihm als ein Zweckbündnis und ihr oft genug als die Hölle. Sein Selbstverständnis vom Unsinn der Monogamie ließ sie immer wieder mit einer Scheidung drohen. Selbst Fremden mußte deutlich werden, wie groß die Barriere zwischen ihr und ihm geworden war. Als er allein dastand, ohne sie zurechtzukommen hatte in einer Welt, die für zwei geschaffen war, spürte er jäh das Nicht-mehr-Dasein des Widerparts. Dieses Anderswerden des genialen Physikers führte ohnehin zu irrationalen Situationen in Princeton. Einstein hat sich mit der Idee einer Atombombe zunächst nie konkret befaßt. Bohr und Wheeler arbeiteten an den theoretischen Überlegungen in Bohrs Büro. Aber Einstein, der sechs Türen weiter in Room 209, einem Eckzimmer, residierte, blieb unnahbar. Der Bär in seiner Höhle. Die New York Times schaffte es in einer Laudatio, die am 14. März 1939 zu Einsteins sechzigstem Geburtstag erschien, dem Alten ein Interview zu entlocken. Auf die Frage nach der praktischen Anwendung von Energie aus Atomkernen (von einer Waffe war nicht die Rede) wand sich der Jubilar doppelzüngig wie ein Orakel: »Es gibt keinen Physiker von so geringer Wissensbegierde, daß sein Interesse an wichtigen Gegenständen durch die ungünstigen Ergebnisse der bisherigen Versuche beeinträchtigt wäre.«

Was mochte diese Janusköpfigkeit bedeuten? Einstein und die jungen Koryphäen ihres saeculums saßen in einer Stadt in einer Etage auf einem Flur – aber er zeichnet sich geradezu aus durch demonstrativ geringe Wissensbegierde!

Im Juli 1939 – es waren Semesterferien – machte Einstein Urlaub in Peconic Grove auf New Island. Nahe von Nassau Point. Er segelte nun wieder, und er schien lebensbejahender und zugänglicher als in den Monaten zuvor.

Von wem der Tip gekommen sein mochte, dieses »Seelenhoch« geradezu überfallartig zu nutzen, läßt sich nicht mehr ausmachen. Einstein aber gewährte zwei Besuchern, alten Bekannten aus der Berliner Zeit, eine Audienz mit

Folgen. Seine Gäste hatten eine vierstündige Autofahrt auf sich genommen; mehr als hundert Meilen liegen zwischen New York und Nassau Point. Und nun saß Einstein mit Leo Szilárd und Eugene Wigner auf der Terrasse des angemieteten Ferienhauses.

Szilárd vor allem war sich der Perspektive bewußt, daß es einen Zusammenhang gab zwischen der Entdeckung von Straßmann und Hahn und der Einsteinschen Masse-Energie-Formel. Schon in Berlin, in der Haberlandstraße, waren Szilárd und Einstein einander begegnet. Der Kontakt wurde in den Jahren immer enger – zeitweise galt »Leo« als Kind des Hauses, dem stets alle Türen in der vierten Etage der Stadtwohnung offenstanden. Erst als Einstein sein Holzhaus in Caputh bezog und den Sommer am Templiner See zu verbringen pflegte, wurden die unangemeldeten Stippvisiten seltener.

Zeitweilig hatte sie auch die Arbeit verbunden – es mutet an wie ein schlechter Witz: sie bastelten mit Eifer an einem neuartigen – Kühlschrank!

Es sind Briefe erhalten, die Szilárd an Einstein schrieb – im September 1930 und im August 1931. Bemerkenswert die politische Weitsicht des Ungarn im Brief vom 27. September 1930: »Lieber Herr Professor. Bitte entschuldigen Sie meine Faulheit, die aber diesmal ausnahmsweise keine normale Faulheit war. Ich stand, seit ich Sie in Caputh verließ, außerordentlich stark unter dem Eindruck der politischen Situation, ließ alle Korrespondenz liegen und versuchte, mich mit der Außenwelt ins Gleichgewicht zu setzen, was mir aber noch nicht gelungen ist. Seit eineinhalb Jahren – der Schacht-Rede in Paris – deuten, wenn meine Nase mich nicht trügt, von Woche zu Woche neue Symptome darauf, daß mit einer ruhigen Entwicklung in Europa in den nächsten zehn Jahren nicht zu rechnen ist. Da man aber etwas Vernünftiges nicht in einigen Monaten aufbauen kann, wird man, fürchte ich, zur Zeit hier eben nicht viel machen können. Ja, ich weiß nicht einmal, ob es uns gelingen wird, unsere Kältemaschine in Europa zu Ende zu bauen.« Der weitere Inhalt des Briefes beschäftigt sich mit elektrischen und physikalischen Problemen und Details.

Partner auf Seiten der Industrie war die AEG, die großes Interesse an der Erfindung zeigte. Szilárd glaubte, eine Möglichkeit entdeckt zu haben, die es erlaubte, »seinen« Kühlschrank ohne Motor, Elektrizität und Gas zum Funktionieren zu bringen.

Er kam in der Detailarbeit so weit, daß er Einstein am 15. August 1931 über scheinbar Nebensächliches berichten konnte: »Lieber Herr Professor, wir haben die Sache mit dem Geräusch durchgerechnet. Ihre Vermutung stimmt quantitativ, und ich habe jetzt keinen Zweifel mehr, daß sie richtig ist. Ich bin sehr froh darüber, denn das Geräusch ist meine größte Sorge gewesen. Der Schrank verbraucht jetzt 2,2 kWh am Tage bei 21 Grad Zimmertemperatur und 560 WE Kälteleistung. Da bei 6 Grad Schranktemperatur nur 360 WE in den Schrank hereinkommt, bleiben 200 WE, die die Hausfrau vertun kann...«

Welch Prophet muß Szilárd aus heutiger Sicht gewesen sein; er, der am Anfang der dreißiger Jahre darüber nachdachte, ob der gemeinsam mit Einstein ersonnene Kühlschrank möglicherweise anderswo als in Europa vollendet werden müsse, weil auf die Alte Welt Ereignisse zurollten, die für die kommenden zehn Jahre keine ruhige Entwicklung erwarten ließe. Was für ein Ahnen...

Nun war die Furcht dem Wissen gewichen: Wigner berichtete auf Long Island von den als sicher geltenden Informationen, daß aus dem Deutschen Reich kein Milligramm an Uran mehr herauskam! Daß andererseits aber Hinweise dafür vorlagen, die Kumpel im Erzgebirge würden das Material (nach offizieller Lesart handelte es sich dabei um Pechblende) in Zusatzschichten abbauen. Dies sei ein Signal, das keiner übersehen dürfe. Jetzt – Szilárd mischte sich ein – gelte es, sich auf das Königreich Belgien zu konzentrieren. Belgien besaß in seiner Kolonie Kongo ein Territorium mit gigantischen Uranvorkommen. Da Einstein seit langen Jahren mit Königin Elisabeth persönlich in enger Freundschaft verbunden war, baten die Männer um Hilfe. Er möge sich an die Majestät wenden und darauf dringen, Berlin nicht noch zusätzliche Mengen zu verkaufen. Niemand wisse, ob es an deutschen Forschungsstätten gelingen könne (möglicherweise schon gelungen wäre) U 235 aus U 238 herauszuholen. Wie auch immer.

Dieser Brief wurde auf der Terrasse sofort noch formuliert. Empfängerin sollte nicht die Königin sein, sondern die Regierung des Königreiches Belgien, in deren verfassungsmäßige Kompetenz eine solche Exporteinschränkung fiel.

Die beiden Boten kehrten die rund hundert Meilen zurück in die Stadt; Szilárd freilich waren schon während der Fahrt ernste Bedenken gekommen, ob dieses Procedere auch das richtige sei. Das war der Grund, weshalb der ungarische Emigrant den deutschen Emigranten Stolper aufsuchte. Und der erklärte die Einsteinsche »Embargo-Empfehlung« für geradezu schwachsinnig. Das neutrale Belgien werde sich hüten, in einer derartigen weltpolitischen Konstellation den übermächtigen Deutschen die Stirn zu bieten. Im Kriegsfall würden weder die Franzosen noch die Niederländer Reserven freihaben, um dem Land zu Hilfe zu eilen. Hitler war ein Despot, er durfte nicht gereizt und mußte bei Laune gehalten werden. Wobei die meisten sich ohnehin nicht der Illusion hingaben, er könnte Neutralität in Ehren halten.

Deshalb verwies Dr. Stolper sofort auf Alex Sachs.

So machten sich diesmal Szilárd und mit ihm dessen Landsmann Edward Teller erneut auf den Weg nach Nassau Point. Und ein zweites Mal gab sich Einstein zuvorkommend. Es galt, Roosevelt einen Brief zu schreiben. Einstein, nicht in der Lage, auf englisch zu formulieren, diktierte auf deutsch aus dem Stegreif. Szilárd und Alexander Sachs in New York übersetzten den Wortlaut und erlaubten sich eine eigenmächtige Änderung: Sie entwarfen zwei Briefe – einen ausführlichen und eine Kurzfassung! Und sandten beide nach Nassau Point. Mit der Bitte, beide Briefe zu unterschreiben. Umgehend schickte Albert Einstein tatsächlich die Briefe zurück; bei Szilárd gingen sie am 4. August 1939 ein.

Die längere Fassung beginnt so: »Sehr geehrter Herr. Einige mir im Manuskript vorliegende neue Arbeiten von E. Fermi und L. Szilárd lassen mich annehmen, daß das

Element Uran in naher Zukunft in eine neue wichtige Energiequelle verwandelt werden könnte. Gewisse Aspekte der Situation scheinen ... rasches Handeln der Regierung zu erfordern.« Dann wird Einstein wesentlich konkreter und mahnt den Präsidenten: »Das neue Phänomen würde auch zum Bau von Bomben führen, und es ist vorstellbar, obwohl sehr viel weniger gewiß, daß extrem starke Bomben eines neuen Typs auf diesem Weg konstruiert werden könnten.« Einstein verweist auf seine guten Informationsstränge nach Deutschland: »Ich habe erfahren, daß Deutschland den Verkauf von Uran aus den von ihm übernommenen tschechoslowakischen Bergwerken eingestellt hat. Daß Deutschland so frühzeitig handelte, mag seinen Grund darin haben, daß der Sohn des Staatssekretärs im Auswärtigen Amt, von Weizsäcker, mit dem Kaiser-Wilhelm-Institut in Berlin verbunden ist, wo einige der amerikanischen Arbeiten über Atom jetzt wiederholt werden.«

Das Original ist längst ein Stück Geschichte: inzwischen für jedermann sichtbar; es ist ausgestellt in der Kongreßbibliothek Washington, der größten, öffentlich zugänglichen Büchersammlung der Welt.

Mit jedem Schritt, den die Sekundenzeiger in diesen frühen Tagen des Jahres 1939 sprangen, wurde die Wegstrecke zu einem neuen Krieg kürzer, einem Sterben in Europa, das alles an Infernalischem in den Schatten stellen würde, was die Welt bis dahin gekannt hatte.

Hitler in Berlin war unbeugsam entschlossen, den Völkern dieses Schlachten aufzuzwingen. Und kein realistischer Politiker in den Vereinigten Staaten mochte seinen Zweifel daran haben, daß die selbstauferlegte Neutralität der USA nicht mehr sein durfte als ein bekritzeltes Blatt Papier, wenn es den Nazis und der Wehrmacht gelänge, Moskau zu erobern oder London zu zerstören.

Dieser Krieg kannte keine Oasen unbedarfter Friedfertigkeiten mehr.

Polen war das vom Führer als erstes ausersehene Opfer. Schon am 3. April erging die Weisung zum »Fall Weiß«. »Die gegenwärtige Haltung Polens erfordert es, die militärischen Vorbereitungen zu treffen...«, teilte Hitler der obersten Heeresleitung mit. Längst waren in der einst zurückhaltenden Reichswehr Abneigung und Skepsis den Nazis gegenüber verschwunden. Spätestens seit der Blutnacht gegen Röhms SA zeigte sich die überwiegende Zahl der traditionsbewußten Offiziere im Generalstab bereit, jenem Menschen ergeben und hörig zu folgen, den sie einst als den »Gefreiten von der Feldherrnhalle« geschmäht hatten. Krieg – das ist ihr Handwerk gewesen.

Am 7. April überfielen die Italiener Albanien und schufen ein Protektorat ähnlich dem, das die Deutschen aus der Tschechoslowakei gemacht hatten.

Am 14. April schrieb Roosevelt an Hitler, er verlange von den Deutschen eine zehn Jahre geltende Nichtangriffserklärung für 31 namentlich aufgelistete Staaten. Statt einer schriftlichen Antwort bekam der US-Geschäftsträger in Berlin aus der Wilhelmstraße den Hinweis, im Weißen Haus solle die Grundsatzrede gehört und beachtet werden, die der Reichskanzler am 28. April halten werde. Diese außenpolitische Regierungserklärung begann Hitler mit der sofortigen Aufkündigung des Nichtangriffspaktes mit Polen und der Nichtigerklärung des völkerrechtlich bindenden deutsch-britischen Flottenvertrages. Die Begründung hierfür hatten ihm die Briten in die Hände gespielt: Zwei Tage zuvor war in London die Einführung der allgemeinen Wehrpflicht verkündet worden. Dann wandte sich Hitler Roosevelts Forderungen zu und wies diese schroff zurück. So geschickt, so demagogisch ausgefeilt, daß Beobachter Hitlers Referat als die rhetorisch bedeutsamste Rede einstuften, die der Reichskanzler bisher gehalten habe: »Herr Präsident Roosevelt! Ich verstehe ohne weiteres, daß es die Größe Ihres Reiches und der immense Reichtum Ihres Landes Ihnen erlauben, sich für die Geschicke der ganzen Welt und für die Geschicke aller Völker verantwortlich zu fühlen ... Ich kann mich nicht für das Schicksal einer Welt verantwortlich fühlen, denn diese Welt hat am jammervollen Schicksal meines eigenen Volkes keinen Anteil genommen ... Ich habe das Chaos in Deutschland überwunden ... und ich habe weiter versucht, jenen Vertrag Blatt um Blatt zu beseitigen, der in seinen 448 Artikeln die gemeinste Vergewaltigung enthält, die jemals Völkern und Menschen zugemutet worden ist.«

Das hieß aber nun auch, daß der Führer das Deutsche Reich unterdessen für strategisch überlegen genug hielt, um im ungünstigsten Falle sogar einen Zweifronten-Krieg wagen zu können. Gegen die Polen im Osten, gegen die mit ihnen verbündeten Franzosen und Engländer im Westen.

Unter den alten Diplomaten an der Wilhelmstraße hielt sich hartnäckig die Überzeugung, die Konfrontation mit London beschränke sich auf säbelrasselndes Plänkeln. Ein Krieg zähle zum Undenkbaren. Schon deshalb, weil den Angelsachsen, die ja seit jeher erfahrene Geschäftsleute gewesen sind, ohne Illusion vor Augen stand, welche horrenden Kosten Hochrüstung und Krieg verursachen würden. Dem Vereinigten Königreich, in dem in seinen unteren Schichten bitterste Armut und tiefe Hoffnungslosigkeit verbreitet war, drohte zudem eine Stagnation der technischen Entwicklung. Die meisten Fabriken produzierten mit Maschinen, Fließbändern und Apparaturen, die im vergangenen Jahrhundert angeschafft worden waren. Der Premier, residierte er denn auf seinem offiziellen Wochenend-Landsitz Chequers, blieb in Krisensituationen fast unerreichbar. Das einzige Telefon der Residenz stand im Aufenthaltsraum des Butlers. Und wenn der anderweitig beschäftigt oder außer Haus war, klingelte es vergebens.

Allein die Rolle Rußlands, die Taktik Stalins ließen sich nicht mit Sicherheit berechnen. Ein Pakt Berlin-Moskau hielte der Wehrmacht den Rücken frei.

Am 21. August 1939 unterbrach der Großdeutsche Rundfunk um 22 Uhr 12 sein reguläres Programm: »Amtliche Mitteilung – die Reichsregierung und die Sowjetunion sind darin übereingekommen, einen Nichtangriffspakt abzuschließen. Der Reichsminister des Auswärtigen, von Ribbentrop, wird am Mittwoch, dem 23. August, in Moskau eintreffen, um die Verhandlungen zum Abschluß zu bringen.« Auf dem Obersalzberg gab sich Hitler vor seinen versammelten Generalstabsoffizieren bei bester Laune. An diesem Spätsommertag plauderte ein selbstherrlicher Demagoge über das Szenario eines Angriffskrieges, als erzähle er von einem geschickt eingefädelten Werbefeldzug für Rasierwasser. Russische Rückendeckung – wenn Ribbentrop sie mitbrächte aus dem Kreml – bedeutete den Blankoscheck. Franzosen, Briten (und Amerikaner) in einer ausweglosen Zwickmühle. Am 24. August um 18 Uhr 46 setzte die Maschine mit der deutschen Delegation in Tempelhof auf. Im Gepäck lag eine Landkarte, die den Staat Polen mit einem Buntstift in zwei Hälften aufteilte, die westliche einschließlich Warschau und Lublin für die Deutschen, die östliche samt Brest und Lemberg für die Russen. Stalin und von Ribbentrop hatten ihren Namenszug schwungvoll auf das Blatt geschrieben.

Hitler – wieder in Berlin – löste den »Fall Weiß« aus. Zeitpunkt: 26. August 4 Uhr 30. Auf den Rückschlag war er nicht gefaßt: Bernardo Attolico, Roms Botschafter, stürmte protokollwidrig ins Arbeitszimmer der Reichskanzlei: Italien sehe sich angesichts seiner schlecht ausgerüsteten Armee und Marine außerstande, mit in den Krieg gegen Polen einzutreten. Zumal es als unmittelbarer Nachbarstaat Frankreichs mit einer sofortigen Invasion an seiner Westgrenze rechnen müsse.

»Fall Weiß« – abgebrochen. Erich Fellgiebel und Alfred Jodl mußten ihre Divisionen buchstäblich Mann um Mann wieder »einsammeln«.

Aber das Sterben, das vor Europa liegen sollte, war nur aufgeschoben, nicht aufgehoben. Am 31. August um 12 Uhr 40 unterschrieb Hitler die »Weisung Nummer 1 für die Kriegsführung«. Ein SS-Kommando, das sich tagelang im Tanzsaal eines Gasthofes nahe bei Gleiwitz verborgen hatte, schlüpfte in polnische Uniformen und fuhr zum Sender der Kleinstadt. Das Codewort hatte sie erreicht: »Großmutter gestorben«. Alles weitere steht in den Geschichtsbüchern unserer Schulen – Krieg.

Franklin D. Roosevelt wußte nichts von Einsteins eindringlicher Warnung. Zwar trug Alexander Sachs in seiner Dokumentenmappe stets einen dicken Briefumschlag. In ihm lagen das Couvert mit den Einsteinschen Zeilen und zwei

Anhänge griffbereit: ein Memorandum von Szilárd und eine Denkschrift von Sachs selbst. Am 11. Oktober, so bat das Sekretariat des Präsidenten, möge Sachs ins Oval Office kommen. Sachs wußte sich genau zu erinnern, daß FDR an diesem Spätnachmittag abgespannt und übermüdet wirkte. Ihm war es um Wirtschaftsprobleme gegangen, er schien offenkundig nicht zu begreifen, weshalb Sachs das Gespräch sehr bald auf ein anderes Thema lenkte und den Komplex der Uran-Forschungen anschnitt. Pure Höflichkeit einem Vertrauten gegenüber – so meinte Sachs – sei es wohl gewesen, daß der US-Präsident die Darlegungen nicht unterbrach. Doch am Ende kam eine mehr als entmutigende Antwort: »Alex, die Regierung kann hier nicht intervenieren – später vielleicht.«

Beim Händedruck zum Abschied, Roosevelt blieb in seiner Schwachheit hinter dem Schreibtisch sitzen, wagte der Besucher Unerhörtes – er lud sich selbst für den nächsten Morgen zum Frühstück ein! Ein Vabanquespiel; nur schien es dem Entmutigten, er könne nichts mehr verlieren. Und den Vorwurf, nicht wirklich alles gewagt zu haben, mochte Sachs sich nicht machen lassen. In sein Tagebuch schrieb er später: »In dieser Nacht schloß ich kein Auge. Ich wohnte im Hotel Carlton. Ich ging unruhig in meinem Zimmer auf und ab und versuchte, auf einem Stuhl sitzend, einzuschlafen. Ich habe wohl drei- oder viermal zwischen elf Uhr abends und sieben Uhr früh zum Erstaunen des Portiers das Hotel verlassen und bin hinüber in den Park gegangen. Dort saß ich auf einer Bank. Was konnte ich sagen, um den Präsidenten doch noch für diese fast verlorene Sache zu gewinnen?. Endlich kam mir ganz plötzlich wie eine Eingebung die rettende Idee...«

Bei Roosevelt am Frühstückstisch – der Rollstuhl war durch das lange Tischtuch diskret verdeckt – lag Ironie in der Luft. »Na, Alex, was haben wir heute für eine blendende Idee?«

»Ich möchte Ihnen nur eine Anekdote erzählen: Während der Napoleonischen Kriege wandte sich ein junger Erfinder aus Amerika namens Fulton an den französischen Kaiser und erbot sich, eine Flotte von Dampfschiffen für ihn zu bauen, mit deren Hilfe Napoleon unbekümmert um das launische Wetter in England landen könne. Schiffe ohne Segel? Das erschien dem Korsen so unwahrscheinlich, daß er Fulton wegschickte. Dies ist nach Ansicht des englischen Historikers Lord Dalberg-Acton ein Beispiel dafür, wie England durch die Kurzsichtigkeit eines Gegners gerettet wurde. Hätte Napoleon damals mehr an Phantasie und an Bescheidenheit besessen, wäre die Geschichte des neunzehnten Jahrhunderts anders verlaufen.«

Roosevelt schien mit seinen Gedanken anderswo zu sein. Er nippte an der Tasse, aß einen Toast. Dann schrieb er einige Zeilen auf ein kleines Blatt Papier und gab dem Kammerdiener schweigend den Zettel. Kein Wort fiel. Mit einem Paket kam der Butler zurück in den Raum, Sachs mußte es auspacken. Es enthielt eine Flasche aus dem Privatbesitz der Familie Roosevelt – ein edler Cognac aus Napoleonischer Zeit. Trotz der frühen Vormittagsstunde wurde eingeschenkt. Beide prosteten sich zu. Telefonisch wurde FDR's persönlicher Attaché, General Edwin Watson, ein alt und reichlich zerknittert aussehender General, hinzugebeten. Watson, »Pa« genannt, schaute auf die Dokumente, die Roosevelt griffbereit hielt. Dann sagte der Präsident: »Pa, das hier bedeutet, daß wir handeln müssen.«

Wenige Tage später hielt Einstein Post aus Washington in den Händen. Eine Botschaft von Roosevelt: »Ich fand diese Mitteilung so bedeutungsvoll, daß ich einen Ausschuß ins Leben gerufen habe, bestehend aus dem Chef des Bureau of Standards und Vertretern des Heeres und der Flotte, um die von Ihnen angedeuteten, das Element Uran betreffenden Möglichkeiten zu untersuchen.«

Einstein gab den Brief an Fermi weiter. Der und Szilárd, Wigner und Teller (die Budapester Mafia – wie man sie scherzhaft nannte) stellten die vier Physiker in der illustren Runde.

Zunächst sahen sich die Militärs in die zweite Reihe gedrängt. Andererseits liegt die Vermutung nahe, daß Watson als erfahrener Brigadegeneral in seiner Army bewußt darauf achtete, dem »Haufen« nichts aufzubürden, was wenig Erfolg und unüberschaubaren Ärger eintragen mochte. Es darf nicht vergessen werden, daß die US-Streitkraft eine Ansammlung von gutsituierten Büroleuten und Technokraten darstellte. Und daß nur wenige im Offizierskorps Kriegserfahrung besaßen. Wie in jedem Apparat dieser Größenordnung stand die Leitung politischen Mandatsträgern mit offenem Mißtrauen gegenüber. Was aus dem Kongreß und nicht aus den Kasernen kam, galt als Stückwerk von unerfahrenen Ahnungslosen. Jedes Heer puppt sich im Laufe der Jahre ein und mutiert zum Staat im Staate.

Sachs – als Nicht-Militarist – wußte um derlei sehr wohl. Es kann kein Zufall gewesen sein, daß er darauf pochte, ausgerechnet den Leiter des US-Eichamtes, Dr. Lyman J. Briggs (Vorsitzender des National Bureau of Standards), zum Vorsitzenden des Arbeitsausschusses zu bestellen. Watson widersprach dem nicht. Und plazierte seinerseits Oberstleutnant Keith F. Adamson von der Heeresartillerie und Commander Gilbert C. Hoover von der Marineartillerie in diesem Zirkel.

Als Termin für die konstituierende Sitzung war zunächst der 18. Oktober 1939, ein Mittwoch, in der Planung. Wegen anderer Verabredungen und wegen des normalen Lehrbetriebs wich man aber einvernehmlich auf den folgenden Samstag aus. Auch daran ließ sich ablesen, daß vor allem die Militärs das Ganze eher als eine lästige Debatte in grauer Theorie ansahen, mit der man sich nicht einen zu langen Teil des Tages vergällen wollte. Keiner solle auf die Idee kommen, so ein Meeting über Gebühr zu verlängern. Was sollten ein Oberstleutnant des Heeres, ein Angehöriger der Flotte mit Formeln auf Papier anfangen und wie sollte er seinen Vorgesetzten und Untergebenen militärisch korrekt und knapp von einer physikalischen Absonderlichkeit berichten, von der Vorgesetzte und Untergebene nichts, aber auch wirklich überhaupt nichts begriffen?

Die vier euphorischen Physiker kannten keinerlei finanzielle Überlegungen seitens des federführenden Bureau of Standards. Insgeheim rechneten Optimisten wie Fermi mit einer Million, der knorrige Szilárd, ein Pessimist, prophezeite »lumpige hunderttausend«. Als dann am frühen Nachmittag des 21. Oktober beiläufig die Rede auf den Etat kam, wurde von einem der Offiziere lakonisch mitgeteilt, daß die Uranforschung in den kommenden zwölf Monaten mit einer staatlichen Zuwendung von sechstausend Dollar rechnen dürfe...

Um das Protokoll der konstituierenden Sitzung gab es eine verbale Rangelei. Im Bericht an den Präsidenten, der am 1. November 1939 dem Weißen Haus zugestellt wurde, hieß es sinngemäß, daß solch experimentierendes Forschen eben nur im Rahmen militärischer und marinetechnischer Anwendungsmöglichkeiten als eine denkbare Variante strategischen Vorgehens aufgefaßt werden könne. Der Regierung werde empfohlen, alledem ein »gewisses sachliches Interesse« entgegenzubringen.

Fermi, Szilárd, Wigner und Teller hatten als herausragende Naturwissenschaftler gegen das biedere Mittelmaß einer vollkommen desinteressierten Armee mit diesem einen Satz ihr Waterloo erlitten.

Wer mochte in der Lage sein, für sie und die »gute Sache« Partei zu ergreifen?

Die deutschen Forscher und ihre Generalität hätten diesen strahlenden Sieg über die Widersacher mit einem rauschenden Fest feiern können. Aber sie wußten nichts davon.

Zwanzig Kilometer von der Stadtgrenze entfernt liegt nördlich von Berlin der Ort Oranienburg. An dessen Peripherie errichtete die SS im Olympiajahr 1936 ein Straflager, das KZ Sachsenhausen. Vom Organisatorischen perfekt konzipiert und als »mustergültig« vorgestellt. In Sachsenhausen waren zunächst zwischen achtzehn- und dreißigtausend Männer interniert, die im Großraum Berlin als »Gefahr« für Gemeinwesen und öffentliche Ordnung und Sicherheit galten: Kommunisten, Sozialdemokraten, Geistliche, Asoziale, Berufsverbrecher, Obdachlose, unanpaßbare Intellektuelle, Homosexuelle, Juden. Sie trugen ein Dreieck auf ihrer hellgrau-schwarz gestreiften Kleidung. Dieses Dreieck diente zur Unterscheidung der »Gattungen«. Die Homosexuellen hatten es in der Farbe Rosa zu tragen.

In Oranienburg befanden sich auch die Produktionsstätten der Auer-Gesellschaft. Sie besaß fundierte Erfahrungen auf dem Gebiet der Seltenen Erden, der Radioaktivität im allgemeinen. In den Laboratorien der Aktiengesellschaft, die ein wichtiger Lieferant der Wehrmacht war, experimentierten die Chemiker in großem Umfang mit Thorium- und Uranverbindungen.

Nikolaus Riehl, ein Physiker, der in Berlin bei Hahn und Meitner studiert hatte, leitete die renommierte Forschungsabteilung der Auer-Gesellschaft. Eine seiner beiden Großmütter war Halbjüdin gewesen; dies konnte Riehl in seiner Position gefährlich werden, da er in einem entsprechenden Fragebogen schriftlich gelogen und sein partielles Nicht-Arier-Sein verschwiegen hatte. Riehl nutzte seine vieljährigen guten Beziehungen zu hohen Wehrmachtsoffizieren, um den entsprechenden Dienststellen im Heer eine Uranproduktion schmackhaft zu machen. Die ersten Offerten gingen vermutlich bereits Ende Februar oder Anfang März 1939 auf diskreten Kanälen zu den Zuständigen und Verantwortlichen.

Unabhängig davon (und vermutlich ohne um die Aktivitäten der Auer-Gesellschaft zu wissen), legte der »Berater des Heeres für chemische Sprengstoffe«, Paul Harteck, zusammen mit seinem engsten Mitarbeiter Wilhelm Groth am 24. April 1939 in einem Brief an einen ihm bekannten Generalstabsoffizier das Phänomen der Kernspaltungskettenreaktion im Uran dar und skizzierte – grob vereinfachend – die durchaus denkbare Nutzung im Kriegsfalle.

Fünf Tage später – am 29. April – trat in Berlin der Uran-Verein zusammen. Angeregt worden war dieses Treffen von den beiden Göttinger Physikern Georg Joos und Wilhelm Hanle. Der Reichsforschungsrat im Ministerium für Wissenschaft, Erziehung und Volksbildung beauftragte Abraham Esau, einen Physiker, sich des Themas federführend anzunehmen. Der Pommer Esau, der über Jahre auf den Lohnlisten von Telefunken gestanden hatte und bis heute als Pionier der UKW-Technik gilt, wurde so zum Mentor des Uran-Vereins.

All diese Aktivitäten hatten etwas offenkundig Halbherziges an sich, und unterstanden keinerlei wirksamer Kontrolle, geschweige denn einer vernünftig planenden Koordinierung. Wenige Offiziere bei der Wehrmacht mochten sich auch nur im Entferntesten für die Idee erwärmen, mit Formeln aus der Nuklearphysik eine mit den Schwertern rasselnde Armee zu stärken. Der auf Preußens Kommiß und dessen Geist zielende Satz ist überliefert: »Nichts geht über Pulverdampf und Blutgeruch!« Und so mußte sich ein engagierter Physiker von seinem Abteilungsleiter ins Stammbuch schreiben lassen, was an Deutlichkeit nicht zu überbieten ist: »Hören Sie endlich mit dieser Atom-Kackerei auf!« Siegfried Flügge veröffentlichte am 15. August 1939 in der »Deutschen Allgemeinen Zeitung« einen Beitrag »Phantastische Idee«. Er schrieb: »Es liegt genau das vor, was man in der Chemie eine Kettenreaktion nennt. Damit ist das erreicht, was bisher nie gelungen war: Mit einem einzigen Neutron, das ›zündet‹, wird eine wägbare, ja beliebig große Menge von Uran umgesetzt und dabei Kernenergie freigemacht. Man kann ziemlich genau angeben, wieviel Energie man so gewinnen kann. In der Natur kommt Uran in der Verbindung Uranoxyd vor; sie ist das von Verunreinigungen befreite Erz Uranpechblende, wie es etwa in den Gruben von St. Joachimsthal im Sudetengau gewonnen wird ... (Es) genügt diese Energie, um einen Kubikkilometer Wasser 27 Kilometer hoch zu heben, d.h. etwa den Wasserinhalt des Wannsees bis in die Stratosphäre emporzuschleudern!«

Erst mit dem Ausbruch des Krieges änderte sich die Situation schlagartig. Das Heereswaffenamt ernannte sich (rechtlich selbstherrlich) als »konsequenterweise alleinverantwortlich«. Es sah den einzigen Widersacher nun im Reichsforschungsrat und wies den fast beleidigend rüpelhaft an, die eigenen Untersuchungen weitgehend einzustellen. Gefahr drohte dem Amt von keiner Seite. Der Stellenwert eines Reichsministeriums für Wissenschaft, Erziehung und Volksbildung übertrifft zu Kriegszeiten nicht einmal in klassisch intakten Demokratien den des Heeresministeriums...

So hatte denn auch das Heereswaffenamt kein Widerwort abzuwarten, als es die gesamte Leitung aller einschlägigen

Forschung vorerst Dr. Kurt Diebner andiente. Der saß als Sprengstoffexperte im eigenen Haus, kannte den Apparat und war seit Jahren treuer Parteigenosse. Wichtig aber auch: Diebner war Physiker. Keiner aus dem legendären Kreis der jungen Theoretiker, keiner unter den Halbgöttern von Heisenbergs Göttinger und Leipziger Zirkeln. Er kam »nur aus Halle«. Das mußte für den auf Ultrastrahlung spezialisierten Naturwissenschaftler kein Nachteil sein.

Kurt Diebner lebte als ein Mann voller Widersprüche: Niemand täte ihm Böses, hieße er ihn einen kleinen und duckmäuserischen NS-Parteigänger – geschmeidig, ehrerbietig, anpassungsfähig, duldsam, karrierebewußt: ein Opportunist. Damit war dieser Diebner einer von jenen Hunderttausenden von Müllers, Meiers, Schulzes, Krauses, Hoffmanns, die es doch so gut meinten und am bitteren Ende so nun doch auch wieder nicht gemeint hatten. Ohnehin darf ein anderes Phänomen dieser Jahrzehnte niemals aus den Augen gelassen werden: der Antisemitismus. In Österreich, in Spanien, in Polen, in Italien. Sogar in England weniger eine »weitverbreitete Krankheit« als vielmehr eine Grundeinstellung der machtvollen Hocharistokratie und eine subtile Form von spannendem Gesellschafts(erhaltungs)spiel der besseren und ganz feinen nicht-jüdischen Kreise. Der Herzog von Windsor beispielsweise sah in Adolf Hitler den Retter des Abendlandes (es blieb mühsam, dies den Untertanen nach Kriegsende zu verheimlichen). Zudem stand das Gros der Klugen im Deutschen Reich in einem persönlichen Vakuum: Wer als Mann in der Mitte seines Lebens an Instituten, Universitäten und höheren Behörden in die Verantwortung genommen war, mußte aus den Wurzeln des Wilhelminischen Elternhauses und der Erziehung, des Studiums in der »stolzen« Kaiserzeit geprägt sein. In den politischen Wirren der Weimarer Republik begann es unter Intellektuellen verhängnisvollerweise als durchaus korrekt zu gelten, just gegen diese brüchige Republik zu sein. Stresemanns Tod stand für die meisten für das Ende einer demokratisch-republikanischen »Illusion«. Wer außer Stresemann konnte der Republik weiterhelfen?

Thälmann?

Zu zerrissen ist das Land gewesen, zu tief gedemütigt und getroffen war der Staat, zu groß die Pression aus dem Diktat von Versailles, zu einprägsam die Mär von der Dolchstoßtheorie. Legenden sind verhängnisvolle Grenzgänger zu allen Epochen. Da fliegt das Wort von Ohr zu Ohr, daß im Oktober 1918 eben nicht die Treuen und Tapferen unter Soldaten und Offizieren, sondern die roten Horden der kommunistischen Matrosen in Kiel Kaiser, Volk und Vaterland verraten und verkauft hätten. Man liest Hugenbergs Provinzblättchen und findet zwischen Wetterbericht und Wasserständen des Neckar bei Plochingen die eigene seelische Großwetterlage bestätigt.

Nährboden war das. Humus für Plakate und Parolen: Stahlhelm, die Bünde der alten Kämpfer, die Harzburger Front. Der Ruf nach dem starken Mann. Das Ausschauen, wer aufräumt im Saustall. Was schert da das Wort von der Demokratie, dem Rechtsstaat, der res publica, der Sache des Volkes? Das höhere Ziel zählt. Sagen die Brandstifter. Wie nah ist da das Ermächtigungsgesetz? Der Tag von Potsdam wurde den Biedermännern in Deutschland zu rabenschwarzer Stunde. Hindenburg und Hitler im Geiste von Friedrich dem Großen, der Europa das Fürchten gelehrt und dessen Soldaten am 5. Dezember 1757 des Nachts nach der Schlacht bei Leuthen den Choral angestimmt hatten: »Nun danket alle Gott...«

Die Juden in der Wissenschaft verloren Amt und Dienstwohnung. Und die bürgerlichen Rechte. Rief da einer von den Nichtbetroffenen laut um Hilfe? Gewiß – auch um Hahn und andere regte sich Widerstand. Nur war der leise oder gar stumm. Es blieb das besorgte Mahnen zwischen Tür und Angel, das ins Belanglose flüchtete, wenn ein Fremder über die Flure schlurfte. Denn andererseits drehte sich plötzlich das Beförderungskarussell schneller. Und wem saß der Rock nicht näher als der Mantel? Und war es nicht doch besser, daß den »reinen« Deutschen die Türen nun wieder weiter offenstanden?

Besaß es nicht seine schlüssige Logik, daß die Juden diesen Stern – geliefert aus der reputierlichen Weberei und Flaggennäherei Geitel – in der Öffentlichkeit zu tragen hatten? Wir geraten da an den Kern des deutschen Wesens heran.

Ausgerechnet Heisenberg war bis in die Tage des April 1945 fest entschlossen, die Uranmaschine zu bauen. Jener Heisenberg, der von den Nazis attackiert wurde, seit sie in den wärmenden Sesseln der Macht Platz genommen hatten. Werner Heisenberg, der sich von Johannes Stark (Physik-Nobelpreisträger von 1919), dem Präsidenten der Physikalisch-technischen Reichsanstalt, am 14. Dezember 1935 im Großen Hörsaal der Universität Heidelberg ins Stammbuch schreiben lassen mußte: »Einstein ist heute aus Deutschland verschwunden. Aber leider haben seine deutschen Freunde und Förderer noch die Möglichkeit, in seinem Geiste weiterzuwirken. Noch steht sein Hauptförderer Planck an der Spitze der Kaiser-Wilhelm-Gesellschaft, noch darf sein Interpretor und Freund, Herr von Laue, in der Berliner Akademie der Wissenschaften eine physikalische Gutachterrolle spielen, und der theoretische Formalist Heisenberg, Geist vom Geiste Einsteins, soll sogar durch eine Berufung ausgezeichnet werden.«

Heisenberg fand sich im Visier der Braunen. Der Nobelpreis für Physik im Jahr 1932 bedeutete für ihn eher Gefahr denn Schutzschild. Der »Völkische Beobachter« hetzte. »Das Schwarze Korps«, die Kampfschrift der SS, nannte den damals Sechsunddreißigjährigen einen »Ossietzky der Physik«, sprach von einem »weißen Juden, der zwar nicht der Rassejude an sich, aber Geistesjude, Gesinnungsjude und Charakterjude als Statthalter Einsteinschen Geistes im neuen Deutschland« sei.

Allein der Ritus strikter Verschwiegenheit bewahrte Heisenberg vor noch schlimmerer Pression. Denn in den Stockholmer Tresoren des Nobelpreiskomitees für Physik lag ein Brief aus Caputh, den Einstein am 30. September 1931 verfaßt hatte: »Sehr geehrte Herren! Nach meiner Überzeugung sind es zwei Männer, die in erster Linie den Nobelpreis für Physik verdienen. Nämlich die Begründer der Wellen- bzw. Quantenmechanik, Professor E. Schrödinger, Berlin und Professor Heisenberg in Leipzig. Diese Lehre enthält nach meiner Überzeugung ohne Zweifel ein Stück endgültiger Wahrheit. Die Leistungen beider Männer sind voneinander unabhängig und so bedeutend, daß es nicht angehen dürfte, einen Nobelpreis zwischen ihnen zu teilen. Die Frage, welcher den Preis zuerst bekommen sollte, ist schwer zu beantworten. Ich persönlich schätze Schrödingers Leistung höher ein, weil ich den Eindruck habe, daß die von ihm geschaffenen Begriffe weiter tragen werden als die Heisenbergs. (Das ist aber nur meine Meinung, die falsch sein kann). Andererseits geht die erste wichtige Publikation Heisenbergs zeitlich derjenigen Schrödingers voraus. Wenn ich die Entscheidung zu treffen hätte, würde ich Schrödinger den Preis zuerst geben. Mit ausgezeichneter Hochachtung Albert Einstein.«

Heisenberg, der Attackierte und Gebrandmarkte, wird mitmachen. Nach der Formel suchen, sich mühen, wie ein gut geöltes Rädchen sich drehen und dem deutschen Programm »Nutzbarmachung der Kernspaltung« dienen.

Am 26. September 1939 um zehn Uhr fanden sich auf Einladung von Oberregierungsrat Dr. Walter Basche führende Physiker im Berliner Heereswaffenamt in der Hardenbergstraße 20 ein. Hinter den Kulissen wurde mit dubiosen Mitteln Regie geführt. Ohne rechtliche Grundlage galt das Haus des Kaiser-Wilhelm-Institutes für Physik in Dahlem als »kriegswichtig beschlagnahmt«. Es diente dem »Uranprojekt« als Schaltstelle. Sein Institutschef Peter Deybe, einst Kollege von Heisenberg in Leipzig und im Besitz der niederländischen Staatsbürgerschaft, mußte sich in die Emigration drängen lassen und ging in die USA ins Exil. Der neue Mann auf Deybes Stuhl hieß Dr. Kurt Diebner. Dem Bürokraten im Heereswaffenamt unterstanden junge Männer, die europaweit einen ausgezeichneten wissenschaftlichen Ruf hatten und die mit ihrem analytischen Sachverstand die Welt buchstäblich aus den Angeln heben konnten: Fritz Bopp, Erich Bagge, Siegfried Flügge, Robert Döpel, Karl Wirtz, Hans Geiger, Walther Bothe, Wolf Häfele, Paul Harteck, Carl Friedrich von Weizsäcker, Werner Heisenberg. – Sie dienten nun Diebner. Und sie akzeptierten das. Ein jeder in diesem Reich – er hatte seine Vorschriften...

Heisenberg schrieb später, es sei ihm die Vorstellung,

Hitler die Atombombe in die Hand zu geben, »gräßlich« gewesen.

Das mag ihn ehren. Nur fehlt seine Antwort, ob denn ein Gelehrter irgendeinem Politiker eine solche nukleare Bombe in die Hand spielen darf. Wo immer die Physiker ihrer Epoche auch wirkten, hatten sie sich »nachher« nicht einzugestehen, daß das, was sie getan hatten, nie hätte geschehen dürfen?

Niels Bohr ist ihr aller Vorbild und Leitstern gewesen. Die Theoretiker der Physik um ihn herum verstanden sich als eine europäische Elite: Teller, Sohn eines Anwalts in Budapest, hatte bei Heisenberg in Leipzig studiert. Dessen Hörer waren – so wie der Ungar – oft älter als er. Der Quantenphysiker Heisenberg trat sein Amt als Ordentlicher Professor für Theoretische Physik am 1. Oktober 1927 in der Linnéstraße 5 in Leipzig an – da war er sechsundzwanzig und der jüngste Professor in Deutschland. Szilárd, Fermi hörten an Universitäten in Deutschland. Und Julius Robert Oppenheimer, Sohn des Hanauer Textilkaufmannes Julius Oppenheimer sen., promovierte 1927 bei Max Born in Göttingen über »Die Quantentheorie kontinuierlicher Spektren«. Kurze Zeit später kehrte der aus New York stammende Jude in sein Geburtsland zurück, um sich in Harvard niederzulassen.

Nun aber – nur ein Jahrzehnt danach – war etwas Unvorstellbares eingetreten: Die Wissenden tanzten wie Marionetten unter den Händen der Politiker und deren Heerführer. Eine Mauer hatte sie voneinander getrennt. Sie schauten auf die Barrikade – jeweils von einer anderen Seite. Drüben Fermi, Weisskopf, Oppenheimer, Bohr, Frisch, Teller, Wigner, Szilárd; hüben Heisenberg, von Weizsäcker, Bagge. War die Frage nach ihrem Gewissen von irgend jemandem gestellt worden? Jedes Wort, das sie sprachen, jede Silbe, die sie niederschrieben, diente doch am Ende gewiß nicht allein der Wissenschaft. Ihr Handeln nutzte dem diktatorischen Primat der Politik, das für sich skrupellos in Anspruch nahm, die Wunderwaffe, wenn es sie denn geben sollte, auch einzusetzen. Nach dem Krieg, nach Hiroshima und Nagasaki, sind die meisten von ihnen wieder zusammengekommen. Da waren sie andere geworden. Aber da ist es dann auch schon zu spät gewesen.

Oppenheimer, der in Princeton lehrte, sagte: »Jetzt haben die Physiker die Sünde kennengelernt, und das Wissen wird sie nie mehr verlassen.»

Teller schrieb: »Ich arbeitete als Wissenschaftler, weil diese Tätigkeit die größte Belohnung war, die ich mir vorstellen konnte. Doch ich war nicht mehr der sorglose Wissenschaftler, der nur über das Puzzlespiel des Universums nachdenkt. Die Veränderung ging allmählich vonstatten und war gewiß nicht das Ergebnis einer einfachen bewußten Entscheidung. Es war eine langsame Verwicklung, die – im nachhinein betrachtet – unvermeidlich zu sein scheint.«

Victor Weisskopf, Sohn eines Wiener Anwalts, Enkel des Schochet, des rituellen Schächters aus dem Schtetl von Susice, fand für sich eine ideologische Seelenlücke: Der Bohr-Schüler hielt den Einsatz in Hiroshima für eine »einmalige echte Demonstration unter den besonderen Umständen eines Weltkrieges«. Den Blitz über Nagasaki aber erachtete er als »Verbrechen«. Derlei Differenziert-Denken lohnte die Lobby der nuklearen Institutionen – von 1961 an war der Wiener (Jahrgang 1908) für viele Jahre gutbesoldeter Direktor des in Genf ansässigen Europäischen Kernforschungszentrums CERN.

Szilárd gründete im Mai 1946 das »Notkomitee für die Wissenschaft«, das die Welt vor den Gefahren der unkontrollierten Atomenergie warnen sollte. Er appellierte an Stalin – 1947 – und beschwor den Diktator, das Wettrüsten zu beenden. Ein Brief, der nie ankommen durfte, weil der Geheimdienst die Post abgefangen hatte. Und das wunderliche Ende des Sonderlings? Er schrieb Zukunftsromane für Groschenheft-Verlage. Und ein Buch über Delphine. In ihm läßt er die kühnsten Gedanken des Universums als die Hirngespinste intelligenter Delphine tarnen. Als dieses Buch in der Bundesrepublik Mitte der siebziger Jahre auf den Markt kam, wurde die deutsche Ausgabe mit einem Vorwort von Carl Friedrich von Weizsäcker publiziert. Die beiden Forscher, einst an den entgegengesetzten Fronten der Barrikade stehend, nun zwischen zwei Buchdeckeln vereint. Szilárd, Jahrgang 1898, Sohn eines Konstrukteurs, hatte sein Studium in Budapest begonnen und seit Februar 1920 an der Technischen Hochschule in Charlottenburg fortgesetzt. Er interessierte sich aber immer mehr für die Theoretische Physik, hörte bei Max Planck, Max von Laue und Albert Einstein, promovierte 1922 und wurde 1925 von Laues Assistent, um wenig später wieder wegzugehen und am Kaiser-Wilhelm-Institut als Privatdozent zu arbeiten. Nun – in Princeton – war für den ungarischen Juden vor allem von Weizsäcker der Physiker, von dem die größte Gefahr ausging. Daher ist in Albert Einsteins denkwürdigem Mahnschreiben an Roosevelt allein der Kernphysiker Carl Friedrich von Weizsäcker als einziger Nuklear-Forscher namentlich erwähnt. Weder der Präsident noch der hochkarätige Kreis der Wissenschaftler um den Emigranten Einstein konnten mit Exaktheit bestimmen, bei welcher Etappe ihres Suchens die Männer in Berlin, Göttingen, Leipzig, Hamburg und Heidelberg wohl angelangt sein mochten. Über eines jedoch kamen keinerlei Illusionen auf – die drüben zählten wie jene hüben zum halben Hundert der gescheitesten Menschen auf der Welt.

Aus der Rückschau darf darauf geschlossen werden, daß die am Uranprojekt des Deutschen Reiches Beteiligten weitgehend übereinstimmend glaubten, Krieg mit den damit verbundenen Einschränkungen sei der falsche Zeitpunkt, sich an eine neue Wunderwaffe heranzutasten. Dafür bliebe im Frieden ausreichend Zeit. Das gleichermaßen Fatale wie Gute: Angesichts der phänomenalen Erfolge der Wehrmacht in den Feldzügen gegen die Polen und gegen die Franzosen schien selbst Hitler gegenüber skeptischen Offizieren die Frage des »Endsieges« so gut wie gelöst – ein halbes Jahr noch, höchstens...

Und im Berliner Admiralspalast brillierte Johannes Heesters als Danilo in der »Lustigen Witwe« – an seiner Seite Hubert von Meyerinck; Regie führte Georg Jacoby, der Ehemann von Marika Rökk. Am 30. April 1940 kam der Komponist höchstpersönlich zu Heesters in die Garderobe und köpfte eine Flasche erlesenen Jahrgangschampagner – es war Lehárs siebzigster Geburtstag.

Zu Hitler gelangten bis in den Frühsommer des Jahres 1940 mit großer Wahrscheinlichkeit nur bruchstückhafte, verstümmelte und wissenschaftlich haarsträubende Informationen über das Phänomen der Kernreaktion und denkbarer strategischer Auswirkungen. Dabei – das Mißtrauen der ominösen »zuständigen Stellen« und das Dickicht bürokratischer Zuständigkeiten und eitler Besserwisserei ermöglichten es – dachten nicht allein Dozenten und ihre befähigtsten Mitstreiter an Hochschulen über atomare Waffen nach, sondern auch die SS und die – Post!

Obwohl Albert Speer in seinen Erinnerungen ausdrücklich die Bemühungen der SS hervorhebt, an der Wehrmacht vorbei ein kriegsentscheidendes Instrument zu schmieden, gehen die Historiker davon aus, daß das Ergebnis dieses Nachdenkens in der vermeintlichen Elitetruppe mehr als kläglich blieb. Anders lagen die Dinge bei der Reichspost. Um das zu verstehen, muß eine der schillerndsten Figuren des NS-Regimes näher betrachtet werden.

Der Mann hieß Wilhelm Ohnesorge, geboren am 8. Juni 1872 in Gräfenhainichen, der Vater ein biederer Telegraphenbeamter, der seinem Sohn allerdings ein Mathematik- und Physikstudium in Kiel und Berlin ermöglichen konnte. Der Sproß macht ehrgeizig Karriere, legt 1897 die Staatsprüfung zum Höheren Postdienst ab, klettert über die Station des Referenten für Nachrichtenwesen bei der Obersten Heeresleitung schon Mitte 1915 auf den Posten des Telegraphenbaudirektors des Großen Hauptquartiers. Der klügste Schachzug zeitigt später Folgen: Ohnesorge, ein stattlicher, vierschrötiger Kerl mit kantigem Schädel, gründete 1920 in Dortmund die Ortsgruppe der NSDAP. Mitgliedsnummer 42, ein alter Kämpfer also, geehrt mit dem Goldenen Parteiabzeichen. Seit 1929 Präsident des Reichspostzentralamtes in Berlin, seit 1. März 1933 Staatssekretär, seit 2. Februar 1937 als Nachfolger von Paul Freiherr und Edler Herr von und zu Eltz-Rübenach Reichspostminister.

Hitler bewahrte sich stets eine Schwäche für seine alten Kämpfer, aber die Gunst, in der Ohnesorge sich sonnen konnte, hatte einen irrwitzigen Hintergrund. Ohnesorge bezahlte dem Reichskanzler aus der Postkasse Geld dafür, daß die Reichspost Hitlers Konterfei für ihre Briefmarken nutzen durfte!

Drei Monate nach Amtsantritt Ohnesorges kam am 5. April 1937 ein Sonderwert zum »Geburtstag des Führers« heraus. Ein Viererblock mit der Aufschrift »Wer ein Volk retten will, kann nur heroisch denken«. Nominalwert sechs Pfennig; zuzüglich neunzehn Pfennig Zuschlag, der als »Kulturspende« firmierte. Nicht auszumachen, ob die Idee von Hitlers Fotografen Heinrich Hoffmann oder vom Postminister stammte – aber entschieden wurde, daß Hitler ein Recht besäße, für die Abermillionen von Wertzeichen, die mit seinem Portrait in Umlauf kamen, angemessen »entschädigt« zu werden. Um die Dimension klarzumachen: 1942 wurden in Deutschland zum Beispiel annähernd zehn Milliarden Briefsendungen befördert. Frankiert mit dem Abbild von Braunaus stolzestem Sohn. Der alte Parteigenosse wußte zu gut, daß die Sucht seines obersten Dienstherren und Parteivorsitzenden, Privathaus um Privathaus mit erlesenen und oft genug in der Schweiz heimlich ersteigerten Kunstwerken auszustatten, kräftig ins Geld ging. Hitler klamm, Ohnesorge der Nutznießer – er überwies und übergab auch ganz offiziell Schecks. Einer davon ausgestellt auf die Summe von 50 Millionen Reichsmark.

Derlei kleine Geschenke erhielten die Freundschaft. Der Parteibonze Ohnesorge verstand sich auf die Finessen der Korruption, der Taktiker Ohnesorge verblüffte seine mißtrauischen Widersacher in der NSDAP, der Mathematiker und Physiker Ohnesorge (weit vor seiner Nazikarriere schon Ehrendoktor der Technischen Hochschule Stuttgart) verlor nie alle wissenschaftlichen Bestrebungen aus dem Auge, Neuland zu entdecken. Das, was er aus dem Umfeld der Kernphysik in Erfahrung bringen konnte, faszinierte ihn. Er bediente sich seines Instruments, über das er frei verfügen durfte – der Forschungsanstalt der Deutschen Reichspost.

Auch Manfred von Ardenne zog in seinem Lichterfelder Privatinstitut am Jungfernstieg 19 Nutzen aus der Fortschrittsgläubigkeit. Ohne die Aufträge der Reichspost wären dem Privatgelehrten möglicherweise die Hypotheken-

Schulden für die noble Vorortvilla über den Kopf gewachsen. Da sich von Ardenne und der Kernphysiker Fritz Houtermans mit der Möglichkeit von Energiegewinnung aus nuklearen Reaktionen befaßten, erteilte die Reichspost beiden den Auftrag, ein Zyklotron zu bauen. Manfred von Ardenne: »Houtermans war kurz vor Beginn des Hitler-Überfalls auf die Sowjetunion nach Deutschland zurückgekehrt. Er galt als politisch verdächtig und fand in meinem, unter der Patenschaft des Reichspostministers Ohnesorge errichteten Institut Unterschlupf. Der Reichspostminister hatte in Lichterfelde den Aufbau eines kernphysikalischen Instituts, einer Me–V-Van-de-Graff-Anlage und den Bau großer unterirdischer Bunker sowie die Entwicklung eines 60-Tonnen-Zyklotrons finanziert.«

In der Hakeburg in Kleinmachnow, südlich der Zehlendorfer Stadtgrenze, residierte eine ausgelagerte Forschungseinrichtung der Post, die während des Krieges für die Luftwaffe in kleinen und nicht miteinander kommunizierenden Arbeitsgruppen Probleme der Luftaufklärung durch Fernsehkameras erörterte. Aber sowohl in der Hakeburg als auch in Privathäusern in Miersdorf bei Zeuthen stellten Experten in Postdiensten streng geheime Überlegungen für die Konstruktion eines Zyklotrons an.

Daß Physiker und Mathematiker keinesfalls einem Hirngespinst anhingen, stellte sich spätestens im Juli 1940 heraus. In Paris fanden Erich Schumann und Kurt Diebner bei Joliot (er war im Gegensatz zu seinen Mitarbeitern nicht vor den Besatzern geflohen) im Collège de France ein Zyklotron. Nach amerikanischen (!) Plänen entworfen und etwa erst zu einem Drittel fertiggestellt. Da Joliot durchblicken ließ, er habe nichts gegen eine Mitarbeit der neuen Herren im Land einzuwenden und Loyalität bekundete, reiste Wolfgang Gentner, ein Mann, der in den USA mit dem Komplex beschäftigt gewesen war, nach Paris, um Joliot zu unterstützen (und zu überwachen).

Die Mittel kamen aus Etats der Reichspost. Bei höchster Geheimhaltung sickerte über die Dimension der Experimente nichts durch. Verschiedene Quellen behaupten, Ardenne sei in Lichterfelde nur pro forma in Erscheinung getreten, habe aber in Wirklichkeit alleinverantwortlich die Aktivitäten in Miersdorf gesteuert. Im Sommer 1994 beteuerte Manfred von Ardenne in einem persönlichen Brief: »Zu Ihrem Schreiben ... möchte ich Ihnen mitteilen, daß ich die kernphysikalische Forschungsstelle bei Zossen nicht geleitet habe. Es war dies eine Parallelgründung des Postministers zu dem kernphysikalischen Institut mit Zyklotron, welches wir im Auftrag der Reichspost neben meinem Lichterfelder Institut am Jungfernstieg 20 aufbauten und welches dann durch die Luftangriffe zum Teil zerstört wurde.«

Der Miersdorfer Philips-Kaskaden-Generator und der Ein-Millionen-Volt-Bandgenerator in Lichterfelde verfolgten ein Ziel: die Arbeit am 60-Tonnen-Zyklotron.

Es bleibt bis heute bei logischem Denken ein Zweifel, weshalb Ohnesorge an zwei Orten, die keine fünfzig Kilometer voneinander entfernt lagen, ein und dasselbe Problem lösen ließ. Zumal der Name des Leiters und Vordenkers in Miersdorf nie publik wurde und sich die Generation der Top-Physiker jener Tage später fragte, welcher »Große Unbekannte« außer ihnen das Zeug haben mochte, diese Position zu übernehmen.

Der Reichspostminister, der sich am liebsten in einer eigens für ihn entworfenen Paradeuniform oder im Frack mit Orden und Partei-»Bonbon« in purem Gold ablichten ließ, konnte seine Eitelkeit dann auch nicht zügeln und rapportierte im Herbst 1940 seinem Führer, daß die Forschungsanstalt auf geradem Wege dabei sei, eine »Fabelwaffe« zu ersinnen. Doch Hitler reagierte anders als ersehnt – er fertigte den Phantasten vor Offizieren reichlich rüde ab: »Da muß die Post kommen, um meine Armeen mit neuen wirksamen Waffen auszurüsten...«

Nicht auszuschließen, daß Ardenne seine Vita kosmetisch etwas aufgearbeitet hat. Denn der umtriebige Ohnesorge – in dritter Ehe mit der österreichischen Postgehilfin Auguste Videcnik verheiratet – war als Mentor und Pate nach dem Krieg nur noch schwer vorzeigbar. Allzu barock hatte der Staatsdiener die Hände aufgehalten und sich aus Kassen der Öffentlichen Hand bedient: Die Videcnik fühlte sich wohl im enteigneten Wiener Palais Rothschild, auf

Burg Trautenfeld in der Steiermark und im Schloß Schönbühel in der Wachau. Sie vermochte nach der Verhaftung ihres ehrenwerten Herrn Gemahls in Bad Gastein nicht einzusehen, warum sie sich von den Refugien samt Ölbildern und Tafelsilber trennen sollte. Ohnesorge wurde zwar zu drei Jahren Arbeitslager verurteilt, kassierte aber schon seit 1952 wieder staatlichen Unterhalt und segnete fast neunzigjährig im Luftkurort Bad Tölz das Zeitliche.

Die Herren Ohnesorge und von Ardenne – einst einander zugetan – sahen sich nicht mehr wieder. Sie lebten aber auch jeder in einer anderen Hälfte des neuen Deutschland.

Am 21. Juni 1940 rollte die Wagenkolonne hinein in das Waldgebiet. SD-Offiziere hatten das Areal Quadratmeter für Quadratmeter durchkämmt. Im Gefolge des erwarteten Führers befanden sich Göring, von Brauchitsch, Raeder und Keitel. Sie trugen ihre Ausgehuniformen mit Orden. Heß kam in der Parteiuniform, von Ribbentrop im Maßanzug. Um 15 Uhr 32 betrat Hitler in der Lichtung bei Réthondes den Wagen Nr. 2419 D. Er nahm in Fochs Stuhl Platz. Wortlos musterte er die französischen Offiziere, die bei seinem Eintreffen salutiert hatten. Wortlos schaute er zu Keitel, der die Präambel des Waffenstillstands-Kontraktes verlas. Nach zehn Minuten erhob er sich, mit ihm die Anwesenden. Er bestieg seinen offenen Horch, der in Tarnfarbe gestrichen war. Die Karosse fuhr nur wenige Meter die geharkte Buchenallee entlang, dann hielt sie vor der Steinplatte, bei der die französische Inschrift mit der Standarte des Führers überdeckt worden war. Das Deutschlandlied erklang. Nach kurzer Pause nahmen im Eisenbahnwagen Deutsche und Franzosen die Unterredung wieder auf. Uniformen beherrschten das Bild. Allein Léon Noël, der Staatssekretär im Außenministerium, in einem dunklen Zweireiher, die anderen im feinen »Tuch der Ehre« mit allen Ordensspangen: für die Marine Vizeadmiral Maurice Le Luc, für das Heer Divisionsgeneral Henri Parisot, für die Luftwaffe Brigadegeneral Jean Bergeret. Der Delegationsleiter, Charles Huntziger – seine Vorfahren kamen aus dem Elsaß –, trug Käppi und Jacke eines Kommandierenden

Armeegenerals; überreich bestickt mit Eichenlaub aus feinen Goldfäden. Mehrfach baten die Franzosen um Pausen. Sie führten Telefonate, für die die Wehrmacht ihnen ein Coupé reserviert hatte, in dem sie angeblich ungestört seien. Huntziger versuchte, Maxime Weygand in Bordeaux zu erreichen, den Kriegminister, der als Generalstabschef an Fochs Seite im November 1918 Erzberger den Waffenstillstands-Kontrakt präsentiert hatte. Während der Minister und sein General nun – zwei Jahrzehnte später – die Bedingungen der Deutschen analysierten und sich über Feldtelefone austauschten, geschah im Versorgungswagen der Wehrmacht, der etwas abseitig rangiert war, Sonderbares. Die weißgekleideten »Köche« setzten ihre Mützen ab und streiften Kopfhörer über die Ohren, um Silbe für Silbe mitzustenographieren...

Stunden später herrschte Stille über der Lichtung.

Reichsbahnarbeiter und SS-Leute begannen mit den Vorbereitungen für den Abtransport des Waggons nach Berlin; im Lustgarten vis à vis des Schlosses wurde er zur Schau gestellt. Auf der Freifläche bei Réthondes zerschlugen Soldaten die Denkmalsplatte, auf der die Worte standen: »Hier zerbrach der Hochmut des Deutschen Reiches – besiegt durch die freien Völker, die es unterjochen wollte.« Des Führers Standarte rollten zwei Offiziere zuvor feierlich ein und bargen sie in einer mit rotem Samt ausgekleideten Schatulle. In dem düsteren Wald blieb allein auf weiter Flur das Denkmal des »Peinigers der deutschen Seele« Marschall Foch stehen – Hitler selbst hatte es so befohlen.

Mit Überlegung hatte Hitler jedes Detail bedacht. Die Inszenierung der Zeremonie, viel mehr aber Geist und Inhalt des Kontraktes selbst. Die Italiener, die es bei ihrer »Offensive« gegen Frankreich von San Remo aus über die Grenze am Mont Garavan exakt bis zur zweiten Straßenbahn-Haltestelle von Menton geschafft hatten, wollten an die »Milde« des Vertragswerkes nicht glauben.

Hitler hatte sein Hauptquartier in der »Wolfsschlucht« im belgischen Brûly-de-Pesche aufgeschlagen. Chefdolmetscher Paul Schmidt saß mit zwei Diplomaten des Auswärtigen Amtes in der Sakristei der Kirche. Die Schreibmaschinen klapperten. Zweimal in der Nacht kam Hitler in den nur von Kerzenlicht erhellten kleinen Raum, an dem das Kruzifix an der Stirnseite nicht entfernt worden war. Nur den Altar hatte man mit einem dunklen Tuch vollkommen verhängt. Jedes Wort, ja sogar die Interpunktion des Waffenstillstands-Vertrages überprüfte er im deutschen Originaltext. Sein Kalkül: Ein maßvolles Miteinanderumgehen würde einflußreiche Kreise in Großbritannien ermutigen, einen Ausgleich mit dem Reich zu suchen.

Am 25. Juni trat um 01 Uhr 35 der Waffenstillstandsvertrag mit Frankreich in Kraft, am 4. Juli brach Pétain die diplomatischen Beziehungen zu Großbritannien ab. Am 30. Juni wurden Jersey und Guernsey im Kanal besetzt. Die Aktionen gegen Dänemark und Norwegen waren weitgehend abgeschlossen, als Hitler am 19. Juli abends im Reichstag sein Friedensangebot an England richtet: »In dieser Stunde fühle ich mich verpflichtet, noch einmal einen Appell an die Vernunft auch in England zu richten. Ich sehe keinen Grund, der zur Fortführung dieses Kampfes zwingen könnte. Ich bedaure die Opfer, die er fordern wird. Auch meinem eigenen Volk möchte ich sie ersparen.« Dann ernennt Hitler Göring zum Reichsmarschall des Großdeutschen Reiches und die Generäle Keitel, von Brauchitsch, von Rundstedt, Ritter von Leeb, von Bock, List, von Kluge, von Witzleben und von Reichenau zu Generalfeldmarschällen. Das ist die verhängnisvolle Stunde, da Keitel vom »größten Feldherrn aller Zeiten« spricht.

Wen wollen da die Geisteswissenschaftler kümmern? Wer will Hitler, für den die Physik eine verdächtige »jüdische Zeitvergeudung« sein soll, für eine Formel begeistern?

Wenn einer aus dem Dunstkreis Hitlers vom Uranprojekt sprach, dann war es Leibfotograf Heinrich Hoffmann, der eine Schwäche für alles Technische hatte.

Heisenberg und die anderen verstanden sich – mit Diebners Zustimmung – als Pioniere, denen genügend Zeit und ausreichende finanzielle Mittel zugestanden werden müßten, um an ihren Instituten weitgehend unabhängig und selbständig den Phänomenen der Uranmaschine auf die Spur zu kommen. Sie waren willens, die Erkenntnisse aus der Kernspaltung von Straßmann und Hahn so weit wie irgend möglich auszuschöpfen. Aber sie sahen sich nicht als die willfährigen Handlanger ihrer militärischen Oberbefehlshaber, denen sie unter Pression die Schwerter zu schärfen hätten. Schlimmer noch: Sie erkannten nicht, daß es eines Tages kein Zurück mehr geben würde. Das ist ihre historische Schuld.

Die Vorstellung, in den Vereinigten Staaten könnten immense Anstrengungen zum Bau der Kernwaffe angelaufen sein, schien unlogisch. Der Sieg in Europa, das Befrieden des Kontinents nach deutschem Diktat, das Stabilisieren der Alten Welt um den Preis, daß deutsche Okkupanten zwischen Kanal und Ukraine herrschten, konnte für die USA – einen ganzen Ozean weit weg – kein Anlaß sein, die Neutralität zu brechen und seine Söhne in einen Krieg zu zerren. Zumal da Hitler ganz deutlich an die Adresse Londons zu verstehen gegeben hatte, ihm wäre – beherrschte er uneingeschränkt den Festlandssockel – das Empire auf Dauer eine stabile und unantastbare Größe. Mit einer Invasion »gen Engeland« aufbrechen – er wollte dies auf jeden Fall vermeiden.

Jedem Physiker war die Länge des Weges bewußt, der über die kontrollierte Kettenreaktion durchschritten werden mußte, ehe an eine Atomwaffe gedacht werden durfte.

Ganz anders die Einschätzung der Situation in New York, Princeton, Chicago und in Washington: Szilárd, der die Nazis kannte, und Fermi, der um den Größenwahn Mussolinis und seiner Faschisten wußte, wichen nicht einen Deut von ihrer Überzeugung ab, daß Berlin jede Chance ergreifen würde, um die Waffe Wirklichkeit werden zu lassen, sofern sich auch nur der Schimmer einer technischen Machbarkeit erkennen ließe.

In einem vergröbernden Satz zu Ende gedacht: Die »Deutschen« in Amerika bauten ihre Bombe im Glauben, die Deutschen im Reich täten exakt dasselbe. Dies hat – ebenso in einem vergröbernden Satz zu Ende gesagt – Hunderttausende in Hiroshima und Nagasaki das Leben gekostet oder sie als Krüppel in ihren späten Tagen dahinvegetieren lassen.

Bohr war nach Dänemark zurückgekehrt. Seine Arbeiten in den Labors wurden zu einem großen Teil von einem Mäzen finanziert – der Brauerei Carlsberg. Fermi experimentierte an der Columbia Universität mit seinem Doktoranden Herbert Anderson. Auch Szilárd war dieser Arbeitsgruppe offiziell angeschlossen. Und er, der rastlose Querkopf, trieb wie in einem fiebrigen Wahn zu unermüdlicher Eile. Was geschah in Berlin? Wo waren sie angekommen, Heisenberg, von Weizsäcker?

Szilárd wandte sich erneut an Einstein, bat ihn um Hilfe – der erklärte sich dazu bereit. Am 7. März 1940 schrieb Einstein an Sachs, der Brief war wiederum für Roosevelt bestimmt. Die Frage werde dringlicher, was aus Berlin zu vernehmen sei, klänge immer besorgniserregender. Die Hinweise, die man erhielte, machten deutlich, daß mit Hochdruck an der Uranmaschine gearbeitet werde.

Der Präsident reagierte, aber eben nicht so, wie erhofft. Er riet, den Ausschuß zu erweitern und Einstein einzubinden in die Arbeit. Der aber lehnte kategorisch ab. War das die Sackgasse der Bürokratie, aus der es kein Fortkommen mehr gab? Hatten die Schreibtischtäter keinen Instinkt für die Gefahr? Versandete alles, weil es in den Ausschüssen versanden sollte?

Hilfe für Fermi und Szilárd, unerwartete Hilfe zumal, kam von der Universität Minnesota, an der Dr. Alfred O. Nier zusammen mit der General Electric Company eine Art Massenspektrometer gebaut hatte. Mit ihm stellte Nier schon im März 1940 die ersten winzigen Mengen von Uran 235 her. Zwei Proben, zweifelsfrei U 235, waren vorhanden. Zwei Proben, deren Gewicht man kennen muß, um eine Vorstellung davon zu bekommen, wo auf dem Weg zur Bombe die Menschen standen. Das eine Partikel wog den einmilliardsten Teil eines Grammes – das andere war nur halb so schwer! Es bedeutete bereits einen elementaren Schritt nach vorn, als es wenige Tage später Henry C. Pollock von der General Electric gelang, eine Probe von nunmehr einem hundertmillionstel Gramm abzuliefern. Das Material wurde nach New York in die Columbia Universität geschafft. Ende März, Anfang April beschoß ein

Team unter Leitung von Dunning das Uran mit langsamen Neutronen. Eindeutiges Ergebnis: U 235 ließ sich durch langsame Neutronen spalten. U 238 hingegen nicht. Exakt dies hatten Bohr und Wheeler nach empirischen Ermittlungen vor Jahresfrist prophezeit. Aber noch war der Weg zur ersten Kettenreaktion weit. Um festzustellen, ob die sich allein und ohne Beeinflussung von außen aufrechterhalten könne, waren große Mengen reinsten Urans 235 erforderlich. Eine simple Multiplikation, von jedem Sextaner zu bewältigen, reichte aus, alle Hoffnung fahren zu lassen. Es würden Millionen von Jahren vergehen, ehe genug Ausgangsmaterial zum Bau eines Atomreaktors bereit stünde! Dies also konnte der Weg nicht sein. Noch nicht...

Es gab einen anderen Pfad: Ließe sich ein 93. Element finden? Die Natur hatte ihre bis dahin bekannten 92 Elemente nach einem reichlich simplen Schnittmuster aufgebaut. Als errichte sie sich ein Haus, ging sie systematisch vor. Wasserstoff ist von allen Elementen das einfachste. Es besitzt ein Elektron, das wie ein Satellit um den Kern kreist. Einen Kern, der lediglich ein Proton aufweist. Logisch ist auch alles weitere: Dem ersten Element Wasserstoff wird ein Proton zugefügt und dieses zweite Element ist Helium. Proton für Proton ein neues Element; Lithium nun das dritte. Die Wissenschaft, die sich vom Mythos der klassischen vier Elemente – Erde, Wasser, Feuer, Luft – seit über einem Jahrtausend schon gelöst hatte, durfte annehmen, daß sie sich im Besitz einer unumstößlichen Erkenntnis befände. 92 Elemente – allesamt erkundet, vorhanden – keines mehr. Unter ihnen Eisen, Kupfer, Silber, Gold, Platin, Natrium, Chlor, Quecksilber, Kohlenstoff, Stickstoff, Sauerstoff.

»Atomos« steht im Griechischen für die Vokabel »unteilbar«. Schon zu Beginn des neunzehnten Jahrhunderts gab es ernstzunehmende, weiterführende Forschungen auf diesem Gebiet, der Engländer John Dalton stellte erste (wenn auch wirre) Lehrsätze auf. Sein Landsmann Charles Wilson publizierte noch vor dem Ersten Weltkrieg die Erkenntnis, daß diese Atome die kleinsten Puzzlestücke der Materie seien, die sich auf chemischem Wege nicht mehr teilen ließen. Und wieder ein Brite, Ernest Rutherford, entwickelte die 1911 veröffentlichte Theorie, daß das Atom aus drei Elementarteilen bestünde: Proton, Neutron und Elektron.

So ließ sich – vereinfacht formuliert – ein Atom als ein ins Irrwitzige verkleinertes Sonnensystem auffassen. Im Zentrum der Kern – lateinisch »nucleus«. Außen herum die Planeten. Negativ geladen und demzufolge isolierend dem positiv geladenen Kern gegenüber. Der Kern wesentlich schwerer als die »fliegenden Untertassen« um ihn herum: in einer Größenordnung zwischen dem Zweitausendfachen und dem Fünftausendfachen. Das bedeutete, daß nahezu 99,9 Prozent aller kosmischen Materie in den Atomkernen der bis dato 92 erkannten Elemente vereinigt sind. Von tausend Teilen Erde ist also nur einer nicht Atomkern!

Gab es Zweifel?

Der Mensch lebt vom Zweifel. Er bricht des Zweifelns wegen Kriege vom Zaun. Vor allem dann, wenn es Zweifel im Glauben an den einzigen Gott sind.

Also war es nur zu verständlich, daß Chemiker wie Physiker der Gedanke nicht loslassen konnte, die Natur habe etwas zu verbergen. Ein Element, sogar zwei – möglicherweise sogar noch Dutzende.

Ein Element jenseits des Urans, ein Transuran. Fermi in Rom beispielsweise, aber auch Lise Meitner und Hahn und Straßmann hatten sich auf dieses Suchen versteift und sich oft genug verrannt.

Nun – unter anderen Vorzeichen – wurde das Element 93 tatsächlich gefunden. Von Philip Abelson und Edwin McMillan an der University of California in Berkeley. Und von Kurt Starke – einem Schüler Hahns – am Kaiser-Wilhelm-Institut in Berlin. Gab es das 93. Element zweifelsfrei – weshalb sollte es dann nicht auch ein 94. geben? Josef Schintlmeister und Friedrich Hernegger, Wiener Chemiker, erkannten eine Alphateilchen abstrahlende Substanz, die sie für Element 94 hielten. Die Theorie von Bohr und Wheeler aber ging ja davon aus, daß Transurane leichter spaltbar sein müßten als U 235.

Weizsäcker in Berlin ist im Sommer 1940 der erste gewesen, der diese Art von dubiosem Zwitterwissen aus Erkenntnis und Vermutung offiziell zu formulieren wagte. In einem Dossier für das Heereswaffenamt schrieb er, daß es nicht auszuschließen sei, mit den neuen Elementen zweierlei zu bewirken: Erzeugung von Energie und Nutzung als Sprengstoff. Damit hatte der junge Wissenschaftler alles Entscheidende vorweggenommen und den Konflikt auf jenen Punkt geführt, der bis heute alles Denken um die Kernkraft unversöhnlich polarisiert: Atomenergie als Segen für die Menschheit; Atombomben als der höllische Fluch.

Unterdessen hatten Mitarbeiter in Dahlem auf dem Gelände des Institutes für Biologie und Virusforschung das zur Legende gewordene »Virushaus« gebaut. Genau betrachtet eine Holzbaracke – aber auch der Vorläufer eines Reaktors. Im Gegensatz zu Hahn, Meitner und Straßmann, die mit dem bekannten Phänomen radioaktiver Strahlung beachtenswert sorglos umgegangen waren, legten Heisenberg, Wirtz und von Weizsäcker wert darauf, daß Overalls, Schutzbrille und Gesichtsmasken getragen würden. Im »Virushaus«, das vorsorglich gefügt worden war, um bei einem Zwischenfall nicht das gesamte Institutsgebäude zu verseuchen, befand sich – einer Latrine nicht ganz unähnlich – eine kreisrunde und mit gebrannten Tonziegeln ausgemauerte Grube. Ende September bezogen die Naturwissenschaftler ihre neuen Arbeitsplätze mit Meßräumen, Pumpstation und Laboratorien; Anfang Oktober stand der Portalkran zur Verfügung, mit dem sich das Reaktorgefäß bewegen ließ. Um den 10. Dezember 1940 herum schichteten Heisenberg und seine Mitarbeiter Uranoxyd und Paraffin übereinander; in einem Durchmesser von annähernd anderthalb Metern und etwa ebenso hoch. Im »Virushaus« – über das Stadium der reinen Phantasterei waren sie nun endgültig hinausgelangt – konnte die deutsche Atombombe schreckliche Realität werden...

Es ist in dem halben Jahrhundert »danach« immer wieder gefragt worden, wo das Drama seinen point of no return fand.

Ein akademischer Streit, ein Thema für Philosophen – keines für Realpolitiker. In der Auseinandersetzung zwischen Hitlerscher Eroberungspolitik und Churchills unbeugsamem Entschlossensein, seinem Empire die Schmach zu ersparen, Wurmfortsatz des Kontinents zu werden, auf dem die braune Pest gewütet hatte, durfte kein Platz mehr bleiben für so Abstraktes wie Ethik und Moral. Churchill griff in die Zeiger der Uhr. Chamberlain, Halifax, Daladier – sie hätten den Schurken in der Reichskanzlei sein Stück spielen lassen, wenn für sie eine kleine Nebenrolle abgefallen wäre.

Am 11. Mai 1940 – Belgien überfallen, Rotterdam eingenommen, Kent bombardiert – gab König Georg VI. seinem einstigen Ersten Lord der Admiralität das Ruder in die Hand. Und der Monarch schrieb an diesem Samstag in sein Tagebuch: »Ich kann mir Winston als Premierminister nicht vorstellen.« Nur hatte das Empire keine andere Wahl. Und die Welt auch nicht.

Der Staatsmann war vier Jahre älter als Stalin, acht Jahre älter als Roosevelt, neun Jahre älter als Mussolini und fünfzehn Jahre älter als Hitler – andere seiner Generation bezogen Rente und schickten Brieftauben ins Grau hinaus.

Und Churchill stellte sich vor das Unterhaus und sagte einen Satz, der ein Stück Geschichte sein wird wie einst die Worte Caesars oder Luthers: »Ich habe nichts zu bieten als Blut, Kampf, Tränen und Schweiß.«

Das »Bis-hierher-und-nicht-weiter« war längst niedergerannt und zu Boden getrampelt. Im Spiel hielten andere die Karten: Stalin, die japanische Generalität, Roosevelt, Hitler, Churchill.

Es mußte nicht viel an Zeit mehr verstreichen, bis es zu einer Begegnung kam, die einem Autor den Stoff für sein Drama »Die achte Todsünde« gab. So wie Bohr keinen Schlüssel mehr zu einem Dialog mit Albert Einstein hatte finden können, »damals« (und das lag erst zwei Sommer zurück...) in Princeton, so verriegelte nun sprachloses Unverständnis das Zueinanderkommen von Bohr und Heisenberg.

Sie wechselten Worte. Gewiß. Aber jedes dieser Worte blieb sinnlos.

Heisenberg in seiner Autobiographie: »Trotzdem hatten wir das Gefühl, an einer sehr gefährlichen wissenschaftlichtechnischen Entwicklung beteiligt zu sein, und es waren besonders Carl Friedrich von Weizsäcker, Karl Wirtz, Jensen und Houtermans, mit denen ich gelegentlich auch über die Frage beriet, ob es erlaubt sei, so zu handeln, wie wir uns vorgenommen hatten. Ich kann mich an ein Gespräch erinnern, das ich in meinem Zimmer im Kaiser-Wilhelm-Institut für Physik in Dahlem mit Carl-Friedrich führte, nachdem Jensen uns gerade verlassen hatte. Carl-Friedrich mag mit der Feststellung begonnen haben: Wir sind ja einstweilen in bezug auf die Atombombe noch nicht wirklich in der Gefahrenzone, denn der technische Aufwand scheint viel zu groß, um ernstlich in Angriff genommen zu werden. Aber auch dies könnte sich im Lauf der Zeit ändern... Es wäre schön, wenn du einmal mit Niels in Kopenhagen über dies alles sprechen könntest. Es würde mir sehr viel bedeuten, wenn Niels zum Beispiel zu der Ansicht käme, daß wir es hier falsch machen, daß wir diese Uranarbeiten lieber aufgeben sollten.«

Hans Jensen bestärkte Heisenberg bei dem Vorhaben, ins unterdessen schon von der Wehrmacht besetzte Dänemark zu fahren. Es bedurfte eines Vorwandes für die Paßbehörden. Offizielle Lesart: Vortragsreise.

Am Montag, dem 15. September 1941 um 18 Uhr 15 traf Heisenberg in Kopenhagen ein. Er nahm sich ein Zimmer im Touristhotellet. Der Vortrag über Hochenergiephysik stand erst am Freitag der Woche auf dem Besuchsprogramm. Das Deutsche Wissenschaftliche Institut hatte die Einladungen verschickt; auch an dänische Kollegen, die aber mit ihrer Reserviertheit nicht hinterm Berg hielten. Stefan Rozenthal, ein Pole, stand Bohr in diesen Monaten als Assistent zur Seite. Er will sich erinnern – eine andere belegbare Quelle dafür existiert nicht –, daß Heisenberg mehrmals in Bohrs »Universitets Institut for Teoretisk Fysik« am Blegdamsvej 15 gekommen sei und auch beim Mittagessen in der Kantine gesessen habe. Bohr hat über diese Treffen nie etwas verlauten lassen, erzählte aber lange nach Kriegsende einem amerikanischen Freund von einem privaten Abendessen bei sich zu Hause. Obwohl Margarete Bohr ihren Mann eindringlich gebeten hatte, die Einladung rückgängig zu machen und sich weigern wollte, am Tisch Platz zu nehmen, kam es dennoch zu dem Treffen. Aller Wahrscheinlichkeit nach am Abend des 18. September.

Der Bruch im Leben der einstigen Freunde, die die Außenstehenden oft »Papst und Kardinal« der Physik nannten, war perfekt.

Ihr Dialog ist in diversen TV-Dokumentationen und Fernsehfilmen meist in einen Park verlagert worden, auf dessen Wegen die Physiker entlangliefen, ehe sie an einer Gabelung wortlos auseinandergingen. Das mag Symbolcharakter besitzen und das Ende der Beziehung deutlich machen, bleibt aber Fiktion. Obwohl Bohr seiner Frau versprochen hatte, es werde bei Tisch nur über Physik debattiert, geriet alsbald die Politik Hitlers in den Mittelpunkt. Im Hause Bohr (dies weiß sein Sohn Aage, zu diesem Komplex stets auffallend wortkarg) sagte Heisenberg sinngemäß, daß er Hitlers Überfall auf die UdSSR für eine gute Sache hielte, weil Hitler die Sowjets besiegen würde. Damit war jedes Band gerissen. Bohr, in einem von Soldaten einer fremden Armee okkupierten Land beheimatet, weigerte sich, solche Gedanken auch nur im Entferntesten nachzuvollziehen, die Besatzungen für etwas Gutes hielten.

Heisenbergs Bemühungen, den deutlich verärgerten und aufgebrachten Freund versöhnlicher zu stimmen, mißlangen. Der Deutsche lenkte das Gespräch auf die Probleme der Kernphysik, auf die Uranforschung. Hätten – fragte Heisenberg – Physiker in Kriegen das Recht, Forschungen anzustellen, die die Konstruktion von vernichtenden Waffen unvorstellbaren Ausmaßes ermöglichten? Bohr soll geantwortet haben: »Glaubst du denn wirklich, daß man die Uranspaltung zur Konstruktion von Waffen ausnützen kann?« Das »Ja« Heisenbergs erschütterte den einstigen Mentor. Der deutsche Physiker schreibt in seinem Buch »Der Teil und das Ganze«: »...(er war) so erschrocken, daß er den mir wichtigsten Teil meiner Information, daß nämlich dazu ein ganz enormer technischer Aufwand nötig sei, nicht mehr recht aufnahm. Mir schien es äußerst wichtig, daß diese tatsächliche Situation den Physikern bis zu einem gewissen Grade die Möglichkeit gab, zu entscheiden, ob der Bau von Atombomben versucht werden solle oder nicht.«

In der Nacht vom 1. zum 2. Oktober 1943 sollten auf Anweisung aus Berlin etwa sechstausend Dänen festgenommen und deportiert werden. Ribbentrops Außenministerium war in das Vorhaben eingeschaltet. Staatssekretär Ernst von Weizsäcker, der Vater von Carl-Friedrich, informierte verschlüsselt einen Vertrauensmann in der Kopenhagener Gesandtschaft: Georg F. Duckwitz. Der warnte Bohr vor einer geplanten Festnahme. Hätte die Gestapo in Berlin von diesem Verrat erfahren, wäre Duckwitz fraglos hingerichtet worden. Der fast sechzig Jahre alte Niels Bohr stieg Stunden danach mit einer kleinen Aktentasche in der Hand über die Reling eines Fischkutters, der in strömendem Herbstregen in den Øresund auslief und ihn ins neutrale Schweden brachte. Am 6. Oktober 1943 kletterte Bohr auf einem Militärflugfeld südlich von London aus dem Schacht eines Mosquitobombers. Mitarbeiter des Britischen Geheimdienstes lotsten ihren Schützling als blinden Passagier unter dem Decknamen Lars Bronner über den Atlantik.

Duckwitz, gebürtiger Bremer und als Schiffahrt-Sachverständiger in Kopenhagen tätig, mußte sich für seine humane Tat, mit der er (zusammen mit einem SS-Mann) Tausenden das Schicksal Auschwitz und Theresienstadt ersparte, nach Kriegsende in seiner Heimat aus dem rechten Spektrum üble Vorhaltungen gefallen lassen. Als Staatssekretär im Außenministerium bei Willy Brandt hatte Georg F. Duckwitz erste Sondierungsgespräche mit Polen in Angriff genommen. Nationale Blätter und Rechtsradikale witterten Verrat und Ausverkauf der Interessen und schoben dem Humanisten die Fluchthilfe für Bohr auf ihre Weise in die Schuhe – er habe damit Bohr den Amerikanern in die Hände gespielt und trüge somit die Schuld am Inferno von Hiroshima und Nagasaki.

Bis heute wird unwiderlegt kolportiert, Bohr habe in den USA CIA-Pläne vereitelt, Heisenberg am 18. Dezember 1944 während eines Vortrages vor der Eidgenössischen Technischen Hochschule in Zürich zu erschiessen. Eingeweiht in den Mordplan, sei Bohr es gewesen, der sich dem

Attentat energisch widersetzte und damit drohte, mit der Potenz seiner weltweiten Reputation einen Skandal loszutreten. Aber das war alles, was er tun konnte...

In dem Wettlauf, wer als erster auf den Knopf der Tötungsmaschine drücken würde, verschafften sich die Forscher in Amerika einen immer deutlicheren Vorsprung. Auch sie experimentierten zielstrebig mit den Elementen 93 und 94, denen sie die Namen Neptunium und Plutonium gaben.

Plutonium wurde zum Schlüssel. Fermi und seine Mitwisser hielten ihn als erste in der Hand. Das unbeschreibliche Rennen – war es nun bereits entschieden?

Ernest Lawrence an der University of California modifizierte ein vorhandenes Zyklotron so, daß es möglich wurde, Protonen auf hohe Geschwindigkeiten zu beschleunigen. Diese wurden dann durch unterschiedliche Substanzen geschossen. Auf einem sehr komplizierten Weg ließ sich der gesicherte Beweis erbringen, daß Plutonium spaltbar sein mußte. Mit Hilfe langsamer Neutronen. Das bedeutete, daß von nun an Plutonium als Ausgangsstoff in immer größeren Mengen gewonnen wurde.

In den Tunnel war Licht gekommen: An seinem Ende sahen die Physiker im Geist schon regelrechte Plutonium-Fabriken, in denen das neue Element von einer Maschine produziert wurde.

Die Welt fand sich am Abgrund. Unwiderruflich. Nur ein einziger Schritt noch.

Lange mußte niemand mehr warten. Nur noch bis zum 7. Dezember 1941. Und die Welt, sie stürzte...

Der erste, der sie bemerkte, ist Major Richard H. Carmichael gewesen, der eine »Fliegende Festung« vom Typ Boeing B 17 nach vierzehnstündigem Flug auf Hickam Field, wenige Meilen südöstlich des Stützpunktes Pearl Harbor auf Hawaii aufsetzen wollte. Es waren Mitsubishi Zeros, die flinksten Jäger über dem Pazifik. Die roten Punkte an Rumpf und Tragflächen wiesen sie als Maschinen der Kaiserlichen Luftflotte aus. Als seien es surrende Insektenschwärme, fielen die fragilen Maschinen aus allen Himmelsrichtungen über die Insel her.

Admiral Isoroku Yamamoto hatte den Angriff geplant. Sein Geschwader war am 26. November aus dem Versteck, der Hitokappubucht zwischen den Kurilen-Inseln Iturup und Urup, ausgelaufen. Die Streitmacht bestand aus den Schweren Kreuzern »Ton« und »Chikuma«, den Schlachtschiffen »Hiei« und »Kirishima« und aus den sechs Flugzeugträgern »Akagi«, »Kaga«, »Shokaku«, »Ziukaku«, »Hiryu« und »Soryu«. Drei U-Boote und acht Tanker als Versorgungsschiffe hielten sich in der Nähe auf. Die angeblich gutinformierten Spione der Amerikaner in Japan und den angrenzenden Staaten lieferten nicht den Bruchteil einer verwertbaren Information. Dabei überschätzte Yamamoto die feindlichen Agenten noch: Der Admiral, der in Harvard studiert hatte und seit 1938 Oberbefehlshaber der Ersten Flotte war, haßte alles Amerikanische abgrundtief – als Falke unter den Ultra-Orthodoxen. Washingtons Abwehr-»Experten« verfügten zwar über Informationen, nach denen es in den Häfen von Sasebo, Kure, Saeki und Yokohama Bewegungen gegeben habe. Aber das, was sich die Verantwortlichen im Pentagon daraus zusammenreimten, erwies sich als irrig. Die Konvois stießen nicht zu den Küstenlinien von Malaya und Indonesien vor, sondern verschwanden scheinbar spurlos von der Meeresoberfläche. Sie nahmen Kurs nach Nordosten zu den Kurilen hin. Von dort aus steuerten sie exakt nach Osten bis zum 180. Längengrad, der die Datumsgrenze markiert. Trotz extrem schlechten Wetters machte der Verband in den Novemberstürmen über 1.500 Seemeilen hinweg volle Fahrt. Der vereinbarte Kurswechsel nach Südosten ließ die Armada zu einem Punkt laufen, der 158 Grad westlicher Länge und 28 Grad nördlicher Breite lag – auf dem Wendekreis des Krebses. Am 2. Dezember 1941 gab es die erste und einzige Unterbrechung der strikten Funkstille. Vizeadmiral Chuichi Nagumo erhielt an Bord der »Akagi« einen telegraphischen Befehl – in drei Worten: »Niitaka Yama Nobore«. Ersteigt den Berg Niitaka. Er gab der Brücke eine neue Positionsorder – einen Punkt 274 Seemeilen nordnordöstlich von Oahu. Vorausberechnete Ankunftszeit: 6. Dezember, 22 Uhr. Dieser winzig kleine Kreis auf der Seekarte mußte der Ausgangspunkt der Operation werden.

Mit dem Tagesanbruch des 7. Dezember startete eine erste Welle mit 50 Horizontalbombern, mit 40 Torpedofliegern, 51 Sturzbombern und 43 Jägern. Die zweite Welle, die sich sechzig Minuten später in die Lüfte erhob, umfaßte 54 Horizontalbomber, 81 Sturzbomber und 36 Jäger. Das Kalkül des Admirals Yamamoto ging auf: Die Amerikaner auf der Hawaii-Insel Oahu wurden in vollkommener Ahnungslosigkeit überrascht und grausam getroffen. Nach weniger als einer Stunde war der scheinbar irreale Spuk vorbei und die militärischen Anlagen um Pearl Harbor schienen in eine bizarre Kulisse verwandelt. Verloren die Schlachtschiffe »Arizona«, »California«, »Nevada«, »Oklahoma« und »West Virginia«, das Zielschiff »Utah«, der Minenleger »Oglada«. Getroffen und schwer beschädigt die »Tennessee«, die »Maryland« und die »Pennsylvania«. Monate werden vergehen, um die Havaristen wieder einsatzfähig zu bekommen.

Den Japanern gelang es, fast unbeschadet zu entkommen – 55 Männer starben, 29 Flugzeuge kehrten nicht zurück. Triumph bei den einen, ein einstimmiger Aufschrei des Entsetzens und der Empörung bei den anderen.

Wie sollte der Presse verschleiert werden, daß einem Kommandierenden, dem Konteradmiral Patrick Bellinger, in seinem US-Hauptquartier nichts anderes mehr einfiel, als hilflos unverschlüsselt in die Mikrophone zu kreischen: »Luftangriff Pearl Harbor! Das ist keine Gefechtsübung!«?

Teilweise freilich war es ein Heulen voller Zynismus und mit Krokodilstränen in den Augen: Die Attacke war eben nicht überraschend gekommen. Abwehrfachleute wußten sehr wohl von den Plänen Yamamotos, kannten sogar Einzelheiten der Überrumpelung von offener See her. Die Funkstille während des japanischen Flottenaufmarsches konnte nicht verschleiern, daß Hawaii das logische und in Reichweite liegende Ziel sein müsse.

Das Dechiffrieren verschlüsselter Botschaften war zu einem Schwert im Krieg geworden. Das Abfangen von Nachrichten aus dem Äther bereitete nirgendwo mehr Probleme; es ging allein darum, das »Gehörte« auch »lesen« zu können. Der Signal Intelligence Service (SIS) besaß seit seiner Installierung durch die Administration in Washington im Jahre 1928 einen bemerkenswert hohen Etat. Mit Nachbauten von deutschen und englischen Chiffriergeräten experimentierten Mathematiker und Sprachwissenschaftler, und der Düsseldorfer Fabrikant Dr. Arthur Scherbius offerierte sein Gerät mit Prospekttexten: »Die Neugier der Konkurrenten kann alsbald mit einer Maschine ausgeschaltet werden, die die Geheimhaltung Ihrer gesamten Korrespondenz und Ihrer Dokumente, zum mindestens der wichtigsten Akten, ohne allzu hohe Kosten gewährleistet. Ein einziges gut gehütetes Geheimnis gleicht die Ausgaben für den Ankauf der Maschine aus.« Angesichts der nicht mehr verschleierten Hochrüstung im japanischen Kaiserreich gerieten die Geschehnisse im Fernen Osten mehr und mehr ins Fadenkreuz. Aber der Code der Japaner gab über Jahre hinweg eine Fülle von anscheinend unlösbaren Rätseln auf. Die US-Spezialisten bezeichneten ihn intern mit »Purple« – Purpur. Erst im August 1940 gelang es dem Kryptologen Harry Lawrence, hinter das Geheimnis der von Tokio genutzten Chiffrier-Variante »Shiki Obun Injiki I-97« zu kommen. Nun hatte die Operation »Magic« – so nannten die SIS-Leute ihr Unternehmen – einen Schlüssel gefunden. Alles ging von Stund an schneller als erhofft: Am 25. Dezember 1940 entzifferte das »Magic«-Team einen aufgefangenen Funkspruch zweifelsfrei von der ersten bis zur letzten Silbe. Nun konnte Routine aus der Arbeit werden – und die Japaner waren vollkommen ahnungslos...

Die fatale Folge: Jede Warnung an die US-Stützpunkte im Stillen Ozean und jedes Handeln der Navy-Admiralität hätte Menschen gerettet und die verhängnisvolle Konsequenz zwingend nach sich gezogen, dem Feind preiszugeben, daß der »Geheim«-Code durchschaut und geknackt war. Ein Joker im tödlichen Spiel – der wichtigste vielleicht – wäre aus dem Ärmel gerutscht.

Die wenigen Eingeweihten verschwiegen ihr gesichertes Wissen. Makaber: Was zählten in einem globalen Krieg 2.403 Tote und 1.178 Verwundete? Was wogen die Menschenleben, was wogen die Schlachtschiffe? Am Ende gab der Lauf der Ereignisse der menschenverachtenden Kaltblütigkeit auch noch recht – die Amerikaner überstanden das Inferno mit halbwegs heiler Haut. Nagumo hatte die Nerven verloren und gegen den Rat seiner Offiziere den Piloten die zweite Angriffswelle verweigert. Er wollte sein Schiff vor erwarteten Vergeltungsschlägen retten und durch hastige Flucht aus der Reichweite des Feindes in Sicherheit bringen, er drehte nach Nordwest ab. Und beraubte sich und die Flugzeugbesatzungen, die an Opferschreinen Dankgebete sprachen, der Chance, den US-Flugzeugträger »Enterprise« zu attackieren und die Treibstofftanks der Amerikaner auf der Insel Oahu in Brand zu stecken. Auf mindestens sechs Monate – schätzen Strategen später – wäre die Navy gelähmt geblieben. So aber verfügte sie in den randvollen Depots über Energiereserven und hatte die Flugzeugträger »Hornet«, »Enterprise« und »Yorktown« ebenso (teilweise) einsatzbereit wie zwanzig Schwere Kreuzer und fünfundsechzig Zerstörer.

Makaber war das Geschehen auf der anderen Seite der Weltkugel. Churchill saß mit einem Gast bei Tisch, dem Sondergesandten Averell Harriman. Als die ersten Kabel im Lagezentrum eingingen und Zweifel am Gehörten schwanden, strahlte der Premier vor Zufriedenheit. Nun mußten die Amerikaner ihre Beobachterrolle ablegen und mitziehen. Churchill formulierte seine völkerrechtlich offizielle Kriegserklärung an Japan mit kaum verborgener Freude und bestand auf der Schlußformel: »...gezeichnet als Ihr sehr ergebener Diener.«

Der Mann aus Downing Street 10 wußte exakt um die Gefahr, die dank der Waffen, über die die Wehrmacht verfügen konnte, seinem Land permanent drohte. Alle erlernte klassische Kriegskunst, die schon zwischen 1914 und 1918 weitgehend Makulatur geworden war, taugte nicht, um in der Völkerschlacht zu siegen. Amerika mußte helfen – mit seinen Rohstoffen, seinen Reserven, seinem Kapital, seiner Infrastruktur, seinem Potential an Menschen. Aus der Neutralität war eine Grauzone geworden. Zwischen dem 17. und dem 25. September hatte die US-Navy britischen Konvois Begleitschutz gegeben. Aber dem Premier mochte

Der Atompilz über dem Stadtzentrum von Hiroshima. 6. August 1945, 8.15 Uhr Ortszeit (Luftaufnahme). Seite 259

Einweihung des Kaiser-Wilhelm-Instituts für physikalische Chemie und Elektrochemie. 23. Oktober 1912. Hinter Kaiser Wilhelm II. Adolf Harnack, Emil Fischer und Fritz Haber (von rechts)

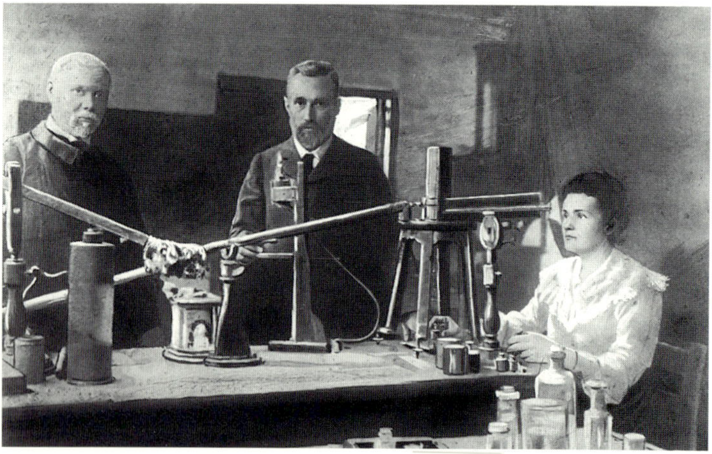

Marie und Pierre Curie in ihrem Pariser Institut (rechts und mitte). Seite 26

Albert Einstein in seinem Berliner Arbeitszimmer. 1921

Fritz Straßmann während seiner Zeit am Kaiser-Wilhelm-Institut in Berlin

Enrico Fermi

Robert Oppenheimer. 1962

Das Kaiser-Wilhelm-Institut für physikalische Chemie und Elektrochemie in Berlin-Dahlem an der Thielallee. Seite 30

Versuchsaufbau, mit dem Fritz Straßmann und Otto Hahn die Kernspaltung entdeckten, heute im Deutschen Museum in München. Seite 32

Trumans Laden im Baltimore-Hotel in Kansas City. Seite 203

Bücherverbrennung auf dem Berliner Opernplatz. 10. Mai 1933. Seite 94

Der erste Atomreaktor der Welt, gebaut in einem unterirdischen Labor der Universität Chikago. 2. Dezember 1942. Seite 97

Reichspostminister Wilhelm Ohnesorge. Seit 1937 versorgt er Hitler mit Millionenbeträgen, die auf dessen Privatkonten überwiesen werden. Seite 148

Leo Szilárd

Die Hanford-Werke in Pasco. Eine der geheimen Produktionsstätten für die erste Atombombe (Luftaufnahme). Seite 164

Die Hiroshima-Bombe. Seite 254

Vereidigung von Harry S. Truman als Präsident der Vereinigten Staaten von Amerika. 12. April 1945. Rechts der oberste amerikanische Richter Harlan Fiske Stone. Seite 206

Harry S. Truman besucht Josef Stalin in dessen Wohnsitz in Potsdam-Babelsberg während der Potsdamer Konferenz (17. Juli - 2. August 1945). Links von Truman Andrej Gromyko, späterer Außenminister der UdSSR und James F. Byrnes, Außenminister der USA, rechts von Stalin Wjatscheslaw Molotow, Außenminister der UdSSR

»The Little White House«. Trumans Wohnsitz in Potsdam-Babelsberg, Kaiserstraße 2

Linke Seite: Unterzeichnung der bedingungslosen Kapitulation durch Vertreter der obersten deutschen Heeresleitung im sowjetischen Hauptquartier Berlin-Karlshorst. 8. Mai 1945. Ankunft der Generäle Stumpff, Keitel und von Friedeburg auf dem Flughafen Berlin-Tempelhof. Seite 210

TOP SECRET

[redacted]

WAR DEPARTMENT
OFFICE OF THE CHIEF OF STAFF
WASHINGTON 25, D.C.

18 June 1946
Regraded to declassification by AFSWP

25 July 1945

TO: General Carl Spaatz
Commanding General
United States Army Strategic Air Forces

1. The 509 Composite Group, 20th Air Force will deliver its first special bomb as soon as weather will permit visual bombing after about 3 August 1945 on one of the targets: Hiroshima, Kokura, Niigata and Nagasaki. To carry military and civilian scientific personnel from the War Department to observe and record the effects of the explosion of the bomb, additional aircraft will accompany the airplane carrying the bomb. The observing planes will stay several miles distant from the point of impact of the bomb.

2. Additional bombs will be delivered on the above targets as soon as made ready by the project staff. Further instructions will be issued concerning targets other than those listed above.

3. Dissemination of any and all information concerning the use of the weapon against Japan is reserved to the Secretary of War and the President of the United States. No communiques on the subject or releases of information will be ~~issued by Commanders~~ in the field without specific prior authority. Any news stories will be sent to the War Department for special clearance.

4. The foregoing directive is issued to you by direction and with the approval of the Secretary of War and of the Chief of Staff, USA. It is desired that you personally deliver one copy of this directive to General MacArthur and one copy to Admiral Nimitz for their information.

Thos. T. Handy
THOS. T. HANDY
General, G.S.C.
Acting Chief of Staff

CO[redacted]

REGRADED UNDER SEC. ... BY TAG ... 8 F 321 ... CONFIDENTIAL

1 DEC 1945

Brief an General Carl Spaatz mit Vorschlägen für den Ort des Abwurfs der ersten Atombombe. 25. Juli 1945. Seite 246

Die »Enola Gay« auf dem Flugplatz Tinian, Marianen. Seite 253

Die Besatzung der »Enola Gay«. Kniend von links nach rechts: Sgt. George R. Caron, Sgt. Joe S. Stiborik, Sgt. Wyatt E. Duzenbury, Pfc. Richard H. Nelson, Sgt. Robert H. Shummard; Stehend von links nach rechts: Major Thomas W. Ferebee (verantwortlicher Bombenschütze), Capt. Theodore J. van Kirk (Navigator), Oberts Paul W. Tibbets (Pilot), Capt. Robert A. Lewis (Airplane Commander). Seite 261

Der Auslöseknopf für die Bombe im Cockpit der »Enola Gay«. Seite 259

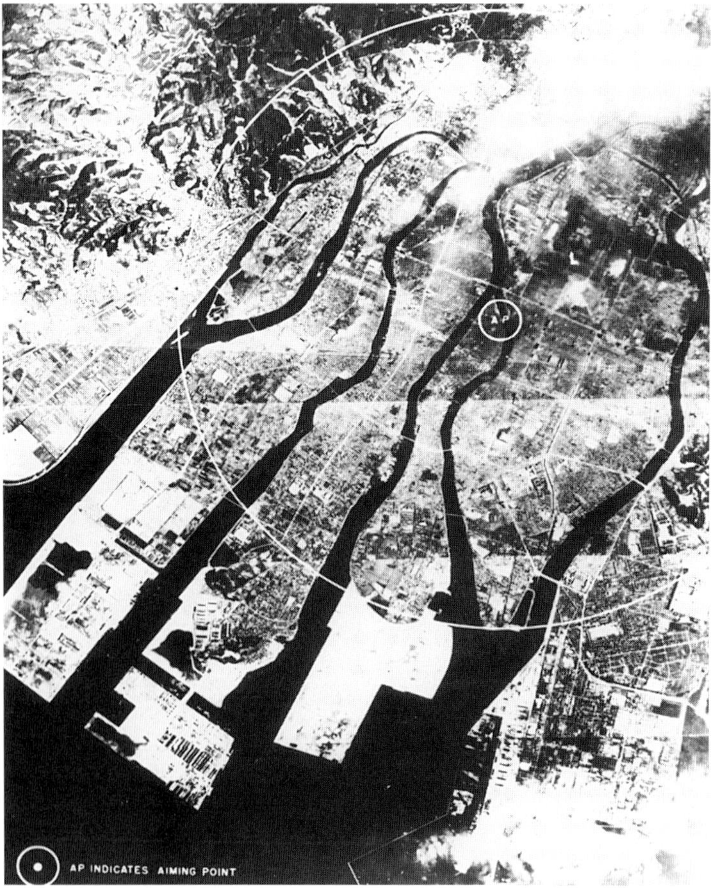

Hiroshima nach der Zerstörung. Im Zentrum des kleinen Kreises der Explosionspunkt in 570 m Höhe über dem Erdboden. Seite 259

Luftbild der zerstörten Stadt Hiroshima

Die Ruine des Handelskammergebäudes im Zentrum Hiroshimas. Ein Monat nach der Explosion der Atombombe

Opfer der Hiroshima-Bombe. Aus Unkenntnis der Gefahr von Strahlenschäden blieben zahlreiche Verletzte im stark strahlenverseuchten Bereich der Stadt

Fritz Straßmann in Mainz. Ende der fünfziger Jahre. Seite 311

Zerstörungen in der Turbinenhalle des 4. Reaktorblocks in Tschernobyl (Ukraine). 26. April 1986. Seite 320

Der zerstörte 4. Reaktorblock in Tschernobyl. Seite 320

Linke Seite: Otto Hahn und Lise Meitner bei der Einweihung des Hahn-Meitner-Instituts in Berlin. 14. März 1959

Eine Armbanduhr, gefunden in den Trümmern der Stadt Hiroshima. Am 6. August um 8.15 Uhr hat sich der Atomblitz in das Ziffernblatt eingegraben. Vom Besitzer der Uhr fehlte jede Spur. Seite 260

nicht in den Sinn kommen, daß es sich von Stund an in Tagen abzählen ließe, wie lange die transglobale Macht des Empire noch hielte. Der Vollblutpolitiker, der im Unterhaus eher verhaßte denn geliebte »Löwe«, fühlte und handelte in den Ellen des victorianischen Zeitalters. Er führte seinen ersten Wahlkampf, da hatte das zwanzigste Jahrhundert noch nicht begonnen. Den Gedanken, auf dieser Erdkugel könnte auch nur eine einzige Weiche ohne das Zutun Großbritanniens gestellt werden, mochte er nicht denken. Er hielt ihn für absurd. Das Idealbild seiner Welt blieb immer eine Gesellschaft, die sich in Freiheit und Frieden den Zielen eines toleranten Humanismus verpflichtet fühlte. Allein eine »conditio sine qua non« hatte erfüllt zu bleiben: das Patronat der Windsorschen Krone. Als die Armee ihre Rot-Röcke ablegte und in Khaki getarnt Schanzen erstürmte, brach eine Welt in ihm zusammen. Und er verhehlte es nicht. Krieg galt ihm immer als ein legaler Weg, Dinge ins Lot zu rücken. In seinem militärischen Hauptquartier CWR (Cabinet War Room) erreichten ihn über die Geheimnummer Rapid Falls 4466 unzählige Anrufe hoher Offiziere seines Generalstabes. Dem Kriegspremier erschienen die Verluste an Soldaten (viele von ihnen aus Eliteeinheiten) als pure Selbstverständlichkeit. Sie gehörten dazu. Vor der Abreise zu einem Truppenbesuch, der ihn an vorderste Frontlinien zu ausgemergelten Regimentern führte, sagte er: »Den Spaß darf ich mir nicht entgehen lassen.« Das Bluten und das Töten empfand der Visionär, der beim Malen von Blumen und Landschaften stundenlang Entspannung fand, als vernünftige und logische Alltäglichkeit in Kriegen. Der offene Kampf und die gute Sache – dies war ihm wert, um dafür und daran zu sterben. Aber Churchill sagte auch: »Es ist eine Schande, daß der Krieg das alles in seiner Gier und seinem niedrigen Opportunismus fortgeworfen hat, um bebrillte Chemiker und Chauffeure in seinen Dienst zu nehmen, die nur noch die Hebel in ihren Flugzeugen oder an ihren Maschinengewehren bedienen.«

Der Stratege und Taktiker mit seinem unerschöpflichen Gedächtnis wäre nicht in der Lage gewesen, die Landkarte zwischen Burma und Java annähernd korrekt zu skizzieren. Für ihn ist dies alles immer nur »Hinterindien« geblieben.

Die Flotte, allein sie, die unangefochtene Herrscherin auf den Weltmeeren, hat die Kraft des Empire geschmiedet. Die Flotte blieb ihr Garant. Churchill, bei Ausbruch des Ersten Weltkrieges Erster Lord der Admiralität, wußte um die Bedeutung der Luftwaffe. Er kletterte – gegen den Rat der für die Sicherheit Verantwortlichen – in Militärmaschinen, schlief auf dem Boden auf einer Wolldecke zwischen den Mannschaften, hielt Beschuß von Flugzeugen für »normal«. Aber er weigerte sich, Operationen aus der Luft kriegsentscheidende Bedeutung zuzumessen. Das Vorhaben der Amerikaner, 150 Boeings als Rotte von Seattle über Kansas nach Brasilien, über den Südatlantik nach Marrakesch, Kairo, Karatschi und Kalkutta und schließlich über den Himalaja nach China zu dirigieren, erachtete er als Humbug. Und die Statistiken der Transporteinheiten mußten ihn in seiner kritischen Ablehnung »neumodischer« Kriegsführung bestärken: Eine einzige B 29 würde eines Tages in diesem Pazifikkrieg weitab aller leistungsfähigen Nachschubbasen allein für einen Feindflug auf sechs mit Benzin beladene Transportmaschinen angewiesen bleiben!

Winston Churchill und die Briten sahen sich nie als erzkonservative Repräsentanten einer imperialistischen Kolonialpolitik. Zu tief verwurzelt war ihr Rechtsempfinden, ehrsame Besitzer überseeischer Territorien zu sein. Sie hatten die Dampfmaschine ersonnen; mit ihrer ersten industriellen Revolution hatten sie die Tür in die Zukunft aufgestoßen. Ihnen – wem denn sonst? – gebührte die Rolle des Weltpolizisten.

Vom Tag, da Singapur fiel, trennte ihn kein Dutzend Wochen mehr. Singapurs Wegbrechen bedeutete andererseits für das Weiße Haus und Roosevelts Heerführer, daß *sie* nun zu handeln hatten, daß *ihnen* auferlegt blieb, die Schlachten im Pazifik zu lenken. Und: Neun von zehn Briten bemerkten nicht einmal, daß der japanische Angriff auf diese Kronkolonie auch das Ende des viktorianischen Empire mit sich gebracht hatte. Siebzigtausend Verwaltungsfachleute – sehr viele im Sold der Armee und mit militärischen Rängen – gingen nach dem Überraschungscoup der Japaner von der Landseite her Anfang 1942 in Gefangenschaft.

Hatte er das Menetekel nicht gesehen? Oder wollte er nicht hinschauen? In scheinbar sicherem Gewässer, fünfzig Seemeilen vor der malayischen Küste und hundertfünfzig Seemeilen nördlich von Singapur, überfielen Japans Kampfflugzeuge in mehreren Staffeln die »Prince of Wales« und die »Repulse«. Die »Prince of Wales« mit ihren 35.000 BRT, ihrer großen Reichweite, ihrer hohen Geschwindigkeit und starken Bewaffnung war das leistungsfähigste Schiff der Königlichen Kriegsflotte. Aber in den Morgenstunden des 11. Dezember 1941 erkannte »Repulse«-Kommandant Kapitän William Tennant, daß nicht nur sein Schiff aufgebracht und von Torpedos tödlich verletzt worden war, sondern eben auch die »Prince of Wales«. Wie Adler umkreisten 86 japanische Flugzeuge die Fern-Ost-Flotte unter Admiral Tom Phillips. Der und sein Stellvertreter, John Leach, blieben an Bord und suchten den Tod. So, als hätten sie als herausragende und weitsichtige Elite-Offiziere eine düstere Ahnung dessen besessen, was sich noch ereignen würde.

Ohne auf beachtenswerte Gegenwehr zu stoßen, befriedeten die Invasoren von der japanischen Insel das begehrte Festland in ihrem Rücken. Schon zehn Tage nach den ersten Landungsoperationen an der siamesischen Küste wurde im Tempel des Smaragdbuddha in Bangkok das unterjochte Königreich Siam (heute Thailand) diktatorisch für »neutral« erklärt. Dem Monarchen blieb keine Alternative. Es sei denn, er hätte das Hinschlachten seiner miserabel ausgerüsteten Palastarmee mitansehen wollen. Den neuen Herren aber bot sich die einmalige Chance: Dem Kaiserreich Japan – wie das verbündete Deutsche Reich ohne nennenswerte Rohstoffe von Kriegswichtigkeit –, war der Weg freigegeben in die Hochwälder von Burma. Kautschuk für die Produktion von Gummi ließ sich im Dschungel plündern. Als Generalleutnant Tomoyuki Yamashita in den ersten Februartagen des Jahres 1942 die allerletzten Widerstandsnester in Singapur ausgebrannt hatte und London das

Unbegreifliche allmählich zu begreifen begann, ließen die Okkupanten in ihrem Siegesrausch keinen Zweifel mehr daran, was sie vorhatten. Sie wollten eine Bahn bauen, die die burmesische Dschungelhölle mit dem leistungsfähigen Hochseehafen von Singapur verband. Dazu aber fehlte ihnen das Teilstück von Nong Pladuk (40 Kilometer westlich von Bangkok) nach Thanbyuzayat (rund 400 Kilometer Luftlinie nordwestlich von Bangkok). Die Distanz allein verrät noch nicht alles. Die Bahntrasse mußte dem Weg folgen, den die Natur geschürft hatte – dem Lauf des Kwae Noi, einem Gebirgsfluß, den die Briten als »River Kwai« auf ihren strategischen Karten verzeichnet hatten. Eine Schneise zum Drei-Pagoden-Paß auf nahezu zweitausend Meter Höhe, durch das Gestrüpp und Unterholz eines Tropenwaldes, über dem die Sonne fast senkrecht steht und die Hitze täglich die Vierzig-Grad-Marke überspringt.

In Friedenszeiten hatten Fachleute in Tokio ermittelt, daß ein derartiger Bahnbau mindestens sechs Jahre in Anspruch nähme. Unter bewußter Verletzung der Genfer Konvention, die Kriegsgefangenen lebensbedrohende Arbeit an strategischen Objekten ausdrücklich untersagt, trieben die Japaner seit Juni 1942 ihre lebende Beute von Singapur in die Niederungen des Kwai. Die Camps bestanden aus Bambushütten. Die meisten Engländer waren unterdessen durch ungewohnte Ernährung und ohne jede medizinische Versorgung in labiler körperlicher Verfassung. Ein großer Teil, Beamte und Verwalter, zwischen vierzig und fünfzig Jahren alt. Kompromißlos peitschte der Generalstab des Kaiserreiches sein wahnsinniges Vorhaben durch: Nicht in sechs Jahren, in siebzehn Monaten wurde die Bahnverbindung vollendet. Zu rund 30.000 Briten kamen etwa 13.000 Australier, 18.000 Holländer, Kanadier, Neuseeländer, Inder, Malayen, Burmesen und siebenhundert gefangengenommene GIs der US-Army.

Nur 21 Monate rollten die Züge auf der Strecke. Strategisch blieb die einspurige Bahn letztendlich unbedeutend. Die Dampflokomotiven hatten zu wenig Kraft, um nennenswerte Tonnagen über den Paß und an den Viadukten entlang in die Ebene schleppen zu können. Sabotageakte häuften sich. Standrechtliche Erschießungen – ohne den Nachweis von tatsächlicher Schuld – besserten die Disziplin nicht. Von den 63.000 alliierten Kriegsgefangenen starben mindestens 13.000. Aber die Dunkelziffer mit den Opfern unter den Asiaten mag bei fast zweihunderttausend Toten liegen.

Hier am River Kwai fanden die Militärs des Vereinigten Königreichs das Waterloo ihrer ruhmreichen Historie. Die Kolonialmacht hatte in den Kolonien, die doch als »befriedet« galten, ihr (woher eigentlich genommenes?) Recht verwirkt, sich mit Herrenmenschen-Attitüde über Widerrede und Widerstand hinwegzusetzen. Mohandas Karamtschand Gandhi, der indische Greis in seiner Kutte, hatte noch fünf Jahre zu leben. Es genügte.

Athen, Rom, Venedig, Lissabon, Madrid, Paris, London – Nervenzentren des orbit. Auf Zeit! Gleichgültig, was die Menschen glaubten: Ob ihre Erde nun Scheibe oder Kugel sein möge. Alle Macht erlosch – alle Ewigkeit war doch nur endlich. Dies hatte das Empire nun ins Stammbuch geschrieben bekommen. Churchill begriff das weit vor den Windsors. Aber dies ist kein Lob; beileibe nicht. Auch Kinder in düsteren Bergwerkssiedlungen begriffen es eher als die Lords. Die Vereinigten Staaten von Amerika mußten – ob sie es jetzt tatsächlich schon wollten oder nicht – die Last der Weltherrschaft schultern. Und dieses Lastentragen hieß – schon wieder nach nur dreiundzwanzig Jahren – Krieg führen. Dem Präsidenten, einem sterbenskranken im übrigen, war dies längst bewußt geworden. Er ist Machtmensch gewesen, gewiß. Berechnend, herrisch. Aber er blieb Moralist. Das wird ihm sein Handeln und seine Seele nicht leichter gemacht haben.

Roosevelt bedrängte schon seit dem Herbst 1938 die Arglosen und die Zauderer auf dem Kapitol. Der Verteidigungsetat müsse – trotz aller gewaltigen sozialwirtschaftlichen Probleme – aufgestockt werden. Denn nicht allein die Ereignisse in Hitler-Deutschland, auch die Politik Japans im Fernen Osten versetzte das Weiße Haus in Unruhe. In Japan hatte die Generalität einen derartigen Einfluß auf die Entscheidungen des Gottkaisers und seines Kabinetts gewonnen, daß die Annexionsgelüste der Militärs nicht im geringsten mehr verborgen blieben. Gewiß war in Amerika das Nicht-Eintreten in den Krieg eine Frage der Opportunität. Aus einem ebenso simplen wie unglaublichen Grund: Die Vereinigten Staaten konnten sich einen Weltkrieg nicht leisten. Weder finanziell noch strategisch. Der große Kontinent war auf einen Waffengang nicht vorbereitet. Erst seit 1939 bewilligte der Kongreß für seinen Verteidigungsetat aus Haushaltsmitteln 300 Millionen Dollar. Aber da stand für Regierung, Senat und Repräsentantenhaus auch fest, daß einem Konflikt mit Japan bald nicht mehr auszuweichen war.

Das Verteidigungsministerium besaß zu dieser Zeit kein eigenes Gebäude – die Stäbe der Behörde waren auf unzählige Bürohäuser in der Stadt verteilt; manche residierten in Holzvillen, deren Vorgärten im Indian Summer zu bunten Paradiesen wurden. Erst 1941 bekam Kriegsminister Stimson seine Machtzentrale – das Pentagon, das in 16 Monaten Bauzeit zum Preis von 49,7 Millionen Dollar als größtes Haus der Welt auf den Sümpfen des nahen Potomac zur fünfeckigen Festung für 27.000 Menschen wuchs. Alleinverantwortlich für das Mammut-Vorhaben: ein gelernter Ingenieur, der General Leslie R. Groves. Ein West-Point-Mann »mit dem Händedruck eines toten Fisches und schmierigen Pupillen« – so seine »kollegialen« Freunde.

Nun galt es nur noch, die Spielregeln zu achten, um von der Welt nicht der Invasion eines arglos-friedlichen Staates bezichtigt zu werden. Die Politik in Tokio wurde von der Kaste der Traditionalisten und Extremisten kontrolliert. Männer, die dem Heer nahestanden oder höchste Ämter in ihm bekleideten. Eine Clique in der Generalität hatte sich dabei durchgesetzt, die inneren Probleme Chinas auszunutzen und zunächst die Mandschurei und dann auch die Provinz Jehol aus China herauszubrechen als sei es ein Tortenstück. 1937 kam es zu offenen Feindseligkeiten und Kampfhandlungen. Die USA hatten sich – ohne mit Truppen einzugreifen – hinter das bedrohte China gestellt und ließen auf den Kanälen der Diplomatie durchsickern, daß es nach der Mandschurei und Jehol einen Schlußpunkt gäbe. Denn zu sicher konnten die zum Teil steinalten Extremisten um den Tenno herum ihrer Sache auch nicht sein: Japan litt an chronischem Mangel an Rohstoffen, vor allem an Öl. Das gab liberaleren japanischen Zirkeln Auftrieb, zusammen mit den Spitzen in der Marine auf eine Annäherung an die USA, ein Einlenken, eine Kontaktaufnahme mit Roosevelt selbst zu drängen. Die Geheimdienste wußten um das Schachern zwischen den Tauben und den Falken. Die Falken setzten sich durch, zumal Japan als Achsenmacht auf der Seite Deutschlands stand und die Wehrmacht einen Blitzsieg nach dem anderen meldete. Dies hinterließ tiefen Eindruck auf der anderen Seite des Erdballs.

Als Großbritannien nach der Niederlage von Frankreich, der Besetzung von Paris, der abgeschlossenen Invasion von Dänemark und Norwegen in Bedrängnis geriet und das Menetekel an der Wand stand, deutsche Truppen könnten die Insel von See her stürmen, schienen die Würfel gefallen. Eine Niederlage der Briten hätte den letzten Damm bersten lassen. Am 4. Juni 1940 die Deutschen in Dünkirchen, am 8. Juni in Narvik; sie kontrollieren die Erzgruben und die Bahnstrecken. Wer mochte die Kraft haben, das Empire zu retten?

Alfred der Große hatte vor tausend Jahren seine Landsleute gegen die Bedrohung von außen zusammengeschmiedet. In diesem Millenium war es keinem Heerführer gelungen, den Angelsachsen ihr unmittelbares Herrschaftsgebiet streitig zu machen. Philipp II. und dessen sagenumwobene Armada, Ludwig der XIV. und Napoleon, der seine Schiffe bei Boulogne gesammelt hatte, vermochten es nicht. Jedes Schulkind in England wußte die schaurig schöne Mär von Boadicea, der Königin der Icener herunterzubeten, die mit ihren Heeren 61 nach Christus die Römer bei Londonium aufgerieben hatte. Die neunte Legion verlor 700.000 Mann im Gemetzel. Boadicea mußte sich am Ende dennoch beugen: Paulinus führte aus Gallien neue Legionen heran und schaffte es, die Schanzen im Süden der Insel zu erobern und grausam Rache zu nehmen. Boadicea stieß sich – als sie des ersten Römers gewärtig wurde – ein Stilett in die entblößte Brust.

Englands aktuelles militärisches Dilemma verschob fernab in Japan die Gewichte. Im Oktober 1941 wurde an der Tokioter Strategischen Akademie vor Hunderten von Zuhörern – und einer Handvoll Agenten – an gewaltigen Plänen ein Aggressions-Spiel demonstriert. Es steht durchaus zu vermuten, daß die Namen und Gesichter der Spione bekannt und sie bewußt eingeladen waren. Nichts anderes als eine hämische Provokation.

Anfang November unterbreitete der japanische Kronrat, das verfassungsmäßig mächtigste Gremium unter dem Tenno, dem Weißen Haus eine Note, ein Ultimatum: Entweder die USA unterließen ihre Politik der Einmischung in China und Korea und achteten die Souveränität der politischen und strategischen Maßnahmen des Kaiserreiches oder es wäre nach dem Tag des 25. November eine Kriegserklärung unausweichlich.

Fünf Tage vor Ablauf der gesetzten Frist übergaben Kichisaburo Nomura und Saburo Kurusu (der war zuletzt Botschafter seines Landes in der Berliner Gesandtschaft am Tiergarten) eine Note, die der US-Administration ausdrücklich als ein »letzter Gesprächsvorschlag« vorgelegt wurde.

Dank des geknackten Codes kannten die Berater im Oval Office das Gros der Planungen. Roosevelt ließ Staatssekretär Cordell Hull auf die Bühne kommen. Der hatte dem japanischen Botschafter in Washington, Nomura, eine Zehn-Punkte-Note auszuhändigen. Kein einziger – Roosevelt wollte es so – war für Tokio auch nur vom Ansatz her akzeptabel. Dem Säbelrasseln folgte das Schärfen der Schwerter. Hier und dort.

Admiral Yamamoto setzte sich – hierarchiewidrig – an die Spitze der Planungen. Seine Strategie war es, nicht abzuwarten, sondern im Entgegenstürmen zu vernichten. Je näher die Amerikaner mit ihren Truppen an die Insel herankämen, um so kürzer würden die Distanzen über dem Meer. Also mußte mit allen Mitteln und bis zum letzten Mann und zur letzten Gewehrkugel ausgehalten werden, um die kleinste Fischerinsel zu verteidigen. Yamamoto wußte zu genau, daß ein verlorenes Eiland zur Zelle eines wuchernden Geschwüres gegen Japan würde.

Bis zum letzten Mann, bis zur letzten Patrone – ein Credo, das ein ganzes Volk verinnerlicht. Ohne jede Ausnahme – dies erstaunte die westliche Welt voller Fassungslosigkeit. Und so fruchtete am bitteren Ende der schier wahnsinnige Appell von Admiral Oshima Ohnishi, sich mit einer 250-Kilo-Bombe in einem Flugzeug in die Decks der Schlachtschiffe zu stürzen. Als fast alles verloren schien, kletterten Piloten in den Mittagsstunden des 25. Oktober 1944 in ihre Maschinen und suchten vor der Bucht von Leyte auf den Philippinen ihre Ziele.

Kamikaze hieß das Wort. Der göttliche Wind. Kamikaze, wie jener Taifun, der 1281 vor Japans Küste die Flotte des Mongolenfürsten Kublai Khan hatte untergehen lassen.

Später bekamen die Eltern der Piloten in einer feierlichen Zeremonie in ihren Häusern die Abschiedsbriefe ihrer Söhne überreicht, die sich dem Eindringling im göttlichen Wind gestellt hatten. Jede der Zeremonien wurde zur Stunde der stolzen und würdigen Freude; nie ein Augenblick der Trauer angesichts des Sinnlosen.

Einer der Piloten hatte geschrieben: »Der Mensch ist nun einmal sterblich. Tod ist wie Leben eine Sache des Zufalls. Doch das Schicksal spielt auch eine Rolle. Vertraue auf Erfolg im Gefecht von morgen. Werde mein Äußerstes tun, um mich kopfüber auf ein feindliches Kriegsschiff zu stürzen. Die Zeit ist da, wo mein Freund Nakanishi und ich uns trennen müssen. Wir können daran nichts ändern. Jedem Menschen ist es bestimmt, seinen Weg einmal allein zu gehen. Ich bin fest überzeugt, daß ich morgen Erfolg haben werde. Und ich hoffe, daß auch Ihr derselben Überzeugung seid. Unsere Verlegung erfolgte unerwartet, daß ich keine Zeit hatte, meiner Freundin zu schreiben. Ich wäre Euch daher dankbar, wenn Ihr ihr gelegentlich schreiben und ihr in meinem Namen meine Abschiedsgrüße übermitteln würdet.«

Natürlich waren sich auch 24 Stunden vor dem japanischen Überfall auf Hawaii Strategen und Politiker der Grausamkeit des unausweichlichen Pazifik-Krieges bewußt. Seit Beginn der dreißiger Jahre verheimlichten die Japaner ihre Hochrüstungspolitik niemandem. In Klassenzimmern wurden die Schüler öffentlich gemustert. In den Kasernen erwartete sie der nackte Drill. Sie hätten zu kämpfen nach der Strategie des Armen Mannes. Und dies könne – dem Tenno zu Ehren – auch durchaus bedeuten, mit Dynamit ummantelt in einen feindlichen Panzer zu laufen und sich in die Luft zu sprengen. Im Lauf der Jahre standen sechs Millionen Soldaten an den Kriegsschauplätzen und Fronten auf Sumatra, Borneo, Neu Guinea, den Philippinen, in Hinterindien, Singapur, in der Mandschurei. Ehe sie die Heimat verließen, traten sie manchmal vor den Kaiser, der ihr Gott auch zu sein hatte. Der ritt entweder auf einem Lippizaner oder fuhr in einem roten Mercedes vor. Ihre Bewaffnung war oft kläglich – Schlagbolzengewehre; das Bajonett. Offiziere übten den Nahkampf. Nicht an Strohsäcken, wie überall bei den Militärs dieser Welt. Ihnen standen Chinesen gegenüber, die man an einen Pfahl gefesselt hatte. Lebend. Dann stachen sie zu. Es lagen Schätzungen in Pentagon-Archiven, die gingen von Millionen toter Chinesen aus.

Logistiker wiesen auf die immensen Gefahren hin, den Feind, ein Weltmeer von den Heimatbasen und Häfen entfernt, im offenen Kampf zu stellen. Selbst wenn die Seestreitkräfte der Navy der Kaiserlichen Marine überlegen sein sollten – und wer wußte das eigentlich mit Sicherheit zu sagen? – brächte eine Invasion an den Stränden und Klippen mit absoluter Gewißheit Tausenden, Zehntausenden möglicherweise, den Tod. Heldentod ist eine schwer verkäufliche »Ware« in einem auf Pressefreiheit pochenden Land. Dies wissend, durfte die Chance, eines nicht mehr fernen Tages eine Wunderwaffe im Köcher zu haben, nicht achtlos vertan werden. Eine Argumentation, die als moralisches Feigenblatt so oft und so stereotyp heruntergeleiert wurde, bis ihre mögliche Überzeugungskraft zerronnen war wie Sand zwischen den Fingern.

Rudolf Peierls, zusammen mit Victor Weisskopf ein Heisenberg-Schüler in Leipzig in den frühen dreißiger Jahren, und Meitners Neffe Otto Robert Frisch – nach ihrer Emigration beide in Bristol tätig – waren schon im März 1940 der Überzeugung, daß der Bau einer Nuklearbombe aus U 235 realisierbar sei. Die Arbeiten im Cavendish Laboratorium in Cambridge hatten hieb- und stichfeste Erkenntnisse hervorgebracht. John Cockcroft und Ernest Lawrence nahmen vorsichtigen Kontakt auf mit ihren Kollegen jenseits des Großen Teichs.

An dieser Stelle der Geschichte einer Superbombe hätte der Lauf der Entwicklung einen Knick mit historischer Dimension bis ins dritte Jahrtausend hinein bekommen können. Denn Peierls fühlte sich als der Gönner seines jungen Kollegen. Der hieß Klaus Fuchs, ein Pastorensohn.

Der Kernwissenschaftler weihte den Deutschen in alle brisanten Details des Projektes »Tube Alloys« (Rohr-Legierungen) ein. Mit geradezu kindlicher Begeisterung, im nicht verhehlten Stolz über das Schon-so-weit-gekommensein.

Zwei Ereignisse – miteinander verwoben – bestimmen vieles weitere: Die Leuna-Werke, zu den IG Farben gehörend, signalisierten, daß das Crack-Verfahren, (Herstellung von Benzin aus Kohle) »sich zur Zeit als nicht realisierbar erweise«. Und Adolf Hitlers Wehrmacht war deshalb auf dem Vormarsch hin zu den Ölfeldern von Baku. Unter dem Eindruck dieser Fakten stand der Bericht, den Lawrence im September 1941 an die Nationale Akademie für Naturwissenschaften gab. Sein Report diente als einer der ersten wichtigen Anstöße, das Projekt auf eine breitere Basis zu stellen. In Bristol, in Oxford und am Imperial College in London waren die Forschungsergebnisse so beachtlich, daß Churchill eine sofortige Kooperation mit Amerika anregte. Am 11. Oktober schrieb Roosevelt dem Premier und entschied, daß zur Vermeidung von unsinnigem Nebeneinander-Forschen alle Arbeiten konzentriert werden sollten. Angesichts der unmittelbaren Bedrohung Großbritanniens durch die deutschen Raketen käme dafür fraglos allein das Territorium der USA in Betracht.

Am Donnerstag, dem 6. November 1941, legte der Ausschuß der Akademie der Wissenschaften eine Denkschrift vor. Das geheime Papier, von dem nur neun Männer eine

Ahnung hatten, stellte eine konkrete Forderung: den Bau der Bombe. Die Sicherheit der Nation und der freien Welt machten es nach Überzeugung des Ausschusses unabdingbar nötig, die Herstellung zu beschleunigen. Und: »Die Möglichkeit, eine Atombombe zur Verwendung im gegenwärtigen Krieg herzustellen, ist genügend groß, um einen allumfassenden Kraftaufwand zu rechtfertigen.«

Allumfassender Kraftaufwand – das ist der Hinweis darauf, daß es »natürlich« nicht bei den 6.000 US-Dollar geblieben war, die die Regierung für den Zeitraum zwischen dem 1. November 1939 und dem 31. Oktober 1940 zugesichert hatte. Gleichermaßen unter der Hand machte sich Mäzenatentum bemerkbar. Vannevar Bush genehmigte 20.000 Dollar aus dem Etat seiner Carnegie Institution of Washington. Und die Rockefeller Foundation – Füllhorn für alle, die sich durch wahrhaft gute Tat auszeichnen – überwies an Ernest Lawrence für den Bau eines Zyklotrons die Summe von exakt einer Million! Längst war mehr als nur Kleingeld im Umlauf; Belege dafür verschwanden in Panzerschränken.

Unter einem zweiten Aspekt besehen, ist das Papier noch verräterischer. Die Atombombe war ausdrücklich »zur Verwendung« deklariert. Und nicht – so versuchten es manche nach dem Krieg zu interpretieren – als ein Drohmittel zum Herzeigen: wie Zuckerbrot und Peitsche. Eine Verwendung im »gegenwärtigen Krieg«. Nur befanden sich die USA ja gar nicht im Krieg. Weder gegen die Deutschen noch gegen die Japaner.

Vannevar Bush, Leiter des Amtes für Wissenschaftliche Forschung und Entwicklung, war schon am 27. November ins Weiße Haus gekommen. Roosevelt persönlich nahm seinen zusammenfassenden Bericht entgegen. Im Anschluß daran informierte der Präsident seinen Vize Henry A. Wallace, Kriegsminister Henry L. Stimson, Generalstabschef George C. Marshall und James B. Conant, den Vorsitzenden des Nationalen Forschungsausschusses für Fragen der Verteidigung.

Neun Tage später nur, am Samstag, dem 6. Dezember 1941, traf Franklin D. Roosevelt nach Anhörung mehrerer

Experten am Kongreß vorbei seine strikt geheime Entscheidung: »Wir bauen sie!« Das war vierundzwanzig Stunden, bevor die kleinen Flugmaschinen über Pearl Harbor den Horizont flirren ließen. Und der Präsident zeigte sich nicht sonderlich überrascht. Denn der Code der Japaner stellte – geknackt, wie gesagt – kein Buch mit sieben Siegeln dar. Sollten sich bei der Arbeit der Forscher die erhofften greifbaren Resultate einstellen und der konkrete Einsatztermin glaubhaft erkennbar werden, so investiere die Administration »enorme« Mittel. Offenkundig ohne eine nach oben festgesetzte Grenze.

Der Tod hat seinen Preis – der hunderttausendfache einen hohen.

Schon im Frühsommer gingen offiziell und endgültig die Kompetenzen aus den Händen der Gelehrten in die der Generäle über. Das Militär ließ die Kernforschung nicht mehr aus seinen Fingern – der Vater aller Dinge meldete seine uralten Ansprüche an: der Krieg. General William D. Styer bekam aus dem Weißen Haus den Befehl, der Sesam-öffne-dich sein sollte: »Unternehmen Sie alle notwendigen Schritte.«

Styer, Mitglied des Military Police Committee, kannte den unter absoluter Geheimhaltung stehenden Befund der Physiker: Präsident, Kriegsminister und nun auch er wußten, daß es keinen vernünftigen Zweifel mehr gab: Sowohl aus U 235 als auch aus Plutonium konnte man Atombomben produzieren. In einem »absehbaren« Zeitraum.

Eine Unterorganisation der US-Army, das US Corps of Engineers, übernahm zentral alle Aufgaben; sein allein dem Präsidenten unterstellter Leiter wurde Brigadegeneral Leslie R. Groves. Jener Groves, Sohn eines presbyterianischen Pfarrers, der es zum Armeeseelsorger gebracht hatte, erschien wieder auf der Bildfläche: diesmal nicht als Bauleiter des gigantischen Kriegsministeriums, sondern als allmächtiger Cheforganisator im Wettlauf um die Wunderwaffe der Erde. Für ein Monatssalär von 828,67 Dollar – etwa dem Vierfachen desjenigen eines tüchtigen Handelsvertreters für gepolsterte Särge...

Das Unternehmen trug den Namen Manhattan Engineer

District (MED). Die Armee konnte von Stund an die Wissenschaftler, die im Jahre 1939 wie Bittsteller an den Pforten gestanden hatten, als ihre weisungsgebundenen Handlanger betrachten. Aus dem, was die Gescheiten und die Neugierigen vielleicht noch als ein spannendes Gedankenspiel angesehen haben mochten, war Ernst geworden. Drei Universitäten arbeiteten auf die Stunde der Wahrheit hin: in New York die Columbia Universität mit Harold C. Urey, Nobelpreisträger für Chemie 1934, an der Spitze und mit Fermi und Szilárd. Die Universität Chicago, geführt von Arthur H. Compton, Metallurge und Physiknobelpreisträger von 1924. Und die California University des Physikers Ernest O. Lawrence, mit der hohen Würde des Stockholmer Preises 1939 geehrt.

Rat kam auch aus Princeton. Nicht von Einstein (der Deutsche galt – unvorstellbare Vorsichtsmaßnahme – als »zu unzuverlässig«, um in Geheimnisse eingeweiht werden zu dürfen). Albert Einstein erweckte nach außen hin den Anschein, ohne Interesse zu sein. Vertraute aber berichteten, daß der Alte in seinem Engagement, falls herangezogen, sehr weit gegangen wäre. Rat kam von Wheeler und Wigner. Der eine hatte mit Bohr erste entscheidende Grundlagen erkannt, der andere Einstein im Ferienhaus von Nassau Point aufgesucht, um vor der »deutschen« Bombe zu warnen. Der Kreis – nun schloß er sich.

Feine Adressen unter den amerikanischen Firmen zogen ihren Nutzen aus dem Unternehmen. Der Telefon-Konzern Bell, die General Electric Company, Du Pont in Penns Grove/Virginia, Harshaw Chemical Company in Cleveland, Mallinckrodt Chemical Works in St. Louis, die Speer Carbon Company in New York und die Westinghouse Company. Vor allem sie hatte in ihren Laboratorien immer mehr Uran produziert, das immer »reiner« wurde dank der gewonnenen Erfahrungen. Im Herbst des Jahres 1942 kam die Meldung, daß nun schon mehr als eine Tonne Uran – reines Uran produziert sei. Eine vor kurzem noch für utopisch gehaltene Menge.

Das erforderliche Uranerz stammte aus dem Shinkolobwe-Bergwerk, das zu der Union Minière du Haut Katanga in Belgisch Kongo gehörte. Dieses Material – und keiner wird an dieser Stelle bezweifeln wollen, daß Geschichte sich die irrwitzigsten Kapriolen leistet – lagerte in New York, in einem Speicher auf Staten Island. Etwa 1.250 Tonnen – in zweitausend Stahltrommeln sorgsam und fachgerecht verpackt!

Der Bergwerksdirektor Edgar Sengier war – aus nie geklärten Gründen –, im Oktober 1939 von Antwerpen nach New York gekommen. Die Besetzung Belgiens durch die Deutschen vereitelte seine Rückkehr. Sengier wußte aus Gesprächen mit Joliot-Curie, dem der Traum einer Uranspaltbombe vorschwebte, die er in der Sahara zünden wollte, welche Bedeutung »sein« Erz aus dem Kongo mit einemmal besaß. Deshalb hatte der Belgier die brisante Fracht mit falschen Papieren Ende 1940 einem »Seelenverkäufer« über den Hafen Lobito in Angola Richtung USA anvertraut. In den Frachtbriefen stand, daß es sich um Kupfer handle – der Kapitän des Stückgutfrachters »Nina« war bewußt nicht sonderlich neugierig. Im Wissen um seinen Schatz auf Staten Island nahm Sengier Kontakt auf mit Thomas K. Finletter vom US State Department. Der drängte ihn, Kobalt aus Belgisch-Kongo zu importieren und hörte kaum hin, als Sengier stolz von »seinem« Uran erzählte. Man habe keine Verwendung für derlei Zeug. Das Außenamt wußte mit keiner Silbe von dem Bombenprojekt. Die zufällige Anfrage Finletters beim MED, ob einer Firma »African Metals« mit Sitz in Manhattan der Transport von Uranerz nach Kanada gestattet werden könne, eröffnete Groves den Juliusturm. Das Material enthielt 65% Uranoxyd; eine sagenhafte Menge.

Frank H. Spedding, Professor am Iowa State College und auf der Lohnliste von Mallinckrodt, war es zudem gelungen, einen fast absoluten Reinheitsgrad des Elements zu erzielen. Sein Name blieb durch einen sonderbaren Begriff in der Fachliteratur bis heute erhalten. Sein Uran nannte man »Speddings Eier«...

Die Welt, sie wird sich verändern. Die Welt, die von der Wende zu einem Jahrtausend nur noch ein Menschenalter entfernt war. Manch einer von denen, die wußten, die wissen mußten, die nicht mehr zurückweichen durften, fragte sich, ob diese Welt ins neue Jahrtausend noch würde eintreten können. Auch der Gescheiteste konnte nicht klug genug sein, um zu erahnen, ob der Mensch nicht Gott lästerte und im Begriff war, alles Leben auf der Weltenkugel mit einem Blitz zu zerstören. Die biblische Prophezeiung von der Endlichkeit allen Seins – wer nahm sie ernst?

Einer dieser Klugen, Albert Einstein, fand am 6. August 1945 in seinem Ferienhaus am Saranac Lake in den Adirondack Mountains nur zwei Worte. Als Helene Dukas ihm von den Ereignissen in Hiroshima berichtete, sagte er tonlos: »Oh weh«.

DEZEMBER 1946
Stockholm ...

Am 4. Dezember 1946 – es ist ein Mittwoch – kommen Otto Hahn, seine Frau Edith und Ronald G. Fraser in Stockholm an. Sie nehmen Quartier im Hotel Savoy. Die Anwesenheit von Dr. Fraser spiegelt im friedlichen Schweden das Irreale der frühen Nachkriegszeit wider: Otto Hahn darf sich nicht frei bewegen. Er steht unter Aufsicht. Zu groß ist die Furcht, der Gelehrte könnte (freiwillig oder unter Druck) in die UdSSR gehen, sich Moskau andienen. So wie Manfred von Ardenne beispielsweise.

Otto Hahn ist unterdessen ein Mann von fast 68 Jahren. Als gewählter Präsident leitet er die »Max Planck-Gesellschaft zur Förderung der Wissenschaften in der britischen Zone«; die Kaiser-Wilhelm-Gesellschaft war auf Geheiß der westlichen Alliierten aufgelöst, aber fugenlos in ihre Nachfolge-Institution integriert worden. Im Einflußbereich der Sowjets lagen die Dinge anders: In Berlin existierte das Kaiser-Wilhelm-Institut für Chemie und Elektrochemie ebenso wie das für Physik. Nur war dessen Leiter »freiwillig« nach Moskau gegangen. Der Vorschlag, Professor Sauerbruch als Nachfolger zu bestallen, wurde von den für Kultur und Wissenschaften zuständigen Politoffizieren der Roten Armee verworfen. Ein Beschluß, der keinen rechten Sinn macht. Abgesehen davon, daß Ferdinand Sauerbruch beim Auftauchen des ersten Rotarmisten in der Charité seinen goldenen Chronometer einbüßte, hatte er einen guten Ruf. Hohe Offiziere ließen sogar Familienangehörige nachkommen, um sie von dem weltberühmten Mediziner behandeln zu lassen. Nikolai E. Bersarin, Generaloberst und erster Stadtkommandant der UdSSR nach der Kapitulation, ernannte ihn im Berliner Magistrat zum Chef des Sanitätswesens. Längst wußten Bersarin und die zuständigen KGB-

Leute, daß dieser Sauerbruch in unmittelbarer Lebensgefahr geschwebt hatte: Stauffenberg, Beck, Olbricht und andere Männer des 20. Juli 1944 waren in seiner Grunewald-Villa nahme am Roseneck ein- und ausgegangen. Was die Russen freilich nicht ahnten: Sauerbruch war – wenn auch am Rande – am deutschen Uranprojekt beteiligt gewesen, als es um den Bau von Betatronen ging, einer Art Elektronen-Schleuder. Ein Gerät, das für die Gewinnung nuklearer Energie unersetzlich ist. Nicht allein die Reichspost in Miersdorf, die AEG und die Siemens-Reiniger-Werke versuchten sich mit Forschungsteams, auch die beiden Berliner Professoren Ganz und Schnellenmeier tasteten sich im Auftrag Sauerbruchs (und mit Charité-Fördergeldern) auf Neuland vor. Wäre dies bekannt oder auch nur als Gerücht kolportiert worden, läge die Vermutung nahe, daß Sauerbruch seine Berliner Villa mit einer Moskauer Datscha hätte vertauschen müssen...

Zumal nun karrierehungrige Mediziner die berufsfördernden Segnungen des Sozialismus erkannt hatten und wie beiläufig fallen ließen, ihr oberster Chef habe den Führer nicht nur in seinem Hauptquartier behandelt, sondern wäre auch der erste Träger des Nationalpreises gewesen – verliehen 1937 auf dem Reichsparteitag zu Nürnberg. Als Antwort auf den verhaßten Nobelpreis, den kein Deutscher mehr annehmen durfte.

Im Kaiser-Wilhelm-Institut in Dahlem residierte jetzt ein scheinbar linientreuer Alt-Genosse. Professor Robert Havemann, ein herausragender Wissenschaftler. Mann des Widerstandes, Mitgründer der Gruppe »Europäische Union«, durch Verrat am 6. September 1943 von der Gestapo verhaftet und durch Freisler vom Volksgerichtshof wegen hochverräterischer Tätigkeit zum Tode verurteilt. Um Haaresbreite dem Fallbeil im Zuchthaus Brandenburg/Havel entkommen. Ein Patriot. Ein Held des Widerstandes. Aber auch ein Kommunist.

Hahn und die Briten weigerten sich, mit diesem Havemann auch nur durch einen einzigen Brief in Kontakt zu treten. Eine Sollbruchstelle! (Die Aufarbeitung des urdeutschen Problems, wer denn nun ein guter und wer am Ende ein schlechter Kämpfer gegen Hitlers Schergen gewesen sein mag, wer als Heros geehrt und als Fehlgeleiteter verstoßen werden darf, ist zur Stunde noch keiner brauchbaren Lösung zugeführt. Nach einem halben Jahrhundert Bedenkzeit ist der CSU-Politiker Franz Ludwig Graf Schenk von Stauffenberg – sein Vater trug die Höllenmaschine in die »Wolfsschanze« – zu der Erkenntnis gekommen, daß Kommunisten in Darstellungen des Widerstandes und in feierlichen Gedenkstätten nichts, gar nichts, verloren hätten.)

Otto Hahn, vor weniger als einem Jahr entlassen aus der Internierung, mußte sich in Göttingen allen britischen Auflagen fügen, er bereitete sonst nicht allein sich, sondern dem Institut und dessen Mitarbeitern Schwierigkeiten. Die Bahnfahrt nach Hannover bedurfte des Segens der Kontrollbehörde samt Siegel Seiner Majestät.

Diplomatisch ist Dr. Fraser in die Doppelrolle des Zerberus und des Reisemarschalls geschlüpft. Hahn bemerkte den Zwiespalt durchaus und erinnerte sich: »Dr. Fraser war so taktvoll, mich die Beschränkung unserer Freizügigkeit so wenig wie möglich merken zu lassen.«

Aufgebrochen waren sie schon zwei Tage zuvor, man übernachtete in der britischen Offiziersmesse in Hamburg-Blankenese und bestieg dann den Mittagszug Paris-Stockholm. Vom Bahnhof Altona war außer einem hölzernen Wachhäuschen am Perron und einem provisorischen Kartenschalter nicht mehr viel zu sehen. Aber ohnehin nur wenige hatten die Gelegenheit, Fernreisen nach Paris oder Skandinavien anzutreten. Solche Reisen waren illusorische Utopie geworden, unerfüllbar wie jener einst oft zitierte Endsieg.

Der Mann, der in wenigen Tagen eine der höchsten Ehrungen, die die Menschheit zu vergeben hat, entgegennehmen soll, gerät in liebenswürdige Verwicklungen: Abends sitzt bei ihm im D-Zug eine Belgierin am Tisch. Man plaudert und hat seine Mühe mit den Fremdsprachen. Nach dem Dessert bittet die junge Dame den netten älteren Herren, seinen Namenszug auf die Getränke-Karte des Speisewagens zu setzen. Der tut dies mit Vergnügen und bleibt auch dann noch gelassen, als er erfährt, daß hier am Ende ein gewisses Mißverständnis vorliegt: Die Autogrammsammlerin hält den Tischgenossen für einen Zauberkünstler aus Berlin, der am zehnten Dezember in Stockholm seinen Galaauftritt haben wird. Die Noblesse des unterschätzten Kavaliers hat durchaus ihr Gutes. Denn Otto Hahn, ohne Devisen, wird seine Reichsmark auf dänischem Territorium nicht los. Die Belgierin schießt erst einmal das Abendessen vor. Reisen bildet.

Am Abend des 4. Dezember hat Percy Quensel, ein langjähriger Freund, im Restaurant des Savoy einen Tisch bestellt. Er bittet Lise Meitner, zu kommen. Sie arbeitete nach ihrer Flucht aus dem von den Deutschen okkupierten Kopenhagen während des Krieges am Nobel Institut für Physik in Stockholm.

Ein Wiedersehen zwischen Otto Hahn und Lise Meitner nach mehr als acht Jahren. Eine Begegnung, die zur Zäsur geriet, zu einem tiefen Schnitt, einem Riß, der sich bei allen Beteuerungen nicht mehr kitten lassen sollte.

Sie kannten einander seit 1907. Er – damals gerade habilitierter Privatdozent – war achtundzwanzig, sie – die zweite Doktorin der Physik, die an der Universität in Wien promoviert hatte – ein Jahr älter. Beide allein in Berlin, fremd in der Stadt, unverheiratet.

Im Physikalischen Institut am Reichstagsufer haben sie ihren Arbeitsplatz, die »Holzwerkstatt«. Eine Disziplin der Wissenschaft, die es zuvor nicht gab, wird ihr Metier, ihre unangefochtene Domäne: die Radiochemie. Nur zu zweit kommen sie weiter. Er, der Chemiker; sie, die Physikerin. Wie verschworene Kumpane lassen sie Außenstehende nicht heran. Die Suche nach dem Neuen soll ihr Fahnden allein sein. Die naheliegende Frage: Waren sie auch ein Liebespaar? Offen wagte niemand, dies anzusprechen. Es gibt keine Andeutung – weder von ihm noch von ihr. Allein Otto Robert Frisch, der Neffe und Weggefährte über Jahrzehnte, hatte ein einziges Mal das Gespräch auf Zwischenmenschliches gebracht. Lise Meitner antwortete ihm knapp, daß ihr privates Leben kein »öffentlicher Besitz« sei.

Nun – im Savoy – sind vier Jahrzehnte, zwei Kriege, die Emigration nicht ohne Spuren an der rätselumwobenen Zweisamkeit einer verlorenen Jugend vorübergegangen.

Ihr Denken und Empfinden ist ihm fremd. Denn ein Brief, den Lise schon sechs Wochen nach dem Zusammenbruch des »Tausendjährigen Reiches« an ihn adressiert hatte (das Schreiben kam nie an, es existiert allein ein Durchschlag im Meitnerschen Privatarchiv), offenbart so viel vom Verletztsein und von der Enttäuschung: »Ich habe Dir in diesen Monaten in Gedanken sehr viele Briefe geschrieben, weil mir klar war, daß selbst Menschen wie Du und Laue die wirkliche Lage nicht begriffen hatten. Das ist ja das Unglück von Deutschland, daß Ihr alle den Maßstab für Recht und Fairness verloren hattet ... Ihr habt auch alle für Nazi-Deutschland gearbeitet und habt auch nie nur einen passiven Widerstand zu machen versucht. Gewiß, um Euer Gewissen loszukaufen, habt Ihr hier und da einem bedrängten Menschen geholfen, aber Millionen unschuldiger Menschen hinmorden lassen, und keinerlei Protest wurde laut. Ich muß Dir das schreiben, denn es hängt so viel für Euch und Deutschland davon ab, daß Ihr einseht, war Ihr habt geschehen lassen. Es ist hier im neutralen Schweden schon lange vor Kriegsende diskutiert worden, was man mit den deutschen Gelehrten nach Beendigung des Krieges tun soll. Wie mögen erst die Engländer und Amerikaner darüber denken? Ich und viele andere mit mir meinen, ein Weg für Euch wäre, eine offene Erklärung abzugeben, daß Ihr Euch bewußt seid, durch Eure Passivität eine Mitverantwortung für das Geschehene auf Euch genommen zu haben, und daß Ihr das Bedürfnis habt, soweit das Geschehene überhaupt gutgemacht werden kann, dabei mitzuwirken. Aber viele meinen, es sei zu spät dafür. Diese sagen, Ihr hättet erst Eure Freunde verraten, dann Eure Männer und Kinder, indem Ihr sie in einem verbrecherischen Krieg ihr Leben habt einsetzen lassen, und schließlich hättet Ihr auch Deutschland selbst verraten, weil Ihr, als der Krieg schon ganz hoffnungslos war, Euch nicht einmal gegen die sinnlose Zerstörung Deutschlands gewehrt habt. Das klingt erbarmungslos und doch glaube mir, es ist die ehrlichste Freundschaft, warum ich Dir das alles schreibe ... Du wirst Dich vielleicht erinnern, daß ich, als ich noch in Deutschland war (und heute weiß ich, daß es nicht nur dumm, sondern ein großes

Unrecht war, daß ich nicht sofort weggegangen bin), Dir oft sagte: Solange nur wir die schlaflosen Nächte haben und nicht Ihr, solange wird es in Deutschland nicht besser werden. Aber Ihr hattet keine schlaflosen Nächte, Ihr habt nicht sehen wollen, es war zu unbequem. Ich könnte es Dir an vielen großen und kleinen Beispielen beweisen. Ich bitte Dich, mir zu glauben, daß alles das, was ich hier schreibe, ein Versuch ist, Euch zu helfen ... Deine Lise.«

Erst Ende September konnte Lise Meitner in Erfahrung bringen, daß Hahn mit anderen berühmten Wissenschaftlern – unter ihnen auch Max von Laue – seit dem 3. Juli 1945 auf Farm Hall, einem 1728 erbauten Landsitz in Godmanchester bei Huntingdon, interniert war. Die Engländer lassen Briefe durch. Das zweite Lebenszeichen erreicht Hahn. Im Wissen, daß die Zensoren nach Belastendem suchen würden, ist ihr Ton wesentlicher versöhnlicher: »Ich kann gar nicht ausdrücken, wie froh ich bin, daß ich die Möglichkeit habe, Dir ein paar Zeilen zu schicken. Du kannst Dir denken, wie glücklich ich war, als ich hörte, daß Du gesund bist.« Dann (unwissend, daß ihr langer Brief verloren ist) schwächt sie ihre Vorhaltungen ab: »Ich hoffe, Du hast verstanden, daß er trotz mancher hart klingender Aufrichtigkeiten über die deutschen Verhältnisse von ehrlicher Freundschaft für Dich erfüllt war.«

In Stockholm im Savoy, gut ein Jahr später, setzen sich beide in eine Nische des Lese-Salons. Sie wollen endlich allein sein, jeder kann das spüren. Aber der flüsternd leise Dialog gerät zum Desaster. So wie zwischen Bohr und Einstein, zwischen Heisenberg und Bohr endet nun auch das Aufeinanderzugehen von Vertrauten und in ihrer Seele so tief Verwandten in unerklärlicher Leere. Ein Nichts, das bleiben mußte. Ein Sein in zwei Lagern. Ein Reden und kein Hören. Wenn es je Liebe gewesen sein sollte: Hier ist sie gestorben.

Hahns Lebenserinnerungen deuten den Bruch nur an. Und es zeichnet sich dieses Nichtmehrverstehen dennoch klar umrissen ab: »Zuvor hatte ich aber noch eine recht unglückliche Unterhaltung mit Lise Meitner, die meinte, ich hätte sie damals nicht aus Deutschland fortschicken dürfen.

Dieser Mißklang war wohl auf eine gewisse Enttäuschung zurückzuführen, daß ich den Preis allein bekommen hatte. Darüber habe ich mit Lise Meitner zwar nicht gesprochen, wohl aber gaben es mir einige ihrer Bekannten auf eine wenig freundliche Weise zu verstehen. An dieser Entwicklung war ich aber damals wirklich unschuldig gewesen; ich hatte doch nur das Wohl meiner geschätzten Kollegin im Auge gehabt, als ich ihre Emigration vorbereitete. Und schließlich war mir der Preis nur für Arbeiten zuerkannt worden, die ich allein oder gemeinsam mit meinem Kollegen Fritz Straßmann durchgeführt hatte...«

Die Vergangenheit – später wird sie sich trefflich und reinwaschend in eine »bewältigte« und in eine »unbewältigte« katalogisieren lassen – ist eine zu schwere Bürde. Er – bei allem aufrichtigen Bemühen – begreift sie nicht. Sie – beim Wunsch, zu verzeihen – ist ohne Verständnis ihm gegenüber.

Otto Hahn hat während seiner acht Monate dauernden Internierung Tagebuch geführt und das fast hundert Seiten starke Manuskript unter dem Titel »Erinnerungen 1901 - 1945« publiziert. Die Aufzeichnungen des 6. August 1945 (vermutlich am 7. niedergeschrieben) sind in ihrer Unmittelbarkeit Indizien für die Verfassung des in Haft Gehaltenen. Er sieht sich als Opfer. Ohne Wenn und ohne Aber: »Montag: Vor dem Abendbrot kommt plötzlich die große Sensation. Der Major klopft an mein Zimmer, hat eine Flasche Gin in der Hand und teilt mit: Präsident Truman hat soeben im Rundfunk mitteilen lassen, daß die Amerikaner eine Atombombe auf eine japanische Stadt haben fallen lassen. Ich will es nicht glauben, aber der Major beteuert, dies sei keine Reporternachricht, sondern eine amtliche Mitteilung des Präsidenten der Vereinigten Staaten. Ich verliere fast wieder etwas die Nerven bei dem Gedanken an das neue große Elend, bin aber andererseits sehr froh, daß nicht wir Deutschen, sondern die alliierten Anglo-Amerikaner dieses neue Kriegsmittel gemacht und angewandt haben ... Ich brauche ... eigentlich keinen Trost. Schließlich habe ich das gute Gewissen, daß ich weder bei der Entdeckung noch später die Uranspaltung als Kriegsmittel einsetzen wollte; daß ich ja erst glücklich war, als ich 1939 oder 1940 hörte, eine Bombe könnte erst nach einer laufenden Maschine kommen und daß Jahre notwendig seien, bis man an eine laufende Maschine denken könne. Und ich freue mich jetzt, daß wir keine Mittel und Wege hatten, eine Bombe zu entwickeln, denn hätte man sie während des Kriegs in Deutschland machen können, dann wäre man wohl gezwungen worden, sie gegen England einzusetzen. Mir ein unerträglicher Gedanke. Den Ruhm lasse ich neidlos den Amerikanern. Von ihnen und den Engländern verstehe ich es vielleicht. Sie glauben, für eine gute Sache zu kämpfen. Weniger erbaut bin ich, daß deutsche Emigranten, unter ihnen auch Bohr, mitgewirkt haben. Das letztere fällt mir schwer, zu glauben.«

Der Sprecher der BBC hatte in den Abendnachrichten um sechs Uhr folgende Meldung verlesen: »President Truman has announced a tremendous achievement by Allied scientists. They have produced the atomic bomb. One has already been dropped on a Japanese army base. It alone contained as much explosive power as two-thousand of our great ten-tonners. The President has also foreshadowed the enormous peace-time value of this harnessing of atomic energy.«

Eine Frage, die zentrale Frage möglicherweise, die nie eine schlüssige Antwort finden kann: Ist Otto Hahn, der geniale Organische Chemiker, der Gelehrte und Forscher, ein oberflächlicher Mensch? Verschließt er, der sich bewußt ist, daß ihn die ihm zugeschriebene Entdeckung in eine Reihe mit Kopernikus, Galilei, Darwin und Einstein rückt, sich vor den Jahren unmittelbar um ihn herum? Will er die Zeiten und ihre Taten ignorieren, um sich mit ihnen nicht gemein machen zu müssen? Nichts anderes hatte ihm Lise Meitner in dem Brief, der ihn nie erreichte, vorgeworfen. Ihm und den anderen.

Das Tagebuch der Reise nach Stockholm wird sich in seiner Kürze nicht eignen als der schlüssige Beweis. Aber jede Notiz kann das Glied einer Kette sein.

»4. Dezember: ...Abendessen mit Lise, dem Attaché, Quensel, Frau Hevesy. Erregte Gespräche mit Lise. Diese ebben aber ab. Lise meint es nicht böse. Aber auch die anderen unterstützen uns, wenn wir jetzt in Schweden einmal die ganze Politik vergessen...

5. Dezember: Frühstück. Um 11 1/2 großer Presseempfang. Fraser dabei. Ich sage wenig über die Max Planck-Gesellschaft. Besuch von Lepsius. Anmessen des Fracks bei Lidvall ... Nachmittags Fahrt mit Fraser zum Rundfunkhaus. Dort halte ich Rundfunkinterview über mich in Göttingen, über Uranarbeiten etc...

6. Dezember: Gespräch mit Dr. Niels Oleinikoff, Neffe der Nobelfamilie ... Nachmittags mit Edith in Kungsgatan Einkäufe gemacht. Herrliche Rosen schickt Herr Likfett (Vertreter der I.G). Abends ganz allein mit Edith bei Quensel zum Essen.

Sonnabend, 7. Dezember: Bei Lidvall außer Frackanprobe 1 Mantel, 1 dunkeln, 1 weniger dunkeln Anzug ausgesucht ... Edith kauft 2 Abendkleider, Schuhe etc. Das nicht gebrauchte Geld wird blockiert ... Insgesamt sind es 121.000 Kr. Nicht fortgesetzt, weil keine Zeit dazu übrig.«

Am Dienstag, dem 10. Dezember – auf den Tag genau fünfzig Jahre nach dem Tod Alfred Nobels – werden im Konzerthaus die Preise überreicht. Die Weisen im Frack – den von Hahn zierte ein frischer Tintenklecks – sitzen in Lehnstühlen auf der Bühne des Stora Sal. Da einige der Herausragenden (so wie Hahn, der mit der Auszeichnung des Jahres 1944 bedacht ist) wegen der Kriegsereignisse erst jetzt ins neutrale Schweden reisen konnten, ist der Kreis der Würdenträger größer als sonst. Unter ihnen auch der Dichter Hermann Hesse, der Literaturnobelpreisträger von 1946. Geboren im württembergischen Calw. Seit 1923 erst Bürger der Schweiz.

So ist dann Hahn der »einzige« Deutsche. Und ein Mann, der während der Jahre des Dritten Reiches keine der sich ihm bietenden Gelegenheiten genutzt hatte, seiner Heimat den Rücken zu kehren und das schwere Los des Exils auf sich zu laden. Andere waren gegangen. Auch ohne Juden zu sein.

Professor Arne Tiselius hält die Festansprache. Er würdigt Otto Hahn ohne den Anflug eines Zeichens von Bitternis und ohne mahnendes Wort über Handeln und Denken einer Nation, an deren Wesen die Welt genesen sollte. Er sagt: »Beim Nobelfest, dem 10. Dezember 1945, waren Sie leider nicht in der Lage, Ihren Nobelpreis selbst hier in Empfang nehmen zu können ... Heute muß ich mich deshalb darauf beschränken, unserer großen Freude darüber Ausdruck zu geben, daß Sie heute zugegen sein können, um Ihren Preis und Ihre Glückwünsche persönlich zu empfangen. Die Entdeckung von der Spaltung schwerer Atomkerne hat zu derartigen Folgerungen geführt, daß wir alle, ja eine ganze Welt mit großen Erwartungen, aber auch mit großer Angst der weiteren Entwicklung entgegensehen. Ich bin überzeugt, Herr Professor, daß, ebenso wie Ihre große Entdeckung ein Ergebnis Ihrer tiefgreifenden Forschungen über Atomkerne gewesen ist, ohne Rücksicht auf eventuelle praktische Anwendungen, die weitere lebhafte Entwicklung der Forschung auf diesem Gebiet als Konsequenz Ihrer Arbeit Ihnen eine ganz besonders große Freude machen wird. Bezüglich der praktischen Anwendung bin ich auch überzeugt, daß Sie, Herr Professor, unser aller Hoffnung teilen, daß auch diese doch endlich zum Segen der Menschheit dienen wird. Herr Professor Otto Hahn, indem ich Ihnen die aufrichtigen Glückwünsche der Akademie darbringe, bitte ich Sie, aus der Hand Seiner Majestät des Königs den Nobelpreis für Chemie des Jahres 1944 entgegenzunehmen.«

Was scheinbare Selbstverständlichkeit, ist ein Politikum. An Auguren hatte es nicht gemangelt, die eine unerwartete »Krankheit« des Monarchen prophezeiten. So hätte Gustav V. Adolf von Schweden, ein hagerer Mann von 88 Jahren, dem Wissenschaftler »entgehen« können. Jenem Gelehrten, der vor Monaten noch interniert war und an den Amerikaner wie Engländer bohrende Fragen stellten, wie er es denn gehalten habe mit seinem Tun und Handeln für Führer, Volk und Vaterland. Da war auf Farm Hall auch die Frage der moralischen Schuld im Raum, mußten sich Hahn und von Weizsäcker und Diebner und Heisenberg examinieren lassen, ob sie denn der Wehrmacht die Bombe deshalb nicht gaben, weil sie es nicht wollten oder weil sie es nicht konnten. Ein fundamentaler Unterschied mit epochalen Folgen.

Aber der greise König, der für lange Jahre eine intensive Beziehung zu Deutschland, zu Berlin unterhalten hatte, ist gekommen. Zwischen 1931 und 1938 hatte er sich als anonymer Mister G. immer wieder in der Reichshauptstadt aufgehalten, um beim LTTC Rot-Weiß im Grunewald Tennis zu spielen. Als einer seiner Sportkameraden, Gottfried von Cramm, wegen angeblicher Homosexualität Schwierigkeiten mit den Behörden bekam, hatte er ihn ins sichere Schweden geholt. Seit 1907 schon lenkt der König sein Land. Sein geschichtliches Verdienst, Schweden durch eine strikte Politik der Nichteinmischung aus beiden Weltkriegen herausgehalten und seinen Untertanen Tod und Trauer erspart zu haben, weil Abertausende junger Leben nicht geopfert wurden, macht den Alten zu Lebzeiten zum Denkmal, zur historischen Figur. Aber: Diese »Nichteinmischung« – so wird es später der Emigrant Willy Brandt in seinen Erinnerungen anmahnen – stieß an ihre Grenzen. Brandt: »Die schwedische Neutralitätspolitik – während des Krieges von einer Allparteien-Regierung betrieben, freilich ohne Kommunisten – ist oft und zuweilen hart kritisiert worden. Nicht nur norwegische und dänische Flüchtlinge, die leicht reden hatten, auch manche Schweden hielten sie für zu nachgiebig. Mußte es erlaubt werden, daß deutsche Soldaten mit der Eisenbahn über schwedisches Gebiet transportiert wurden? Mußten, wie es in einzelnen Fällen vorkam, deutsch-österreichische Soldaten, die in Finnland desertiert waren, zurück und in den Tod geschickt werden? Die Kette ließe sich verlängern, bis ins Kriegsende hinein, als baltische Flüchtlinge gegen ihren Willen repatriiert wurden. Und dennoch, wer wollte sich anmaßen und bestimmen, daß der Preis der Neutralität zu hoch gewesen sei? Der Druck aus Berlin war stark, sehr stark, und im nachhinein erscheint es mir wie ein Wunder, daß ihm so wirksam standgehalten werden konnte.«

Es wird dieses Pochen auf die Unabhängigkeit Schwedens sein, das es zur Pflicht erhebt, die Würde des Nobelkomitees auch in derlei Zeiten und bei solchen Entscheidungen nicht anzutasten. Urkunde und Medaille werden überreicht. Der Text des Dokuments: »den viktigaste keminska upptäckt eller förbättring till otto hahn för upptäckten av tunga atomkärnors klyvning.« Seine Majestät – die Tradition gebietet es seit der ersten Preisverleihung am 10. Dezember 1901 – ehrt schweigend. Aber die Akademie, ein durchaus hochpolitischer Zirkel, in dem hinter verschlossenen Türen keinesfalls jene Einigkeit herrscht, die dem Spruche folgend nach außen hin gezeigt wird, muß sich ihr Versagen vorhalten lassen. Welch Hohn, welche unvorstellbare Menschenverachtung, »bezüglich der praktischen Verwendung« die Hoffnung zu hegen, daß »diese doch endlich dem Segen der Menschheit« diene.

Während die Herren im Frack wußten, daß anderntags – dazu genügte der dunkle Anzug – die Schecks der Aktiebolaget Göteborgs Bank in Höhe von einhundertsechstausendachthundertvierzig Kronen und sechsundfünfzig Öre ausgehändigt würden, dämmerten unter nicht zu beschreibenden Schmerzen auf der anderen Seite des Erdballs Kinder und Greise in einen ungnädigen Tod. Weil aus dem Spalten dessen, was die Urkunde »Atomkärnors« nennt, wohldurchdachte und hochzivilisierte Massenvernichtung geworden ist.

Hahn hält in diesen Tagen von Stockholm zwei Reden. Die Dankesworte im Anschluß an die Verleihung. Und das »klassische« Referat, den sogenannten Festvortrag, drei Tage später. Das Phänomenale: Hier spricht ein deutscher Gelehrter mit einer Unbekümmertheit als sei seine Welt eine Insel der Seligen gewesen. Einer wie er braucht von den Lagern nicht gewußt zu haben, in denen Morden und Vergasen und Verbrennen wie in einer Fabrik organisiert waren. Aber er wird doch nun mit Orten wie Auschwitz oder Treblinka etwas anzufangen wissen, und er kann Augen und Ohren nicht verschlossen gehalten haben, als all das ruchbar geworden, was die stummen Herrendiener der NS-Diktatoren an ihren Schreibtischen aus Eiche mit dem Führerbild hinter sich anrichteten.

Otto Hahn ficht das nicht an. Bei allem Respekt vor seinem Mühen, sein Dahlemer Institut als weitgehend unpolitische Zelle zu wahren, beim Anerkennen seiner Hilfe für Lise Meitner, im Wissen, daß er den regimekritischen und »verstockten« Straßmann an sich band, läßt sich das Unverständnis nicht tilgen. Weshalb mußten diese einmaligen Gelegenheiten verstreichen, ohne daß der erste deutsche Nobelpreisträger nach dem Zweiten Weltkrieg sich, seinen Landsleuten und der Welt draußen ein Stück von der schrecklichen Wahrheit offenbarte?

Die Gnadenlosigkeit des Satzes von Lise Meitner »Solange nur wir die schlaflosen Nächte haben und nicht Ihr, solange wird es in Deutschland nicht besser werden. Aber Ihr hattet keine schlaflosen Nächte, Ihr habt nicht sehen wollen, es war zu unbequem.« erreichte ihn allein wegen der desaströsen postalischen Verhältnisse nicht. Jetzt, wo die Post »friedensmäßig funktionierte«, erreicht ihn der Gedanke nicht.

Er hatte im April 1933 während einer Vortragsreise nach Kanada einer Zeitung in Toronto ein Interview gegeben. Und er machte klar, daß er die im Ausland verbreiteten Nachrichten über vermeintliche Massenverhaftungen für »übertrieben« halte. Für ihn gäbe es Grund zur Annahme, daß die Juden, die in Haft genommen worden wären, wegen ihrer »kommunistischen Subversion« einsäßen. Und er sei zudem davon überzeugt, daß man Adolf Hitler nicht für unbewiesene Greueltaten zur Rechenschaft ziehen dürfe.

Später – Paris war schon besetzt – unterstrich Hahn in seinen regelmäßigen Berichten an das Heereswaffenamt die Leistungen seines Institutes, das »wertvolle Beiträge« zur Verwirklichung der militärischen Ziele des Kernenergieprojektes leiste.

Im Dahlemer »Haus der Deutschen Forschung« referierte er am 26. Februar 1942 über Kernspaltung, verschwieg die Mitarbeit von Lise Meitner und notierte als Bilanz in seinem Tagebuch: »Unsere Vorträge im Forschungsrat; guter Eindruck.«

Otto Hahn, väterlicherseits Enkel eines Weinbauern und Landwirtes, der nebenbei Glasmalerei und Fensterglaserei betrieb, Sohn des Heinrich Hahn, der zu Frankfurt am Main eine »Glaserei nebst Spiegel- und Bilderrahmenhandlung«

besaß, ist einer von den Millionen tüchtiger und redlicher Bürger, die »auch nur ihre Vorschriften« haben, die die Fenster schließen, wenn Aufrührer Barrikaden errichten. Ansonsten kennen sie selten schlaflose Nächte.

Und so sagt Otto Hahn, den König der Schweden an seiner Seite, dem Auditorium:

»Mein Dank ist besonders tief empfunden, weil ich hier als Angehöriger eines Landes stehe, das durch sein Regime und durch einen fast sechsjährigen Krieg das wohl unglücklichste Land der Welt geworden ist. Es steht allein da und hat keinen Freund ... Es ist ja wirklich nicht so, daß während der letzten dreizehn Jahre alle Deutschen und vor allem die deutschen Wissenschaftler sich mit fliegenden Fahnen dem Hitlerregime verschrieben hätten ... Und was die deutsche Jugend angeht, so ist das Verhalten großer Teile von ihr vielleicht nicht so hart zu beurteilen, wie es wohl gelegentlich geschieht. Sie hatte ja keine Möglichkeit einer eigenen Urteilsbildung, keine unabhängige Presse, keine ausländische Radioübertragung, konnte das Ausland persönlich nicht kennenlernen. Wer ins Ausland geschickt wurde, wurde überprüft, und wer Kritik übte, wurde nicht fortgelassen ... Es ist wohl doch nicht vielen Menschen außerhalb Deutschlands wirklich klar, unter welchem Druck die meisten während der letzten zehn oder zwölf Jahre gelebt haben...«

Der Festvortrag, gehalten am 13. Dezember 1946, wird zum wissenschaftlichen Rechenschaftsbericht. Sein Titel »Von den natürlichen Umwandlungen des Urans zu seiner künstlichen Zerspaltung«.

Er geht dabei mehrfach auf die langjährige Zusammenarbeit mit Lise Meitner ein, und er würdigt Straßmann expressis verbis als alleinverantwortlichen Mitstreiter: »... aber nicht in Form des oberflächenreichen Bariumsulfats, sondern – nach einem Vorschlag von Straßmann – in Form des aus konzentrierter Salzsäure ...«

Das, was allein der versierte Chemiker in Ansätzen begreifen kann, muß dem Laien immer unverständlich bleiben. Die Festvorträge geraten zum Bestandteil der hochspezialisierten Fachliteratur; sie sind Botschaften unter

Insidern. Und Chroniken einer vergangenen Zeit. Mehr nicht?

Otto Hahn läßt den politischen Sprengsatz völlig unvermutet in seinen letzten Worten platzen, er schließt: »Sowohl das Uranisotop 235 wie das Plutonium wurden in den Vereinigten Staaten hergestellt. Das Ergebnis waren die Bomben auf Hiroshima und Nagasaki.«

Der Beelzebub hat einen neuen Maßanzug bekommen und des Nobelpreisträgers Seele ihre Ruh...

Der dritte Rückblick

Mister President soll – so geben es die Lebenserinnerungen von Andrej Gromyko wieder – am Nachmittag des 12. April 1945 eine Mitteilung an Marschall Stalin diktiert und unterzeichnet haben. Es war der angeblich letzte Brief des Präsidenten. Und darin hob dieser hervor, wie wichtig ihm die Zusammenarbeit zwischen den USA und der UdSSR sei.

Das ist die russische Version – die heroische.

Die andere, die britische, klingt schnöder. Churchill behauptet in seinen Memoiren: »Präsident Roosevelt starb plötzlich, am Donnerstag, dem 12. April, in Warm Springs, Georgia, im Alter von dreiundsechzig Jahren. Während er am Nachmittag einem Porträtisten saß, brach er plötzlich zusammen und verschied, ohne das Bewußtsein noch einmal erlangt zu haben, einige Stunden später.«

Viel an Heldenhaftem ist nicht dran, wenn ein vom Tode gezeichneter Mensch am dreizehnten Tag seines Genesungsurlaubes abgeschirmt im Sessel hockt und sich der Nachwelt für »später« erhalten läßt. Im Wissen, daß dieses »Später« vor der Tür wartet.

Ob heroisch, ob schnöde: Die Welt stand ohne ihren mächtigsten Mann da. In einem Moment, in dem der Zweite Weltkrieg in seine alles entscheidende Phase trat, in der keiner wußte, ob die Nazis noch eine Geheimwaffe aus dem Köcher ziehen könnten und in der sich die Kamikazepiloten in die Geschütztürme der US-Flotte im Pazifik stürzten. Aber dem, der als allererster vom Tod des Franklin Delano Roosevelt hätte erfahren müssen, seinem Vizepräsidenten Harry S. Truman, verschwieg die Regie des Weißen Hauses, die eigenen (und oft genug undemokratischen) Grundregeln gehorcht, jene Nachricht vorerst einmal.

Im Gegenteil: Truman lebte arglos in dem Wissen, FDR erhole sich in Warm Springs so gut, daß dessen Leibärzte, die ihn seit dem 30. März nicht mehr an die Öffentlichkeit gelassen hatten, eine Visite von Mrs. Roosevelt für »vollkommen überflüssig« erachteten. Daß die Mediziner der First Lady gnädig (für beide gnädig) das endgültige Dahinsiechen eines Moribunden nicht vorführen wollten, kam dem Mann, der eben nur exakt einen Herzschlag von Macht und Verantwortung entfernt war, nicht in den Sinn.

Wer ist dieser Truman?

Farmersohn aus Lamar/Missouri; geboren am 8. Mai 1884. Als Platzanweiser in einem Kino in Kansas City verdiente er sich sein erstes Geld. Nach dem Ende des Ersten Weltkrieges (er war Hauptmann bei der 75. Artillerie-Brigade in Frankreich) machte er sich in der Heimat selbständig. Der beschäftigungslos gewordene Offizier eröffnete Ende November 1919 – pünktlich zum Weihnachtsgeschäft – zusammen mit seinem Partner Eddie Jacobson, jüdischer Einwanderer aus Litauen, im Erdgeschoß des Baltimore-Hotels in Kansas City ein Konfektionsgeschäft für Herren. Truman war mit einer Einlage von (geliehenen) 15.000 Dollar beteiligt, Jacobson firmierte als Kompagnon mit 20.000 Dollar als mehrheitlicher Anteilseigner. Die Kundschaft machte sich jedoch rar – 104. West/Ecke 12th Street ist keine sonderlich attraktive Gegend. 1922 gaben sie auf. Den jungen Mister Truman drückten am Ende 35.000 Dollar an Schulden. Das Mosaik unter der Eingangstür, auf dem Truman & Jacobson stand, blieb ein gutes Jahrzehnt noch als einzige Erinnerung sichtbar erhalten. Über viele Jahre stotterte der Glücklose von einem dürftigen Gehalt als öffentlicher Straßenbauinspektor die »Miesen« mühsam bei seinen geduldigen Gläubigern ab. 1934 – er hatte in Abendkursen Jura studiert – wird er zur Überraschung vieler (wohl auch seiner eigenen) Senator für Missouri. Die Wiederwahl sechs Jahre später hingegen ist da nur noch fast reine Formsache. Die Leute hatten sich mit einem wie ihm, dem Kleinbürger, dem Mister Smith von nebenan, der die Milch pünktlich von der Straße holt, viel für helle Jungs und spielende Hunde, wenig für Neger und gar nichts für Kommunisten übrig hat, längst identifiziert. Das allein war der Grund, weshalb ihn Roosevelt, der Fuchs, an Stelle des amtierenden Vizepräsidenten Wallace an seine Seite holte und in den Wahlkampf zerrte. Das Votum vom 7. November 1944 hob das Duo Roosevelt/Truman auf den Schild.

Die Militärs – jene elitäre und vor Selbstüberschätzung strotzende Kaste einer auf Hochtouren laufenden Kriegsmaschinerie – nahmen Harry S. Truman (das S. kann sowohl für Salomon als auch für Shippe stehen; es sind die Anfangsbuchstaben der beiden Großväter) nicht ernst. Sie nannten ihn voll Vergnügen »diesen kleinen Kleidertrödler aus Missouri«. Vor allem Douglas MacArthur, Viersternegeneral und Oberbefehlshaber der US-Armeestreitkräfte im Pazifik, tat sich in derlei Hohn ungeniert hervor. Und büßte es bitter: Am 11. April 1951 pfiff Truman den Helden des Japankrieges aus Korea von seinem Posten zurück. Leise und schmallippig begründete der (wiedergewählte) Präsident seine sensationelle und militärpolitisch hochbrisante Entscheidung mit dem Hinweis auf »das Primat der Politik«. Anders gesagt: »Erst ich, dann ihr!« Der kleine Kleidertrödler aus Missouri hatte seine Lektion begriffen und war von seinem Gedächtnis nicht im Stich gelassen worden. Zu Roosevelts Lebzeiten blieben ihm Petitessen aufgetragen, waren ihm innenpolitische Nebensächlichkeiten aufgebürdet. Bis zum Schluß.

Ohne großes protokollarisches Federlesen eröffnete ihm Sam Rayburn, der Vorsitzende des US-Repräsentantenhauses, am Nachmittag des 12. April 1945, er möge doch bitte Steve Early, den Pressesekretär des Weißen Hauses, anrufen. Rayburn und Early wußten längst vom Schlaganfall (der sich schon vor Stunden ereignet hatte) und auch schon vom Tod, der vor Minuten aus Warm Springs gemeldet worden war. Truman aber blieb ahnungslos. Er vermutete, zum Präsidenten zitiert zu werden, nahm an, Roosevelt würde wieder an seinem Schreibtisch (und in seinem Spezialstuhl) sitzen. Denn: In Washington war just an diesem Tag der Bischof von Arizona, ein Vertrauter des Präsidenten, beigesetzt worden. Warum – so Truman – sollte FDR nicht dem langjährigen Gefährten die letzte Ehre erweisen? Der nächstliegende Gedanke, eben der, daß der schwerstbehinderte Übervater der Nation nicht mehr war, kam ihm nicht in den Sinn. Als sei es ein Weg zum Brötchenholen, fuhr er ohne Chauffeur und Leibwächter in seinem eigenen Auto zur Pennsylvania Avenue. Erst kurz nach halb sechs meldete er sich – fast artig – am Haupteingang. Von dort aus wurde er von einem Offizier in den zweiten Stock geleitet, wo ihn die sichtlich gefaßte First Lady in ihrem Arbeitszimmer im Beisein ihrer Tochter, ihres Schwiegersohnes und des Pressesekretärs empfing. Mrs. Roosevelt begnügte sich mit fünf Worten: »Harry, der Präsident ist tot.«

Es spricht für die Ehrlichkeit des einstigen Platzanweisers aus Kansas City, daß er in seinem minutiösen Lebensrückblick die unfaßbare Situation so (und nach Zeugenaussagen auch korrekt) wiedergibt:

»Kann ich irgend etwas für Sie tun, fragte ich schließlich. Nie werde ich ihre verständnisvolle Antwort vergessen. Umgekehrt – können wir etwas für Sie tun. Jetzt sind Sie doch in Schwierigkeiten. Sogar in diesem Augenblick ihres Schmerzes erwies sich die Größe und Güte dieser hervorragenden Frau. Ich kämpfte mit Tränen.«

Eleanor, die verwitwete First Lady, diese »hervorragende Frau«, muß zum besseren Verständnis hoher Politik hinter den Kulissen näher beschrieben werden: Sie war eine Nichte des Präsidenten Theodore Roosevelt, heiratete 1905 ihren eigenen Cousin Franklin D. Roosevelt und mauserte sich in atemberaubendem Tempo vom stillen Waisenkind zur bestimmenden Figur des Clans. Sechs Kinder gebar sie, sie trieb ihren Mann, einen zunächst reichlich geckenhaft agierenden Advokaten aus New York, ins öffentliche Leben. Sie wußte seit 1913 um dessen Verhältnis mit ihrer(!) Gesellschafts-Sekretärin Lucy Mercer, und sie vermied den Eklat, um den Demokraten keine Chance zu geben, ihren FDR auszubooten. Um der Räson willen nahm Eleanor es hin, daß Mister President in seiner Sterbestunde nicht allein war: Lucy Mercer – seit 1920 verehelichte Mrs. Rutherford – drückte ihm die Augen zu...

Die Uhr im Sitzungssaal des Weißen Hauses stand auf sieben Uhr und neun Minuten, als der Präsidierende Richter des Obersten Gerichtshofes der Vereinigten Staaten nach der seit 1789 überlieferten Weise dem »Neuen« den Eid abnahm. Harlan Fiske Stone sprach die Formel vor. Und sein Gegenüber, die Bibel in der Linken, wiederholte unter dem Ölgemälde von Ex-Präsident Wilson »Ich, Harry S. Truman, schwöre feierlich...«

Selbst das Beschaffen einer Bibel hatte in der nahezu possenhaften Situation Probleme bereitet. Man konnte im riesigen Weißen Haus Gottes Wort so schnell nicht ausfindig machen.

Henry L. Stimson war als Kriegsminister in der Roosevelt-Administration fraglos zum einflußreichsten Berater im Inner Circle Washingtons geworden. Seit den Stunden von Pearl Harbor (spätestens) waren den arglosen Amerikanern die Augen geöffnet, daß auch ihnen in ihrer Geschichte eine Invasion auf dem eigenen Kontinent nicht erspart bleiben könnte. Krieg stellte für die Masse immer etwas Imaginäres in einem fernen Land dar. Nun aber hatte sie die Geschichte anderes gelehrt. Für moderne Kriege waren die beiden Ozeane im Westen und Osten keine Barriere mehr.

Das – auch das – hob Stimson aus dem Kreis der Kollegen hervor. Es erschien Truman, der nach der Eidesleistung sofort das Kriegskabinett um sich scharte, deshalb durchaus logisch, daß nach dem Ende der Beratung die übrigen schnell und schweigend den Raum verließen, während Stimson gegen jede Etikette selbstbewußt auf seinem Stuhl sitzenblieb.

Harry S. Truman wörtlich in seiner Autobiographie, die zehn Jahre später erschien: »Er wolle, sagte er, mit mir über eine äußerst dringliche Sache reden. Ein riesiges Projekt sei in Ausführung begriffen – ein Projekt zur Entwicklung eines neuen Explosivstoffes von fast unglaublicher Zerstörungskraft. Mehr glaube er im Moment nicht sagen zu dürfen. Seine Mitteilung klang rätselhaft und verblüffte mich, es handelte sich um die erste karge Information, die ich über die Atombombe erhielt.«

Trumans Geduldsfaden riß angesichts derartiger Chuzpe nicht. Er dehnte sich nicht einmal...

Wie ein Musterschüler mit Mittelscheitel harrte der demütige Zögling all der Neuigkeiten, die ihm seine Pauker im Lauf der Zeit schon noch erklären würden. Immer unter der Voraussetzung, sie hielten dies auch für pädagogisch angemessen. In Häppchenform und äußerst betulich klärte die Riege der wissenden »Eierköpfe« den Unwissenden auf. James F. Byrnes fiel die äußerst heikle Mission zu, dem neuen Chef diplomatisch schonend beizubringen, was bislang perfekt vor ihm verborgen worden war. Dieser Byrnes hatte im Ersten Weltkrieg als Kriegsberichterstatter seine Dollars verdient und bekam 1943 von Roosevelt (den unbedarften »Vize« übergehend) die Position eines nicht im Kabinett vertretenen Rüstungsministers übertragen. In Jalta traten freilich bei der Einschätzung von Stalins Rolle derartige Differenzen zutage, daß Byrnes quittierte. Stimson als Drahtzieher in den Kulissen bedurfte eines Verbündeten, der »Onkel Joe« – Stalin – eines Tages fressen wollte. Byrnes bot sich geradezu an, und die Rechnung ging auf: Am 29. Juni 1945 stieg Byrnes zum Außenminister auf.

Vannevar Bush, der Chef der Abteilung für Wissenschaftliche Forschung, servierte den informativen Nachschlag; er versuchte es mit pseudowissenschaftlichen Erläuterungen des Phänomens.

In Washington rannten zwischen Capitol und Oval Office zu Dutzenden Leute über die Straße, die in den drei Rooseveltschen Amtsperioden derart an Selbständigkeit und Eigenverantwortlichkeit gewöhnt waren, daß sie ihr Wissen von der sagenhaften Wunderwaffe eher ihrer Putzfrau im Suff als stocknüchtern ihrem neuen Präsidenten anvertrauen würden.

Washington in ehrlicher tiefer Trauer. Die Menschen auf den Straßen über das Fehlen einer Vaterfigur betroffen. Der Sarg kam am Morgen des 14. April am Bahnhof Union Station an – alle Waffengattungen hatten Frauen und Männer abkommandiert. Viele weinten. Im East Room wurde der Tote aufgebahrt. In jenem Saal, in dem die empörte Nation genau vor achtzig Jahren vom ermordeten Abraham

Lincoln Abschied nehmen mußte. Anderntags brachte der Präsidenten-Zug, schwarz verhüllt, die sterbliche Hülle nach Hyde Park, einem noblen Landsitz. Sechshundert West-Point-Kadetten mit Gardemaß feuerten drei Schuß Salut. Roosevelt wurde im Rosengarten seines Geburtshauses begraben.

Neun Tage später – die Blumen an den Grabeskränzen sind längst verwelkt – erfährt nun auch Harry S. Truman in den Mittagsstunden des 24. April 1945, welche Karte die Physiker den Generälen in die Hand gemischt haben. Stimson bringt sein fundiertes Wissen auf die simple Formel: Wenn die Bombe so zündet, wie wir uns das ausmalen, dann vernichtet sie in Bruchteilen einer Sekunde mit einem Schlag das Leben von Zehntausenden, und sie zerstört auf Jahre den Lebensraum im Umkreis von Hunderten von Kilometern. Keine Waffe, die der homo sapiens bislang in seine Finger bekommen hatte, besaß auch nur ein Winziges jener Gewalt, mit der sich nun kalkulieren ließe. Die menschliche Vorstellungskraft muß angesichts dessen kapitulieren. Und das heißt, Amerika wird nach dem ersten Abwurf die Welt gehören. Ganz allein und für Jahrzehnte. Weder das britische Empire noch die Sowjetunion kämen mit ihren politischen Zielen an den Interessen der USA vorbei.

Bei Truman – um auf seine Memoiren zurückzukommen – liest sich das später so: »Insbesondere wies er darauf hin, daß die Atombombe, falls sich die an sie geknüpften Erwartungen erfüllten, unsere Beziehungen zum Ausland entscheidend beeinflussen und den Krieg abkürzen werde ... Ich dankte Stimson für seine aufschlußreiche Darstellung, und als ich ihn zur Tür begleitete, dachte ich, eine Nation dürfe sich glücklich schätzen, die einen so fähigen und weitsichtigen Mann in ihrem Dienst habe.«

Der 24. April 1945. Ein Präsident weiß – wenn auch nur fragmentarisch – daß seit der Erschaffung der Erde noch nie ein Sterblicher soviel Macht in seinen Händen hielt. Was wiegen da noch die Nachrichten aus der Alten Welt? Die Telegramme vom Kriegsschauplatz Europa?

Hitler hat Göring aus allen Ämtern gejagt, weil er den

Verrat einer Kapitulation wittert. Die 47. Sowjetische Armee und das VI. Gardekorps treffen sich bei Ketzin und schließen den Ring um Berlin. Am 25. April treffen an der Elbebrücke bei Torgau Soldaten der Ersten Ukrainischen Front des Marschalls Konjew mit vorausgeeilten Spähtrupps der 1. US-Armee zusammen. Mindestens drei Amerikaner wollen bis ans Ende ihrer Tage die ersten gewesen sein – Oberleutnant Albert Kotzebue von der 69. US-Infanteriedivision, Leuntnant William Robertson und der Gefreite Joseph Polowsky. Wer's war, bleibt Geheimnis – das legendäre Foto von Torgau wurde später nachgestellt. Am 25. April greifen 318 britische »Lancaster« den Obersalzberg mit eintausendeinhunderteinundachtzig Tonnen Bomben an – der Berghof eine ausgeglühte hohle Ruine, seine zusammengerafften Kunstschätze Asche.

Am 28. April schreibt Magda Goebbels ihrem Sohn Harald Quandt einen Abschiedsbrief: »Gestern abend hat der Führer sein Goldenes Parteiabzeichen abgenommen und mir angeheftet. Ich bin stolz und glücklich. Gott gebe, daß mir die Kraft bleibt, um das Letzte, Schwerste zu tun. Wir haben nur noch ein Ziel: Treue bis in den Tod dem Führer, und daß wir zusammen mit ihm das Leben beenden können, ist eine Gnade des Schicksals, mit der wir niemals zu rechnen wagten. Einmal muß jeder Mensch sterben, und ist es nicht schöner, ehrenvoll und tapfer kurz zu leben, als unter schmachvoller Bedingung ein langes Leben zu führen? Der Brief soll raus – Hanna Reitsch nimmt ihn mit. Sie fliegt nochmals raus! Ich umarme Dich in innigster, herzlichster, mütterlichster Liebe! Mein geliebter Sohn, lebe für Deutschland! Deine Mutter!«

Am 29. April werden Benito Mussolini und seine Geliebte Clara Petacci bei Dongo erschossen, überschreitet die 2. Britische Armee die Elbe bei Lauenburg, dringt die 56. Britische Armee in Venedig ein und heiratet Adolf Hitler seine Geliebte Eva Braun.

Am 30. April nimmt sich der Führer mit einem Schuß in den Mund das Leben, erobern Titos Partisanen die Vororte von Triest, landet Walter Ulbricht, aus Moskau kommend, auf einem Feld bei Kalau (heute Kalawa).

Am 9. Mai um 00 Uhr 43 Moskauer Zeit vollzieht in Berlin im Großen Saal des Kommandantenhauses der einstigen Wehrmacht-Pionierschule in der Zwieseler Straße 2 nahe dem S-Bahnhof Karlshorst Sowjetmarschall Georgi Konstantinowitsch Shukow den Kapitulationsakt. Der Krieg in Europa hat sein Ende gefunden. Wilhelm Keitel, Hans-Georg von Friedeburg und Hans-Jürgen Stumpff, die deutschen Unterzeichner, dürfen sich – im vollen Schmuck ihrer Uniformen von Heer, Marine und Luftwaffe – in einem Nebenraum stärken. Es gibt Schinken, Käse, Kaviar, Wodka, Krimsekt und Rotwein. Der stammt aus dem Keller des Hotel Adlon am Brandenburger Tor.

Nun gilt es nur noch, das Fell des erlegten Wolfes zu verteilen. Dieses »nur noch« mag sich Truman leichter vorgestellt haben. Daß der kommunistische Verbündete, Stalin, den Partnern in der Allianz Unangenehmes auf den grünen Filz des Konferenztisches knallen würde, ahnte Churchill. Es sind immerhin allein die Soldaten der Roten Armee gewesen, die Berlin, den Reichstag, die Reichskanzlei und den Führerbunker Mann gegen Mann erkämpfen mußten.

Stalin wird die Rechnung präsentieren. Truman ist hoffnungsfroh, daß sie so hoch nun auch wieder nicht ausfallen kann.

In Potsdam und Babelsberg werden die Stühle gerückt und die Straßen planiert, Villen beschlagnahmt und Rabatten begrünt. Hübsch soll es aussehen, wenn die drei sich treffen.

Nicht in Moskau, London oder Washington, sondern in Potsdam bei Berlin stolpert die Menschheit endgültig in eine neue Ära. In Potsdam fällt die Welt ins Atomzeitalter.

Und steht hilflos an der Pforte zur Apokalypse. Bis auf den heutigen Tag...

Briefe, adressiert an »P.O. Box 1663, Santa Fe, New Mexiko« wurden zu Briefen in eine andere Welt.

Post für Außerirdische, die Menschen, die so Nachrichten absandten oder empfingen, glichen Wesen vom anderen Stern. Aus dem Jetzt, aus dem Hier, aus dem eigenen Ich sogar hatten sie sich entfernt. Lautlos, viele von ihnen über Nacht – ohne Gruß an die Eltern, ohne einen Kuß für die Kinder. Jedes ihrer Lebenszeichen geriet zur Lüge, all ihre Worte, die Sätze, die sie aufs Papier kritzelten – nichts anderes als Schein und Trug. Die Ausgestoßenen aus P.O. Box 1663, Santa Fe...

Zensoren nahmen nur geöffnete Umschläge entgegen, prüften mit Lupen und Speziallampen, beäugten Kommata unterm Mikroskop. Jeder, der zum Telefon griff, wußte mit Sicherheit, daß alle Dialoge, jedes simple »Guten Morgen«, abgehört wurden. Von einem Offizier und einem Wissenschaftler. Sprach einer zu hastig, zu undeutlich, zu verschlafen, wurde die Leitung gekappt. Ohne Vorankündigung, ohne Begründung.

Wer diese unvorstellbare Pression auf sich lud, der wollte es so – aus freiem Willen. Wissend, daß sich seine letzten Spuren für Jahrzehnte verwischen könnten, hatte er alles an Vertrautem verlassen, alles getilgt, was ihn verraten könnte. Nun lebten diese Menschen, Männer, Frauen, Familien in Los Alamos. Ein Stecknadelkopf auf dem nordamerikanischen Kontinent, ein Gemeinwesen ohne Kirche, mit Kindern und Katzen. Die wenigen Eingeweihten, die draußen in der Welt um ihn wußten, sprachen vom Punkt Y. Dieses Y, Nabel des Universums? Dieses Y, an dem sich etwa 6.000 Menschen die Erde Untertan machen wollten. Ob sie nun an ihren Gott glaubten oder nicht. Und viele von denen, die so lange fest an ihn geglaubt hatten, konnten es auf einmal nicht mehr. Da war es aber schon zu spät, da mußten sie nur noch mitansehen, was sie angerichtet hatten.

Es gab eine Straße nach Los Alamos. Sie führte von Santa Fe im Bundesstaat New Mexiko etwa fünfzig Kilometer nach Norden in das kümmerliche Nest Espanola, einen Flecken am Rande der besiedelten Welt. Hier hausten die Menschen in Armut; die meisten von ihnen spanischer Abstammung, manche mit Indianerblut in den Adern. Die Hochebene, das Pajaritoplateau, liegt etwa zweitausend Meter über dem Meeresspiegel. Niemandes Land nach Auffassung der Europäer, die Conquistadoren stellten es unter den Befehl der spanischen Krone. Anfang des neunzehnten

Jahrhunderts annektierte Mexico das Gebiet. Erst 1912 meldeten die Vereinigten Staaten ihre Ansprüche an und setzten sich durch. Der Staat bekam den Namen New Mexico. Mit dem Bau der Denver and Rio Grande Railroad, einer Schmalspurbahn, war ein gewisser Wohlstand eingezogen. Das Zuckelbähnchen, das sie nur Chili-Linie nannten, brachte den wenigen Großgrundbesitzern Erträge, die ausreichten, jene rechtlosen Landarbeiter vor dem Verhungern zu bewahren. Zudem schlang sich aus Vor-Weltkriegszeiten von Espanola aus eine kleiderschrankbreite Schotterstraße über die mehr als zwanzig Kilometer von den Canons ins Hochland. Diese Canons trugen allesamt hispanolische Namen: Pajarito, Frijoles, Bayo, Pueblo und Valle.

Im Oktober 1942 fuhren Groves und Oppenheimer nahezu planlos die Straßen in der weiteren Umgebung von Albuquerque ab. Die Vorgabe stand fest: In dieser Region mußte das Testgelände wachsen. Tief im Inneren des Kontinents und damit sicher vor Störangriffen der Japanischen Marine von Seeseite aus, im Schnittpunkt der Bahnachsen zwischen Chicago, Los Angeles, San Francisco und Washington, im Umfeld des Flughafens von Albuquerque, auf dem alle TWA-Clipper zur Zwischenlandung von Küste zu Küste niedergingen. Zunächst war ein Landstrich in Erwägung gezogen worden, der einen einzigen Pluspunkt aufbieten konnte – in der Nähe lag Oppenheimers private Ranch. Bei Abwägung aller Umstände winkten die Fachleute ab. So blieb der weltentrückten Sangre de Christo Range erspart, für immer ins Licht der Historie gerückt zu sein. In Los Alamos hingegen würde sich die Menschheitsgeschichte fundamental verändern ...

Los Alamos selbst dankte seinen Namen den unzählbar vielen Pappeln, die dort wuchsen. Nachdem einer der einflußreichsten Farmer und Viehzüchter nach einem wagemutigen Spekulationsgeschäft bankrott war, blieb die einzige Behausung mit festem Mauerwerk über viele Jahre die 1918 gegründete Los Alamos Ranch School, eine Art noblerer Ertüchtigungsanstalt für schwer erziehbare Knaben aus den besserbürgerlichen Familien des mittleren Westens. Die Ländereien waren nach der Pleite ihres Besitzers dem Staat zugefallen. Durch Tausch und Zukauf verloren sich die Rechte aller anderen hier oben, der Schule mußte ein Angebot unterbreitet werden, das nicht nach Zwangsmaßnahme aussehen durfte und dennoch ein sofortiges Räumen ermöglichte. Aber die Lehrer verspürten ohnehin wenig Lust, hier zu versauern; viele Pädagogen hatten einen Ruf zur Army, die Klassen waren bereits merklich ausgedünnt. Der Kontrakt ist schnell besiegelt: Mit dem Wintersemester 1942/1943 wurde erst gar nicht mehr begonnen. Der »Grund« war abenteuerlich: Man versuche sich an revolutionären Kunstdüngern, die eines Tages vier bis fünf Ernten pro Jahr ermöglichen würden, deren gefährliche Nebenwirkungen aber unbekannt seien. So bedeute die Abschottung des Areals nur eine für- und vorsorgliche Maßnahme, mit dem der Staat seine Bürger schütze. Die Folge: Alle Chemie-Lehrbücher der Dozenten-Bibliothek blieben zurück. Die Pädagogen wollten zur Bewältigung einer nationalen Aufgabe eben auch ihr Scherflein beisteuern...

Nach den Beobachtungsflugzeugen und den Spezial-Maschinen der Landvermesser im Armee-Auftrag rückten die Planierraupen an. Sie verbreiterten den Pfad zu einem schwarzen Asphaltstreifen, über den seit dem Spätsommer 1943 Lastwagen in immer kürzeren Intervallen und zumeist im Schutz der Dunkelheit ihre geheime Fracht ankarrten. Oppenheimer und ein kleiner Stab lebten seit dem 15. März dort. Solange nur Baumaterial auf den Pritschen lag, wußten die Männer im LKW um ihre Fracht. Keinem in Los Alamos selbst konnte entgehen, daß hier oben umfangreiche Baumaßnahmen anstanden. Mit dem Anrollen von speziellen Maschinen und sonderbaren Geräten erhöhte sich dic Geheimhaltungsstufe. Schließlich verwehrten es Offiziere den Fahrern, beim Beladen selbst mit Hand anzulegen. Sollte ein Chauffeur Wortfetzen oder Andeutungen aufschnappen, schien fraglich, was so ein Kapitän der Landstraße mit »Zyklotron« oder »Betatron« anzufangen wußte.

Zwar ließ sich an den Tankstellen und in Motels entlang der Highways das Gespräch mit Fremden und neugierig Gewordenen nicht ganz vermeiden. Aber sogar das absurde und dennoch für bare Münze genommene Gerücht, daß hinter den sieben Bergen ein Lieblingsprojekt von Mrs. Eleanor Roosevelt verwirklicht werde, nämlich eine Chemikalie zu testen, die aus den »Niggern« endlich anständige Weiße mache, hielt sich länger als der vage Verdacht, hier verberge sich ein Waffenarsenal oder eine U-Boot-Werft in den Bergen. Die Zäune wuchsen, die Wachtürme rückten immer enger aneinander, Experten des Sicherheitsdienstes verlegten ihre Kabel, die Wachmannschaften rekrutierten sich aus bestens ausgebildeten Elitesoldaten des Kriegsministeriums. Der Name Los Alamos hörte auf zu existieren. Getilgt aus Telefonverzeichnissen, verschwunden aus Schulbüchern, nicht existent in Listen von Lebensversicherern und Krankenkassen, ausradiert. Los Alamos gab es nicht mehr. Folglich konnten seine Bürger nicht an Wahlen teilnehmen, nicht heiraten oder sich scheiden lassen, keinen Führerschein beantragen und keinen Arzt herbeiholen, der eine Sterbeurkunde ausfertigte. Leben im Nirgendwo.

»Opp« – wie ihn die Kollegen nannten – lehrte seit 1929 in Berkeley und Pasadena und galt als der führende Physiker der Vereinigten Staaten. Es existierten Dossiers der Geheimdienstler, deren Brisanz unfaßbar schien: Oppenheimer stand sowohl der Kommunistischen Partei als auch einem leninistisch motivierten Zirkel nahe, der »Teacher Union«, er soll außereheliche Beziehungen unterhalten haben mit Frauen, die die Geheimdienstler eine »eklatante Gefahr« nannten. Manche der Kollegen in den Eliteanstalten rümpften über »Opp« aus einem Motiv unverborgener Eifersüchtelei die Nase: Der Chef trug nicht die Würde des Nobelpreises, im Gegensatz zu Lawrence in Berkeley, Urey in Columbia und Compton in Chicago. Was unterschwellig dazu führte, die Frage kursieren zu lassen, weshalb dieser »Opp« – und nicht man selbst? Es besaß Logik, daß von »interessierter Seite« mit Indiskretionen subtile Nadelstichpolitik versucht wurde. Aber Groves brauchte den Spezialisten. Der General nannte Dozenten ohnehin gern Knallköpfe (»crackpots«), als Militär fühlte er sich mächtig genug, die Physiker und Chemiker auf seine Art am Zügel zu halten. Oppenheimer ordnete sich (weil er wegen seiner Affären erpreßbar war?) nach und nach unter. Und kam somit auf seine Weise in eine – wissenschaftliche – Schlüsselrolle: Seit Januar 1944 stand unumstößlich fest, daß die anderen »Filialen« in den Geisterstädten nur noch Zulieferer für Y blieben.

Wie mit einem Brennglas waren alle Aktivitäten auf Y in den Canons von New Mexiko gebündelt, kein Ort im Verantwortungsbereich der US-Sicherheitskräfte hermetischer abgeschirmt als das Sechstausend-Seelen-Camp in siebenunddreißig Grad nördlicher Breite und hundertsieben Grad westlicher Länge. Alle Baulichkeiten durchnummeriert. Technische Abteilung, die Verwaltung, das Militär und andere Ressorts nutzten rund 350 feste Gebäude; dazu kamen noch 320 Häuser mit 600 Wohnungen, 200 Wohnwagen und 50 Schlafsäle. Es gab einen gewählten »Bürgermeister« – der hieß Victor Weisskopf. Über Wochen, über Monate, über Jahre zogen sich die Experimente hin.

So geheim gehalten, so logistisch verschachtelt, daß ein Offizier auf der südlichen Seite eines Weges nicht wußte, was sein gleichrangiger Kollege in Sichtweite auf der anderen Straßenseite tat. Physiker, die im gleichen Hörsaal gesessen hatten, diskutierten über Baseball-Resultate – über ihre Tagesarbeit verloren sie kein Wort. Alkohol gab es nicht zu kaufen, Drogen blieben unbekannt. Menschen mit Fehlern und Schwächen und Lastern, mit Begierden, mit Lust, Leidenschaft, Neid, Haß in unmenschlicher Ausnahmesituation. Nicht die Spitze einer Kirche, sondern der Wasserturm überragte alle grün gestrichenen Häuser des Wohndistriktes, der durch Stacheldraht vom technischen Areal abgesondert blieb. Zunächst hatte Oppenheimer noch angenommen, mit etwa hundert Mitstreitern zum Ziel zu kommen. Unrealistisches Denken. So mußten die Schlafstädte in Blocks numeriert werden, um sich einigermaßen zurechtzufinden. Die Fermis wohnten in »D von T-186«. Was soviel hieß wie in der vierten Wohnung des Etagenhauses 186. Die Italiener hatten eine »gute Gegend« zugewiesen bekommen, nahe des Wasserturms. Denn wenn in der sommerlichen Regenzeit der Himmel stundenlang seine Schleusen öffnete, überfluteten die Wassermassen immer wieder die Quartiere, die tiefer im Tal lagen. Jede Neuanschaffung führte über den staatseigenen Supermarkt. Aus Angst vor Sabotage durfte nur benutzt und gekauft werden, was den Stempel USED trug. Das hieß nicht etwa »gebraucht«, sondern stand für United States Engineer Detachment. Das Hinweiszeichen der Militärs, daß das Produkt als abgenommen und unbedenklich gelten durfte. Glühbirne, Klodeckel, Küchenbesen, Bleistift – gespenstisch...

Gespensterstadt – auch auf das Wesen der Eingepferchten mochte das wohl zutreffen. Kreaturen drehten sich hier wie die Räder im Mechanismus; Kreaturen aus einer Retorte. Androiden nannte man einst auf den Rummelplätzen die Maschinenmenschen, die in Schweizer Uhrmacherwerkstätten zusammengesetzt wurden und für die die Schausteller horrende Beträge zahlten. Geld, das sich einspielte auf den Rummelplätzen. So ein Android, der tanzen und mit den Armen schlenkern konnte, lief dem Hanswurst und dem Dummen August nebenan den Rang ab... Und der genialste Mechanikus hatte einen Türken in voller Größe und mit prächtiger Leibesfülle gebaut, der bei Tische saß und Schach spielte und so lebensecht tat, daß die Gaffer unten am Podest nicht erkennen konnten, ob es Mensch oder Maschine war.

Hier im Camp von Y gab es abends nicht viel anderes zu tun, als bei Tische zu sitzen und eine Partie Schach zu spielen.

Noch Mensch oder schon Maschine?

Oppenheimer und sein Wissenschaftlicher Beirat trafen sich am 31. Mai 1945 mit Kriegsminister Stimson. Dessen Frage, ob sie die Bombe würden bauen können, beantwortete Fermi für die anderen mit einem klaren Ja. Und als Stimson wissen wollte, was sie zu leisten vermöge, nannte Oppenheimer theoretisch ermittelte Eckdaten: »Über einer Stadt abgeworfen, deren Menschen gewarnt und in die Bunker geflohen sind, wird sie dennoch 20.000 Menschen töten. Mindestens.«

In etwa vier bis sechs Wochen – so der Wissenschaftliche Beirat – käme es zum ersten Test. In Alamogordo waren die Weichen bereits gestellt, der Punkt Null fixiert.

Um diesen Punkt Null kreisten von Stund an die Gedanken.

Die Uhr tickte; mit jedem Atemzug rückte jene Mikrosekunde unwiderruflich näher, in der bei ca. 20 Millionen Grad Celsius – die Oberflächentemperatur unserer Sonne beträgt im Vergleich 6.000 Grad Celisus – das All sich verändern würde.

Der Mensch, die scheinbare Krone der Schöpfung, als der Kain, der die Hand gegen seinen Bruder erhebt. Die Natur – unschuldig und unberührt – wird in die Rolle des Abel schlüpfen. Schlüpfen müssen.

Wer weiß, was mit Abel passiert? Niemand weiß es.

Am 3. Juli schrieb Truman seiner Mutter und seiner Schwester einen Brief: »Liebe Mama, liebe Mary ... ich würde lieber nicht gehen, aber ich muß; ein Zurück gibt es nicht mehr ... alles Liebe Euch beiden. Harry«

In der Nacht vom 6. zum 7. Juli brachte ihn sein Sonderzug vom Union-Bahnhof in Washington nach Newport News/Virginia. Dort lag der Schwere Kreuzer »Augusta« an der Pier. Der Kapitän, James H. Foskett, hieß ihn mit kleinem militärischen Zeremoniell auf dem Achterdeck willkommen und geleitete seinen Gast dann in die Admiralskabine. Auf der »Augusta« waren am 9. August 1941 die beiden mächtigsten Männer der westlichen Welt zusammengetroffen – deren erste persönliche Begegnung. Churchill in der Galauniform eines Elder Brother of Trinity House und Roosevelt im Nadelstreifenanzug (allein dies verdeutlichte, daß die Vereinigten Staaten noch im Frieden lebten und das Vereinigte Königreich im Krieg bangte) dinierten fünfmal in der Kleinen Suite, um an Ende der Zusammenkunft auf Hoher See vor Neufundland die Atlantic-Charta zu proklamieren, die einem »jeden Volk das Recht einräumte, sich die Regierungsform zu wählen, unter der es leben wolle«. Dies ein klarer Affront gegen Stalin, der die Völker der UdSSR brutal unterdrücken ließ. Aber auch ein Paradoxon – Churchill regierte als Premier ein Empire, das in seinen Kolonien jeden Ruf nach Selbstverwaltung mit Gewehrgarben übertönte.

Vor der Reede von Hampton näherte sich verabredungsgemäß der Schwere Kreuzer »Philadelphia«, fuhr voraus, um die Wogen für das nachfolgende Schiff zu glätten. Niemand in der Marine wußte, wie seefest der neue Präsident Truman wohl war. Die Reise über den Atlantik ist – da im Pazifik der Krieg noch wütete – ein Staatsgeheimnis. Weder zur See noch aus der Luft wurde der Verband gesichert. Truman – davon kann ausgegangen werden – galt gewiß nicht als überängstlicher Feigling. Deshalb ist sein Tagebucheintrag vom 7. Juli »How I hate this trip« nur so zu verstehen, daß ihm das globale Schachern mit den Männern aus London und Moskau seelisch zuwider war. Ihn trieb aus seinem Innersten nichts in dieses Europa. Obwohl es an Gelegenheiten nicht mangelte, die Alte Welt zu besuchen, drückte sich der Berufspolitiker Truman um Fahrten über den Atlantik. Zum erstenmal seit 1918 steuerte er nun Europa an, den Kontinent, in dem so gut wie nirgendwo die Menschen das Inferno unbeschadet überstanden hatten. Ohne besondere Vorkommnisse legte die »Augusta« nach neun Tagen am 15. Juli um 10 Uhr 04 an der Städtischen Pier in Antwerpen an. 3.387 Seemeilen vermerkte das Logbuch.

Mama und Mary bekamen mit dem unmittelbar danach startenden Kurierflugzeug einen Brief: »...am Montag inspizierte ich das Schiff von oben bis unten. Dabei stieß ich auf einen Jungen, der Lawrence Truman heißt. Er stammt aus Owensborough, Kentucky und ist der Urenkel des Bruders unseres Großvaters... Der König von England hat mich eingeladen, und die Königin von Dänemark und die von Norwegen auch. Aber ich denke, ich werde, wenn die Vorstellung in Berlin vorüber ist, so rasch wie möglich nach Hause fahren. Achtet gut auf Euch. Alles Liebe Euch beiden. Harry.«

Die Präsidenten-Maschine »The Sacred Cow« wartete bereits auf einem Flughafen in der Nähe von Brüssel – in einem Nachtflug hatte sie 72 Stunden zuvor den Atlantik überquert. Auf der Autobahn von Antwerpen nach Brüssel saß Eisenhower neben ihm.

Zu dieser Stunde, in der der General seinen Boß instruierte, wußte niemand, daß der Präsident mit seinem künftigen Amts-Nachfolger im Fond des Lincoln konferierte. Am

Nachmittag des 15. Juli, kurz vor 16 Uhr, landete die Trumansche Delegation in Berlin-Gatow, auf dem Airport der Briten. Einer von denen, die in der Schar der Wartenden standen, war protokollgerecht der Botschafter der UdSSR in den USA, ein Karrierediplomat, der bei Stalin in hohem Ansehen stand: Andrej Gromyko – damals noch nicht einmal 36 Jahre alt.

Der Konvoi setzte sich schnell in Bewegung. Britische Offiziere drängten diskret zur Eile – aus simplem Grund: Sie wollten die Amis verscheuchen. Ihr oberster Dienstherr, Winston Churchill, war mit seiner Skymaster schon von Hannover aus im Anflug. Er kam aus Bordeaux, nahebei – im luxuriösen Biarritz – hatte er sich im Kreise seiner Familie erholt. Tagelang auf der Terrasse seiner noblen Villa malend an der Staffelei. In Gedanken versunken.

Der Generalsekretär der KPdSU und Vorsitzende des Rates der Volkskommissare, Jossif Wissarionowitsch Stalin, saß unterdessen noch in seinem Salonwagen. Der Sonderzug aus elf Waggons hatte den Belorussischen Bahnhof in Moskau am frühen Morgen des 15. Juli verlassen und wurde erst für den 16. in den späten Vormittagsstunden in Potsdam erwartet.

Die US-Diplomaten benötigten etwa eine halbe Stunde. Dann entstieg Truman unweit des reichlich demolierten Backsteingebäudes »Bahnhof Griebnitzsee« vor einer Villa in der Kaiserstraße 2 seinem Straßenkreuzer. Das Anwesen machte einen äußerst gepflegten Eindruck. »The Little White House« hieß die Adresse längst unter dem umfangreichen Vorauskommando. William D. Leahy, offiziell als »Admiral of the Fleet« der Beauftragte des Präsidenten der USA beim Oberkommando des Heeres und der Marine war in Wirklichkeit der amtierende Hausherr in der Potsdamer Dependance des Weißen Hauses. Ihn und den Präsidenten verband ein tiefes und sehr persönliches Vertrauensverhältnis. Leahy galt als Blitzableiter, organisatorisches Genie und Seelenbriefkasten. Im Wissen, daß der häusliche Truman mindestens drei Wochen fernab der gewohnten Umgebung agieren müsse, sorgte Leahy für wichtige Kleinigkeiten. So sah der Präsident in Neu-Babelsberg in vertraute

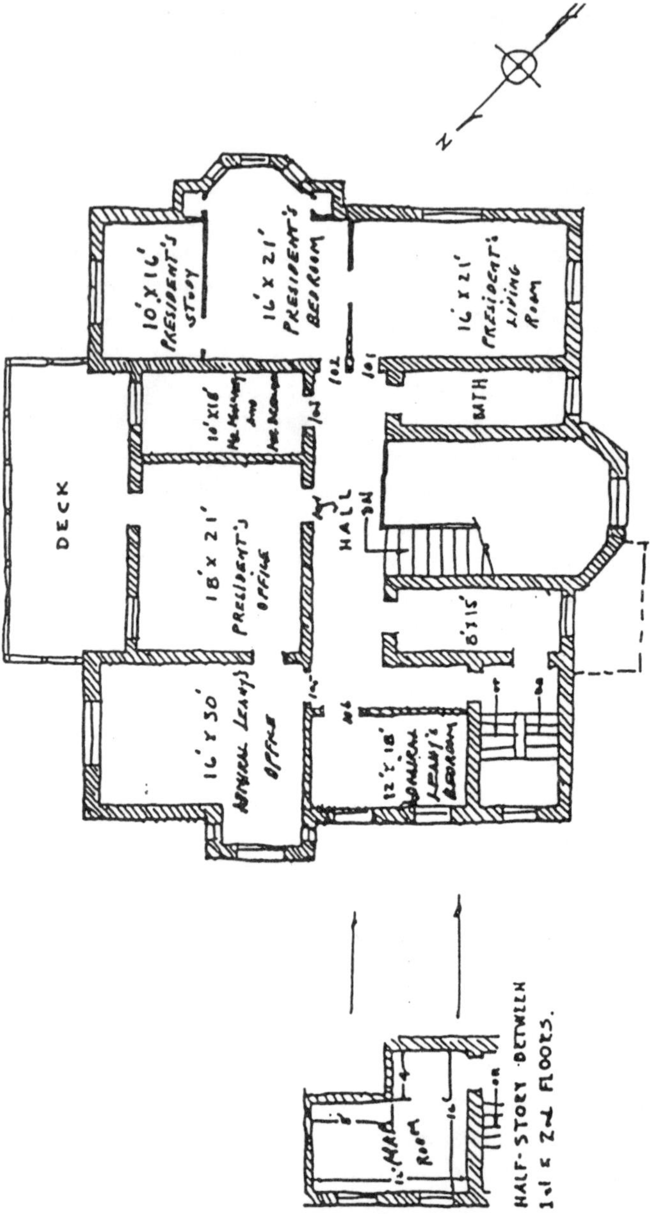

»The Little White House« in Potsdam-Babelsberg, Kaiserstraße 2

Gesichter: Der Nachrichtenoffizier George M. Elsey als Chiffrier-Spezialist in einem Mansardenzimmer unterm Dach wertete alle Depeschen aus, die von der eigenen Funkstation kamen, die von Spezialisten in der Ufa–Tonfilmhalle auf dem Filmgelände aufgebaut worden war. Die Köche und Stewards stellte die Navy ab. Serviert wurde wie immer von Alonzo Fields, als Kammerdiener wirkte als ein stets anwesender, dennoch unsichtbarer Geist Arthur Prettyman. Dreiundfünfzig Personen umfaßte der Kreis des akkreditierten Begleitertrosses. Täglich startete ein Frachtflugzeug nach Paris. Es holte – nach offizieller Lesart – geheime Kurierpost und Mineralwasser, da niemand dem maroden Leitungssystem in Potsdam trauen mochte. Es brachte frische Lebensmittel. Und »nebenbei« auch noch Wein, Champagner und andere kostbare Spirituosen.

Stalin – er hatte im Zug einen leichten Schwächeanfall nach einer langwierigen und nie richtig auskurierten Grippe erlitten – nahm Quartier in der Kaiserstraße 27; einst Domizil der Familie Herpich. »Herpich & Söhne« hatten in der Leipziger Straße im Herzen Berlins ein großes Kaufhaus für Gardinen, Wäsche, Stoffe und Teppiche geführt – Frau Luise, die Witwe, hatte mit ihrem Personal am See bei Potsdam residiert. Churchill lebte in der Ringstraße 23 im prachtvollen Landhaus von Franz Urbig – ehedem Mitinhaber der Deutschen Bank. Gustav Müller Grote, vormaliger Hausherr in der Kaiserstraße 2, hatte zu den erfolgreichsten Verlagsbuchhändlern gehört und sein Babelsberger Heim nur gelegentlich genutzt. Den rechtmäßigen Inhabern blieb eine Frist von wenigen Stunden, um ein paar Taschen und Schachteln raffen zu dürfen – dann wurden sie von sowjetischen Posten verjagt. Wer Glück hatte, fand bei einem Bauern in der Mark Unterschlupf. General Nikolai Alexandrowitsch Antipenko, der den Exodus zu organisieren hatte, nahm für seine »Umsicht« nach der Siegesparade in Moskau einen hohen Orden entgegen. Von Babelsberg aus hatten 20.000 Mann seinen Anweisungen zu folgen.

Niemanden im Troß der Sieger kümmerte es, daß hier in Neubabelsberg, das immer noch wie eine unberührte Oase an der Peripherie des ausgebrannten Berlins lag, nicht nur

Willy Fritsch und Lilian Harvey, die Rökk und die Horney, Erich Kästner, Hans Stuck und Günther Quandt ihre Bleibe gehabt hatten, sondern daß in der Kaiserstraße Nummer 24 auch die Schwester von Generalmajor Henning von Tresckow wohnte. Der traditionsbewußte Preuße, seit dem 1. Februar 1926 Offizier im legendären Infanterieregiment Nummer 9 zu Potsdam, hatte in diesem Haus schon im Dezember 1942 den Chefredakteur der Deutschen Allgemeinen Zeitung, Dr. Karl Silex, mit seiner Offenheit verblüfft: »Der Krieg ist verloren. Hitler ist verrückt geworden und muß beseitigt werden.« Tresckow war zu dieser Zeit immerhin Chef des Generalstabes der Heeresgruppe Mitte!

Im Keller des Anwesens lag in der Nacht vom 19. zum 20. Juli 1944 die Bombe, die Claus Graf Schenk von Stauffenberg anderntags mit in sein Kurierflugzeug packte, das ihn und seine Begleiter, Oberleutnant Werner von Haeften und Generalmajor Helmuth Stieff, von Rangsdorf nach Rastenburg brachte. Er machte den Säurezünder mit einer Flachzange scharf und wartete darauf, daß der britische Sprengstoff in der Gästebaracke der »Wolfsschanze« explodierte.

Um 12 Uhr und 42 Minuten detonierte die Höllenmaschine – vier Tote. Adolf Hitler platzten beide Trommelfelle.

Am Vormittag des 16. Juli 1945 besuchte Truman Churchill, um mit ihm – er sah ihn zum erstenmal – das Frühstück einzunehmen. Diesmal war von amerikanischer Seite darauf verzichtet worden, sich vom Botschafter in London ein Dossier über Churchill ausarbeiten zu lassen, um zu erkunden, wie mit Winston am diplomatischsten zu verfahren sei. Animositäten zwischen den anglo-amerikanischen »Brüdern« wurden während des gesamten Zweiten Weltkriegs zur Tradition. Als Roosevelt im Atlantik auf seinen Verbündeten traf, wähnte er sich bestens präpariert. Joseph Kennedy hatte – verschlüsselt – telegraphiert: »Ein guter beidhändiger Trinker...« Antony Eden und Churchills Tochter Mary saßen in Babelsberg mit am Tisch; die Teetassen hatten die Briten aus London mitgebracht. Mittags fand Truman in seiner Villa Zeit, um an Mama und Mary über sein Potsdamer Quartier zu schreiben: »... dann wurden wir in ein schönes Haus am See geführt. Es gehörte früher dem Direktor einer Filmgesellschaft, der – wie man sagt – nach Rußland geschickt worden ist; warum weiß ich nicht ... doch jetzt will ich schließen, damit diese Zeilen noch in den Kuriersack kommen, der heute nachmittag abgeht. Alles Liebe und Gute Euch beiden, Harry.« (Dieser Hinweis auf einen »Direktor einer Filmgesellschaft« beruht offenkundig auf einer – bewußten oder unbewußten – Falschinformation. Die Ufa, deren Studios in unmittelbarer Nähe lagen, wurde vom stellvertretenden Reichsfilmintendanten Dr. Walther Müller-Goerne kommissarisch geleitet. Der war auch dafür verantwortlich, daß Veit Harlans Durchhaltefilm »Kolberg« nicht nur am 30. Januar 1945 in Berlin uraufgeführt wurde, sondern daß auch eine Kopie per Fallschirm über der Atlantik-Festung La Rochelle abgeworfen wurde. Müller-Goerne und Müller Grote waren Namensverwechslungen. Truman schrieb den Verleger-Erben übrigens viele Jahre später einen persönlichen Brief und entschuldigte sich über die Darstellungsweise in seinen Memoiren.)

Wenige Minuten später, um 13 Uhr 29, erreichte ihn, der sich gerade zu einem kurzen Mittagsschlaf ausstrecken wollte, ein Telegramm. Absender: der Kriegsminister in Washington. Der kurze Text begann mit den vier Worten »Operation heute morgen erfolgt.«

Es war fünf Uhr neunundzwanzig Minuten und fünfundvierzig Sekunden Ortszeit am Punkt Null, als jenes Ereignis eintrat, das nach Trumans Auffassung die »vollständige Umwälzung der gesamten menschlichen Zivilisation überhaupt mit sich bringen mußte.«

Stimson, der unmittelbar nachdem er informiert worden war, in eine bereitstehende Maschine Richtung Europa stieg, traf am 17. Juli in Babelsberg ein. Nach Unterrichtung seines Präsidenten ließ er sich zu Churchill in die Ringstraße bringen. Er trat in dessen Arbeitszimmer und legte wortlos ein Blatt Papier auf den Tisch, das in der Mitte gefaltet war. Auf ihm standen – von Hand geschrieben – die Worte »Babies satisfactorily born – Geburt der Kinder glücklich verlaufen«.

Der Chemiker Dr. George B. Kistiakowsky, ein Harvard-Dozent im Frieden, und Leutnant Howard C. Bush waren die beiden letzten, die über die Leiter vom Stahlturm nach unten kletterten. Eine Stunde nach Mitternacht hatten sie auf der Plattform ihre Wache angetreten. Die Bombe war unterdessen scharf gemacht worden. Immer wieder erhellten Blitze den wolkenverhangenen Himmel.

Um drei Uhr morgens holte ein Jeep, der im Schrittempo zum Gerüst gerollt war, die beiden Nachtwächter ab. Der geplante Termin 04 Uhr 00 war wegen des schlechten Wetters nicht einzuhalten, und so kam die Anordnung, mindestens neunzig Minuten zu warten. Die Sekunde X war also auf 05 Uhr 30 festgelegt, aber ein Unwetter hatte zeitweise eine weitere Verschiebung in den Bereich des Möglichen gerückt. Dann war der Regen merklich schwächer geworden, und alles schien in »Ordnung« zu sein.

Kistiakowsky und sein Kollege Robert F. Bacher hatten in der Nacht zuvor im windschiefen Walmdach-Wohnhaus einer seit langem aufgegebenen Ranch die elementaren Bauteile zusammengesetzt. Das »Ding«, von dem man sprach, ruhte auf einer speziell verstärkten Metallplatte. Niemand hatte ihm einen anderen Namen geben wollen, die Bezeichnung »Bombe« wurde vermieden. Das »Ding« war umgeben von einer Vielzahl von Apparaturen, die bis zum Augenblick des Urknalls Informationen weiterleiten sollten. Die beiden Männer auf dem Turm blieben in ständiger Funkverbindung mit S-10 000, dem Befehlsstand.

Mehr als dreihundert Wissenschaftler, unter ihnen zahlreiche Nobelpreisträger, sollten Augenzeugen werden. Zweihundert Elitesoldaten überwachten die Aktion, etwa fünfzig hohe Offiziere gehörten zu den Auserwählten. In Abstimmung mit Oppenheimer war das Flughafengelände von Alamogordo nach langem Abwägen dazu bestimmt worden, als der Punkt Null in die Geschichte einzugehen. Alles in allem maß das Areal mehr als dreitausend Quadratkilometer.

Carrizozo hieß der am nächsten gelegene Flecken, ein Ort mit knapp anderthalbtausend Menschen. Ahnungslosen Menschen. Das Risiko, durch vorsorgliche Evakuierung

Unruhe auszulösen und mit Fragen Unbeteiligter konfrontiert zu sein, wurde höher eingestuft als die Gefahr, die Arglosen könnten Schaden nehmen an Leib und Gut. Getarnt hatte in der Nacht außerhalb von Carrizozo eine Kolonne von Armeefahrzeugen Stellung bezogen. Sollte der Wind in den letzten Minuten umspringen, waren die Soldaten instruiert, rücksichtslos in die Häuser einzudringen, die Schlafenden zu wecken und auf den Pritschen ihrer LKWs wie Vieh zu deportieren – an einen sicheren Ort; was auch immer angesichts der erwarteten radioaktiven Wolke unter »sicher« zu verstehen sein mochte. Socorro und Alamogordo selbst, 96 Kilometer vom Fadenkreuz der Kernzündung entfernt, blieben ohne jede Vorwarnung. Die Stadt Albuquerque, 352 Kilometer nördlich vom Flugplatz, war ohnehin zu groß, um irgendwelche vernünftigen Maßnahmen koordinieren zu können. Sie läge – so die Berechnungen – »außerhalb der beeinflußten« Zone.

Während auf dem Testgelände schon Monate zuvor mit dem Bau von Baracken und Unterständen und der Installation von Leitungsnetzen begonnen worden war, fehlte das Wichtigste bis zuletzt: das »Ding«.

Eine Distanz von rund 400 Kilometern mußte zwischen Punkt Y und Punkt Null (im amerikanischen Original-Terminus: Ground Zero) überwunden werden. Das Land befand sich im Krieg, hatte Sabotage und gegnerische Selbstmordkommandos einzukalkulieren. Zehntausende waren an ihrem Platz mit dem Projekt beschäftigt. Wer mochte die Hand ins Feuer legen, daß kein einziger Ahnender Verrat an der »guten« Sache übte? Wie ließe sich die Karawane des Todes verheimlichen? Ein unmögliches Vorhaben.

Ein Rechtsanwalt aus Chikago, Thomas O. Jones, der als Hauptmann in der Armee diente, war der Verantwortliche. Er legte die Last des Verderbens auf zwei Schalen. Wer die eine besaß, blieb ohne die andere erfolglos. Aber die kleinste Panne, ein Fehlen weniger Geräte, ein unbeabsichtigtes oder gar mutwilliges Zerstören entscheidender Bauelemente würde das vorzeitige Ende bedeuten.

Die erste Kolonne verließ am Donnerstag, dem 12. Juli 1945, Los Alamos. Nachdem ihre unversehrte Ankunft gemeldet worden war, startete der zweite Zug des Schweigens und des Schreckens am Freitag, dem 13. Juli. Um zwölf Uhr mittags und eine Minute. Neun Stunden später öffnete sich für den vorausrollenden Jeep das gesicherte Tor des Camps.

Dies Tor befand sich auf der sogenannten Trinity Site in einer Höhe von 1.350 Meter über dem Meeresspiegel und gehörte zu einer Luftbasis der US-Army (die Air Force wurde offiziell erst nach dem Zweiten Weltkrieg gegründet und somit eigenständige Waffengattung), die sich für vielerlei Experimente anbot: einerseits wegen der abseitigen Lage und mit nur einer Straßenverbindung gut abzuschirmen, andererseits nahe genug an Alamogordo. Dies war ein Handelsplatz, purer Privatinitiative zu danken, der ein Stück vom amerikanischen Traum, vom Willen, der Berge versetzen kann, widerspiegelte. Charles B. Eddy und John A. Eddy, zwei Brüder aus den Slums von Baltimore, hatten die »El Paso and Northeastern Railroad« finanziert und »ihre Stadt« zum Knotenpunkt für die einträgliche Holz- und Forstwirtschaft der Sacramento Mountains aufsteigen lassen.

Die Nachrichtenverbindungen nach draußen waren nahezu ausnahmslos gekappt. Allein das Pentagon in Washington wurde durch Oppenheimer mit bewußt knappen verschlüsselten Meldungen auf dem laufenden gehalten.

Der Präsident selbst kam nun – auf der »Augusta« – an diese letzten Nachrichten nicht mehr heran. Zu groß schien das Risiko, über den halben Ozean das letzte Geheimnis der Menschheit zu funken; ein Riß im Sicherheitssystem der Nachrichtendienste hätte eine Lawine auslösen könnnen.

So schaute sich Truman im Bordkino der Offiziere zur Entspannung Wildwest- und Revuefilme an. Er bereitete sich mit seinem Stab auf Potsdam vor, studierte Dossiers, war auf Experten angewiesen, die ihm seine Marschroute für den Schacher mit Stalin absteckten.

Sergeant Henry Lehr, ein dürrer Mann mit der kreisrunden Nickelbrille eines Intellektuellen, trug irgendwann zu dieser Stunde in der Wüste von New Mexiko einen Behälter in den Montage-Bunker. Das Paket, das er in seiner Rechten hielt, hatte die Dimension einer normalen Autobatterie und wog rund zehn Kilo. Es war das Herzstück allen Mühens – das aktive Testmaterial Plutonium.

Auf einem speziell konstruierten Tieflader mit dicken Zwillingsreifen an allen vier Achsen zog ein Dieseltraktor die Bombe aus dem Bunker ins Freie. Zwei Planen, die mit Drahtseilen verspannt waren, bedeckten den Metallkörper nur teilweise; offenkundig waren sie dazu da, die Oberseite vor zu großer Erwärmung in der prallen Sonne zu schützen. Ansonsten hatte es von nun an keinen rechten Sinn mehr, dem handverlesenen Kreis der Auserwählten irgendetwas zu verheimlichen. Und ein »Sterblicher« wäre ohnehin fünfzig Kilometer zuvor sofort mißtrauisch abgefangen worden.

Das, woran die Klügsten ihrer Generation sich versucht hatten, sah nicht besonders furchterregend aus – entfernt hatte es eher Ähnlichkeit mit einem flachgelegten Wasserkessel, mit dem im Wilden Westen an einer gottverlassenen Bahnstation die Loks gespeist wurden. Oder vielleicht auch mit einem Trockenfutter-Silo aus Wellblech, wie sie zu Dutzenden an leeren Farmen in den Koppeln lagen – vom Wind eines Nachts weggerissen und nun dem Verrosten schutzlos preisgegeben. Keine drei Meter im Durchmesser und rund sechs Meter lang. Vorne eine halbkugelförmige Kappe, hinten ein Verschluß, der an das Gewinde einer viel zu groß geratenen Glühbirne erinnern mochte.

Das Team, das am Stahlrohrgerüst zuständig war, bestand aus elf Mann. Sie arbeiteten in Hemden mit kurzem Arm und trugen allesamt Panamahüte. An der Kralle eines Flaschenzuges, der von Hand bedient werden mußte, hievten sie am frühen Nachmittag des 15. Juli diesen »aufgeblasenen Torpedo« knapp unter die Spitze des Stahlrohrgerüstes – auf etwa 35 Meter Höhe. Ein Fotograf durfte die Szene festhalten: Das nach langen Jahren vom Pentagon freigegebene Bild erweckt den Anschein, als habe ein Öl-Bohrtrupp irgendwo in Texas eine neue Maschine geliefert bekommen, vor der man stolz zur Erinnerung posierte; ein Foto fürs Familienalbum...

Nichts Dramatisches hat dieses Foto mit den lächelnden Männern unter ihren Panamahüten.

Einer von ihnen, er ist vierzig Jahre alt, heißt Otto Robert

Frisch. Jude, gebürtiger Wiener, aus seiner Welt vertrieben, Neffe von Lise Meitner. Er hatte als erster Nichtbeteiligter von Straßmanns Versuchen erfahren. Dank eines Briefes, den Hahn seiner langjährigen Vertrauten eilig schrieb. Weihnachten 1938, bei einem Spaziergang durch den verschneiten Uferwald von Kungälv nahe Göteborg, kam dieser O. R. Frisch im Gespräch mit seiner Tante (der Brief steckte in ihrer Manteltasche) zur einzig richtigen Erkenntnis: In Berlin, im Deutschen Reich, war die Spaltung eines Atomkerns gelungen. Zum erstenmal. Der Begriff der »Fission« – der Spaltung also –, der bis heute als der wissenschaftlich exakte gilt, stammt von O. R. Frisch.

An vielen Punkten waren Bunker in den Wüstenboden gebaggert worden mit Wänden aus Beton in einer Dicke von fast zwei Metern, mit knochendicken Eisenstäben armiert. 800 Kilometer Kabel transportierten Werte aller Art in die Nachrichtenbunker. Die Piloten der mit Sensoren und Spezialgeräten bestückten B 29-Maschinen waren drei Stunden nach Mitternacht von einer Air Base aufgestiegen. In vorgegebenen Warteschleifen zogen sie ihre Bahn, immer wieder über Funk ihre Positionen meldend.

Dr. Frank Allison war der Ansager, seine Stimme auf der Haupttonleitung zu allen Lautsprechern im Camp geschaltet. Die Stimmenfetzen wurden immer dünner und zerrissener. Stille über New Mexiko. »Minus zwanzig Minuten«, zählte die klar vernehmbare Stimme wie unbeteiligt.

»Minus fünfzehn Minuten«. Niemand war nun noch in der Lage, einzugreifen. Weder Oppenheimer und Groves, noch Fermi und Bohr. Nicht Frisch oder Teller. Deren Platz befand sich 32 Kilometer von Ground Zero entfernt. »Minus zwölf Minuten«.

Die Stimme aus der Box blieb tonlos. »Minus zehn« ... »Minus sechs« ... »Minus fünf« ...

»Minus sechzig Sekunden.« Eine Minute trennte nach drei Jahren unerklärbar komplizierter Arbeit, in die am Ende nicht weniger als zweieinhalb Milliarden Dollar investiert worden waren, die Männer in Alamogordo vom Augenblick der Wahrheit. Von jenem unmeßbar kurzen Bruchteil einer Sekunde. Dann würde »es« geschehen sein.

Zehn Kilometer vom Mast entfernt sollten in einen Bunker versenkte Meßautomaten die Daten der Detonation aufzeichnen, die Menschen, die am nächsten bei Punkt Null kauerten, hatten ihre Posten in einer Distanz von etwa zwanzig Kilometern eingenommen. Am Zentralen Kommando-Bunker standen Groves und Teller. Zwischen beiden gab es eine deutlich spürbare Verstimmung. Der eiserne Disziplin gewöhnte Militär Groves und der extrovertierte ungarische Denker Teller hatten kurz nach Mitternacht bei einem letzten Meeting in der Leitungs-Baracke ihren ersten Disput gehabt. Teller war mit einem Zehn-Dollar-Schein in den Händen durch die Reihen gegangen und hatte sarkastisch Wetten angeboten, daß der Globus in weniger als einem halben Tag in die Luft fliegen und die Erde aufhören würde zu existieren. Niemand wisse, ob die Hitze der Atombombe nicht so anstiege, daß sie die Atmosphäre in Brand stecke. Finge die Lufthülle, die die Erde umschloß, nur an einem Punkt Feuer, so könne nichts und niemand diese Flammen löschen. Die Apokalypse vernichte alles Leben. Prometheus, der den Menschen das Feuer gebracht hatte, jener an einen Felsen geschmiedete Titan, würde sich losreißen und aus Rache die Fackel ins All schleudern ... Tellers Lippen waren zu einem Grinsen verzogen: »Es ist eine gute Wette. Für mich. Ich kann nur gewinnen – verlieren werden wir alle.« Groves reagierte wütend: »Mister Teller – bitte verlassen Sie den Raum, sofort.«

Die Wette galt.

»Minus fünfzehn.«

»Minus zehn.«

»Neun. Acht. Sieben. Sechs. Fünf.«

Stille...

»Jetzt«

Sagte Allison.

Das Code-Telegramm war von George L. Harrison formuliert worden. In Zeiten des Friedens hatte er auf dem Stuhl eines Direktors der New Yorker Lebensversicherung gesessen. Nun fungierte er in der Wüste von New Mexiko als Sonderassistent im Kriegsministerium, Stimson direkt unterstellt. Von Washington aus wurde die Depesche im exakten Wortlaut verschlüsselt über den Atlantik nach Potsdam weitergeleitet. In der Kaiserstraße 2 in Neubabelsberg lag ihr Text wenig später vor Harry S. Truman.

»Operation heute morgen erfolgt. Diagnose noch nicht vollständig, aber Ergebnisse erscheinen befriedigend und übertreffen bereits Erwartungen. Mitteilung an die Ortspresse erforderlich, weil das Interesse sich auf eine große Entfernung ausdehnt. Dr. Groves ist erfreut. Er kehrt morgen zurück. Ich werde Sie auf dem laufenden halten.«

Die Passagiere des Nachtzuges 218 von Denver nach Santa Fe befanden sich in der Nähe von Mountainair, als eine riesige Faust nach den Waggons zu greifen schien und sie durchrüttelte. Man hatte zunächst Furcht, durch ein Erdbebengebiet zu fahren, sah dann aber ein weißes Licht am Himmel und war sicher, zufällig Augenzeuge eines Flugzeugunglücks geworden zu sein. Einige Frauen begannen zu beten. In Gallup im Bundesstaat New Mexiko, fünfhundert Kilometer vom Explosionsherd entfernt, klirrten die Scheiben. Im texanischen Amarillo – siebenhundert Kilometer vom Punkt Null gelegen – war der Himmel plötzlich taghell. In El Paso, 250 Kilometer südlich, hörte man bei geschlossenem Fenster eine Detonation und zwei darauffolgende Echos. Das Kriegsministerium leitete der Nachrichtenagentur AP eine Erklärung zu: »Der Kommandant des Fliegerhorstes der Heeresluftwaffe Alamogordo hat heute folgendes mitgeteilt: Wegen einer heftigen Explosion, die sich heute morgen im Sperrgebiet des Fliegerhorstes Alamogordo ereignete, sind mehrere Anfragen eingegangen. Ein weit abgelegenes Munitionslager mit einer bedeutenden Menge hochexplosiven Sprengstoffs und pyrotechnischen Materials ist explodiert. Es ist niemand ums Leben gekommen oder verletzt worden, und der Schaden an Eigentum außerhalb des Sprengstofflagers selbst ist unwesentlich. Da auch Gasgranaten explodiert sind, könnte es bei den herrschenden Wetterverhältnissen erwünscht sein, vorübergehend ein paar Wohnhäuser zu räumen.«

Teller erinnert sich in seinem Buch »Das Vermächtnis von Hiroshima«: »Unser Beobachtungsposten lag etwa 32

Kilometer von der Versuchsstelle entfernt. Man hatte uns befohlen, uns in den Sand zu legen, das Gesicht von der Explosion abzuwenden und den Kopf in den Armen zu vergraben. Niemand befolgte diese Anweisung. Wir waren entschlossen, dem Ungeheuer ins Gesicht zu starren. Aber da ich daran gewöhnt war, mit dem Unmöglichen zu rechnen, war ich vorsichtig. Über die große Schweißerbrille setzte ich noch eine Sonnenbrille auf: Ich rieb mein Gesicht mit Sonnenöl ein und trug dicke Handschuhe. Die fünf Sekunden Stille zogen sich so lange hin, daß ich glaubte, die Mission sei mißglückt. In dem Augenblick, in dem ich meine Schutzbrille abnehmen wollte, erkannte ich plötzlich einen winzig kleinen Lichtpunkt. Ich war enttäuscht. Ist das alles, wofür wir so schwer gearbeitet haben? Dann fiel mir ein, daß ich zwei dunkle Gläser trug. Der Nadelpunkt Licht wurde größer und verblaßte. Ich hob meine Schweißerbrille rechts einen Spalt an, um Licht hereinzulassen. Es war, als hätte ich in einem dunklen Zimmer dichte Vorhänge vor grellem Sonnenlicht zurückgezogen.«

In seinem Report für das Kriegsministerium schrieb General Thomas F. Farrell: »Keine durch den Menschen verursachte Erscheinung von solcher Gewalt hatte es je zuvor gegeben. Die Lichtwirkungen waren einfach nicht zu beschreiben. Das ganze Land war wie von Scheinwerfern erhellt, die das Vielfache an Lichtstärke von dem der Mittagssonne ausstrahlten. Dieses Licht war goldfarben, purpurn, violett, grau und blau. Es erhellte jeden Gipfel, jede Schlucht und jeden Bergrücken des nahen Gebirgslandes mit einer Klarheit und leuchtenden Schönheit, die man nur erleben, aber nicht beschreiben kann. Es war jene Schönheit, von der die Dichter träumen, und die sie doch nur höchst armselig und unzureichend wiederzugeben vermögen. Dreißig Sekunden nach der Explosion wurde zuerst der Luftdruck spürbar, und ihm beugten sich Mensch und Dinge; fast unmittelbar folgte ihm das gewaltige furchtbare Donnern, das an den jüngsten Tag gemahnte und uns fühlen ließ, daß es eine Gotteslästerung von uns winzigen Wesen war, den Versuch zu machen, uns mit Kräften abzugeben, die bis dahin nur der Allmächtige regierte.«

Waren diese Kräfte überhaupt meßbar? Fermi und einige Begleiter (sie lagen im Kreis I, nur achtzehn Kilometer vom Explosionsherd entfernt) wagten sich als erste nach draußen. Das Team kletterte in einen mit Blei zusätzlich abgeschotteten Panzer und rollte langsam in die Nähe von Punkt Null; jede Gefahr der Radioaktivität, um die man wußte, negierend. Ferngesteuerte Schaufeln bargen Bodenproben. Am Nachmittag kamen aus der Luft vorläufige Meßergebnisse: der Abschußplatz sei nur noch ein Krater mit einem Durchmesser von einem halben Kilometer. An der Peripherie drei, in seinem Kern etwa acht Meter tief.

Hier war auch der Begriff vom Atompilz geboren worden. Wer wollte zuvor erahnen, welche Form die Wolke, jenseits alles Vergleichbaren, annehmen sollte? Die Frage, ob giftig oder nicht – irrelevant. Die sonderbar kompakte Masse aus Staub, Dampf, Materie hörte nicht auf, sich in den Himmel zu krallen. So haben die Naiven anderer Kulturen aus fernen Epochen die Gottsuchenden dargestellt: ins Firmament greifend, hoffnungsvoll, verzweifelt. Der Pilz hatte am Ende ein Maß erreicht, das dem zweiunddreißigfachen der Höhe des Empire-State-Building entsprach. Aus einer Distanz von noch rund 250 Kilometern war »es« zu sehen. Erkennbar, nicht erklärbar.

Das Wissen um die Explosion wurde nach und nach immer kompakter. Im Radius von zwei Kilometern fand sich kein Grashalm wieder, nicht das winzigste Indiz auf einstiges tierisches Leben. Nicht einmal Partikel von Skeletten oder Muskelfasern, von Blutspritzern oder Exkrementen ließen sich ausmachen – selbst unter den leistungsfähigsten Mikroskopen nicht.

Später hatten alle Augenzeugen ihre Berichte abzuliefern. So subjektiv wie irgend möglich – forderten die Auftraggeber – sollten sie ausfallen. Der Biologe Edwin M. McMillan gab seinen Rapport drei Tage nach dem Ereignis: »Ich werde versuchen, den Trinity Test zu beschreiben, und zwar wie ich ihn von der Hill Station, 32 Kilometer von der Versuchsstätte entfernt, beobachtet habe. Keine meiner geschätzten Zeitangaben oder das Ausmaß können als sehr akkurat angesehen werden, da ich im Vergleich zu anderen starke Abweichungen festgestellt habe, was die Schwierigkeit eigener Schätzung ohne Instrumente zeigt. Die Explosion ereignete sich um etwa 5 Uhr 30, kurz vor Sonnenaufgang. Ich habe die Detonation durch ein Stück schwarzes Glas (wie das einer Schweißerbrille) beobachtet. Ein sich ausbreitender heller Lichtblitz schoß empor und breitete sich rasch aus. Ich fühlte Hitze auf Gesicht und Händen, etwa eine Sekunde lang. Nach etwa zwei Sekunden nahm ich das Glas ab. Himmel und umliegende Landschaft waren hell beleuchtet, doch nicht so stark wie im vollen Sonnenlicht. Der Feuerball war noch zu hell, um direkt hineinzuschauen. Aber man konnte sehen, wie er sich hob und ausbreitete und langsam verblaßte. Irgendwann innerhalb dieses Stadiums verdunsteten die Wolkenschichten über der Explosion und bildeten ein Loch, das rasch größer wurde. Nach etwa dreißig Sekunden bildete sich ein Pilz; ich schätze diesen pilzförmigen Ball auf etwa 1,6 Kilometer im Durchmesser und circa 6,4 Kilometer über dem Erdboden schwebend, in einem stumpfen Rot glühend. Ein dunkler Stamm verband ihn mit dem Erdboden und verteilte sich zu einer dünnen Staubschicht, die sich in einem Radius von circa zehn Kilometern ausbreitete. Als das Rotglühen verblaßte, trat ein bemerkenswerter Effekt auf. Die ganze Oberfläche des Berges lag in einem purpurnen Schein, wie durch die elektrische Reizung der Luft produziert und zweifellos durch die Radioaktivität des in dem Feuerball enthaltenen Materials verursacht. Dies blieb etwa fünf Sekunden sichtbar. Inzwischen war der Schein der aufgehenden Sonne hell genug, Leuchteffekte zu verdunkeln. Etwa um den Zeitpunkt, als die Helligkeit abnahm, brach eine große Wolke oben aus der Spitze des Balls aus und wuchs rasch bis zu einer Höhe von etwa 13 km, dehnte sich mehrmals in der Größe des Balls zu einer ziemlich unregelmäßigen Form aus. Nach etwa zwei Minuten erfolgte die Explosion. Es war ein bemerkenswert scharfer Knall, eigentlich mehr ein Dröhnen. Ich spürte nichts von der Druckwelle ... Das gesamte Schauspiel war so kolossal, man könnte fast sagen so phantastisch, daß man die erste Reaktion der Beobachter eher als Furcht, denn als Begeisterung bezeichnen könnte.

Nach einigen Minuten der Stille hörte man von einigen Leuten Äußerungen wie Es hat geklappt. Danach schloß sich allgemeine Unterhaltung und Diskussion an. Ich bin sicher, daß jeder, der Augenzeuge dieses Tests war, mit dem Gefühl weggegangen ist, eines der größten Ereignisse der Geschichte miterlebt zu haben.«

Der Bericht von Edwin M. McMillan bekam – wie die aller anderen auch – eine Kodierung und verfiel sofort der strikten Geheimhaltung. Erst 1958 – ein Jahr nachdem in Los Alamos alle Wachtore und -türme beseitigt worden waren – machte ihn ein US-Bundesgesetz der Allgemeinheit zugänglich. Unter »Files M 29 G1.19.07.1945« ist er einzusehen. Im Bradbury Science Museum an der Central Avenue/Ecke 15. Straße. (Bitte beachten: am Ersten Weihnachtsfeiertag geschlossen...)

Der Stahlturm, auf dem die Bombe gelegen hatte, blieb spurlos verschwunden. Im Sinn des Wortes: ohne eine einzige Spur.

Farmer entdeckten Tage später, etwa dreißig Kilometer entfernt, eine verstörte Rinderherde, ihre Leiber mit grauen und blauen Flecken übersät. Man sagte den Besitzern den Grund nicht, riet ihnen aber »in ihrem Interesse, das Vieh zu schlachten und auf den Verzehr zu verzichten.«

Als Minister Stimson seinem Präsidenten und dessen fünf Beratern im Kleinen Weißen Haus am Griebnitzsee von dem Experiment berichtete, waren die Realisierbarkeit der Idee und die Möglichkeit, eine Bombe zu zünden, bewiesen. Aber die Folgen des Versuchs, sich mit jenen Kräften abzugeben, die »bis dahin nur der Allmächtige regierte« standen in der Villa am Wasser nicht zur Debatte.

Im Gartenzimmer in Neubabelsberg wurde keiner der Männer am Kamin von Zweifeln oder Skrupeln geplagt. Jedenfalls gab es keiner von ihnen zu.

Stimson als Kriegsminister hatte die strategische Linie klar vorgezeichnet. Zu einem Zeitpunkt, da die Wirkung der Wunderwaffe nur in der Theorie erahnbar war, sie aber keines Menschen Auge je mitangesehen hatte, mitansehen mußte.

Am 31. Mai 1945 war der zuständige Interimsausschuß

durch Stimson informiert worden. In seinem Büro sagte er: »Auf unseren Schultern lastet eine große Verantwortung. Wir sollen eine Entscheidung fällen, die einen Wendepunkt der Zivilisation herbeiführen kann. Wir werden bald eine Waffe von bisher noch nie dagewesener Zerstörungskraft zur Verfügung haben. Heute beschäftigt uns alle nur ein Problem: der Krieg. Unsere große Aufgabe ist es, den Krieg schnell und siegreich zu beenden. Es ist anzunehmen, daß die neue Waffe uns eine alles überragende Macht verleihen wird. Wir haben die Pflicht, diese Waffe mit größter Weisheit zu gebrauchen.«

Die Lunte in Brand gesteckt. Die Militärs, ihr Kriegsminister, dessen Präsident – sie wollten die Bombe. Nun hatten sie sie. Und sie mußten sie – wer mochte und durfte daran zweifeln? – auch einsetzen. Am »Wendepunkt der Zivilisation«. Das hatte Stimson, wenn auch ungewollt, richtig gesehen. Viel später hatte sich Oppenheimer mit der fatalen uralten Leidenschaft der Gelehrten auseinandergesetzt, der unbekannten Wissenschaft um jeden Preis ihr Geheimnis zu entreißen. Aber da ist es eben zu spät gewesen.

Leo Szilárd waren diese Skrupel früher gekommen. Als er sich bewußt geworden war, was seine Physik in Wochen, vielleicht schon Tagen, anrichten würde, brachte er ein Memorandum zu Papier. Er machte eindringlich auf die tödliche Gefahr der atomaren Rüstung aufmerksam, beschwor die moralische Bürde, die auf ihren Vätern und Vordenkern ruhe. Der erste, dem er sich anvertraute, war sein Landsmann Teller. Der ging – unschlüssig – zu Oppenheimer. Nach einem Gespräch unter vier Augen glaubte Teller die Antwort zu wissen. Er schrieb Szilárd einen Brief: »Es ist wahr. Ich habe nicht aus eigennützigen Motiven heraus an dem Projekt mitgearbeitet, und es gab mehr Ärger als Freude dabei. Ich habe daran gearbeitet, weil mich die Probleme interessiert haben, und ich hätte es als eine große Einschränkung empfunden, nicht weiterzumachen. Ich kann nicht behaupten, ich hätte nur meine Pflicht getan. Trotz Pflichtgefühls hätte ich mich von solch einer Arbeit fernhalten können. Gegen meine Neigung hätte es mich nicht zu dieser Tätigkeit veranlassen können. Wenn du mich davon überzeugen könntest, daß Deine moralischen Einwände richtig sind, würde ich aufhören, zu arbeiten. Aber ich glaube nicht, daß ich protestieren würde.«

So blieb Leo Szilárd mit seinen moralischen Einwänden am Ende der einzige, der Alleingelassene. Keiner der anderen erhob sein Veto dagegen, in irgendeiner Stadt in Japan Zehntausende – Greise, Mütter, Neugeborene – auszuersehen, die ersten Opfer einer Atombombe zu werden.

Am Abend des 23. Juli gab Winston Churchill in der Villa an der Ringstraße 23 ein Bankett. Es war nicht das erste abendliche Aufeinandertreffen der Großen Drei. Diplomatische Etikette schrieb vor, daß jeder der Staatsmänner für die beiden anderen Gesprächspartner Gastgeberpflichten übernehmen müsse. An der Tafel saßen die engsten Berater und die ranghöchsten Offiziere; die Dolmetscher hockten auf Stühlen dahinter, nach vorn gebeugt, um den small talk nicht zu stören.

Nach dem Dessert erhob Stalin sein Glas und bat – gegen seine sonstigen Gepflogenheiten – reichlich laut, ausgerechnet auf Tokio anzustoßen. Dies würde wohl nach Teheran, Jalta und Potsdam der nächste Ort für ein Treffen der Kriegsalliierten sein.

Es schien allen Eingeweihten logisch, daß eine derartige Laune nur aufgesetzt war, ein Kalkül – die verklausulierte Botschaft, daß es noch eine Runde geben müsse. Nachdem die Achsenmächte besiegt worden waren, die der Alten Welt, nachdem die Beute Europa mehr oder weniger redlich geteilt war, käme Japan, der dritte Teil der Achse, an die Reihe.

Für Churchill, der zwischen Stalin und Truman saß, galt dies als der letzte Beweis, daß die UdSSR in Kürze dem Kaiserreich den Krieg erklären würde. Zumal der Georgier sich in offener Runde und vor vielen Ohren weitschweifig darüber ausließ, welches Für und Wider der Transsibirischen Eisenbahn als Verkehrsstrang und Aufmarschtrasse anhaftete.

Was Stalin nicht bemerkte: Truman und Churchill warfen sich einen kurzen Blick zu. Beide, die von der Bombe wußten, waren nun – im Gegensatz zu Europa – im Pazifik auf die unwillkommene Schützenhilfe der Kommunisten nicht mehr angewiesen. Die Transsibirische Eisenbahn, von der Stalin sprach, hatte ihren zweifelhaften Nutzen längst verloren, wenn nur ein einziges Flugzeug genügte, um mit einem Handgriff eine Fracht abzuwerfen, die eine Stadt – eine ganze Stadt – in weniger als einem Atemzug von der Erdoberfläche verschwinden ließ.

Der Diktator, der in der protokollarischen Rangordnung Potsdams auf Platz drei und offiziell als der »Vorsitzende des Rates der Volkskommissare der UdSSR« firmierte, glaubte irrtümlich, beim Niederringen der Japaner unentbehrlich zu sein.

Churchill, der mehr wußte, sah das anders. In seinen voluminösen Erinnerungen, in denen er sich weitschweifig über unbedeutende Details auslassen konnte, genügte ihm für diese Erkenntnis nur ein Satz: »Wir brauchten die Russen nicht mehr.« Später wandte sich der Premier an seinen Außenminister Antony Eden und schrieb ihm: »Es ist ganz klar, daß die Vereinigten Staaten die russische Kriegsbeteiligung gegen Japan nicht mehr wünschen.«

Der Mohr hatte gegen die Nazis seine Schuldigkeit getan. Nun konnte der Mohr gefälligst gehen. Der wollte aber nicht. Keine Frage, daß dem Bullen, dem politischen Fuchs, dem Royalisten und Anti-Kommunisten ohnehin bewußt war, daß der »Verbündete« Stalin sich nicht abspeisen ließe mit irgendwelchen Teilen der deutschen Flotte oder demontierten und deportierten Industrieanlagen. Churchill sah, daß es keine Chance gab, die siegreiche Rote Armee freundlich aus Berlin und aus der östlichen Hälfte Deutschlands hinauszu komplimentieren. Um Polens Freiheit willen hatte Churchill das Empire gegen Hitler in den Krieg gezerrt (viele Konservative im eigenen Land und im eigenen Lager wußten nicht, was Winston gegen den tüchtigen Hitler überhaupt vorzubringen hatte). Und dennoch: Polen verloren, verspielt! Nun aber – erkennend, daß auf dem Kriegsschauplatz Europa doch so vieles schiefgelaufen war – galt es, den gefräßigen Bären von der süßen Beute Japan wegzudrängen.

Die Waffe, jetzt vorhanden, war schon wieder überflüssig. Der Tod von unschätzbar vielen Menschen unsinnig, unmoralisch. Militärs wissen, daß »Sinn« und »Moral« keine Vokabeln für den Krieg sein können. Als die Vereinigten Stabschefs im Februar 1944 General Dwight D. Eisenhower in Washington den Befehl für die Invasion erteilten, genügte ein einziger Satz: »Sie werden auf dem europäischen Festland landen und zusammen mit den anderen Vereinten Nationen Kampfhandlungen durchführen, die auf das Herz Deutschlands und die Vernichtung seiner bewaffneten Streitkräfte zielen.«

Eisenhower sprach von einem »großen Kreuzzug«; mit ihm gingen eine Million und siebenhunderttausend Seeleute, Soldaten, Flieger. Und mit ihm zogen mehr als eine Million Männer (und Frauen), die sich aus kanadischen, britischen, polnischen, norwegischen, belgischen, holländischen, tschechischen und französischen Einheiten rekrutierten.

Sein Kreuzzug machte Sinn: Hitler zu vertreiben und zu vernichten. Das Handeln blieb moralisch: Es genügte, an die Städte und Stätten Auschwitz, Bergen-Belsen, Buchenwald, Dachau, Flossenbürg, Lublin, Maidanek, Mauthausen, Oranienburg, Ravensbrück, Sachsenhausen, Treblinka zu denken.

Und dennoch mußte der Mann, der in der Eichenbibliothek des Marinequartiers von Southwick House trotz verheerend schlechten Wetters »Overlord« startete, wägen: Hie der Mensch, seine Menschen, ihr Leben, ihre Unversehrtheit. Dort die Opfer der NS-Diktatur. Keiner kannte seine Gedanken. Denn General Montgomery, der neben ihm saß, hatte ein Wort genügt: »Los!«. Eisenhower war der letzte der zwölf ranghohen Offiziere im Raum, der das Wort ergriff: »Ich bin überzeugt, daß wir den Befehl zum Angriff geben müssen. Es gefällt mir nicht, aber es geht nicht anders, es gibt keinen anderen Weg.« Und von Minute an schwirrten die berühmten Zeilen von Paul Verlaines »Herbstlied« in den nächtlichen Äther: »... blessent mon cœur d'une langueur monotone.« Das letzte Zeichen für den Widerstand. Schon am 1. Juni, in den Abendnachrichten der

BBC um neun Uhr waren die Anfangszeilen des Verlaine-Verses hinausgegangen: »Les sanglots longs des violons de l'automne...«

Das Signal. Ein Satz voller Poesie als Trompetenstoß für den zehntausendfachen Tod: »Das lange Schluchzen herbstlicher Geigen, die mein Herz mit langweilender Mattigkeit verwunden.«

Oberstleutnant Hellmuth Meyer, Ic bei Stab der 15. Armee und Chef des Horchfunktrupps der Wehrmacht, hatte die Nachricht in seinem Quartier an der belgischen Grenze aufgefangen, und durch »Cicero« war er vorgewarnt. »Cicero«, dessen bürgerlicher Name Eliezar Bazna lautete, diente der Wehrmacht als Deckname für den Kammerdiener beim Britischen Gesandten in Ankara, Sir Hugh Montgomery Knatchbull-Hugessen. »Cicero«, ein 1904 im damals albanischen Piristine geborener naturalisierter Türke, hatte über den Wiener Journalisten und SD-Attaché an der deutschen Botschaft, Ludwig Moyzisch, Kontakt zur Abwehr. 300.000 Pfund soll die ihm im Lauf der Jahre angeblich zugeschanzt haben. (Ein Betrag, den »Cicero« stets dementierte und der zudem größtenteils mit Falschgeld beglichen worden war). Der gefährlichste Verräter der West-Alliierten endete nicht am Galgen, sondern er starb am 18. Dezember 1970 in München – für die Beerdigung auf dem Friedhof am Perlacher Forst kam das Sozialamt auf... Admiral Wilhelm Canaris, Chef des Militärischen Nachrichtendienstes (und bereits seit der Fritsch-Affäre im Jahr 1938 auf klarer Distanz zu Hitler), rückte damals nicht von der Überzeugung ab, daß sein »Cicero« zuverlässig und dessen Nachrichten korrekt seien. Nichts geschah: Rommel frühstückte in der Etappe. Admiral Jesko von Puttkammer, als Hitlers Marinesachverständiger in einem Gästehaus des Berchtesgadener Berghofes einquartiert, wagte es nicht, den Führer »nur deswegen« zu wecken.

Generalleutnant Bradley (mit Watte in den Ohren) sah im Fernglas seine Männer landen. Bradleys Logenplatz: die Brücke des Flaggschiffes. Es war der Schwere Kreuzer »Augusta«.

»Overlord« ein Erfolg. 11.912 Bomben regneten am 6.

Juni über der Normandie auf die Linien der Deutschen. Die Brückenköpfe, die in den Abschnitten »Utah«, »Omaha«, »Gold«, »Juno« und »Sword« genommen waren, wucherten immer weiter ins Festland hinein. Aber nicht der 6. Juni 1944, der »D-Day«, jener legendäre »Längste Tag« (Der Terminus stammt von Rommel, der am 22. April 1944 zu seinem Ordonnanzoffizier Hauptmann Hellmuth Lang gesagt hatte: »Für die Alliierten und für Deutschland wird es der längste Tag sein.«) geriet zum Wendepunkt der Epoche. Diese Stunde schlug erst siebeneinhalb Wochen später. Am 31. Juli 1944. Ein »Wäre« und ein »Hätte« lassen sich dabei nicht vermeiden: Wäre Hitler der Bombe zum Opfer gefallen, hätte die »Operation Walküre« Erfolg gehabt, läse sich die Geschichte heutigen Tages völlig anders. So aber stießen die Panzerdivisionen der 1. US-Armee über Avranches hinaus. Die Zwölfte Heeresgruppe unter General Omar N. Bradley und die Einundzwanzigste Heeresgruppe unter Feldmarschall Bernard L. Montgomery stürmten hinein in die Bretagne, auf die Loire zu und – der Todesstoß – hinter die Linien der deutschen Normandiefront.

Avranches heißt in der Geschichte der Ort, an dem die Atombombe der Amerikaner gegen die Deutschen zweierlei verlor: Sinn und Moral.

Churchill in seinen Memoiren: »Plötzlich schien uns das Mittel in die Hand gegeben, durch das sich nicht nur das Gemetzel im Fernen Osten gnädig abkürzen ließ – auch die Aussichten für die Zukunft Europas schienen rosiger geworden. Daß meine amerikanischen Freunde ähnlich dachten, unterliegt für mich keinem Zweifel. Ob die Atombombe anzuwenden sei oder nicht, darüber wurde überhaupt nicht gesprochen. Es schien nach allem, was wir durchgemacht hatten, ein wahres Wunder der Erlösung, falls es uns wirklich gelang, mittels einiger weniger Explosionen und der damit verbundenen Demonstrationen unserer überwältigenden Macht, den Krieg zu beenden, dem Blutbad Einhalt zu gebieten, die Welt zu befrieden und ihren gequälten Völkern mit heilenden Händen zu nahen. Grundsätzlich hatten wir Briten unsere Zustimmung zur Verwendung der Waffe schon am 4. Juli, also noch vor dem großen Versuch, ausgesprochen. Die endgültige Entscheidung lag jetzt in der Hauptsache bei Präsident Truman, der über sie verfügte; doch habe ich nie gezweifelt, wie er sich entscheiden würde, noch habe ich seither je daran gezweifelt, daß sein Entschluß richtig gewesen ist.«

So hatte der Blick, dieser eine Moment am Tisch genügt, um sich mit einem Wimpernschlag das Einverständnis zu geben, die Bombe zu zünden. Um – nach Churchill – die »Welt zu befrieden und ihren gequälten Völkern mit heilenden Händen« gegenüberzutreten. So, als wäre das alles so böse gar nicht gemeint gewesen...

Dieses Einverständnis – und sei es auch nur mit diesem einen Wimpernschlag gegeben – mußte sein. Roosevelt und Churchill hatten 1943 in Quebec drei Essentials vereinbart: Kernwaffen nie gegeneinander einzusetzen, sie nie ohne Zustimmung des Partners gegen Dritte zu nutzen und das Wissen keinem weiteren Partner zugänglich zu machen – sei er auch offiziell verbündet. Die Sowjetunion war ein Verbündeter. Seit Quebec hatte sich die Welt gewandelt. Berlin gefallen, Deutschland besiegt. Erforderte es da nicht das Gebot der Aufrichtigkeit, Stalin einzuweihen oder sogar einzubinden? Churchill galt a priori noch nicht einmal als bedingungsloser Verfechter der Superwaffe. Er – so sagte er 1941 – »könne mit dem vorhandenen Sprengstoff durchaus zufrieden sein«. Jetzt lagen die Dinge für ihn anders. Auf dem Umweg über den Juristen und Roosevelt-Vertrauten Felix Frankfurter hatte der Däne Niels Bohr beim US-Präsidenten mit allem Ernst die Frage aufgeworfen, ob es nicht an der Zeit sei – im Sommer 1944 – Moskauer Physiker einzubinden in die Arbeit oder wenigstens in Teilbereichen zu informieren. Roosevelt ließ Bohr ins Oval Office kommen, er war in dieser Unterredung weit konzilianter als Churchill. Der britische Premier hatte Bohr bei einer Audienz am 16. Mai 1944 in London gereizt und ruppig abgekanzelt. Das Ansinnen des geachteten Nobelpreisträgers, brisante anglo-amerikanische Erkenntnisse von allerhöchster Geheimhaltungsstufe den Kommunisten zuzuspielen, sei ein Gipfel an politischer Ignoranz und persönlicher Unverfrorenheit. An Edward Halifax, den Botschafter in den USA, telegrafierte der fassungslos erboste Premier: »Mir scheint, man sollte Bohr festsetzen oder ihm zumindest eindeutig klarmachen, daß er sehr nahe dran ist, tödliche Verbrechen zu begehen.«

Der Feind hier am Tisch in Potsdam hieß für den fast Siebzigjährigen, der mit der Weisheit des Alten genau wußte, daß die Macht des Empire in Scherben gefallen war, nicht Hitler-Deutschland. Dieses Kapitel war abgehakt. Der neue Widersacher – für ein Jahrhundert möglicherweise – mußte die Sowjetunion werden; weit über das Ende Stalins hinaus.

Der Diktator war zwar wenig später doch noch dazugekommen, auf den Kriegszug aufzusitzen und Japan den Kampf anzusagen. Aber groß war die erhoffte Beute nicht mehr: die Kurilen. Diese tristen Inseln hielten sich als Zankapfel über ein halbes Jahrhundert. Die dort stationierten nuklearen Basen waren es den Sowjets noch nach vierzig Jahren Frieden wert, am 1. September 1983 einem Jumbo-Jet der Korean Airlines mit der Flugnummer 007 eine Luft-Luft-Rakete ins Leitwerk zu feuern. Um 03 Uhr 27 Minuten und 10 Sekunden japanischer Zeit sendet die Boeing 747 ihr letztes SOS. Dann stürzt sie südwestlich von Sachalin ins Meer. Alle zweihundertneunundsechzig Insassen sind tot...

Weltgeschichte ist nicht allein die Summe historischer Entschlüsse. Zu epochalen Ereignissen mischen sich Plattheiten und kindische Nebensächlichkeiten.

Während in Potsdam die Ausschüsse um acht Uhr tagten, die Außenminister um elf Uhr konferierten und sich in ihrem gegenseitigen Mißtrauen übertrafen, speisten und tranken die »Häuptlinge« bis tief in die Nacht hinein – alles Ärgerliche ausklammernd: Diplomatie. Es gab Regeln, viele Regeln. Zum Beispiel die, daß der fünfzackige Stern vor dem Tagungsort aus Geranien und Rosen bestehe und von Hortensien umrandet sei. Stern rot, Rand blau – protokollarisch festgehalten.

Etikette hin, Protokoll her: Es geschah an diesem späten Abend des 23. Juli 1945 etwas sehr Sonderbares: Stalin –

als Gast von Churchill – war aufgestanden, ging wie im Slalom durch die Stuhlreihen und ließ sich auf seine Bankettkarte die Namenszüge aller Anwesenden geben.

Mit Schweißperlen auf der Stirn nahm er wieder Platz, lachte wie ein Junge nach einem Schelmenstreich, schaute zu Churchill hin. Der füllte zwei Rotweingläser mit Cognac. Bis zum Rand. Reichte eines dem neuen Zaren des Russenreichs und blickt ihm prüfend in die Augen. Stalin zögerte nicht, griff danach und leerte es – wie der Engländer – in einem Zug.

Zum Wohl!

Auf wessen Wohl?

Am Ende der routinemäßigen Nachmittagssitzung des nächsten Tages – es war der 24. Juli 1945 – schlenderte Präsident Truman in der Halle des Schlosses Cecilienhof fast beiläufig zum Mann aus dem Kreml hin. Abseits des großen runden Konferenztisches zog er seinen Chefdolmetscher Charles E. Bohlen hinzu. Churchill – aus Instinkt immer wachsam – konnte die Dreiergruppe aus den Augenwinkeln heimlich im Blick behalten. Worum es ging, hörte er nicht. Er wußte es. Am Mienenspiel ließ sich ablesen, was der Amerikaner zu sagen hatte und wie der Georgier reagierte.

Truman teilte ihm mit, betont beiläufig, daß ihm seine Rüstungsexperten von einer neuen Waffe berichtet hätten, deren Wirkung nach vorläufiger Einschätzung alles bisher Gekannte überträfe. Stalin nahm es zur Kenntnis, bemerkte, dies wäre wohl hilfreich im Kampf gegen die Japaner und ging ansonsten darüber hinweg. Lächelnd führte er den Dialog weiter, kramte nach den üblichen oberflächlichen Höflichkeiten. Sie gehörten dazu, kaschierten die Risse, das Mißtrauen, den kaum verborgenen Haß.

Als die Karossen über den Kiesweg vor das Portal von Cecilienhof rollten, standen Truman und Churchill nebeneinander. Allein – ohne Adjutant oder Minister. »Wie ist es abgegangen?« raunte der Mann aus der Downing Street.

»Er stellte keine einzige Frage«, sagte der Mann aus der Pennsylvania Avenue. Die reine Wahrheit erfuhr Churchill nicht. Sein wichtigster Verbündeter beim Bau eines nuklearen Waffensystems unterließ jeden Hinweis darauf, daß die Würfel längst gefallen, daß Ziel und Zeitpunkt festgesetzt waren.

Bereits zwei Tage zuvor hatte Stimson eine Verabredung mit seinem Präsidenten gehabt. Sie trafen einander in Trumans Arbeitszimmer im ersten Stockwerk von Little White House. Linker Hand im Raum ein kleiner offener Kamin, davor der Schreibtisch: ein Monstrum aus dunkel gebeizter Eiche, mit Schnitzarbeiten reichlich verziert. Ein schwarzes Telefon und allerlei militärischer Nippes auf der Platte. Truman, der an diesem Sonntagmorgen in seinem Panzerwagen mit kleiner Kolonne ins Babelsberger »Kolosseum«, ein Vorstadtkino vergangener Tage, gefahren war und dort sowohl der protestantischen Feier von Lawrence Nelson als auch der folgenden katholischen Messe seines Freundes Pater Curtis Tiernan beigewohnt hatte, mußte nun mit Stimson eine unaufschiebbare Entscheidung treffen: Welche Stadt in Japan würde als erste »an die Reihe« kommen?

In Vorgesprächen war seit längerem mehr und mehr von Kyoto die Rede gewesen. Groves pochte stets darauf, daß dies Ziel »geradezu ideal« sei. Und dessen Oberbefehlshaber der Heeresluftstreitkräfte, Henry »Hap« Arnold, pflichtete ihm bei. Aber Stimson mochte den Präsidenten und sich nicht dem Vorwurf aussetzen, mit der A-Bombe ein religiöses Ziel, ein japanisches Heiligtum vernichtet zu haben. Vorerst unter vier Augen, und noch nicht definitiv, wurde die Stadt Hiroshima »first target«: das südliche Hauptquartier der japanischen Heimatarmee und wichtigstes Nachschub-Depot.

Da Churchill zu einem kleinen Lunch erwartet wurde, vertagte man das Gespräch auf den nächsten Morgen – zwischen halb neun und neun. Bei diesem Treffen am Montag fiel jedoch immer noch keine verbindliche Entscheidung. Der Kriegsminister und sein Außenamts-Kollege Byrnes vertraten in Trumans Gegenwart verschiedene Standpunkte über die weiteren Schritte. Immerhin war auf mehreren Kanälen durchgesickert, der Tenno könne unter gewissen Umständen einer Kapitulation – wenn sie denn ehrenhaft bliebe – das Wort reden. Freilich herrschte Unklarheit, ob der Kaiser noch soviel Macht besaß, um seine Militärs im Kronrat entscheidend beeinflussen zu können. Da der Terminplan aller drei für den Rest des Tages vollgepfropft war, mußte der 24. Juli zum Schicksalstag werden. Schon um 9 Uhr 20 brachte Stimson eine Mitteilung: »Nachricht 36792, nur für die Augen des Kriegsministers bestimmt. Top Secret. Absender Harrison am 23. Juli in Washington«.

Sinngemäß stand zu lesen, daß die Einsatzchancen der Bombe für die Zeit vom ersten bis dritten August »ausreichend«, für den vierten und fünften »gut« und für die Frist bis vor dem zehnten »denkbar« seien. Truman an seinem Schreibtisch holte die im Haus weilenden Berater, »Hap« Arnold und Generalstabschef George C. Marshall hinzu. Obwohl Leahy nebenan in seinem Arbeitszimmer saß, wurde er nicht angesprochen. Truman ahnte vermutlich, daß ein Einschalten des Vertrauten einen tiefen Loyalitätsbruch bewirken könnte. Denn Leahy hatte oft und klar zu verstehen gegeben, wie tief er die Kernwaffe ablehnte.

Gelänge es also Leahy, den Präsidenten noch einmal zögern und die Aktion aufschieben zu lassen, wären die Falken blamiert. Stellten sich vier gegen einen einzigen – Leahy nämlich –, wäre der für lange Zeit als Außenseiter gekennzeichnet. Geschäftsmäßig und ohne weitere Zeugen sprach man eine Art Strichliste durch. Im Wissen, eine Epoche zu verändern? Die Antwort fehlt. Truman – so schrieb er später – ging es zusätzlich um etwas für ihn Wichtiges: »Als ich meine diesbezüglichen Weisungen erteilte, machte ich es zur Bedingung, daß die Bombe als Kriegsmittel im Rahmen der Landkriegsordnung einzusetzen sei.« Mit anderen Worten, sie mußte auf ein militärisches Ziel abgeworfen werden. So fanden sich – nach nur kurzer Debatte – vier Städte wie in einem Lostopf. In dieser Reihenfolge: Hiroshima, Kokura, Nagasaki und Niigata. Der notwendige Befehl wurde (weitgehend vorformuliert) nach dem Einsetzen der Städtenamen an Carl Spaatz – der hatte vor weniger als einem Vierteljahr in Berlin die Kapitulation der Deutschen unter Keitel in Karlshorst gegengezeichnet – weitergeleitet. Danach gingen die Herren ihrer

Wege. Für Truman blieb noch ausreichend Zeit, sich bei einem Lunch zu stärken.

Es war dem General – so erinnerte sich Truman nach seinem Abschied aus dem Weißen Haus – wegen der Berücksichtigung des Wetters und operativer Umstände eine »gewisse Freiheit« eingeräumt worden. Und deshalb lautete das Telegramm, das Spaatz aus Potsdam erreichte, so:

»An General Carl Spaatz
Oberkommandierenden
der amerikanischen strategischen Luftwaffe
24. Juli 1945

1. Die Sondergruppe 509 der 20. Luftflotte wird ihre erste Spezialbombe, sowie das Wetter nach dem 3. August 1945 Bombardierung bei guter Sicht gestattet, auf eines der nachstehenden Ziele abwerfen: Hiroshima, Kokura, Nagasaki oder Niigata. Zusätzliche Maschinen zur Begleitung des Bombenflugzeuges sind zu stellen, um Offizieren und Wissenschaftlern des Kriegsministeriums die Beobachtung der Bombenexplosion und ihrer Wirkung zu ermöglichen. Die Beobachtermaschinen werden sich einige Meilen vom Explosionsherd entfernt halten.

2. Sowie weitere Bomben zur Verfügung stehen, sind sie auf die obengenannten Ziele abzuwerfen. Für weitere Bombardierungen sind Instruktionen abzuwarten.

3. Alle Verlautbarungen über den Einsatz dieses Kampfmittels in Japan sind dem Präsidenten der Vereinigten Staaten und dem Kriegsministerium vorbehalten. Ohne vorherige Genehmigung dürfen die Frontbefehlshaber kein Kommuniqué herausgeben. Alle Presseberichte sind dem Kriegsministerium zur Vorzensur einzureichen.

4. Der obige Befehl ergeht an Sie auf Anweisung und mit Zustimmung des Kriegsministers und des Generalstabschefs der amerikanischen Streitkräfte. Sie werden ersucht, ein Exemplar dieses Befehls persönlich MacArthur und Admiral Nimitz zur Kenntnisnahme auszuhändigen.

Im Auftrag Thos. T. Handy
General GSG
Amtierender Stabschef

Wer »den Job« zu übernehmen hatte, war von Spaatz entschieden worden: Oberst Paul W. Tibbets. Zunächst war dessen Laufbahn für einen in die Army freiwillig eingetretenen Piloten »normal« verlaufen. Er hatte mit Unterstützung seiner Eltern bereits als Jugendlicher mit der Fliegerei begonnen und diente als Operationsoffizier der 97. Bombartment Group in Nordafrika und Europa. Sein taktisches Talent und seine Kaltblütigkeit in Ausnahmesituationen fielen ins Auge. Die Vorgesetzten wollten deshalb vermeiden, daß dieser Tibbets durch einen dummen Zufall irgendwo über dem Großdeutschen Reich von der Flak erfaßt und abgeschossen würde. Er ging daher befehlsgemäß zurück in die USA und testete die neue B 29. »Hap« Arnold war dem Kriegsministerium gegenüber die Verpflichtung eingegangen, dem Projekt »Manhattan« insgesamt 28 dieser Maschinen fabrikneu zur Verfügung zu halten. Die neuen Typen mit elektrisch verstellbaren Propellern und Einspritzmotoren landeten von März 1945 an nach und nach auf Wendover Field (Code-Name »Kingman«) in Utah. Tibbets leitete – als einziger Mann um die Aufgabe wissend – die 509. Composite Group, die aus 225 Offizieren und 1.542 Soldaten bestand. Um das gesamte Vorhaben so perfekt wie möglich zu tarnen, war es bereits im September 1944 zu einer Umorganisation gekommen: Von der 504. Bombartment Group wurde das 393. Heavy Bombartment Squadron abgekoppelt (es galt als Elitegruppe) und als das »Fünfhundertneunte« neu aufgestellt. Was so verworren klingt, hatte plausiblen Grund – den Männern mußte klar sein, daß ihr neuer Job einen Sinn hatte. Nicht einen Augenblick durfte ihnen der Verdacht kommen, daß irgendwo »ganz oben« an einem mysteriösen Potemkinschen Dorf gezimmert würde. Hundert Meilen von Salt Lake City an der Grenze zum Bundesstaat Nevada trainierten sie mit Übungsbomben und erprobten die neue Ballistik. Ein Hauptproblem sollte gelöst werden: durch extrem enge Radien so schnell wie möglich vom Ausklinkpunkt und damit von der Detonation wegzukommen. Profaner formuliert: Wenn man die Bombe schon warf, dann wollte die Generalität ihre »guten Jungs da oben« auch heil wiederhaben.

Die Prototypen der B 29, die unter anderem auch zwei Monate auf Battista Field auf Kuba im Einsatz standen, machten den Wissenden wenig Hoffnung und raubten deren Zuversicht. Die »Mühle« hatte eine Macke: sie verschluckte ihre eigenen Ventile!

Tibbets, geübt im Umgang mit schwerem Gerät, schaffte es, die B 29 Superfortress mit einer Spannweite von fast 45 Metern und einem Startgewicht von annähernd 60 Tonnen zu bändigen. Auf dem Papier – so die Konstrukteure – wäre sie wegen ihrer ungewöhnlich hohen Geschwindigkeit und ihrer robusten Abwehrbewaffnung unattackierbar; den japanischen Jägern böte sie keine Angriffsfläche. Auf dem Papier...

Bei nahezu allen Flügen hatte die Crew das Modell einer Bombe an Bord, das einer Zigarre glich, wenn auch in anderer Dimension: 72 Zentimeter Durchmesser und 290 Zentimeter Länge. Am verjüngten Ende, dem »Mundstück«, war ein Leitwerk montiert. Tatsächlich hatte diese Attrappe die exakten Ausmaße der Atombombe. Außer Tibbets wußte das niemand. Auffallen mußte, daß nur ein Exemplar in den Schacht gezogen wurde, obwohl eine Menge Platz freiblieb. Der Kommandant lieferte die Erklärung mit: Es ginge darum, eine Bombe allein so exakt wie möglich ins Ziel zu bugsieren. So schone man Camps in der Nähe, in denen die Japaner ihre amerikanischen Gefangenen als Geiseln festhielten. Das Modell wurde über Utah immer wieder ausgeklinkt, stets bei exakt gleicher Höhe und bei exakt gleichem Speed. Mit einer Stoppuhr verglich der Oberst die Zeiten. Auf die Sekunde. Am Ende wurde er fast mitleidig belächelt.

Ein Kuriosum: Die Wissenschaftler waren sich nun zwar schon einig, wie das Trojanische Pferd aussehen mochte, aber ob im Inneren der Atombombe ihr Kern tatsächlich detonieren (und die ahnungslose Welt in einer Sekunde verändern) würde, stand noch in den Sternen.

Am Rande: Die oft in Umlauf gebrachte Version, daß in den amerikanischen Labors ein unerwarteter Zeitverzug von fast einem halben Jahr alles an Terminen über den Haufen geworfen habe, ist nicht stichhaltig. Und ebenso ist damit auch die abenteuerliche These Legende, nur durch eine solche schicksalhafte Verspätung wäre den Deutschen die nukleare Apokalypse erspart geblieben. Es gibt in manchen Publikationen sogar angeblich ins Auge gefaßte Ziele: Jena beispielsweise oder Fulda oder Kassel – pure Phantasie, militärgeschichtlich unhaltbar!

Das Niederringen der Japaner war zum tödlichen Kampf gegen jeden einzelnen Soldaten geworden. Kapitulation erschien den Armeeangehörigen als eine unverzeihliche Schande, weit schlimmer als der ehrenhafte Tod.

So mußte auch noch die winzigste Insel im Sturm genommen werden. Nirgendwo stießen die Eroberer auf einen kaiserlichen Soldaten, der das Sinnlose seines Tuns einsehen wollte – er konnte es von seiner Mentalität her gar nicht. Das machte diesen Krieg im Pazifik so unverständlich grausam, so mörderisch.

»Eine verdammte Insel nach der anderen« – dies war ein geflügeltes Wort in den US-Messen und Casinos. Und es spiegelte auch viel von der Verzweiflung wider, die sich einstellte, wenn Hunderte fielen, um einen unbedeutenden Fischerhafen einzunehmen.

Nachdem Marineinfanteristen unter enormen Verlusten Mitte Juni 1944 Saipan auf den Marianen unter ihre Kontrolle gebracht hatten, schafften sie es Ende Juli, auf den Nachbarinseln Guam und Tinian Fuß zu fassen. In Tinian mit Hilfe von Napalmbomben!

Was ihr japanischer Gegner nicht ahnen konnte: die Amerikaner hatten damit einen Schlüssel in der Hand. Denn nun waren von Guam und Tinian aus B 29-Bomber in der Lage, die großen Städte zu erreichen und wieder zu ihren Ausgangspunkten zurückzukehren. Trotz der Schadensanfälligkeit der Maschinen und einer Distanz von 2.500 Kilometern.

In Einsätzen rund um die Uhr und in peinigender Hitze errichteten Pioniere riesige Flughäfen – die erste B 29 landete am 12. Oktober 1944 auf der halbfertigen Piste von Saipan.

Die Wende war beinahe gekommen. Zu einem Zeitpunkt, da den Amerikanern und Australiern im Pazifik ihr »blutigstes Stück Arbeit« noch nicht abgenommen worden war:

die Eroberung von Iwo Jima (15. Februar 1945) und Okinawa (21. Juni 1945). Mehr als zwölftausend GIs fielen. Der Kaiserliche Generalleutnant Mitsuro Ushijima, Befehlshaber der 22. Armee, endete durch Harakiri. Der Unterleibsschnitt – so die Augenzeugen – sei »vorbildlich« gewesen. »Vorbild sein« – dies war im Pazifischen Krieg zu einer Dimension geraten, die dem amerikanischen Gegner mit seiner westlich orientierten »Zivilisation« nicht mehr einleuchten konnte. »Banzai« lautete der traditionelle Hochruf auf den Gott-Kaiser, mit dem sich japanische Krieger opferten. In aussichtsloser Lage vom Feind gestellt, stürmten sie – oft entblößt – in die Schwerter, Bajonette und Mündungsfeuer, den sicheren Tod vor Augen. Aber der Ehrenkodex des Samurai empfand Gefangennahme als höchste Schmach. Als der Held von Pearl Harbor, Chuichi Nagumo, sich der Ausweglosigkeit seiner Lage gewärtig war, beschritt er den Buschido, den Weg des Kriegers. Takeo Takagi, Vizeadmiral in der (verlorenen) Schlacht bei Midway, tat es ihm zwei Tage später nach. Ihr Tod wurde verherrlicht. Seit Aufstellung der ersten Kamikaze-Einheiten im Oktober 1944 konzentrierte sich die Strategie der Admiralität auf diese Kampfform – nirgendwo regte sich Widerstand. Die Schwerindustrie baute spezielle Waffen, die Nakajima K 115, die sie »Tsurugi« (Säbel) nannten. Und die Ohka-Bombe, eine der perfidesten Waffen des Krieges. Ohka bedeutet Kirschblüte. Wer sich freiwillig (und nur dies zählte) für diesen Einsatz stellte, hatte sein Leben verwirkt. Andere Kamikaze-Fluggeräte waren steuerbar, konnten – theoretisch – ihr Ziel verfehlen oder in die See stürzen; mit minimalen Überlebenschancen für den Mann an Bord. Nicht so bei der Ohka. Wer sie bestieg, wurde samt Sprengkörper in den Schacht des schweren Betty-Bombers gezogen und bis auf vierzig Kilometer ans Ziel getragen. Dann jagten mit einer Feststoffrakete von 800 Kilopond Schub mehr als eine Tonne Sprengstoff mit einer Geschwindigkeit von tausend Kilometern den Schiffen dort unten im Pazifik entgegen. Dem Soldaten in der Ohka blieben nur noch Sekunden – er wußte es. Die Amerikaner erlitten dabei weit weniger Verluste als vom Gegner einkalkuliert, die

Trefferquote pendelte sich unter zehn Prozent ein. Wer als Pilot des Kaisers durch glückliche Fügung überlebte und keine Chance zum Selbstmord fand, wurde interniert. Viele dieser jungen Männer versteckten sich nach Kriegsende schamvoll – sie galten als heldenhaft und tot; ihre Familien hätten sie verstoßen, wären sie zu Hause aufgetaucht. Bis in die achtziger Jahre lungerten manche von ihnen auf Bahnhöfen und in Slums herum.

Ahnte niemand im Kaiserreich, der Feind könne eine »Wunderwaffe« aus seinem Arsenal ziehen? Stellten sich japanische Geheimdienstoffiziere als Unwissende dar? Mußte ihnen nicht bewußt geworden sein, daß nun, da die Rote Armee Berlin genommen hatte und die Photographien von Adolf Hitlers verkohlter Leiche auf den Tischen lagen, die Amerikaner alle denkbare Kraft besaßen, ihren Willen und ihr Wissen auf einen Brennpunkt hin zu bündeln?

Jedem Physiker in herausragender Position waren alle verfügbaren Publikationen über die Kernspaltung und über die Fragen nuklearer Energien und kettenartiger Reaktionen bekannt. Auch in Tokio und anderen Zentren geistigen Lebens in Japan. Schon am 8. Juni 1942 trafen sich im Marineclub Suykosia in Tokio auf Geheiß von General Takeo Yasuda der Kapitän zur See Yodsi Ito (er war Stellvertretender Chef der technisch-wissenschaftlichen Verwaltung der Kaiserlichen Kriegsflotte) und die Physiker Yoshio Nishina, Riokiti Sagane, Bunsahu Ahakatsu, Tsunesaburo Asada und Masashi Kikuti. Es erreichte sie der Auftrag, das Projekt »Ni« in Angriff zu nehmen.

Im Kaiserlichen Institut für Flugtechnik stellten Kernphysiker theoretische Grundsatzüberlegungen an. Praktische Arbeit vereitelte der Mangel an Uran 235. Yoshio Nishina legte seinen ersten Bericht über die Machbarkeit der Bombe am 5. August 1943 vor. Sein Inhalt blieb bislang unveröffentlicht. Aber das diplomatische Vorgehen verdeutlicht, daß die Achsenmacht Japan auf das Wohlwollen der Achsenmacht Deutsches Reich angewiesen bleiben mußte. Während die Amerikaner ihren »Stoff« aus dem Kongo holten, waren die Deutschen in Joachimsthal im Erzgebirge »Herren« über genügend Uranerz.

Nicht mehr als eine Vermutung: Scheuten es die Japaner, durch ihre Bitte um dieses Erz das Gesicht zu verlieren? Mußte es nicht alle Traditionen und Gefühle verletzen, eine andere Rasse um etwas zu ersuchen, was die eigene nicht besaß? Dennoch sprach Hiroshi Oshima, Japans Botschafter am Berliner Tiergarten, in der nahen Reichskanzlei vor und sondierte, ob das Reich bereit wäre, zwei Tonnen Uranerz abzutreten.

Ende 1942 stach von Wilhelmshaven aus ein U-Boot in See mit 978 Kilogramm Erz an Bord. Ein amerikanischer Torpedo versenkte das Boot vor Malaysia. Damit schlossen sich die Akten über »Ni«. Und unterdessen war das, was die alliierten Invasoren ununterbrochen an Bomben über den Inseln niedergehen ließen, verheerend genug. Es war ohnehin schon das Inferno: Im Wissen, daß ein Großteil der feindlichen Rüstungsbetriebe in normalen Wohnhäusern versteckt wurde, daß auch Kinder und Frauen in Heimarbeit in Privaträumen an der Waffenproduktion mitwirkten, rang man sich bei den Kommandierenden des 21. Bomberkommandos zu einer Entscheidung durch, die bis heute umstritten bleiben mußte. General Curtis LeMay befahl, aus nur 1.500 Meter Höhe speziell konstruierte Brandbomben einzusetzen. Bomben, mit weißglühendem Magnesium oder Spezialöl gefüllt! Im sicheren Wissen, daß der überwiegende Teil der japanischen Häuser aus dünnem Holz, Pappe oder sogar nur Papier bestand. Ringförmig wurden ganze Stadtteile eingeäschert, die Temperaturen erreichten über tausend Grad. Ein Entkommen gab es nicht. Zivilisten, Frauen, Greise, Säuglinge wurden eingekesselt, mußten zusehen, wie die Fluchtwege lichterloh brannten, wie eine Feuerwand auf sie zufauchte. Die Feuer entfachten Sturm. Die Stürme entfesselten das Feuer.

Der erste große Brandangriff auf Tokio endete unbeschreiblich: 40 Quadratkilometer ein Flammenfeld, die Aufwinde schleuderten die Flugzeuge in 15.000 Fuß Höhe zur Seite. Die Opfer zu zählen, dazu war niemand in der Lage. Asche blieb – sonst nichts. Über hunderttausend Tote gab es, ein Teil der Menschen wurde im Fluß Sumida verbrüht: Menschen hatten sich auf ihrer verzweifelten

Flucht in ihn gestürzt, nicht ahnend, daß dessen Wasser fast kochten.

Im Juni 1945 kam Tibbets Spezialkommando mit einer Vorhut auf den Marianen an – auf dem North Field der Insel Tinian. Unterdessen hatten die Boeing-Flugzeugwerke in Seattle auch das Modell B–29 – 45 Mo fertiggestellt. Es trug die Seriennummer 44–86292. Am 4. Juni 1945 nahmen Spezialisten die Maschine nach routinemäßiger Überprüfung im Hangar, auf dem Rollfeld und in der Luft ab, unterschrieben die dementsprechenden umfangreichen Dossiers und schickten eine Pilotencrew mit dem Flugzeug in Richtung Wendover Field. Diese Crew gehörte nach offizieller Sprachregelung zu den »393ern«; es waren aber tatsächlich schon Angehörige der »509er«, die sich einer »Special Mission« verpflichtet fühlten und sich die »Unberührbaren« nannten. Nach jenen »untouchables«, den fünf Polizisten, die in Chicago allein gegen alle die Mafia unter den Ordnungshütern zerstören sollten. Von Wendover aus steuerte Captain Robert A. Lewis am 27. Juni die 44–86292 über den Pazifik nach Tinian. Lewis, einer der »untouchables«, ahnte nicht im Entferntesten, was die Maschine, an deren Steuerknüppel er saß, noch transportieren würde... Das Lager auf Tinian galt als »top secret«. Die Straßen der Kleinstadt aus Baracken und Zelten trugen die Namen von Manhattan Island. Es gab einen Broadway und einen Times Square.

Der damals größte Flughafen der Welt lag mit seinen sechs Startbahnen fast zehntausend Kilometer von San Francisco entfernt. Eine der Pisten war mehr als fünfeinhalb Kilometer lang – kein US-Pionier vermochte sich zu erklären, wofür eine so überdimensionierte Anlaufstrecke sinnvoll sein könnte. Es war die Furcht der wenigen Wissenden, die B 29 mit ihrer höllischen Fracht würde es nicht schaffen, rechtzeitig vom Boden loszukommen.

Die Tanker, die über den Pazifik stampften und an den Piers festmachten, brachten Abermillionen von Litern an Treibstoff. Die perfekte Todesmaschinerie war angelaufen, so wie in keiner Völkerschlacht zuvor je gesehenen. Ein Zurück gab es nicht mehr.

In einem kleinen, vom Sicherheitsdienst abgeriegelten Distrikt lebten wenige Menschen, deren Denken und Handeln das größte Geheimnis in der Geschichte der USA waren. Professor Norman F. Ramsey und mit ihm 26 andere Wissenschaftler machten die Bombe einsatzbereit. Sie war in Einzelteilen auf dem Kreuzer »Indianapolis« von San Francisco auf die Marianen gebracht worden. Auch der Kapitän wußte nicht, was in den Laderäumen seines Schiffes verborgen lag.

Es sind am Ende die Meteorologen gewesen, die den letzten seidenen Faden durchrissen – durchreißen mußten. Ihre Prognose vom 5. August, ausgegeben um 01 Uhr 00 Marianenzeit, wurde zum Signal. In den nächsten 48 Stunden – so der Wetterbericht – könne mit hoher Wahrscheinlichkeit eine Klarsichtperiode erwartet werden.

Auf die waren die Bomberpiloten, denen Radar keine Hilfe sein durfte und die nach dem Befehl ihres Präsidenten sich auch völkerrechtlich korrekt dem »Rahmen der Landkriegs-Ordnung« anzupassen hatten, angewiesen. Carl Spaatz, Admiral Chester W. Nimitz, Kapitän William S. Parsons und Tibbets wußten jetzt, daß die »Operation« beginnen mußte. Dies trug ihnen der Frontbefehl Nummer 13 auf, ausgegeben im Hauptquartier der 20. Luftflotte auf Guam. Von diesem Frontbefehl existierten 32 durchnummerierte Ausfertigungen. Wortlaut: »20. Luftflotte greift am 6. August Ziele in Japan an. Hauptziel: Industrieanlagen der Stadt Hiroshima.«

Die Bombe – in einem gekühlten Lager deponiert – rollte auf einem Spezialkarren zum Rollfeld. Mit einem Flaschenzug wurde sie in den Rumpf der Maschine gehängt. Einige Offiziere und Physiker kritzelten mit Kreide »Grüße an den Tenno« – solche Luftpost war inzwischen bei allen Besatzungen zu einer makabren Tradition geworden –, Tibbets sah ungerührt zu. »Little Boy – Kleiner Junge«, so nannten die Männer ihre schwarzglänzende Fracht. Und ein Augenzeuge des Geschehens, der Pulitzerpreisträger William L. Laurence, erinnerte sich in einem Sachbuch-Bestseller der fünfziger Jahre euphorisch »Sie hatte, als sie da im Rumpf hing, etwas Majestätisches...«

Parsons, einer der besten Sprengstoff-Experten in der Marine, setzte unterdessen bei Spaatz und Nimitz durch, »Little Boy« erst während des Fluges scharf zu machen. Dies widersprach zwar dem detaillierten Operationsplan, leuchtete aber allen ein. Eine Katastrophe beim Start, ein Verfehlen aller Ziele wegen eines drastischen Wetterumsturzes, hätte entweder eine Landung mit »heißer Bombe« oder einen Zufallsabwurf irgendwo notwendig gemacht. Dies aber wäre keine menschliche oder militärische, sondern eine weltpolitische Panne gewesen. Es hätte womöglich irgendwo auf dem Globus Zweifler aufgerüttelt, und die Frage nach der Moral einer nuklearen Kriegsführung wäre lautgeworden. Für 22 Uhr 00 war die Befehlsausgabe angesetzt. In einer Baracke, einer Scheune nicht unähnlich.

Tibbets ging ans Rednerpult. »Heute kommt die Nacht, auf die wir alle gewartet haben. Unsere langen Ausbildungsmonate sollen auf die Probe gestellt werden. Bald werden wir wissen, ob wir Erfolg hatten oder nicht. Es ist möglich, daß unsere Leistungen heute Nacht Geschichte machen werden. Wir begeben uns auf einen Flug, um eine Bombe abzuwerfen, die sich grundsätzlich von jeder anderen unterscheidet, die Sie jemals gesehen oder von der Sie jemals gehört haben. Diese Bombe hat eine Zerstörungskraft, die der von zwanzigtausend Tonnen TNT entspricht.«

Tibbets erläuterte an einer Einsatzkarte, die er aus einer Mappe holte, Strecke, Zeitplan, Höhe, Geschwindigkeit: Formationsabsprachen. Keiner meldete sich mit einer Frage zu Wort. Es schien trotz der sommerlichen Wärme spürbar kalt in der Baracke; jedem einzelnen war die Anspannung anzumerken. An ihm, ausgerechnet an ihm, lag es, eine Waffe gegen Menschen einzusetzen, die sich mit Worten nicht beschreiben ließ, deren Tötungsmechanismus keinem der Opfer auch nur die geringste Chance lassen konnte. Zwanzigtausend Tonnen TNT; eine Maßeinheit, die über den Verstand hinausfliegen mußte. Wieviele von denen, die irgendwo in Japan in ihren verdunkelten Hütten oder Häusern aneinandergeschmiegt im Bett lagen, würden sterben durch einen einzigen Knopfdruck. Zehntausend, fünfzigtausend? Noch mehr?

Tibbets blickte stumm zu einem Mann, der an der Seite auf einer Bank Platz gefunden hatte. Der kam nach vorn. Es war William B. Downey, Hauptmann und Feldgeistlicher. Downey faltete die Hände und sprach:

»Allmächtiger Vater, der Du die Gebete jener erhörst, die Dich lieben, wir bitten Dich, denen beizustehen, die sich in die Höhen Deines Himmels wagen und den Kampf bis zu unseren Feinden vortragen. Behüte und schütze sie, wir bitten Dich, wenn sie ihre befohlenen Runden fliegen. Mögen sie, so wie wir, von Deiner Kraft und Deiner Macht wissen und mögen sie mit Deiner Hilfe diesen Krieg zu einem schnellen Ende bringen. Wir bitten Dich, daß das Ende dieses Krieges nun bald kommt und daß wir wieder einmal Frieden auf Erden kennen. Mögen die Männer, die in dieser Nacht den Flug unternehmen, sicher in Deiner Hut sein und mögen sie unversehrt zu uns zurückkehren. Wir werden im Vertrauen auf Dich weiter unseren Weg gehen, denn wir wissen, daß wir jetzt und für alle Ewigkeit unter Deinem Schutz stehen. Amen.«

Kein Wort, keine Silbe, kein Gedanke, kein Gefühl des Mitleids für die Opfer, deren Schuld darin lag, in einer Stadt zu wohnen, in der sich Rüstungsfabriken befanden, in deren Häusern Sterbliche lebten, die auf Befehl der Armee des Gottkaisers mit emsigen Händen und prüfendem Auge Zünder montierten und Justiergeräte und Waffenverschlüsse.

Keine Scham vor diesen Sterblichen. Nur die fromme Hoffnung, mit des Allmächtigen Kraft den Feind zu schlagen und wieder einmal Frieden auf Erden zu kennen. Das Warten darauf, nicht mehr Hauptmann und Feldgeistlicher auf einer Insel der Marianen zu sein, sondern wieder Pastor an der Hope Lutheran Church in Minneapolis. Danach trafen sich die Crews der sieben Flugzeuge vor dem Start zum traditionellen »Souper«. Es gab Eier, Wurst, Toast, Kaffee, Tee.

Um 00 Uhr 25 Hiroshima-Zeit heulten die Sirenen auf. Luftalarm. Am Himmel waren keine Motoren zu vernehmen, nirgendwo Flakfeuer zu erkennen; die Jäger schienen am Boden geblieben zu sein. Die Menschen hörten um

02 Uhr 10 ein weiteres Sirenensignal. Entwarnung. Um 02 Uhr 45 nach Tinian-Zeit (eine Stunde Zeitdifferenz zu Hiroshima) rollten drei B 29-Bomber gleichzeitig auf drei Pisten an; die Wetterflugzeuge waren schon weg. Auf der mittleren, der längsten, gewann die Superfortress von Oberst Tibbets an Fahrt. Seine Stimme war im Sprechfunk nicht auszumachen. Der »Alte Bulle« – so nannten sie ihn trotz seiner 30 Jahre schon – war ein wortkarger Offizier. Auf dem Rumpf seiner Maschine war an beiden Seiten deutlich das Hoheitszeichen zu erkennen: der weiße, fünfzackige Stern und der weiße Balken auf blauem Grund. Ein übermannsgroßes schwarzes R in einem schwarzen Kreis war auf das Backbord-Seitenruder gepinselt. Vorne unter den sieben Panzerglasfenstern standen zwei Worte, durch die sich dieses Flugzeug von den beiden anderen unterschied. Enola Gay. Im Bombenschacht dieser Enola Gay befand sich der ominöse schwarze Metallkörper, fast vier Tonnen schwer.

Erst am Ende der Bahn zog Tibbets die Maschine sacht hoch. So spät, daß manche der Augenzeugen schon an einen unvorhersehbaren Zwischenfall glaubten. Dann aber entschwanden die drei dunklen Vögel Richtung Nordwesten in die Nacht über dem Pazifik.

Enola Gay sendete kein Funksignal. Um den Namen hatte es eine Auseinandersetzung zwischen dem Co-Piloten Robert A. Lewis und Tibbets gegeben. Bob Lewis wollte die B 29 »Rache für Pearl Harbor« nennen. Aber der Oberst und Pilot Tibbets setzte sich durch. Enola Gay – das war der Mädchenname seiner Mutter. Sie hatte ihm die erste Flugstunde bezahlt.

Nach einer Distanz von mehr als tausend nautischen Meilen sahen die Bomberbesatzungen das Festland der Hauptinsel: 07 Uhr 30 Hiroshima-Zeit. 08 Uhr 30 Tinian-Zeit. Die Bombe war inzwischen durch Parsons für ihren Einsatz präpariert worden. Als er an seinen Platz zurückkletterte, sagte er nur: »Sie ist scharf.« Tibbets nickte. Nur noch eine halbe Stunde...

Das Wetter gut: 27 Grad, knapp 80 % Luftfeuchtigkeit, Wind mit 1,2 Metern pro Sekunde. Er kam von Land, konnte aber erfahrungsgemäß in jeder Minute auf See umspringen. Nichts Auffallendes war zu bemerken, Ruhe in der Luft, keine Flak, kein Jäger mit dem Kaiserlichen Wappen.

Um 08 Uhr 11 Hiroshima-Zeit schwebte Enola Gay über jenem vorausberechneten Punkt, an dem das Kommando »Fertig zum Abwurf« kommen sollte. Lewis gab es: »Fertig zum Abwurf.« In der Stadt lebten etwa 400.000 Menschen; nur wenige waren zu Verwandten aufs Land gezogen. Es schien das Leben sicherer geworden in den letzten Wochen. Ob Hiroshima von den verheerenden Brandbomben verschont blieb, weil in Lagern 50.000 internierte Koreaner Zwangsarbeit verrichteten? Weil fast tausend verschleppte Chinesen in ihren Zellen hockten und zwanzig Amerikaner, die sie abgeschossen hatten und nun äußerst schlecht behandelten? Das weiß niemand zu sagen. Auch die beiden einzigen Deutschen in der Stadt, zwei katholische Missionare, könnten keine Antwort darauf geben.

Um 08 Uhr 12 Hiroshima-Zeit führten Major Thomas W. Ferebee aus Mocksville/North Carolina, Hauptmann Theodore J. van Kirk aus Northumberland/Pennsylvania und Feldwebel Joe A. Stiborik aus Taylor/Texas in der Enola Gay exakt ihre vielfach geübten Handgriffe aus: Ferebee saß über das Zielgerät gebeugt. Weder er noch die anderen hatten die schwarzen Schweißerbrillen auf, die ihnen als Schutz vor dem hellen Licht des Atomblitzes mitgegeben worden waren. Flughöhe 31.600 Fuß. Nach Plan.

Tibbets schaute auf seine Stoppuhr. Es war in der Enola Gay 09 Uhr 14 Tinian-Zeit. Aus einer der anderen beiden Maschinen, die rund vier Meilen weiter südlich flog, lösten sich jetzt aus der Luke drei Kästen, die an Fallschirmen langsam zur Erde schwebten. Sie enthielten Meßgeräte für die Wissenschaftler, die in der B 29 mitflogen: die Physiker Fred Alvarez und Bernhard Waldmann, ihre Assistenten Lawrence H. Johnston und Harold Agnew, der während des Fluges in der Bibel gelesen hatte.

Tibbets blickte zu Ferebee hinüber. Der hatte das anvisierte Ziel nun exakt im Schnittpunkt der haarfeinen Kreuzlinien. Ferebee sagte: »Ja.« Da kam Tibbets Kommando: »Go!«

Ferebee klinkte aus. Der rote Knopf dafür befand sich zwischen den Sitzen der Piloten. Nun fehlten »nur noch« 43 Sekunden.

Um 08 Uhr 15 Hiroshima-Zeit – präziser gesagt: um nullacht Uhr und fünfzehn Minuten und siebzehn Sekunden – explodierte in einer Höhe von fünfhundertachtzig Metern die Bombe. Am 6. August des Jahres 1945. Ein Fixpunkt für Schulbücher. Und eine Wegmarke der Menschheit. Beides offenbart den Zynismus des Ereignisses, das Grausame der Tat, die immer Untat sein muß.

Lewis führte das Bordbuch. Es war erst nach Mitternacht eröffnet worden, hatte auf drei Seiten Eintragungen. Die letzten Vermerke hießen: »Es tritt jetzt eine kurze Pause ein, während wir unser Ziel mit Bombe belegen.«

»9.15 Bombe geworfen.«

»Mein Gott«.

Um 09 Uhr 20 Tinian-Zeit ist auf den Marianen die Stimme von Feldwebel Stiborik zu hören. Klar kommen auf Air-Base Tinian zwei Worte an: »Einsatz erfolgreich.« Parsons, der in Los Alamos teilweise an der Bombe mitgebaut hatte, setzte einen aus Zahlenreihen codierten Funkspruch an Groves ab: »Ergebnis einwandfrei klar. Erfolg in jeder Beziehung. Sichtbare Wirkung größer als bei Trinity.«

Lesley Groves saß in Washington. Er vermutete, daß eine Vollzugsmeldung vor den frühen Nachmittagsstunden nicht bei ihm eintreffen könne. Das Warten enervierte ihn derart, daß er mit einem Offizier zu den Sportanlagen des Pentagon fuhr und dort Tennis spielte. Immer wieder versuchte er vom Clubhaus aus, telefonisch seine Sekretärin zu erreichen. Aber die ging nur zweimal an den Apparat und beteuerte jedesmal, daß – wie immer an stillen Sommer-Sonntagen – überhaupt nichts Wichtiges vorläge. Wozu er sich denn plötzlich solche Sorgen mache? Auch bei Marshall totale Funkstille. Groves und Marshall ließen sich von einem Fahrer des Bereitschaftsdienstes in den Army-Navy-Club bringen. Dort bat ein Steward Groves, ihm zur Telefonzelle zu folgen. Aber alles, was ihm sein Büro durchgab, war der simple Hinweis, daß »Flugzeuge von Tinian aus gestartet wären...« Der bullige Soldat, der jahrelang in jeder wachen Minute an die Bombe und sonst an nichts gedacht hatte, glaubte nun schon, daß alles gescheitert sei. Die Meldung vom Abwurf war seit Stunden überfällig.

Sie lag stattdessen »top secret« verschlüsselt in einer verschlafenen Funkstation einer Philippinen-Insel. Ein dösender Funker hatte sie nicht verstanden und »aus Sicherheitsgründen« zur Seite geschoben.

Groves beschloß, die Nacht in seinem Büro zu verbringen. Um 23 Uhr 28 kam das Kabel. Marshall wurde alarmiert. Der traf sich, zusammen mit Harrison und Arnold, mit Groves im Pentagon – die Sonne ging gerade auf. Stimson, der Kriegsminister (der noch immer im Kleinen Weißen Haus in Babelsberg als »Stallwache« ausharrte und dort auch bleiben sollte, bis Harry Truman, inzwischen wieder auf der Rückreise von Potsdam, das Schiff verlassen hätte) bekam die Meldungen aus dem Pazifik kurz danach übermittelt, über die Funkstation in der Ton-Halle der Ufa. (Diese Halle steht noch immer – sie trägt heute den Namen von Marlene Dietrich).

Stimson gab unverzüglich eine Art Verhaltenskodex an die Generalität und Admiralität: Man möge sich vor den Augen und Ohren der Weltöffentlichkeit beim Jubeln und in der siegestrunkenen Euphorie deutlich zurückhalten. Schließlich werde das Kommando viele Menschen in der Stadt das Leben gekostet haben. Als er das sagte, wußte er nicht, was an Bord der 44-86292 Crewmitglied van Kirk in den Sinn gekommen war, als er hinunterschaute: »Das war ein Topf voll von kochendem schwarzen Öl.«

Dies war einmal Hiroshima. Das erste Ziel, von Stimson ausgesucht. In dieser Stadt, die es nun nicht mehr gab, werden sie noch nach Jahren im Sand Uhren finden. Und deren Zeiger stehen unverrückbar auf 8 Uhr 15. Hiroshima-Zeit.

Präsident Truman hatte einige Offiziere, die auf der Brücke des Kreuzers »Augusta« entbehrlich waren, nach dem Gottesdienst zu sich in die Admiralskabine geladen. Er nahm mit ihnen den Lunch. Frank Graham, der diensttuende Funkoffizier, bat, stören zu dürfen. Er brachte einen Zettel mit. Auf dem stand:

»An den Präsidenten vom Kriegsminister. Um 19.15 Washington-Zeit schwere Bombe auf Hiroshima abgeworfen. Erste Meldungen sprechen von einem vollständigen Erfolg, der den des Experiments übertroffen hat.« Das Herren-Frühstück wurde unterbrochen, Truman versuchte, in einem Raum neben dem Speisezimmer zu telefonieren. Da kam Graham mit der zweiten Botschaft:

»Soeben ist nachstehende Meldung betreffs Manhattan eingegangen – Hiroshima wurde bei guter Sicht bombardiert mit nur schwacher Bewölkung. Weder Jägerabwehr noch Flak traten in Aktion. Fünfzehn Minuten später meldet Parsons wie folgt: Ergebnis in jeder Hinsicht ausgesprochen gut. Sichtbare Wirkung größer als bei allen Experimenten. Im Flugzeug nach dem Abwurf normale Verhältnisse.«

Truman versuchte erneut zu telefonieren, konnte endlich Außenminister James F. Byrnes in dessen Kabine erreichen. Er bat »Jimmy« unverzüglich zu sich. Eine Ordonnanz räumte leise die halbvollen Teller weg. Und die halbleeren Gläser. Die beiden gingen gemeinsam in die Messe, in der die Offiziere zu Mittag aßen.

Trumans Stimme blieb bei den ersten Silben fast unverständlich. Er wirkte erregt und heiser. Dann sagte er: »Behalten sie Platz, Gentlemen. Ich habe Ihnen etwas mitzuteilen. Wir haben soeben auf Japan eine Bombe geworfen, die eine Sprengkraft von mehr als 20.000 Tonnen TNT hat. Es war ein überwältigender Erfolg.«

Um 15 Uhr 00 setzte Oberst Paul W. Tibbets sein Flugzeug sicher auf die Piste; er kletterte als erster aus der Enola Gay. Dann folgten die anderen: Lewis, der sich zurückgesetzt vorkommt und als der eigentliche Airplane Commander den Ruhm an sich reißen wollte, Ferebee, der die Bombe mit Hilfe eines roten Druckknopfes zwischen den Pilotensitzen elektrisch auslöste, van Kirk, der »sein« Ziel auf ein paar hundert Meter präzise getroffen hatte; Stiborik, George R. Caron, Wyatt E. Duzenbury, Richard H. Nelson, Bob H. Shummard. Dazu Jacob Beser, der Radaringenieur, der einen Teil des Fluges verschlafen hatte und vor Erreichen der Küste geweckt werden mußte und Parsons. Beim Gruppenfoto fehlen die beiden. Parsons Identität als Wissenschaftler sollte nicht preisgegeben werden – das Töten ist Sache von Militärs. Beser war zu »Höherem« berufen – er stand auch für Nagasaki auf dem Dienstplan und wurde somit zum einzigen Menschen, der bei beiden nuklearen Einsätzen in die Hölle schaute. General Spaatz wartete mit einer Schatulle in der Hand. Er heftete Tibbets den Verdienstorden, die höchste Auszeichnung, die ohne Zustimmung des Kongresses vergeben werden darf, an die Fliegerjacke. Dann wandte sich Spaatz an die Crew und sagte:

»Es war die Krönung unermüdlicher Bemühungen, wie sie in der Geschichte der amerikanischen Luftflotte einmalig ist.«

Truman hatte unterdessen Kapitän Foskett zu sich gebeten. Der Präsident schien erleichtert, seine Stimme hatte sich wieder gefangen: »Das ist das größte Ereignis der Weltgeschichte. Es ist höchste Zeit für uns, nach Hause zu kommen.«

Minuten später erhöhte der Schwere Kreuzer »Augusta« seine Geschwindigkeit. Volle Kraft voraus durchschnitt er die Wellen des Atlantik.

Abgesehen vom dadurch höheren Treibstoffverbrauch verlief das Leben auf der »Augusta« zur Diner-Zeit schon wieder in gewohnter Bahn. Ordonnanzen servierten. Leise.

Die Herren ließen nachreichen. Seeluft macht hungrig.

Im Lehár-Theater des K.u.K.-Kurortes Bad Ischl steht Johannes Heesters auf der Bühne, singt – begleitet vom Linzer Bruckner-Orchester – die Partie des Danilo aus der »Lustigen Witwe«. Regie führt Theo Mackeben; dessen Ehefrau Loni Heuser hatte mit Sicherheitsnadeln die Fräcke der Herren enger geheftet.

Die New York Times erschien am Dienstag, dem 7. August, mit der Schlagzeile: »Erste Atombombe auf Japan abgeworfen«. Die amerikanischen Rundfunkstationen hatten schon am Vorabend eine vom Weißen Haus freigegebene Erklärung gesendet: »Vor sechzehn Stunden warf ein amerikanisches Flugzeug eine Bombe auf den bedeutenden Armeestützpunkt Hiroshima... Sie hatte die zweitausendfache Explosivkraft der britischen »Grand Slam«, der in der Kriegsgeschichte bisher stärksten Bombe.«

Als an diesem 7. August 1945 im ersten Morgenlicht die »Augusta« am Pier 6 des Heereslandedocks in Newport News die Leinen warf, schlief Truman noch. Aber er hatte angeordnet, ihn unverzüglich zu wecken, sobald eine Reaktion aus Japan erkennbar sei.

Radio Tokio hatte bislang nur verlautbart: »Eine geringe Anzahl von B 29 drang gestern morgen kurz nach acht Uhr in den Luftraum der Stadt Hiroshima ein und warf eine kleinere Anzahl von Bomben ab. Dabei wurden Wohngebäude in beträchtlichem Umfang in Asche gelegt und in verschiedenen Teilen der Stadt ausgedehnte Brände verursacht. Der neue Bombentyp ist an Fallschirmen befestigt, und es hat den Anschein, als ob die neuen Bomben in der Luft detonierten.«

Am Morgen des achten August inspizierten, aus Tokio kommend, Seizo Arisue, Generalleutnant aus dem Oberkommando, und Yoshio Nishina, Japans führender Kernphysiker, die Stadt Hiroshima. Im Bericht von Arisue ist zu lesen: »Als die Maschine über Hiroshima hinwegflog, stand ein einziger schwarzer Todesbaum über der Stadt. Es war, als ob eine Krähe über ihr hing. Nichts war da außer diesem Baum. Als wir auf dem Flugplatz landeten, entdeckten wir dort rotschimmerndes Gras, als ob es angesengt worden war. Brände gab es keine mehr. Alles war gleichzeitig niedergebrannt. Ein paar Schulen mit herabgefegten Dächern und zersplitterten Fenstern standen noch in einiger Entfernung vom Stadtzentrum. Aber die Stadt selbst existierte nicht mehr. Man kann sagen – einfach vom Erdboden wegradiert.«

Dr. Nishina lief mit Arisue durch das Gelände. Er nahm ein vierkantiges Holzscheit und hob es hoch, seine Oberseite war verschmort und verkohlt, die Unterseite unversehrt und glatt. Der Naturwissenschaftler sagte: »Das ist die Atombombe«.

Sie hatte – dies veröffentlichte die japanische Administration im Februar 1946 – 4,7 Quadratmeilen des Stadtgebietes zerstört, 40.653 Wohnhäuser vernichtet, 8.396 schwer in Mitleidenschaft gezogen und 1.111 leicht beschädigt. Zu den 68.023 als »verletzt« Gemeldeten (unter ihnen 19.691 Schwerverletzte) kamen die Toten. Man sprach nicht vom Tod in diesem Rapport, sondern nur von »Menschenverlusten«. Es waren 71.379.

Auf der Air Base der Insel Tinian schwankte die Stimmung zwischen Euphorie und völliger Unsicherheit. Es gab Männer, die – die Tragweite ihres Handelns lag nun offen vor ihnen – ihre Zweifel bekommen hatten und auch darüber sprachen. Claude Eatherly beispielsweise, der beim Hiroshima-Einsatz mit seiner Wettermaschine »Straight Flush« als erster abgehoben und durch seine Observation und Datenweitergabe den Weg zum Abwurf definitiv freigemacht hatte. Er mochte nicht mitanschauen, wie sich manche in der Gruppe aufführten. Als sei ihnen ein Schulbubenstreich gelungen, über den das College noch in zwanzig Jahren lachen sollte. Dazu kam der Presserummel, der sich nicht mehr eindämmen ließ und von dem der Physiker Harold Agnew später bemerkte, er habe ihn »an die Einweihung eines Drugstore« erinnert.

Brigadegeneral Farrell kannte die Vorhersage des Meteorologischen Dienstes der Navy, die von einer Schlechtwetterperiode über Japan zwischen dem 10. August und dem 15. August ausging. Da die Japaner das ihnen gesetzte Ultimatum (daß sie es kannten, wußten die Geheimdienste) offenkundig nicht beachteten, sollte die nächste Bombe am 11. August eingesetzt werden. Denn dann drohte die prophezeite Schlechtwetter-Phase.

Die Zeit drängte...

Der Frontbefehl Nr. 17 wurde am 8. August erlassen. Termin: 9. August; 10 Uhr Ortszeit. Ziel: Kokura. Major Charles W. Sweeny, 25 Jahre alt, zu Friedenszeiten wohnhaft in North Quincy, Massachusetts, 124 Hamilton Avenue, war Kommandant der B 29. Die Maschine trug lediglich die Kenn-Nummer 77; kein Name war ausgewiesen und aufgemalt. In den Flugpapieren stand »The Great Artiste«, die Crew aber sprach wegen ihres bockigen Verhaltens in Böen nur von »Bock's Car«. Die Bombe im Schacht flog ebenfalls namenlos mit an das Ziel. Doch war von ihr als »Fat Man« die Rede.

Startzeit war 3 Uhr 50 gewesen. Die Wolkendecke hatte sich im Lauf der vergangenen dreieinhalb Stunden immer mehr verdichtet. Sie lagen außerhalb des Zeitplanes, bei drei Anflügen hatte Bombenschütze Kermit K. Beahan Kokura nicht ausmachen können. Wegen der drohenden Gefahr, aus Mangel an Treibstoff nicht zurückzukommen (die Tanks hatten eine Kapazität von 28.000 Liter), drehte Sweeny ab und hielt auf Nagasaki zu, das an ihrer Route zurück zum Landepunkt auf Iwo Jima lag. Die Wolkendecke war unterdessen geschlossen und herbstlich dicht. Eine Wetterlaune, daß sich die Sonne kurz Bahn brechen konnte und an diesem trüben Sommertag kurz vor elf Uhr auf das Land schien. Major Beahan entdeckte das Loch als erster. Sie setzten die Brillen auf. Um 11 Uhr 02 klinkte Kermit K. Beahan aus. Unter ihm lag Nagasaki.

IRGENDWANN
Irgendwo ...

Eine Fiktion. Nur eine Fiktion...

Auf dem Alten Kontinent graut der Morgen, die Neue Welt schläft in tiefer Nacht. Der Einschlag ist unvermutet gekommen, die Himmelsspione im Weltall liefern erste Signale, die zu Bildern umgesetzt werden.

Die Rundfunksprecher sind auf Spekulationen angewiesen, die Nachrichtenagenturen versehen ihre Blitz- und Eilmeldungen mit einem Fragezeichen.

Atomkrieg?

Eine Erklärung des Vorsitzenden des Revolutionsrates beseitigt die Zweifel. Im Namen des »Allerhöchsten sei der Heilige Krieg entfacht«, in seinem Namen sei den »Verrätern die Strafe zugedacht worden, die die verdiente und die gerechte« war.

Die Bombe.

Eine Rakete trug sie – nur für Sekunden mit bloßem Auge erkennbar – nach Osten. Drei, vier Zigarettenlängen später fand sie ihr Ziel.

Eine heilige Waffe.

Mit einem Plutoniumkern.

Das vor Entsetzen gelähmte Europa starrt auf die Fernsehgeräte, die in Büros und Hotelhallen ihre Bilder liefern, Amerika wird wachgerissen, die Kommentatoren geben erste Einschätzungen, die Graphiken werden präziser. Lokalisiert ist der Ort des Einschlags, die Vermutungen, wo die Abschußrampe steht, verdichten sich. Über die Zahl der Opfer muß spekuliert werden. Die Meteorologen haben das Wort. Windrichtung, Windstärke – all dies wird entscheiden, wohin der Atem des Todes die Apokalypse weht.

Rußland und Amerika kommunizieren über das Rote Telefon. Das Gelähmtsein vor Schreck und Entsetzen wandelt sich von halber Stunde zu halber Stunde in emsig-geschäftiges Nachrichtensammeln.

Privat-Jets sind längst aufgestiegen, bringen die TV-Teams so nah es geht in jenen Raum, der den Begriff »Krisengebiet« trägt. Als sei die Lawine von den Bergflanken gerutscht, der Strom über das Ufer getreten, der Tornado entfesselt über das Land gerast.

Es gelte – sagt der Sprecher der Bundesregierung – »Vernunft und Augenmaß« zu bewahren. Es könne der Kanzler nur mit »Abscheu und Empörung« auf die schauen, die das Unglaubliche gewagt hätten. Es bestünde keine Gefahr. Allein den Kindern möge man das Benutzen der öffentlichen Spielplätze untersagen, frische Milch sei (aus reiner Vorsicht) abzukochen und auf Büchsengemüse sei zurückzugreifen. Der Weltsicherheitsrat der Vereinten Nationen ist zum zweitenmal zusammengetreten, die NATO in Brüssel berät in ihren Spitzengremien, die Großen Krisenstäbe haben eine Nachrichtensperre verhängt.

Als die »newsshow« des Staatlichen Fernsehens die ersten Bilder der Opfer des Atombombeneinschlages im eigenen Land ausstrahlt, erwirbt CNN die Weltrechte und untersagt mit Einstweiliger Verfügung anderen Sendeanstalten die Nutzung.

Das Schachern um die Bilder geht nun schon ohne Aufgeregtheit per Telefax in seine erste Runde.

RTL kündigt für sein Zwölf-Uhr-Magazin die Bilder an. Bei den privaten Radiostationen der deutschen Großstädte sind Werbeblöcke gebucht worden.

»Die Bombe in RTL, nur dort, zwölf Uhr mittags«, sagt der Sprecher. Und die Moderatorin am Mikrofon leitet in der Sondersendung zum Gespräch mit dem Studienrat für Erdkunde über, der die präzise geographische Lage der beiden kriegführenden Staaten mit Worten zu beschreiben versucht: »Wenn Sie sich mal vergegenwärtigen, wo Indien liegt...«

Den wütenden Anrufern, daß das Autohaus Opel Hetzer mit seinen Bombenangeboten wirbt, muß mitgeteilt werden, daß die Werbung seit langem gebucht wäre und so schnell nicht zu ändern sei. Firmeninhaberin Heidi Hetzer und ihre Agentur feilen an einem neuen Text. Der Kanzler tritt vor die Bundespressekonferenz und erklärt, daß er soeben sowohl in Washington als auch in Moskau mit seinen Freunden einen ausführlichen Dialog geführt habe, um die Lage zu erörtern.

Schwarzgewandete Frauen und Männer stehen stumm in der Münchner Fußgängerzone und demonstrieren gegen den atomaren Angriff auf ihr Land. Ein Polizeikordon sichert die unangemeldete Kundgebung, der Einsatzleiter weist darauf hin, daß die Anträge im Polizeipräsidium nachzureichen seien. Der Stadtrat für Inneres hatte telefonisch signalisiert, »angemessen« vorzugehen. Ein Polizeimeister weist einen blinden Leierkastenmann an, seine Drehorgel weiterzuziehen. Der packt die Walze vom Schneewalzer ein und trollt sich.

Das Zweite Deutsche Fernsehen hat mit einer Konferenzschaltung den Geschäftsträger des Angreiferstaates und den Hamburger Generalkonsul des betroffenen Landes in seine Sendung geholt. Friedensforscher, Pastor, Wetterexperte, Bundeswehrgeneral und Strahlenschutzbeauftragter des Großraumes Frankfurt/Mainz/Wiesbaden debattieren mit ihnen.

In der Werbeeinblendung ist unterdessen dafür gesorgt, daß alle Spots entfernt sind, die Gefühle verletzen könnten.

Die 15-Uhr-Nachrichten schalten sich direkt ins Weiße Haus hinein. Dort steht der Präsident an seinem Pult mit dem offiziellen Siegel. Auch er begrüßt die Dialog-Bereitschaft Moskaus, das den Überfall schärfstens verurteilt habe, und beschwört die Geschlossenheit der zivilisierten Welt. Die Verbündeten dies- und jenseits des Atlantik stünden in Alarmbereitschaft, um jederzeit reagieren zu können. Und er schließt mit einem Gebet: »Herr, schütze die Menschen und lindere den Schmerz der Opfer. Amen.« Die First Lady in der ersten Reihe des Auditoriums verliert ihre Beherrschung und weint hemmungslos.

Auf dem Gänsemarkt in Hamburg bringen die Kolporteure das Extrablatt von BILD unter die Passanten, in Berlin am Alex wird die gemeinsame Sonderausgabe von BZ und Berliner Morgenpost unter die Neugierigen geworfen, in

München ist es die Abendzeitung, in Köln der Express, der kostenlos seine Leser mit dem Neuesten versorgt.

Der nukleare Sprengkopf habe die Wucht des Zwanzigfachen der Hiroshima-Bombe besessen, sie sei in Südafrika gebaut worden, dies die Folge des weltweiten unkontrollierten Plutonium-Schacherns, spekulieren die einen; sie sei in Algerien oder Libyen zusammengesetzt worden, mutmaßen die anderen, die Serben wären mit im Geschäft, die Chinesen, die Nordkoreaner. Der Mossad habe alles längst gewußt, die CIA fühle sich von der US-Administration im Stich gelassen, der Bundesnachrichtendienst habe alle Hinweise negiert, die auf den Umschlagplatz Rostock deuteten.

Seit 17 Uhr weisen ARD und ZDF auf ihr geändertes Abendprogramm hin, die Intendanten der öffentlich-rechtlichen Anstalten kommen in einer Schaltkonferenz mit RTL überein, einen Nachrichtenpool zu bilden; CNN erhöht ein zweites Mal an diesem Tag die Preise für die Exklusivrechte aus dem Kriegsgebiet. Per Telefax.

Der Vorsitzende des Revolutionsrates hat den Offizieren und Soldaten der Raketenbatterie den höchsten Orden des Landes in Sonderstufe verliehen, die Mutter eines der Männer, die die Knöpfe bedienten, sagt vor laufender Kamera, wie stolz sie sei auf ihren Ältesten, auf dem Balkon des Regierungspalastes zeigen sich die Spitzen von Staat und Armee der jubelnden Bevölkerung für kurze Zeit hinter schußsicherem Glas. In Kampfanzügen.

Der Papst ruft die Welt zum Gebet, Greenpeace den Globus zu einer transkontinentalen Schweigeminute. Immer widersprüchlicher die Zahl der Toten, die zwischen einhunderttausend und zwei Millionen pendelt.

Es sei eine dichtbesiedelte Region getroffen. Nein, es sei ein wüstenähnlicher Strich, der hohe strategische Bedeutung besäße.

Die Hauptausgabe der Tagesschau ruft ihre Korrespondenten rund um die Erde zum Rapport, die Männer dort in der Ferne sitzen in Hotelhallen und haben Kugelfangwesten an, sie rasieren sich ihre Drei-Tages-Bärte und legen ihre Gasmasken wie Modeschmuck um den Hals.

Die »MS Astor«, die elfhundert Meilen südöstlich des

Krisengebietes kreuzt, ist in voller Fahrt nach Süden gefahren – eine reine »Vorsichtsmaßnahme«, für die es weder konkreten Anlaß noch realistische Ursache gäbe, wie die Reederei von Hamburg aus in einer Pressemitteilung verlauten läßt.

Die Wetterexperten gehen davon aus, daß die Wolke der Radioaktivität nach Süden getragen wird oder nach Norden – auf das offene Meer hinaus oder hin zur Pol-Kappe.

Der Bundeskanzler hält nach dem zweiten Werbeblock eine Ansprache an seine Landsleute und verleiht seiner Betroffenheit Ausdruck – hinter ihm das Tuch der Ehre, Schwarz-Rot-Gold.

Das Rote Kreuz bittet um Spenden auf ein Sonderkonto beim Postgiroamt in Köln, ein Fußballklub in Geislingen an der Steige will mit einem Hilfskonvoi ins Kriegsgebiet, um nichtverseuchte Lebensmittel hinzubringen, das Technische Hilfswerk dementiert Vermutungen, der Abwurf einer Kernwaffe auf bundesrepublikanisches Gebiet träfe Volk und Nation völlig unvorbereitet. In Solingen hat eine Eltern-Kindgruppe beschlossen, sich an ein Klettergerüst zu fesseln, um auf den Unsinn von Atomkriegen hinzuweisen.

Gegen Mitternacht normalisiert sich das TV-Programm auf allen Kanälen wieder weitgehend. Die Spielfilme sind auf die aktuellen Ereignisse abgestimmt; die Morgenmagazine, betonen die Ansagerinnen, würden schon von sechs Uhr dreißig an mit den neuesten Nachrichten aufwarten – bis dahin »eine Gute Nacht«.

Ohne Gegenstimme ist die Resolution des Weltsicherheitsrates angenommen worden, die Attacke zu verurteilen, die Debatten über ein Embargo zu Wasser, zu Lande und in der Luft werden am kommenden Dienstag fortgesetzt.

Die Frankfurter Rundschau druckt einen Beitrag vom 10. Juni 1976 ein zweitesmal. Sie läßt erneut den Kernphysiker und Vorsitzenden der Königlich-Britischen Kommission für Umweltschutz, Sir Brian Flowers, zu Wort kommen, der sagte, daß es für ihn keine Frage wäre, ob Nuklearwaffen eingesetzt würden, sondern lediglich eine Frage des Wann und Wie oft.

Am Dienstag scheitert das Embargo zu Wasser, zu Lande und in der Luft am Veto der Chinesen.

Am Mittwoch meldet BILD, daß das Plutonium von Scheinasylanten aus der Ukraine im Schließfach des Bahnhofs Berlin-Lichtenberg gelagert worden wäre.

Am Donnerstag wird der Sand der Kinderspielplätze von Reutlingen auf Initiative der CDU-Fraktion ausgetauscht.

Die ZEIT in Hamburg (Herausgeber Helmut Schmidt) erinnert sich eines Beitrages vom 13. Januar 1995. William C. Potter als Direktor des Studienprogramms für die Nichtverbreitung von Atomwaffen am Monterey Institute, und Leonhard S. Spector als Ordinarius am Carnegie Endowment for International Peace in Washington, hatten aufgelistet, daß eine Atombombe sowohl mit fünfzehn Kilogramm waffenfähigen Urans als auch mit fünf Kilogramm Plutonium gebaut werden könne. Von diesen Substanzen hatte die einstige Sowjetunion viele hundert Tonnen produziert, die nun an verschiedenen Orten lagerten. So zum Beispiel im weißrussischen Sosny, wo selbst die Betriebsleitung auf Grund schlampiger Buchführung keinen Überblick besitzt, ob es sich in ihren Lagern um 32 oder 34 oder nahezu 40 Kilo hochangereichertes Uran handle. Zudem könnten auch außerhalb des Territoriums der ehemaligen UdSSR atomare Aufbereitungsanlagen im Iran oder in Pakistan binnen weniger Monate Bombenmaterial herstellen, für dessen Produktion sie sonst zehn Jahre gebraucht hätten. Potter wie Spector stimmten darin überein, daß nuklearer Terrorismus bald Realität werde.

Am Freitag hat der offene Koalitionskrach um die dritte Rentenreform in der Tagesschau als Spitzenmeldung Vorrang vor den Neuigkeiten aus dem Kriegsgebiet.

Am Samstag – in der TV-Werbung – ist ein ins Gigantische wachsender Atompilz zu sehen und das dumpfe Grollen einer erzitternden Erde zu hören. Ein Pharmakonzern weist auf ein bewährtes Nerventonikum hin, das vor Schlafstörungen und Angstzuständen bewahre. Was die Risiken und Nebenwirkungen angehe, sei es ratsam, die Packungsbeilage zu lesen. Oder zu fragen: Arzt oder Apotheker...

Der vierte Rückblick

Fritz Straßmann, dem anpassungsunwilligen Nicht-Nazi, war die Haft auf der Insel erspart geblieben. Sie – die Sieger – wollten sein Ehrenwort nicht, das sie den anderen abnahmen – die Verpflichtung, keinerlei Kontakte zur Welt da draußen zu knüpfen. Nicht das Landgut Farm Hall nahe Cambridge wird sein Zuhause, sondern die angestammte Heimat ist es wieder. Das, was von der Heimat noch übriggeblieben war.

Erich Bagge (geboren 1912), Kurt Diebner (1905 –1964), Walther Gerlach (1889 – 1979), Otto Hahn (1879 – 1968), Paul Harteck (1902 – 1985), Werner Heisenberg (1901 – 1976), Horst Korsching (geboren 1912), Max von Laue (1879 – 1960), Carl Friedrich von Weizsäcker (geboren 1912) und Karl Wirtz (geboren 1910) hatten nach ihrer Festnahme an verschiedenen Orten und der danach auch offiziell ausgesprochenen Verhaftung durch die anglo-amerikanischen Verbündeten eine Irrfahrt durch Frankreich und Belgien hinter sich, ehe sie in den ersten Tagen des Juli 1945 in ihrem »Gefängnis« eintrafen.

Farm Hall – errichtet von Charles W. Clark. Ein Bau aus rotem Backstein, ein Leben in geordneter Bahn, nach festen Regeln: Frühstück, Sport, Lunch, Tee-Time, Dinner. Als »Gäste« – dies gab man ihnen gleich zu verstehen – hätten sie ihre Rechte. Zum Beispiel das, mit dem Namen und dem Titel angesprochen zu werden. Die Verpflegung gut und britisch – was nach heutigem Erkenntnisstand angelsächsischer Nahrungsgewohnheiten heißen müßte, daß dieselbe nicht besonders gut gewesen sein wird... Aber im Sommer 1945 entsprach die Menukarte von Farm Hall dem Speiseplan eines Schlaraffenlandes.

Zumindest in den Augen (und Mägen) von hundert Millionen Überlebenden. Doch auf Farm Hall, dem Landschloß mitten in den moosgrünen Wiesen, waren sie ja auch nur zu zehnt...

Sie wußten nicht – oder wollten nicht wissen –, daß jedes Wort, das sie untereinander wechselten, auf Band mitgeschnitten erhalten blieb. Dokumente, die der Regierung Seiner Majestät derart brisant erschienen, daß die Tonbänder zunächst unter absoluter Geheimhaltungsstufe abgeschrieben und erst 1992 als Transskripte für die Öffentlichkeit freigegeben wurden.

Werner Heisenberg am 7. Juli 1945: »Ich glaube, es ist an der Zeit, ein sehr ernsthaftes Gespräch mit dem Kommandanten zu führen. So kann es nicht weitergehen ... Sie scheinen ihren eigenen Wissenschaftlern gegenüber ein schlechtes Gewissen zu haben, anders ist das nicht zu begreifen. Ich sage Ihnen, was wir tun: Wir machen den Kommandanten eines Abends betrunken. Dann wird er reden. Wir werden Bridge spielen und dann von ein Uhr an ersthaft reden.«

Karl Wirtz am 18. Juli 1945: »Wenn ich mit Luftlandetruppen nach England käme, würde ich sofort alle Männer verhaften und sie zwei Jahre von ihren Frauen trennen. Nur um ihnen zu zeigen, wie das ist!«

Otto Hahn und andere am 6. August 1945 (Hahn hatte kurz nach dem Abendessen von Farm Hall-Kommandant Major Rittner von den Ereignissen in Hiroshima erfahren): »Das können sie (die Amerikaner) nur gemacht haben, wenn sie die Trennung von Uranisotopen beherrschen. Wenn die Amerikaner die Uranbombe haben, sind sie (Engländer und Russen) alle zweitklassig ... die sind uns fünfzig Jahre voraus.«

Heisenberg: »Ich glaube kein Wort davon. Die müßten ihre ganzen 500 Millionen Pfund in die Isotopentrennung gesteckt haben. Dann ist das möglich.«

Weizsäcker: »Ich glaube nicht, daß es etwas mit Uran zu tun hat.«

Hahn: »Es muß eine verhältnismäßig kleine Bombe gewesen sein – ein handliches Format.«

Carl Friedrich von Weizsäcker am 7. August 1945: »In

den Geschichtsbüchern wird stehen, daß die Amerikaner und Engländer eine Bombe gebaut haben und daß die Deutschen zur selben Zeit unter dem Hitlerregime eine arbeitsfähige Maschine entwickelten. Mit anderen Worten: Die friedliche Entwicklung der Uranmaschine fand unter dem Hitlerregime statt, während die Amerikaner und Engländer diese scheußliche Kriegswaffe entwickelten.«

Werner Heisenberg am gleichen Tag: »Wenn die Amerikaner mit der Maschine nicht so weit gekommen sind wie wir – und so sieht es aus – dann haben wir Glück gehabt. Damit kann man Geld verdienen.«

Max von Laue am 16. November (zu Hahn): »Sie haben den Nobelpreis nicht als Trost für uns zehn eingesperrte deutsche Wissenschaftler bekommen. Aber ich glaube, sie haben ihn Ihnen deshalb jetzt gegeben, anstatt bis zum nächsten Jahr zu warten, was wahrscheinlich ihre ursprüngliche Absicht war.«

Karl Wirtz Ende Dezember 1945: »Wir sollten sagen, daß wir physisch sehr gut behandelt wurden, aber geistig miserabel. Es läßt sich eine Menge Gutes über den Kommandanten sagen, egal, wie sehr wir ihn auch verflucht haben. Auf jeden Fall dürfte es ratsam sein, bei ihm gut angeschrieben zu sein. Man weiß nie, wann wir ihn noch brauchen können.«

Fritz Straßmann war unterdessen ein Pendler. Unter unbeschreiblichen Schwierigkeiten mußte er versuchen, zwischen Tailfingen und Mainz hin- und herzufahren. Das Kaiser-Wilhelm-Institut für Chemie in Dahlem war nach schweren Bombenangriffen auf Berlin am 15. Februar und 24. März 1944 erheblich in Mitleidenschaft gezogen worden, ein Flügel brannte fast vollständig aus. Auch das Direktionszimmer mit der Korrespondenz im Panzerschrank wurde ein Raub der Flammen. Die wissenschaftliche Literatur allerdings konnte geborgen werden. Hahn hatte am 17. Juni 1944 der Generalversammlung der Kaiser-Wilhelm-Gesellschaft mitgeteilt, daß er versuchen wolle, die Stadt zu verlassen, um mit seinen verbliebenen Mitarbeitern in Tailfingen in Südwürttemberg die Zeit sinnvoll zu überbrücken. Solange, bis in Dahlem der Wiederaufbau im wesentlichen abgeschlossen sei. Nicht nur am Institut, auch am privaten Haus in der Altensteinstraße 48 war der Schaden beträchtlich. Hahn benachrichtigte seinen Bruder in Frankfurt: »Am 24.3. war Dahlem wieder großes Angriffsziel. Dadurch, daß unser männlicher Mitbewohner und ich während des Angriffs aus dem Keller gingen, haben wir unser Haus wohl gerettet. Denn drei Stabbrandbomben brannten, resp. eine davon setzte gerade das Dach in Brand. Eine vierte löschte sich selbst dadurch, daß sie die Röhren der Warmwasserversorgung zerschlug und das Wasser aus den Heizkörpern darauffloß.«

Zusammen mit seiner Frau Edith fand Hahn Unterschlupf in zwei Zimmern der Villa Hakenmüller in der Panoramastraße 20 in Tailfingen. Die Chemiker richteten sich in der Trikotwarenfabrik von Ludwig Haasis ein. Helfer schleppten sonderbares Gerät ins viergeschossige Hauptgebäude des Komplexes. Die mechanischen Webstühle, auf denen Umstandsmieder und lange Unterhosen gewirkt worden waren, standen still. Haasis und Hahn waren nach dem 20. Juli 1944 in ihrer Einschätzung Hitlers einer Meinung – sie nannten ihn einen Schwerstverbrecher.

Die später aufgestellte Behauptung, dieses Tailfingen sei jener Ort gewesen, an dem der Führer seine klügsten Köpfe die legendäre Wunderwaffe bauen lassen wollte, ist nicht stichhaltig. Zum einen hatte Adolf Hitler bis in den Februar 1945 hinein nicht die Hoffnung aufgegeben, die V2 brächte die von der »Vorsehung« bestimmte Wende. Zum anderen hatten sich die rivalisierenden Forschungsgruppen um Diebner (mit Gerlach) und um Heisenberg (mit Bagge und von Weizsäcker) ihre jeweils eigenen Notquartiere gesucht. Diebner – an dessen Seite nun der junge und geniale Physiker Friedrich Berkei eine immer wichtigere Rolle spielte – requirierte nach seinem Weggang von Gottow und dem Truppenübungsplatz Kummersdorf bei Luckenwalde in den Sommerferien 1944 die Mittelschule von Stadtilm, einem Städtchen von annähernd 5.000 Seelen unweit Arnstadts in Thüringen. Im Keller mußte Klempnermeister Gerhard Rundnagel Rohre verlegen, Wasserhähne installieren und

Abflüsse schweißen. Dem biederen Handwerker, der sehr wohl ahnte, daß hier Ungewöhnliches geschehen mußte, gab dessen Bürgermeister Max Häberlein (ein strammer Nazi, dem indessen seine Zweifel gekommen sein mochten) den überlebenswichtigen Tip: Maul halten! Die Gestapo würde nicht fackeln, gefährliche Mitwisser zu liquidieren. Die Anwohner überhörten das nächtliche Rumoren, verursacht von Lastwagen mit verklebten Scheinwerfern. Für die Herren in den weißen Kitteln, die im Café Vaterland auf dem Marktplatz bei Zichorienkaffee zusammensaßen, würde es schon einen Sinn haben, weshalb sie Kohlestücke aufschichteten, Wasser in Tanks pumpten und auf Listen Zahlenkolonnen aneinanderreihten. Aber den eher biederen Thüringern mußte das, was sie aufschnappten in ihrem hellhörigen Kaff, bestimmt nicht als die sagenhafte Wunderwaffe erscheinen. Wasser und Kohle – Hilfsmittel für Muckefuck. Mehr nicht...

Heisenberg und seine »Berliner Gruppe« experimentierten ihrerseits in Hechingen und in Haigerloch – im Weinkeller des Gasthofes »Zum Schwan«. Wegen der klar zu Tage tretenden Eifersüchteleien und der schlechten Kommunikationsmöglichkeiten wußten Tailfingen, Stadtilm, Hechingen und Haigerloch immer weniger voneinander. Die Engstirnigkeit gipfelte darin, sich gegenseitig mit unlauteren Tricks und vorgeschobenen Behauptungen Uran aus den Auer-Werken in Oranienburg abspenstig zu machen. Dabei besaßen alle zusammen noch exakt 227 Uranwürfel.

Während Heisenberg und seinem Team in Haigerloch und Hechingen noch die »Ehre« widerfuhr, nach der Besetzung durch das 1279. Pionier-Bataillon ins Fadenkreuz von ALSOS zu geraten, jener geheimen Einheit, die führende deutsche Köpfe lebend (!) für die US-Wissenschaft und die Zeit »danach« retten sollte und während wichtige Männer wie Colonel Boris T. Pash und dessen Chef Leslie R. Groves zur Treibjagd auf die Göttinger Kernphysiker bliesen (deren Ruf sie zwei Jahrzehnte zuvor vernommen hatten), während die einschlägigen US-Geheimdienste dringlichst verhindern wollten, hochkarätige Chemiker und Physiker könnten in die Hände der russischen Verbündeten geraten, hatte das Ende von Tailfingen schon fast etwas schwäbisch Gemütliches an sich. Jedenfalls entdeckte der zuständige Spezialtrupp des Central Intelligence Corps (CIC) in den umfunktionierten Wirkwaren-Hallen nichts Aufregendes. Die Schlüpferstürmer räumten kampflos das Feld und machten es frei für die Franzosen. Und die taten das, was sich in Krieg und Frieden stets bewährt hat: Sie setzten eine Kommission ein.

Die Kommission holte aus Paris, so bequem es in unbequemen Zeiten eben ging, eine Kapazität mit Rang und Namen: Frédéric Joliot. Weltweit anerkannt. Nobelpreisträger von 1935. Joliot, der Schwiegersohn von Marie Curie, besaß für seine Entscheidungen weitgehende Spielräume. Der Chemiker achtete Kollegen vom Format eines Hahn, wußte um die Meriten von Straßmann, kannte deren Publikationen. Er fühlte sich als der Betreuer der Arbeit von Marie Curie. Marie Curie hatte das schreckliche Ende der Unschuld der Chemie nicht mehr erleben müssen und war in den Vormittagsstunden des 4. Juli 1934 in einem Sanatorium im Schweizer Sancellemoz gestorben. Todesursache: perniziöse Anämie, verursacht durch eine permanente Überdosis an Strahlung. Ihre letzten Worte: »Ich will in Ruhe gelassen werden.« (Ihr Kollege und Vertrauter Ernest Rutherford, der 1911 als erster ein Bild ersonnen hatte, in dem das Atom als ein kleiner positiv geladener Kern erscheint, den eine elektrisch geladene Schale umhüllt, endete drei Jahre nach der Curie trotz ähnlicher Symptome auf andere Weise: Er erlag am 19. Oktober 1937 den Folgen einer ungewöhnlichen Sturzverletzung – der alte Herr war in seinem Garten vom Baum gefallen, als er einen dürren Ast absägen wollte.)

Frédéric Joliot meldete die Ergebnisse der ersten Sitzung nach Paris und empfahl per Diplomatenpost, die Deutschen in Tailfingen ihre Arbeit am Institut fortsetzen zu lassen. Es solle unabhängig forschen dürfen und nicht der Kontrolle durch französische Offiziere unterstehen. Es sei aber wohl das Beste, die Tailfinger der Section d'Information Scientifique anzugliedern.

Etwas weniger verklausuliert: Statt, wie bei Russen und Amerikanern üblich, die Top-Experten abzuwerben oder zu verschleppen, ließen die Franzosen ihre »Beute« an den angestammten Arbeitsplätzen. Die Gefahr, sie könnte sich heimlich aus dem Staub machen, erschien den Pariser Sicherheitsbeauftragten gering. Zwischen den Einflußsphären der Franzosen und der Agloamerikaner bestanden im zerschlagenen Deutschen Reich extrem scharfe Personenkontrollen. Der »Seidene Vorhang« wurde die Demarkationslinie in jenen Jahren treffend genannt.

Da Otto Hahn nach dem Ende der Internierung nach Göttingen (und damit ins Protektorat der Briten) entlassen worden war, mußte dem Naivsten allmählich dämmern, wie das abgekartete Spiel ging: Auch die Franzosen wollten »ihre« Atombombe!

Fritz Straßmann – wissend um die Risiken der Postzensur – schrieb dies dennoch im Klartext an Otto Hahn. Die Zeilen offenbaren die prophetische Weitsicht des scheinbar unpolitischen Forschers. Aus Tailfingen schrieb er am 5. März 1946:

»Nehmen wir zunächst einmal an, daß die in Paris besprochenen Pläne verwirklicht werden, so ist damit zwar die Existenz gesichert und der Charakter des Institutes ... weitgehend gewahrt, doch scheint es mir ziemlich sicher zu sein, daß ein Teil (evtl. ein sogar nicht unerheblicher Teil) der Arbeit ausschließlich speziell französischen Wünschen entgegenkommt. Nun sollte meiner Meinung nach eine wissenschaftliche Arbeit frei von nationalen Bindungen (das heißt in unserem Falle immer von militärischen Bindungen) sein, wie mir überhaupt die enge Abgrenzung nach nationalistischen Gesichtspunkten veraltet zu sein scheint. Der Umstand, daß die meisten Länder zwar theoretisch denselben Standpunkt vertreten, praktisch aber nationalistischer denn je sind, spricht nicht gegen diese Ansicht, sondern nur gegen den Militarismus, der zur Zeit noch in allen Staaten die praktische Regierungsgewalt besitzt, ganz besonders aber in Amerika, England, Rußland und Frankreich... Aber es ist natürlich klar, daß jeder Zoneninhaber in Deutschland daran (er meint die Atombombe) arbeitet. Man braucht keinen besonderen Weitblick zu haben, um den Ausführungen Joliots über den Zusammenhang von Uranmaschine und Entwicklung der Kernphysik uneingeschränkt zuzustimmen. Das sind alles Dinge, die wir uns hundertmal selber gesagt haben. Aber wer die Maschine hat, hat auch die Bombe, und die muß sich in der Hand eines von Militaristen oder ehrgeizigen Politikern geleiteten Staates verhängnisvoll auswirken ... Für mich ist nur eines sicher. Ich werde nicht an der Erschaffung einer Atombombe mitarbeiten, gleichgültig unter welcher Leitung. Sollten sich daraus Schwierigkeiten für mich ergeben, werde ich die Konsequenzen ziehen, wie ich bereits einmal zwölf Jahre bereit war, es zu tun. Ich liebe meine Arbeit von ganzem Herzen, aber ich werde mich nicht besinnen, mir nötigenfalls meinen Lebensunterhalt als Laborant oder Arbeiter zu verdienen.«

Da Lise Meitner – aus verständlichen Gründen – signalisiert hatte, ihr sei es unmöglich, nach Deutschland zurückzukehren, und da Dr. Josef Mattauch, Hahns legitimer Nachfolger am Kaiser-Wilhelm-Institut, wegen einer schweren Krankheit über Jahre in der Schweiz an ein Sanatorium gefesselt war, fiel der Löwenanteil der wissenschaftlichen und administrativen Arbeit Fritz Straßmann zu. Dem aber war längst bewußt geworden, daß ein Marktflecken wie Tailfingen, eine Unterhosenfabrik, auf Dauer kein Platz sein könne für weitschauende experimentelle Chemie, für gedeihliche Forschung und Lehre.

Von Josef Schmid, dem Gründungsrektor der Johannes Gutenberg-Universität in Mainz, erhielt Straßmann zum 1. Juli 1946 den Ruf, als Ordinarius und Leiter des Chemischen Institutes die Arbeit aufzunehmen. Pionierarbeit.

Dem zurückhaltend Bescheidenen war klar, was an Mauern er im Trümmer-Deutschland beiseite schieben mußte. Im Sinn des Wortes mit bloßen Händen. Aber das Ziel verlor er nicht aus den Augen. Wenn es einen Platz gäbe, von dem aus anzuknüpfen es sich lohne an das Arbeiten im Berliner Kaiser-Wilhelm-Institut für Chemie, dann hier in Mainz.

Und es gab noch einen plausiblen Grund, der ihn und nicht Hahn in die Pflicht nahm, die Pflöcke zu schlagen:

Hahn war siebenundsechzig, Straßmann erst vierundvierzig. Dieser Altersunterschied, die räumliche Distanz, Reiseprobleme wurden zu Ursachen dafür, daß sich beider Wege gabelten und immer weiter voneinander entfernten.

Die Interpretation aber, der eigentliche »Erfinder« der Kernspaltung, Straßmann, könne darüber verbittert sein, daß aller Glanz allein auf einen anderen fiel, ist, jedenfalls zu guten Teilen, falsch.

Lise Meitner – daraus sollte sie ihr Leben lang nie ein Geheimnis machen – fühlte sich ins Unrecht gesetzt. So leise sie schien, so geduckt und in einen Kokon eingesponnen, so vehement reklamierte sie ihren Anteil. Artikulierte die Erinnerung, daß sie über drei Jahrzehnte hinweg (und unter teilweiser Lebensgefahr) Seite an Seite mit Hahn einen der letzten Geheimnisschleier der Menschheit gelüftet hatte.

Auch Straßmann pflichtete ihr bei. Für ihn war das Votum aus Stockholm eine Ungerechtigkeit. Nicht Otto Hahn allein, sondern Hahn und Meitner (oder noch korrekter: Meitner und Hahn) waren in seinen Augen die Auszuzeichnenden.

All dies (und vieles blieb für immer unausgesprochen) sorgte trotz Straßmanns Selbstlosigkeit für Blessuren sogar an dessen eigener Seele. Das lag auch an einem recht ungeschickt formulierten Brief des – alleinigen – Preisträgers, geschrieben in Göttingen am 28. Dezember 1946: »...durch eine Sonderverfügung aus England wurde bestimmt, daß in meinem Falle, was den Umtausch des Preises in Papiermark anbelangt, insofern eine Ausnahme gemacht wurde, als ich einerseits in Schweden beliebig Geld ausgeben konnte und daß andererseits der Rest auf einer schwedischen Bank angelegt werden kann. Ich hoffe, daß diese außerordentlich wohlwollende und durchaus ungewöhnliche Bestimmung der Engländer, die ja natürlich ganz dem Wunsch der Schweden entspricht, aufrechterhalten bleibt. In dieser Überzeugung möchte ich Ihnen sagen, daß ich von dem dort festgelegten Geld Ihnen 10.000 Kronen abgebe. Ich kann dies aber etwa nicht so machen, daß ich diesen Betrag für Sie auf einer schwedischen Bank deponiere. Sie müßten es sofort abgeben. Ich glaube deshalb, es ist Ihnen am besten damit gedient, wenn Sie die Verwaltung des Geldes erst dann in die Hand bekommen, wenn kein Kriegszustand mit den Alliierten mehr ist, wir eine einigermaßen stabile Währung haben und Geld im Ausland besitzen dürfen. Meine Frau weiß über diesen Betrag, der Ihnen gehört, Bescheid...«

Nun ließ sich ohne Rechenschieber herausfinden, wieviel die von dem Nobelpreisträger »abgegebenen« 10.000 Kronen von dem tatsächlichen Preisgeld von 106.840,56 Schwedenkronen ausmachten. Weniger als zehn von Hundert. Das mußte verletzend sein.

Der Assistent von einst wies das Angebot zurück, reagierte bei einem persönlichen Zusammentreffen in Baden-Baden auf seine Weise und schlug vor, daß Hahn dann Gutes tun könne, wenn er die ehemalige Berliner Sekretärin Else Müller unterstützte. Deren Sohn war an offener Tuberkulose erkrankt. Eine Heilung in einer Klinik in der Schweiz (zahlbar in Devisen) wäre möglich, könnte ein Leben retten. Hahn antwortete sehr kühl in einem weiteren Brief nach Mainz, in dem es sinngemäß hieß, daß er Gutes genug getan hätte und zudem aus Stockholm noch 72 Pakete auf den Weg gebracht habe – wohl ja auch an die Straßmanns in Mainz. Wo solle man anfangen und wo dann aufhören?

Aber während der eine, der Nicht-Honorierte, das Thema ad acta legen wollte, schien den anderen, den üppig Honorierten, das schlechte Gewissen nicht loszulassen. In zwei Briefen hakte er nach und schrieb am 30. Mai 1947: »Wegen Ihrer persönlichen Angelegenheit ... müssen wir einmal ausführlich sprechen, schriftlich geht das nur sehr schwer.«

Eine Antwort blieb aus.

Und so meldete sich Otto Hahn erneut. Verbrämt als Weihnachtsgruß: »Lieber Herr Straßmann! Beiliegend sende ich Ihnen die Erklärung wegen der Übertragung von 10.000 Kronen aus meinem in Schweden festangelegten Rest des Nobelpreises ... Für Weihnachten wünsche ich Ihnen einige ruhige Tage und für das Neue Jahr weiter viel Erfolg in Mainz.

Mit herzlichen Grüßen Ihnen und Ihrer Frau Ihr H.«

Als Straßmann in den Nachtstunden des 18. Dezember 1948 in seine Wohnung zurückkehrt, die Post aus dem Briefkasten holt und die spröden Zeilen aus Göttingen überfliegt, geht es auf Mitternacht zu. Vor einem Jahrzehnt – fast auf die Minute genau – war es zwei Männern in ihrem Labor plötzlich und nach langer Unsicherheit wie Schuppen von den Augen gefallen: Uran – es kann sich teilen in Krypton und Barium. Sich in seinem Kern spalten.

Sie schauten damals den Abgrund, ohne zu ahnen, wie tief die Menschheit bald in ihn stürzen mußte.

Jetzt wußten sie es – zehn Jahre danach. Und einer von beiden feilschte – wortlos – um Bargeld.

Judaslohn?

Generaloberst Boris Lwowitsch Wannikow war ein Mann mit bemerkenswerten Privilegien: Er besaß seinen eigenen Eisenbahnwaggon, der bei Bedarf an die Nachtzüge angekoppelt wurde, und ein üppig ausgestattetes Zimmer in der Ersten Hauptverwaltung beim Ministerrat der UdSSR. Boris Lwowitsch, der seinen jüdischen Namen abgelegt hatte, galt den meisten Parteibonzen als Paradiesvogel, als schillernde Figur, als unsicherer Kantonist. Der Stalinschen Säuberungsorgie der dreißiger Jahre war er auf wundersame Weise entronnen; im Großen Vaterländischen Krieg blieb er vom Einsatz an der Front verschont. Einmal verschwand er für Monate im Gefängnis, um unvermittelt und wortlos wieder auf seinem Stuhl Platz zu nehmen. Er gehörte der Partei seit zaristischen Tagen an, kannte schon als Jugendlicher die grausamen Spielregeln der Illegalität und hatte ein exaktes Personengedächtnis, das im Moskau der späten vierziger Jahre ein Kapital besonderer Art war. Stalin wie Berija, die mächtigsten Männer des Riesenreiches, waren klug genug, es sich mit ihm nicht zu verderben.

Worin seine tatsächliche Aufgabe bestehen mochte, war immer unklar. Es galt die Sprachregelung, der Genosse Generaloberst kümmere sich verantwortlich um den »Mittleren Maschinenbau«. So ließ es sich auch nennen. Vor allem dann, wenn man das Wort »Atombombe« einfach durch »Mittlere Maschine« ersetzt.

Die Bombe war selbstverständlich ein beherrschendes Thema unter den Militärs. Zudem existierte schon seit 1943 (unter strikter Geheimhaltung) das »Laboratorium Nummer 2« der Akademie der Wissenschaften. Sein Chef, Igor Wassiljewitsch Kurtschatow, gilt bis heute als der bedeutendste sowjetische Atomphysiker. Stalin hatte ihn im Mai 1942 auserkoren, eine Uranwaffe zu bauen. Kurtschatow, Dozent am Physikalisch-Technischen Institut in Leningrad, war Spezialist für nukleare Phänomene – seit 1938 versuchte eine Forschungsgruppe, den ungelösten Geheimnissen der atomaren Kerne auf die Spur zu kommen. Alle bauten dabei auf die Lehren von Abraam Joffe, eine Art »Übervater« der modernern Physik in der jungen Sowjetunion.

Angesichts der immensen Schwierigkeiten, die der deutsche Überfall ins Land getragen hatte, waren die Wissenschaftler scheinbar chancenlos, den Vorsprung der Amerikaner (und der Nazis?) je wieder aufzuholen. Dennoch nisteten sich Kurtschatow und seine Mitstreiter, Igor N. Golowin, Isaak Kikojin und Georgi Florow in Moskau an der Akademie der Wissenschaften ein und nahmen die Herausforderung zu einem ungleichen Wettlauf an.

Gewiß ein ungleiches Rennen. Und eines, über dessen Zielband das Wort »Tod« stand.

Aus dem belagerten Leningrad kam keine Hilfe, in Moskau mangelte es an allem, die Nervosität im Kreml wuchs mit jedem Tag. Die Bombe – woher nehmen, wenn nicht stehlen?

Im Juni 1942, drei Wochen nach der Berufung von Kurtschatow, bezog im New Yorker Konsulat der UdSSR Anatoli Jakowlew sein Büro. Ein Mann aus dem zweiten Glied mit dem Titel eines Vizekonsuls. Damit mußte er sich auf dem Territorium der Vereinigten Staaten einer Reihe von Landsleuten unterordnen, die ihm in der Rangordnung des Sowjetstaates Weisungen erteilen konnten. Aber keiner gab an den Vizekonsul auch nur einen Befehl weiter. Jakowlew unterstand nicht dem Außenministerium, sondern dem KGB. Er besaß das ausdrückliche Vertrauen von Stalin und sollte die Pläne für die Atombombe beschaffen. Die, die als Agenten im Mutterland des Klassenfeindes dafür in Frage kämen, erwiesen sich – das erkannte der Geheimdienstmann sehr bald – als kleine Fische. Geeignet für Kurier- und Botendienste, aber nirgendwo eingebunden in einen wirklich sensiblen Bereich der US-Army. Einer von ihnen war Harry Gold, die Eltern russische Juden, er selbst in der Schweiz geboren und in die USA ausgewandert. Ein Gelegenheits-Jobber. Ein anderer war David Greenglass, Sergeant bei der Infanterie, dessen Schwester Ethel Greenglass sich durch flammende Reden für einen weltweiten Sozialismus auszeichnete. Sie war mit einem Fabrikanten namens Julius Rosenberg verheiratet.

Während in den Staaten die Agentenführer nicht viel an nennenswert Geheimem in die Zentrale melden konnten, funkte aus England »Sonja« verschlüsselt verschiedene Meldungen, die aufhorchen ließen. Sie hatte als Aufklärerin der Roten Armee einen Draht zu dem Deutschen Klaus Fuchs geknüpft. Dieser Fuchs lebte auf dem Campus der Universität von Bristol, arbeitete dort als Physiker und galt als enger Freund von Rudolf Peierls und dessen Frau Eugenia. Was der Atom-Forscher Peierls nicht ahnen konnte: Fuchs hatte sich in London dem Politischen Leiter der kommunistischen Bewegung in England, Jürgen Kuczynski (»Alexander«), als Helfer zur Verfügung gestellt. Fuchs, Sohn des Rüsselsheimer Pastors Emil Fuchs, der 1912 als erster Pfarrer in Deutschland der SPD beigetreten war, bekannte sich zu seiner KPD-Mitgliedschaft. Der junge Wissenschaftler, den die SPD in Berlin wegen »abweichlerischer Neigungen« ausgeschlossen hatte, entpuppte sich als zuverlässiger Lieferant von Daten aus Bristol. »Sonja«, mit bürgerlichem Namen Ruth Kuczynski und Schwester von »Alexander«, schickte das gestohlene Wissen chiffriert in die Moskauer Nächte hinein. Unter dem Code »Maud« hatten die Briten indessen ihre Nuklearforschung verblüffend weit und absolut geheim vorangetrieben. Weder in Berlin noch in Washington wuchs der Verdacht, das Empire könne der sagenhaften Wunderwaffe auf die Fährte gekommen sein. Aber »Maud« (so hieß ein Kindermädchen, das in der Grafschaft Kent bei der Familie von Niels Bohr in Diensten stand...) machte derart beachtliche Fortschritte, daß der »Maud-Report« schon im Juli 1941 an Churchill persönlich übergeben werden konnte. Federführend: Rudolf Peierls und Lise Meitners Neffe Otto Robert Frisch.

Auch Fuchs hatte seinen Anteil an der Arbeit. Zwar mußte er im Juni 1940 zwangsweise die Koffer packen und sich als Deutscher die Internierung in einem kanadischen Camp bei Quebec gefallen lassen, aber der Mentor Peierls holte ihn aus der mißlichen Gefangenschaft heraus und erwirkte Heiligabend 1940 dessen Freilassung.

Fazit des Maud-Reports: Die Uranbombe sei »praktisch realisierbar«, könne zu »entscheidenden Ergebnissen im Krieg« führen und »dränge sich jedem fähigen Physiker fast von selbst auf«.

Der britische Premier ließ den US-Präsidenten informieren. Die Staatsmänner kamen überein, ihren Weg gemeinsam zu gehen. Das britische Geheimprojekt »Tube Alloys« und »Manhattan« sollten verschmelzen, um eine höhere Effektivität zu erreichen. Die Politiker versuchten jedoch, ihr Geschäft ohne die Militärs zu betreiben. In den Stäben beiderseits des Atlantik verhehlte keiner der Uniformierten und Dekorierten sein Mißtrauen dem jeweils anderen gegenüber. Die USA dürften ihr Machtmonopol nicht aufs Spiel setzen, darauf pochte das Pentagon. Die Briten hätten Besseres zu tun, als den Vettern elitäres Wissen zum Nulltarif auszuhändigen, erklärten die Militärs in Whitehall.

Erst auf der Tagung von Quebec am 19. August 1943 verbriefte ein bilaterales Abkommen die Koordinierung aller Anstrengungen. Zweiunddreißig britische oder in England lebende Naturwissenschaftler packten Anzüge und Aktenmappen in ihre Koffer. An Bord der »Andes« hatten sie eine ruhige Überfahrt und kamen im Dezember 1943 in New York an. Erkenntlich an den Regenschirmen – unter ihnen Frisch, Peierls und Fuchs.

Ehe sie nach Los Alamos weiterreisten, bezogen sie für die ersten Monate ihre Arbeitsplätze bei der Callex Corp. an der Wallstreet, Exchance Place Nummer 43. Dort war Leslie Groves Chef der Tarnfirma. Via Moskau und dank »Sonjas« Zuverlässigkeit besaß Jakowlew exakte Informationen, welch Goldfisch nun mit Fuchs in seinem Teich schwamm. Im Eastend an der Henry Street gab es ein erstes Treffen zwischen Fuchs, dessen Tarnname in den USA »Charly« hieß, und Harry Gold, der als »Raymond« bekannt blieb.

Um Verwechslungen zu vermeiden, hielt mitten in der Stadt ein Mann im Staubmantel, Klaus Fuchs, seinem Agentenführer »Raymond« einen Tennisball in der linken Hand entgegen. Außerdem trugen beide den zerteilten Pappdeckel einer Pralinenschachtel in den Manteltaschen – die Hälften paßten exakt aneinander. Der Geheimdienst hatte bewiesen, daß er seine simplen Standardspiele beherrschte.

Nur der britischen Abwehr dämmerte keinerlei Verdacht, ein deutscher Kommunist in königlichen wie amerikanischen Diensten könne als bestens informierter Atomphysiker ein denkbares Risiko darstellen. Immerhin hatten Rudolf und Eugenia Peierls für ihren stillen und wortkargen Untermieter gebürgt.

Im abgelegenen Los Alamos lief im Sommer 1944 bei allen Unzulänglichkeiten so etwas wie das »alltägliche« Leben an. Im Supermarkt besorgte man sich Wein und Sekt für abendliche Parties, es bildeten sich Cliquen, wuchsen Flirts zu leidenschaftlichen und oft genug außerehelichen Liebschaften. Die Trennlinie zwischen den Briten und Amerikanern schwand immer mehr. Nur in einem Bereich mischten sich die Zuständigkeiten nicht. Bei der Sicherheit. Das FBI nahm auf Weisung von Groves die US-Bürger heimlich unter die Lupe und hatte ständig zwei ungeliebte Kantonisten im Visier: Oppenheimer, den aufmüpfigen Nonkonformisten und Szilárd, den ungarischen Juden aus Berlin. Das britische MI 5 schnüffelte so unverschämt nicht. Aus London trafen regelmäßig beruhigende Dossiers ein – es gäbe keinen Anlaß zu Argwohn und Mißtrauen. Eben deshalb verbäte sich das Königreich ausdrücklich eine Kompetenzüberschreitung des FBI. Groves, zur Unflätigkeit geborener Poltergeist, duckte sich.

Keiner mochte in Los Alamos zuständig sein, als Klaus Fuchs am 2. Juni 1945, einem sengendheißen Samstag, das Ghetto der Kernforscher in seinem alten Chevrolet durch das permanent überwachte »Osttor« verließ und über die staubigen Straßen die rund dreißig Kilometer nach Santa Fe fuhr. Um 16 Uhr traf er sich an der Straßenkreuzung von Almeda Street und Delgado Street mit »Raymond«. Harry Gold, unterdessen als Bote bei der Pennsylvania Sugar Company in Lohn und Brot, hatte sich Urlaub genommen und war per Schnellbus quer durch den Kontinent gefahren. In einer Sackgasse händigte »Charly« seinem Partner »Raymond« in einem hellbraunen Couvert 42 Seiten Papier aus. Das Dossier der Plutonium-Bombe.

Allein Moskau wußte, daß »Charly« kein Kundschafter mit gezinkten Karten und damit Doppelagent sein konnte. Denn »Charly« meldete exakt das, was der Kreml von »Perseus«, dem zweiten Spion in Los Alamos, schon kannte! »Perseus« sollte nie enttarnt werden. Er überlebte als freier und geachteter Bürger der Vereinigten Staaten von Amerika und wird so wie ehedem aus Moskau bis auf den heutigen Tag gedeckt. Den halben Teil eines Jahrhunderts lang.

Klaus Fuchs kehrte nach dem Kriegsende und dem Abwurf der beiden Bomben auf Hiroshima und Nagasaki nach Großbritannien zurück. Er – längst britischer Staatsbürger – folgte dem Ruf von Sir John Cockcroft, der in Harwell das britische Nuklearforschungszentrum aufbaute, und übernahm als Leiter der Theoretischen Abteilung die Grundlagenforschung beim Bau von Wasserstoffbomben. »Sonja« diente nach wie vor auf dem Alten Kontinent. Sie trafen sich in London, mimten in Parks ein Liebespaar und besprachen händchenhaltend das weitere Vorgehen.

Diesmal schlüpfte ein Russe in die Rolle des Kuriers des Kremls. Alexander Feklisow nahm die Geheimnisse aus Harwell entgegen. Das geschah anfangs in einer Boxerkneipe nahe der U-Bahnstation Greenwood, im Pup »Nags Head«, später auf Fernbahnhöfen und am Ende im Palmenhaus des Botanischen Gartens an der U-Bahnstation New Garden.

Im letzten Paket fanden sich Berechnungen und Pläne: der Schlüssel zur Wasserstoffbombe. Von da an hörten weder »Sonja« noch Feklisow je wieder etwas aus Harwell...

Bis an der sowjetischen Gesandtschaft in Ottawa dem Chiffrierbeamten Igor Gussenko wegen einer Weibergeschichte der kapitalistische Boden unter den Füßen zu heiß wurde und er dilletantisch versuchte, in den USA unterzutauchen. Der Russe geriet in eine Zwickmühle, widersprach sich und packte aus, um seinen Kopf zu retten. Er wußte zu berichten, daß der Kreml seine Fühler bis nach Los Alamos hinein mit im Spiel gehabt hätte.

Der erste, auf den der Verdacht fiel, war Peierls selbst, der nächste Fuchs. In Whitehall, im Kriegsministerium, legte Fuchs ein volles Geständnis ab; William J. Skardon als Vernehmer hatte ihm das Ehrenwort gegeben, ihn nicht ausliefern zu lassen. Das FBI schäumte und blieb machtlos. Einziges Zugeständnis an »drüben« – man dürfe zwei Mann zur zusätzlichen Anhörung von Fuchs herschicken. Es kamen Hugh Clegg und Bob Lamphere.

Obwohl Fuchs zunächst hartnäckig schwieg, änderte sich seine Ablehnung den FBI-Leuten gegenüber in einem Punkt: Er willigte ein, die Fotokartei durchzusehen, ob er »seinen Raymond« ausmachen könnte. Er fand ihn, schrieb auf die Rückseite mit einem Füllfederhalter das Wort »Raymond« und lieferte Harry Gold ans Messer. Der – unterdessen an der Kindred Street 6823 in Philadelphia zu Hause – ließ am 22. Mai 1950 einigermaßen arglos die Fahnder eintreten; sie hatten sich – ungewöhnlich genug – vorher artig angemeldet und einen Termin ausgemacht. Was sollte Gold widerfahren? Jakowlew war längst wieder in Moskau, kein Schnipselchen Papier mochte ihm als Beweisstück zum Nachteil gereichen. Nur den Stadtplan von Santa Fe hatte er aus seinem Gedächtnis verloren. Und der lag in einem Buchregal hinter einigen dicken Wälzern, wohl beim Staubwischen dorthin gefallen – auf dem Plan war die Kreuzung Alameda/Delgado mit einem Bleistiftzeichen markiert.

Um seinen Kopf zu retten, verriet Gold den Sergeanten David Greenglass, der als Techniker in Los Alamos mit unbedeutenden Arbeiten aktiv beteiligt war und von dessen Existenz er erfahren hatte. Greenglass seinerseits, dem wegen der Übergabe eines Zünderteils an einen Russen die

Todesstrafe sicher sein mußte, zog sich das Schutzmäntelchen des Kronzeugen an und beschuldigte seine Schwester Ethel und deren Ehemann Julius Rosenberg. Klaus Fuchs wurde vor den Schranken von Old Bailey wegen »Geheimnisverrats an eine fremde Macht« zu vierzehn Jahren Zuchthaus verurteilt. Er verbüßte seine Haft zunächst in der Zelle 135 von Wormwood Scrubb und leitete dann in der Anstalt von Wakefield die Gefängnisbibliothek. Die Rosenbergs wurden in der Nacht zum 19. Juli 1953 in Sing Sing auf dem elektrischen Stuhl hingerichtet. Alle Interventionen, aller Protest aus den »Bruderländern« des Sozialismus fruchteten nicht. Es galt, das Exempel zu statuieren. Eisenhower als Präsident, der sich zum mächtigsten Mann der Welt berufen fühlte (bei Kriegsausbruch im Dezember 1941 bekleidete er als Oberstleutnant einen unbedeutenden Stellvertreterposten wie Dutzende anderer Stabsoffiziere auch) wollte offenkundig den alten Kameraden aus der Army vor Augen führen, daß er zu harter Gangart dem »Iwan« gegenüber entschlossen war. Albert Einstein wandte sich vergeblich an den Präsidenten, die Rosenbergs zu begnadigen. Aber dies konnte nicht Wunder nehmen – immerhin hatte der Physiker im Wahlkampf für den demokratischen Gegenkandidaten Adlai E. Stevenson Partei ergriffen.

Klaus Fuchs bekam kurz vor seiner Entlassung die Visite eines kanadischen Militärattachés, der ihm eine Dozentur am Physikalischen Institut von Ottawa anbot, und verließ nach neun Jahren am 26. Juni 1959 als Mister Julian Strauß an Bord der LOT-Abendmaschine von London nach Warschau England. Bei einer Zwischenlandung in Berlin auf dem abgesperrten Flugplatz von Schönefeld stieg er um 19 Uhr 30 aus. Dort erwartete ihn mit Nelken eine Genossin namens Grete, die er aus seiner Berliner Zeit kannte und bald danach auf dem Territorium der Deutschen Demokratischen Republik heiratete. Seine erste bemerkenswerte Handlung war, daß er sich auf Gretes Nelken setzte. Fuchs machte als Physiker keine wissenschaftliche Karriere von Bedeutung mehr, gehörte aber als SED-Mitglied höchsten Parteigremien an. Ob er sich dort tatsächlich wohl fühlte, beantwortete er nie. Die UdSSR, der er mit der

Bombe die Gewichte für das Gleichmaß der Abschreckung in die Hände gespielt hatte, schwieg ihn nach außen hin tot. Sie nahm aber auch nie heimlich Fühler nach Deutschland hin auf, um ihn an- oder abzuwerben. Bei seiner Beisetzung 1988 kamen weder ein Delegierter noch ein Blumengruß.

Auf ihrem Vormarsch nach Berlin hatten die zuständigen Offiziere der Roten Armee penibel darauf geachtet, daß kein »Wissender« verlorengehen möge. Anders formuliert: Was sich an Informationen abschleppen ließ, sei mitzunehmen. Da die amerikanischen »Verbündeten« in ihren Einflußsphären erkennbar ganze Arbeit leisteten, durfte sich Moskau keine Panne leisten.

Fein waren die Sitten nicht, moralische Bedenken schon lange Makulatur. Noch am 15. März 1945 hatten amerikanische Piloten die Kleinstadt Oranienburg ins Visier genommen. Im Wissen, daß Frauen und Kinder aus dem brennenden Berlin in großer Zahl dorthin geflohen waren. Mit rund zweitausend Bomben, die weitstreuend aus den Schächten fielen, vernichteten sie die Produktionsanlagen der Auer-Gesellschaft. In ihnen konzentrierten sich die Arbeiten der Chemiker: am Uran und am Thorium.

Schon seit diesen Tagen liefen die Fäden bei einer deutschen Filiale des KGB im sächsischen Freiberg zusammen. Generaloberst Iwan Serow verfügte über Listen derer, die nützlich schienen. Einer hieß Manfred von Ardenne. Ein hochbegabter Forscher, Besitzer eines privaten Technik-Institutes, ein genialer Tüftler und Erfinder. Und: ein während seines ganzen langen Lebens (geboren 1907 in Hamburg) höchsttalentierter Wanderer zwischen den ideologischen Welten seines Globus. Manfred von Ardennes Lebensläufe sind (von ihm selbst) so oft neu geschrieben oder zeitgerecht interpretiert worden, daß auch geduldige Lektoren Schwindelgefühle ob der Rotation des jeweiligen politischen Credo bekommen haben müssen.

Dennoch ist äußerst aufschlußreich, wie von Ardenne seinen »Umzug« in die UdSSR schildert. Zwei Tage nach der Kapitulation war am 10. Mai 1945 der Beauftragte für den Sektor Wissenschaft und Technik und Verbindungsoffizier zur Sowjetischen Akademie der Wissenschaften, Generaloberst Machniow, im Ardenneschen Institut in Berlin am Jungfernstieg 19 in Lichterfelde-Ost vorgefahren. Soldaten hatten das vorsorglich von Institutsmitarbeitern in kyrillischer Schrift als wissenschaftliche und nichtmilitärische Einrichtung gekennzeichnete Areal abgeriegelt. Manfred von Ardenne: »Gegen Ende der Unterhaltung legte General Machniow mir nahe, bei den zuständigen Stellen der UdSSR einen Antrag auf wissenschaftliche Zusammenarbeit einzureichen. Ich schrieb ohne innere Vorbehalte ein Gesuch, das meiner einige Monate vorher getroffenen Entscheidung, keine Verlagerung (des Institutes nach Westen) vorzunehmen, genau entsprach. Hatte mir doch Professor Houtermans oft aus eigener Anschauung von der hohen Achtung erzählt, die in der Sowjetunion Menschen entgegengebracht wird, welche durch schöpferische Leistungen den Fortschritt von Naturwissenschaft und Technik fördern. Diese Erfahrung fand ich später immer wieder und oft in überraschender Form bestätigt.«

Als Folge des »Gesuchs« saß von Ardenne mit Frau, Schwiegervater und Sekretärin (sie, Elsa Suchland, hat nie geschildert, wie »freiwillig« ihr Mitgehen gewesen ist) in einer amerikanischen Transportmaschine vom Typ DC 3 (ausnahmsweise ausstaffiert mit Teppichen und zwei Sofas), die am 21. Mai 1945 von Tempelhof in Richtung Osten abhob und am frühen Abend auf dem Flugplatz Moskau Wnukowo ausrollte. (Der Douglas-Transporter diente den Sowjets als vielseitig einsetzbares Fluggerät... Mit ihm war auch in den Nachmittagsstunden des 30. April 1945 auf einem Notflughafen bei Kalau der Leipziger Tischler Walter Ulbricht als Kopf einer zehn Deutsche umfassenden Gruppe – unter ihnen auch Rudolf Gyptner, Otto Winzer, Hans Mahle, Karl Maron und Wolfgang Leonhard gelandet.) Abseits stehend warteten zwei graue Limousinen und eine kaukasische Dolmetscherin auf den »Herrn Baron«. Die Sprachkundige entpuppte sich als Parteimitglied und Schatten und blieb unersetzbar. Einen Monat danach hielt ein Lieferwagen an der Datsche der Neuankömmlinge. Die Kinder kamen an. Im Mutterland des Proletariats wurden die fünfjährige Baronesse Beatrice von Ardenne und der zwei Jahre alte Freiherr Thomas von Ardenne Jungbürger des Vaterlands aller Werktätigen. Adel verpflichtet.

Die Nachricht lag 36 Stunden in versiegelten Mappen und verriegelten Stahlschränken. Das ZK hielt sie strikt zurück. Kommentarlos verbreitete die »Prawda« am 8. August 1945 »eine Erklärung des US-amerikanischen Präsidenten vom 6. August«. Darin hieß es: »Vor 16 Stunden hat ein amerikanisches Flugzeug auf den wichtigen Kriegsstützpunkt Hiroshima auf der Insel Honshu eine Bombe geschleudert, die eine größere Zerstörungskraft besitzt als 20.000 Tonnen Sprengstoff...«

Drei Tage später war die Nachrichtenagentur TASS »ermächtigt«, eine Rundfunkansprache weiterzuleiten, die Truman an die Welt gerichtet hatte. »Das, was wir gegenwärtig Japan auch mit neuen Atombomben zufügen, ist nur ein kleiner Teil davon, was mit der Welt im Dritten Weltkrieg geschehen würde.« Und: »Wir wollen keinem Aggressor erlauben, so stark zu werden, daß er in Zukunft uns zu entzweien in der Lage ist, oder aber so stark zu werden, daß er uns bezwingen könnte!«

Das war Trumans neue Kriegserklärung. Winziger Unterschied zu den bisherigen: Es sollte sich um einen Kalten Krieg handeln.

Stalin und die Seinen hatten begriffen. Das Machtmonopol einer jeden Punkt des Globus erreichenden Waffe bliebe den Vereinigten Staaten von Amerika vorbehalten. Uncle Sam als Weltpolizist, ein Ein-Personen-Stück.

Am 15. August 1945 zitierte ein sowjetischer Hauptmann Manfred von Ardenne in die Moskauer Zentrale des NKWD. Jahre später schrieb der damals Herbeigerufene: »Nach kurzer Zeit wurde ich in einen Raum geführt mit langem Tisch, an dessem einen Ende sich der Marschall (Berija) zu meiner Begrüßung erhob. Ich wurde gebeten, rechts neben ihm Platz zu nehmen, und saß damit einer Reihe von sowjetischen Kernphysikern und Wissenschaftlern gegenüber, die an der anderen langen Seite des Tisches

Platz genommen hatten. Es waren dies u. a. die Professoren Kurtschatow, Alichanow, Galperin, Kikoin, Artzimovich und, wenn ich mich recht erinnere, die Generale Sawenjagin und Machniow. Dann begann Berija die Sitzung mit den an mich gerichteten Worten: »Die Regierung der Sowjetunion wünscht, daß in dem Institut, dessen Direktor Sie werden, die Entwicklung unserer Atombombe stattfindet!«

In Sinop bei Suchumi an der kaukasischen Schwarzmeerküste, einem ursprünglich vom Volk der Abchasen bewohnten fruchtbaren Küstenstrich im Schatten schneebedeckter Gipfel, lebten Manfred von Ardenne und seine Familie mit dem Team und den kasernierten Wachmannschaften. Die Institutszimmer waren in einem geräumigen Sanatorium untergebracht. Das umzäunte Terrain umfaßte zehn Quadratkilometer, mit eigenem Strand (bewacht), eigenem Wald (bewacht), eigenem Fischteich (bewacht) und eigenem Telefonnetz (überwacht).

Von Ardenne unterstand das Institut A, dem Nobelpreisträger Dr. Gustav Hertz – ebenfalls von den Russen »zum Mitkommen animiert« – das Institut G, das die aufmerksamen Gastgeber sieben Kilometer vor Sinop in Agudseri einquartierten. Gustav Hertz war ein Neffe von Heinrich Hertz, dem weltberühmten Entdecker elektromagnetischer Wellen.

Den »Gästen« war zunächst eröffnet worden, ihr Aufgabengebiet sei ausschließlich friedlichen Zwecken gewidmet. Bei von Ardenne beispielsweise lägen die Schwerpunkte auf der Rasterelektronenmikroskopie und bei einem Verfahren der industriellen Isotopentrennung. Nun aber – mit allen Laboreinrichtungen, die in einem Sonderzug aus Lichterfelde-Ost nachgeholt worden waren – mutierte die industrielle Isotopentrennung zu einer militärischen Aufgabe. Alles drehte sich um den Kernsprengstoff Uran 235, von dem die Konstrukteure der Bombe eine uneinschätzbare große Menge benötigten.

Das Sanatorium, hundert Meter vom Strand des Schwarzen Meeres entfernt, in kubischer Form im Neo-Bauhaus-Stil errichtet und den maladen Helden des Sozialismus in den dreißiger Jahren übergeben, wurde zur Keimzelle eines

Massenvernichtungsinstrumentes Made in Germany unter sowjetischer »Fürsorge«.

Nicht irgendeine Waffe verlangten die neuen Herren von ihnen, sondern *die* Waffe. Nicht irgendeine Bombe, sondern *die* Bombe.

Stalin würde jedes Mittel recht sein. Abraham Pawlowitsch Sawenjagin, als »Erfinder« von Magnitogorsk, dem mit 800.000 Menschen größten künstlichen Industrierevier der Erde, später zum Stellvertretenden Ministerpräsidenten der Union der Sozialistischen Sowjetrepubliken emporgestiegen, fand sich in der Rolle des »Sprachrohrs« den Deutschen gegenüber. Von Ardenne: »Sawenjagin ... teilte mir im Auftrag Marschall Berijas mit, daß die ursprünglich vorgesehene Thematik des Institutes nicht mehr möglich sei, da die USA Atombomben entwickelt und diese in Japan erstmalig eingesetzt hätten. Obwohl der Abwurf der Atombombe bei mir eine Reihe von Überlegungen ausgelöst hatte, wehrte ich mich lange gegen diese Entscheidung mit allen mir zur Verfügung stehenden Argumenten und ging dabei bis nahe an die gefährliche Zerreißgrenze der Verhandlung. Der General überzeugte mich, daß die Entscheidung unwiderruflich war und vor allem, daß sie im Interesse des Weltfriedens lag.«

»Weltfrieden« – stets und ständig ein griffiges Allzweckargument. Ein Argument mit Wirkungskraft. Und mit Folgen für die Kriegsgefangenen der Hitler-Wehrmacht, die in Sibirien saßen, arbeiteten, froren, erfroren. Um Professor Dr. Peter Adolf Thiessen, als Kolloid-Chemiker Abteilungsleiter im Kaiser-Wilhelm-Institut, um Dr. Max Vollmer, um Hertz und von Ardenne scharten sich auf Befehl »von oben« nun die, deren Berufe Brauchbarkeit verhießen. Der Gasentladungsphysiker Dr. Max Steenbeck, Willy Roggenbuck und Namenlose, aus ellenlangen Listen herausgefiltert, als Laboranten, Assistenten, Werkzeugmacher, Präzisionsmechaniker – plötzlich und unerwartet verlagert. Im Sinn des Wortes: von einem Lager in ein anderes. Von Ardenne fand sich in der Situation, aussieben zu dürfen. Otschatschire hieß das Lager, in dem der Institutsleiter zusammen mit Hertz, Sawenjagin und Dolmetschern die künftigen Mitarbeiter regelrecht examinierte. Pro Kandidat fünf Minuten. Dreihundert Sekunden, um zu unterscheiden zwischen »tauglich« und »untauglich«.

Das »Untauglich« bedeutete Rückkehr nach Sibirien. Und eine Entlassung zu einem »unbekannten« Zeitpunkt. Das »Tauglich« hieß: zehn Jahre wissenschaftliche Zwangsarbeit in einem relativen Luxus.

Eine Wahl zwischen Pest und Cholera. Nicht zu vergessen: Es drehte sich um den Weltfrieden. Der Krieg war – wie immer – der Vater aller Dinge.

Welch fataler Irrglaube, nach Jahren der Hitlerdiktatur und eines infernalischen Krieges von Geborgensein und friedvollem Leben zu träumen. Dafür blieb die Zeit nicht. Die neue Zeit, deren Uhren einen anderen Takt schlugen. Zwischen dem Elbsandsteingebirge und dem Erzgebirge, an den Trennlinien von Sachsen und Thüringen, in den Marktflecken und Dörfern Drosen, Seelingstädt, Ronneburg, Oberrothenbach, Crossen, Johanngeorgenstadt und Aue, die zunächst von den amerikanischen Truppen eingenommen worden waren, ehe sie sie im »Tausch« gegen einen Berliner Besatzungssektor an die Sowjets abtraten, zeigten sich inmitten einer kargen, spröden und rein landwirtschaftlich genutzten Region auffallend viele Soldaten der Roten Armee.

In der alten Knappenstadt Freiberg in Sachsen, seit langem Hort einer renommierten Hochschule für den Bergbau, mußten eine Vielzahl von Villen und Wohnungen in kürzester Frist geräumt sein. Ohne jede Begründung. Danach rollten Limousinen vor, denen Offiziere entstiegen. Präziser: Männer in den Uniformen von Offizieren. Spezialisten um den Moskauer Geologen Georgi N. Kotelnikow filzten in den Archiven des Dekanats jedes Blatt und jeden Lageplan. Unterlagen, die teilweise aus der Zeit vor dem Dreißigjährigen Krieg stammten. Ohne weitere Vorsichtsmaßnahmen suchten sie Schächte auf, die bereits im fünfzehnten Jahrhundert vorgetrieben worden waren! Die Männer gaben klar zu verstehen, daß sie in Eile seien und daß jede auch nur versuchte Form von Sabotage schlimmste Folgen nach sich zöge. Sie machten aber zugleich deutlich, daß jedes Weitergeben von Informationen an Deutsche oder Amerikaner klassenfeindliche Spionage bedeute, die ebenfalls drakonisch geahndet würde. Das Wort »Sibirien« wurde dabei nicht einmal ausgesprochen.

Der Grund für all die Aktivitäten in einem Landstrich, der annähernd halb so groß ist wie das Saarland, lag in einer geologischen Sonderheit und hatte mit der Entdeckung eines Mannes zu tun, den nahezu alle Lexika übergehen. Der Gelehrte hieß Heinrich Klaproth und lebte von 1743 bis 1817, er besaß eine Apotheke und betrieb nebenbei chemische Studien, vor allem Gesteinsanalysen. Als er in den Besitz eines großen schwarzen Erzklumpens gelangt war, den ihm Freunde aus dem Dorf Sankt Joachimsthal im Erzgebirge mitgebracht hatten, erkannte er, daß dieses Erz ein neues Element sein mußte. Wegen der Schwärze nannte er es in seinen Unterlagen Pechblende. In seiner Korrespondenz mit Kollegen der Sorbonne in Paris, an die er kleinere Teile zur weiteren Analyse expedierte, erwähnte er aber einen anderen Begriff – einfach deshalb, weil der Begriff Pechblende im Französischen keinen Sinn machte und schwer aussprechbar bleiben mußte. Klaproth nutzte den Namen für einen Himmelskörper – Uran!

Den Franzosen fiel lediglich die Besonderheit auf, daß sich mit feinst pulverisiertem Uran-Erz Glas rotbraun färben ließe.

Die Herren aus Moskau waren keine Glasbläser. Sie unterstanden Berija. Dessen Experten hatten beschlossen, die Sowjetische Aktiengesellschaft Wismut zu gründen. Deren Direktor, Semjon Woloschtschuk, und sein Chefingenieur Nikolai I. Tschesnakow sprachen von ihrer Aufgabe als einer »heiligen Sache«. Diese Heiligkeit verwandelte das hügelige Land. Wer sich freiwillig als Bergarbeiter verdingte, durfte einen für die damaligen Umstände geradezu fürstlichen Tagessold erwarten. Manche Fragen blieben ungestellt – und so standen Bauern neben Zuchthäuslern, Untergetauchte neben Familienvätern. Im Umkreis von rund zweihundert Kilometern waren auf Bahnhöfen und belebten Plätzen Plakate zu lesen: »Hör auf den Ruf des

Erzbergbaus« – Die »Bekleidungsfrage« würde geregelt, es gäbe Anspruch auf Urlaub und Erholung.

Versprechen, die die Russen einhielten. Wer seine Norm unter Tage erfüllte (Maschinen gab es kaum), hatte Anspruch auf ein Lebensmittelpaket. Es enthielt Wurst und Fleisch, Säfte, Mehl und Abschnitte, die Gutscheine für Frischgemüse waren. Die Ration hatte ihren Namen längst bekommen: Stalinpaket.

Dennoch reichte das Arbeitskräftepotential wenige Monate später nicht mehr aus. Zumal ruchbar geworden war, wie gefährlich die Arbeit im Stollen war – im November 1947 zählte man (heimlich) an die vierzig Tote; allein ein Unglück am 21. November hatte fünfzehn Männer das Leben gekostet. Es fehlte an Alarmsystemen, an Feuerschutzmaßnahmen, an ergänzenden Rettungswegen. Das Strahlenrisiko hingegen nahm keiner zur Kenntnis, es war einfach kein Thema. Erst fünfzig Jahre danach sollte sich herausstellen, daß mindestens 6.500 Menschen »gesichert« als Strahlenkrebsfälle einzuordnen seien. Obwohl auf deren Totenschein stereotyp »Herzversagen« vermerkt war.

Um die sich ständig lichtenden Reihen aufzufüllen, zogen deutsche Sachbearbeiter aus ihren Karteikästen die Namen von Dauerarbeitslosen, von Friseuren, Konditoren, Bäckern, Herrenschneidern, ja sogar von Berufsmusikern ohne derzeitiges Engagement. Das, was sie täten, könnten auch Frauen – ihre Kraft werde andernorts dringender benötigt. Ein Widerreden war sinn- und zwecklos. Tage später fuhren die Männer ein. Die Wissenschaft hatte ihren international gültigen Terminus für das begehrte Material: Yellow Cake. In der Welt gab es nur drei Reviere, wo das neue Gold des homo sapiens in solchen Vorräten verborgen war: in Afrika im Kongo, in Nordamerika in Kanada und in Europa im Erzgebirge. Die Region um Aue blieb bis auf den heutigen Tag das größte Uranvorkommen auf dem Alten Kontinent. Mit ihm hielten die Führer der Sowjetunion ein Faustpfand in Händen, ohne das sie den nuklearen Zweikampf nie hätten aufnehmen können. Amerika wäre mit Gewißheit eingeschritten, hätten Belgien oder Kanada dem Kreml das Ausgangsmaterial für die Bombe liefern wollen.

(Die US-Behörden verhängten ja sogar ein Ausfuhrembargo von Ruhr-Erz in Richtung Deutsche Demokratische Republik und wurden so zu den unfreiwilligen »Vätern« des DDR-Vorzeigeobjekts Eisenhüttenstadt). Zwischen 1946 und 1953 schaffte die SAG Wismut Uranerz in die UdSSR, das einen Weltmarktpreis von 330 Millionen US-Dollar hatte. An die DDR jedoch flossen keinerlei Summen, weder in Rubel, noch in Mark, und auch nicht in internen Verrechnungswerten. Moskau vertrat den Standpunkt, dies stelle eine völkerrechtlich legale Reparationsleistung dar. Insgesamt lieferte die Wismut aus den Stollen, die insgesamt 1.200 Kilometer lang waren, bis zur Wiedervereinigung eine Menge von 220.000 Tonnen reinen Uranerzes ins »Bruderland«.

(Die erforderlichen Investitionen von – mindestens – dreizehn Milliarden Mark, um nun Deutschlands größten Ökokatastrophen-Schauplatz zu sanieren, schließen nicht das Entsorgen von einer Milliarde Tonnen noch schwach radioaktiven Abraumes ein und enthalten auch keinerlei Spätentschädigungen für etwa 25.000 Strahlenkranke. Die Äußerung von Ärzten, daß in Oberrothenbach beispielsweise »in jedem Wohnhaus ein Krebstoter« zu registrieren sei, wird als »ungesichert und vermutlich überhöht« von Dienststellen in Bonn zurückgewiesen. Daß eine Kommune wie Johanngeorgenstadt im Boom der frühen Fünfziger von 6.000 Einwohnern auf 65.000 anwuchs und dort seit 1990 de facto nur jeder vierte einen auf Dauer gesicherten Arbeitsplatz haben dürfte, ist nicht mehr als ein Teil-Stück deutsch-deutscher Annäherungsproblematik.)

Am 23. September 1949 ging Präsident Truman an die Öffentlichkeit. Auch in seiner Administration blieb die Neuigkeit zunächst längere Zeit in versiegelten Mappen und Stahlschränken. Während die Eingeweihten schon längst von »Joe 1« sprachen, wußte die Welt nichts von diesem Joe, ahnte nichts von der ersten Atombombe der Russen. Aber Zweifel durften nicht mehr existieren. Spionageflugzeuge von Typ B 29 lieferten exakte Belege, eindeutig war interpretierbar: Messungen wiesen aus, daß über dem Territorium der UdSSR eine Kernwaffenexplosion Veränderungen zu Lande und in der Luft bewirkt hatte, radioaktive Partikel und kosmische Strahlung. Vermuteter Schauplatz des Elementar-Experimentes: Mittelasien. Die weite Steppe zwischen Pawlodar und Semipalatinsk an der Pforte zur Mongolei. Die kasachische Bevölkerung hatte sich abzufinden mit ihrer Vertreibung aus einem über Generationen angestammten Lebensraum. Begründungen gab es nicht. Stacheldraht riegelte das alte Land ab. Stacheldraht über die Horizonte hinaus.

Unterdessen rollten aus dem sächsischen Aue Eisenbahnwaggons in den Osten. Kein Deutscher auf dem Territorium der sowjetisch besetzten Zone bekam in jenen Tagen auch nur ein einziges Frachtpapier zu sehen, aus dem der Bestimmungsort hervorgehen könnte. Die Tarnung war so perfekt, daß auch bei der Eisenbahnverwaltung kein Mitwissender gefürchtet werden mußte. Tatsächlich aber hieß das Ziel Elektrostal. Eine auf dem Zeichentisch des NKWD um 1930 begründete Industrieansiedlung siebzig Kilometer östlich der Moskauer Stadtgrenze, nahe der Kleinstadt Bogorodsk, die nun offiziell Noginsk heißen mußte. Hier hatte sich eine Munitionsfabrik befunden. Kurioserweise waren sowohl das Stahlwerk als auch die Munitionsfabrik von Deutschen errichtet worden: Kommunisten, die erst freiwillig und dann interniert ihre Kenntnisse bei der Anlage von derartigen Großkomplexen einzusetzen hatten. Der wissenschaftliche Leiter von Rußlands einziger Uranfabrik hieß Nikolaus Riehl. Jener Professor Riehl von der Oranienburger Auer-Gesellschaft, der als allererster Wissender (er war Schüler von Meitner und Hahn) im Februar 1939 die Militärs auf die theoretischen und praktischen Anwendungsmöglichkeiten einer Uran-Maschine aufmerksam gemacht hatte. Riehl, in St. Petersburg geboren, war von Offizieren nach gezielten Hinweisen deutscher Kollegen bei Auer in einer Villenetage bei Rheinsberg aufgegriffen und in Friedrichshagen interniert worden. Am 9. Juli 1945 saßen er und einige seiner Kollegen in der Kurier-Maschine nach Moskau. Nicht ahnend, was ihnen, den Häftlingen, bevorstand. Sie bezogen noble Zellen in der Villa des

1938 nach einem Schauprozeß liquidierten NKWD-Chefs Genrich G. Jagoda und entdeckten, daß hier auch Generalfeldmarschall Friedrich Paulus einquartiert gewesen sein mußte; dessen Generalstabskarten waren – versehen mit Stecknadeln verschiedener Farben – an der Wand des Eßzimmers befestigt. Wie im tiefsten Frieden saßen die Deutschen abends im Bolschoi, um als Gefangene zurücktransportiert zu werden. Riehl erkannte, daß er mitzuspielen hatte. Aus Fragmenten eines Stahlwerkes, einer Munitionsfabrik und eines Kraftwerkes wuchs die Uran-Schmiede. Erst zehn Jahre später wird Riehl wieder freigekommen sein. Und in ein neues Deutschland zurückkehren, in dem ihm so vieles fremd ist. Zum Beispiel die Neonröhre, die im Begriff war, der Glühbirne Konkurrenz zu machen. Eine Röhre, gefüllt mit lumineszierenden Substanzen (fälschlich Neon genannt), die Licht abgeben. Der, von dem die Idee stammt, hieß – Nikolaus Riehl. Aber indessen waren andere aus dem Erlös dieser Patente zu Multimillionären geworden.

Igor Kurtschatow hatte am 25. Dezember 1946 den »Reaktor F 1« aktiviert. Stalin ignorierte den Anfangserfolg. Der Diktator bedurfte nicht eines experimentellen Spielbaukastens für Oberlehrersöhne, er mußte die Bombe haben.

Berija, hündisch treuer Diener seines Herrn, machte die erforderliche Drecksarbeit. Es geht – unwiderlegt – die Rede von einer Begebenheit, bei der Berija dem zum Rapport bestellten Kurtschatow einen Aktenordner in die Hand drückte und empfahl, hier, unter den Augen des Gegenüber am Schreibtisch, die Papiere in aller gebotenen Ruhe zu studieren. Was der Physiker in den Fingern hielt, waren die Todesurteile für Kurtschatow und zwanzig seiner besten Mitarbeiter. Nur die Daten der Urteilsverkündung und der Vollstreckung waren noch nicht eingetragen.

Überliefert ist auch eine Unterredung im NKWD-Hauptquartier, an die sich Nikolai Sisokjan zu erinnern wußte. Angesichts eines Wustes von Dokumenten bekam Berija einen (gespielten) Wutausbruch: »Ich brauche keine Papiere, ich brauche die Bombe.«

Das Vertrackte für den Marschall war: Niemand konnte ihm sagen, ob in Stalins Panzerschrank nicht auch ein Ordner liegen mochte, der das Urteil für Berija enthielt, dem ebenfalls allein noch zwei markante Daten fehlen mochten.

Die Bombe, hier nun das »Produkt« genannt, explodierte im Kernwaffentestgelände Semipalatinsk, das den Tarnnamen »Limonien« trug. Gegen Gesundheitsschäden aller Art empfehle sich – fanden Mediziner heraus – der Genuß von Limonen. (Ein Tip übrigens, den auch im Adenauer-Nachkriegsdeutschland eine Postwurfsendung weiterreichte, als zwischen Flensburg und Kiefersfelden der kriegsmäßige Einsatz von ABC-Waffen auf Zivilschutz-Informationen probehalber durchexerziert wurde. Das war jenes Blatt, in dem der ernsthafte Vorschlag auftauchte, sich bei einer Atombombenexplosion mit einer Aktentasche im Nacken vor dem Gröbsten zu schützen. Pennäler sollten den Ranzen über den Kopf ziehen.)

Als Testtag hatten die Militärs – nicht die Physiker – den 29. August 1949 festgelegt. Nach zuvor zweimaligem Aufschub verlangte Stalin die Detonation.

Das »Produkt« verwandelte um sieben Uhr und null Minuten das Umland in eine Masse aus grünschillernder Keramik. Von den ausgesetzten Tieren fanden sich Staubpartikel. Die verantwortlichen Physiker erhielten als Belohnung für ihr heldenhaftes Wirken jeder ein Auto. Was jedoch nichts daran zu ändern vermochte, daß die Aktenmappe mit den Urteilen dort blieb, wo sie war. Vertrauen ist gut. Kontrolle ist besser.

Weshalb im Geschilderten der Paradiesvogel mit dem eigenen Eisenbahnwaggon, Wannikow, etwas zu kurz kam, ist nicht geklärt. Denkbar, daß Stalin ihn, im Poker mit Berija, als Trumpf im Ärmel bewahrt wissen wollte.

Ende Januar 1949 wurde Igor Jewgenewitsch Tamm, Schüler von Leonid Isaakowitsch Mandelstam und Verfechter von dessen Thesen, ins Büro des Genossen Wannikow zitiert. Er kam nicht allein. Auftragsgemäß begleitete ihn Andrej Dmitrijewitsch Sacharow. Tamm, Professor am Physikalischen Institut der Akademie der Wissenschaften, sah in dem hageren Sacharow seinen wichtigsten und talentiertesten Mitstreiter und Mitdenker. Und dies, obwohl der junge Wissenschaftler erst siebenundzwanzig Jahre alt war. Dennoch durfte sich der Absolvent der Lomonossow-Universität bereits »Kandidat der physikalisch-mathematischen Wissenschaften« nennen, er hatte sich also schon habilitiert.

Ohne weitere Vorrede stellte Wannikow die beiden vor die längst vollendete Tatsache, daß Tamm seinen Musterschüler freizustellen habe und Sacharow auf Anweisung von Berija selbst »neue Aufgaben und Positionen« übernehmen müsse. Die Vokabel Anweisung war durch »Wunsch« geschönt, was aber nichts änderte.

Im Sommer 1949 begann Sacharow mit seiner Arbeit an dem »Produkt«. In einem etwa sechsundzwanzig Bahnstunden von Moskau entfernten Lager, dessen Namen er stets verschwieg und das noch im Krieg von Strafgefangenen errichtet worden war, die schon beim ersten Arbeitseinsatz ihr Leben verwirkt hatten. Der eine Spatenstich in der absolut geheimen Anlage war gleichbedeutend mit dem späteren Todesurteil. Nach dem Ende der notwendigen Bauarbeiten wurden die Häftlinge getötet.

Alexander Solschenizyn hat in seinem Buch »Der Archipel GULAG« – das Wort steht für Glawnoje Uprawlenie Lagerej (Hauptverwaltung der Lager) – einer erschütterten Welt die subtilen Verwaltungsregeln beigebracht. Der lakonische Hinweis, auf Angehörigenpost gestempelt, der die Nichtzustellbarkeit der geöffneten Briefe manifestierte, hieß: »Ohne Brieferlaubnis«. Und bedeutete nur eines: erschossen.

In Sichtweite zu den Baracken der Sträflinge befand sich das Dorf der Wissenschaftler. Eine Siedlung, in deren Zentrum das Generals-Casino stand, ein Bau mit einer gutausgestatteten Kantine, in die sogar Äpfel geliefert wurden und einem Kino, in dem französische Filme auf dem Programm standen. Schachzimmer, ein Dampfbad.

Die Männer, die sich im Kommandantenzimmer trafen, waren Mathematiker und Physiker, sie hatten Zugang zu Literatur über Kernenergie, wo immer auch diese verlegt worden war. Der älteste hieß David Albertowitsch Frank-

Kamenezkij, der jüngste Kolja Dmitrijew. Ihre gemeinsame und zunächst nur theoretische Arbeit konzentrierte sich auf eine Anlage, die den Namen »Fikobyn« trug, was die Umschreibung für »Schneller physikalischer Kessel« bedeutete. Sacharow kehrte im Herbst nach Moskau zurück. Seine Frau informierte er so knapp es ging und nahm ihr das Versprechen ab, ihn nie zu fragen, was er gehört, gesehen, gearbeitet habe. Im darauffolgenden Jahr erreichte ihn erneut der »Wunsch«, das geheime Objekt aufzusuchen. Das Verblüffende: Er durfte seine Familie mitnehmen.

Keiner der Sacharows mochte ahnen, daß sie nun achtzehn Jahre in ihrem »Städtchen« zubringen würden.

Am 5. August 1953 eröffnete turnusgemäß der Vorsitzende des Ministerrates der UdSSR, Georgi Maximilianowitsch Malenkow, die Sitzungsperiode des Obersten Sowjets. Der in Moskau akkreditierte US-Korrespondent von UPI, Bob G. Berkam, war nach den langatmigen Elogen auf die vielfäligen Errungenschaften der Werktätigen und sich dahinschleppenden Selbstbeweihräucherungen der Nomenklatura schon im Begriff, zu gehen, als der Redner am Pult nach fast zwei Stunden wie beiläufig eine Bombe zündete: Es sei den Kolchosbauern künftig zugestanden, weit größere Flächen als bisher wie private Parzellen zu nutzen. Und es gäbe in den Kolchosen nun auch Lohn. Bares Geld für Arbeit. Dies ein Novum: Stalin hatte den Bewohnern der Kolchosen eine Naturalienwirtschaft aufgepfropft, die mehr und mehr zu einer totalen Verarmung auf dem Land und einer nicht beschreibbaren Verwahrlosung der Dörfer geführt hatte. Malenkow – er sagte es nicht – rechnete zwischen den Zeilen mit dem vor Wochen erst verstorbenen Diktator ab. Dies war, nach Jahrzehnten des ökonomischen Starrsinns, eine entscheidende Veränderung des kommunistischen Wirtschaftsgefüges.

Malenkow schien am Ende seines Grundsatzreferates zu sein. Einem post scriptum ähnlich fügte er – ohne auf sein Manuskript zu blicken und scheinbar aus dem Stegreif – die Erklärung nach, daß die UdSSR jetzt alles zu ihrer Verteidigung besitze, sie habe eine eigene Wasserstoffbombe.

Sacharows Gruppe hörte die Rundfunkübertragung der Rede in einem Gemeinschaftsraum des Gästehauses. Den Physikern war schlagartig bewußt, daß sie sich mit diesem einen Satz in akuter Lebensgefahr befanden. Ihre H-Bombe durfte nie und nimmer erprobt werden. Zu groß die Unwägbarkeiten; selbst der Turm, auf dem sie montiert werden sollte, war noch nicht fertiggestellt. Ein Gebirge von Problemen, von Unlösbarem.

Mühsam bahnten sich eilig herbeigerufene Lastwagen der Armee ihren Weg, um Tausende aus den Häusern zu zerren und zu evakuieren. Ein Stück Gepäck pro Hand. Die Menschen gingen, ohne sich umzuschauen – ihr Land sahen sie nie wieder. Im Kreml pochte Malenkow auf den 12. August. Eine Woche nur, mehr nicht. Längst hatten die Dienste der westlichen Welt herausgefunden, daß es keine Detonation gegeben habe, die auf einen H-Bomben-Versuch schließen ließe. Ein Potemkinsches Dorf das ganze?

Die CIA höhnte. Seit Onkel Joe tot wäre, gliche Moskau einem aufgescheuchten Hühnerhaufen, in dem Taschenspielertricks Politik ersetzten. Dezennien würden verstreichen, ehe der Iwan dies schaffe.

Dann bebte die Erde, tanzten die Nadeln der Seismologischen Institute. Es war in den grauen Morgenstunden des 12. August. Eine Woche...

Patt.

Julius Robert Oppenheimer wurde am 13. April 1954 von der Mitgliedschaft im Beratenden Ausschuß bei der Atomenergiekommission suspendiert. Dem Spruch war eine Anhörung vorausgegangen, in der der Vater der Atombombe einräumte, gegen seine Eidesleistung, alle Sicherheitsvorschriften bis ins Detail einzuhalten, verstoßen zu haben. Tatsächlich hatte Oppenheimer noch während des Krieges den Spitzeln des für ihn zuständigen FBI verschwiegen, was von ihm verlangt worden war. Der französische Atomphysiker Haakon Chevalier, ein Kommunist, wollte ihn verleiten, sein Wissen an die Sowjets weiterzugeben. Oppenheimers Weigerung hingegen, der Welt nach der A-Bombe auch die H-Bombe in die Hand zu geben, wurde nicht

Tatbestand der Ermittlungen. Dies war ohnedies hinfällig. Edward Teller hatte die Wasserstoff-Bombe schon »abgeliefert«. Das erste Experiment am 1. November 1952 war auf dem Eniwetok-Atoll im Pazifik drei Tage vor den Präsidentenwahlen zu einem Politikum sondergleichen geworden. Glückte sie, konnte Truman seinen Platz räumen als der Präsident, der die Staaten ins Atomzeitalter geführt hatte. Mißlänge sie, (möglicherweise mit Todesopfern), so bliebe ihm das Urteil der Welt, in diesen sieben Jahren seit Hiroshima leichtfertig in einem Arsenal hantiert zu haben, das auf »ewig« unkontrollierbar sein mußte. Truman in seinen Erinnerungen: »Der ersten Erprobung der Wasserstoffbombe am 1. November 1952 war ein dramatischer Erfolg beschieden. Die Explosion war so gewaltig, daß eine ganze Insel zertrümmert wurde.« Da verschwieg er freilich, daß es zu viele Pannen und Unerwartetes zu vertuschen galt und Tellers Analysen im internen Kreis verheerend ausfielen. Aber der neue Herr im Oval Office, Dwight D. Eisenhower, war als 34. Präsident der Vereinigten Staaten ein zu konservativer Militarist, als daß er der Idee hätte verfallen können, die Generalität zurückzupfeifen und die Finger von der Superbombe zu lassen. »Ike« bejubelte die (Un)-Tat und schoß weitere Millionen nach; der zweite Versuch auf den Bikini-Inseln, Lithium zu einer Deuterium-Tritium-Reaktion zu animieren, glückte im März 1954. Dabei lag Tellers elementares Problem weniger im wissenschaftlichen, denn im politischen Umfeld. Einflußreiche Senatoren schienen bereit zu sein, einen Vorschlag des jungen Andrej Gromyko aus der Versenkung zu holen, der den Vereinten Nationen bereits zur Jahreswende 1947/1948 eine weltweit gültige Kernwaffenvernichtung offerierte. Ein Wiederaufgreifen dieses Planes hätte der Forschung nach einer »Super« (die Tarnbezeichnung für die H-Bombe der USA) den Todesstoß versetzt.

Jetzt aber, ein halbes Jahr nach den Sowjets, verfügten der Präsident und seine Militärs über ein neues Spielzeug. Und waren stolz wie die Könige und zudem entschlossen, es auf einen dritten Bombenabwurf ankommen zu lassen. Denn wenn Pekings kommunistische Führung es wagen sollte, einem Wiederaufflammen des Korea-Konfliktes zuzusehen oder den Krieg neu zu schüren, so werde ein A-Bomben-Einsatz auf ein Ziel in der Volksrepublik China zu den denkbaren Reaktionen zählen. Brigadegeneral Edwin Carns, Hardliner im Stab von Eisenhower, verfaßte eine Mitteilung, von der 30 versiegelte Kopien in Umlauf gingen. Um der Politik des US-Außenministers John Foster Dulles, der der »massiven Vergeltung« das Wort redete, Nachdruck zu verleihen, steckte General Carns die Ziele unmißverständlich ab: »Angesichts der Kapazität des Feindes, eine massive Bodenoffensive zu starten«, so schrieb er am 17. April 1954, »wird die US-Luftwaffe eingesetzt, um den feindlichen Truppen größtmögliche Schäden zuzufügen.«

Oppenheimers Rehabilitierung mußte da auf sich warten lassen. Zwar durfte der Ausgestoßene lehren, aber der Makel haftete: Eisenhower: »Zwischen Opp und den Staat muß eine Wand.« Erst John F. Kennedy erlöste den Retter der Nation. Und lud ihn zum Abendessen ein.

Das Jahr 1950 brachte viele Veränderungen. Eine davon erreichte auch die Stille der Waldlichtung bei Réthondes. Experten der französischen Staatsbahn, Historiker und Restaurateure standen am 11. November vor ihrem ruhmreichen Werk – einem bis ins letzte Detail genau gleichen anderen Waggon aus der Serie, zu der die Voiture Restaurant Nr. 2419 D gehört hatte. Es war der Wagen 2439 D. Das Original, in dem der Waffenstillstand beider Weltkriege ausgehandelt worden war, existierte nicht mehr. Vom Berliner Lustgarten abgezogen (die nächtlichen Bombardements waren längst hingenommene Selbstverständlichkeit), auf ein geheimes Abstellgleis verschoben, nach Crawinkel in Thüringen geschleppt, von SS-Posten bewacht. Das historische Gefährt mußte seinen Platz in des Führers letztem Hauptquartier im Raum Arnstadt/Ohrdruf bekommen – Planungsvariante der Monate Januar/Februar 1945. Anfang März sprengten Kommandos die wertlose Reliquie; die US-Truppen kamen immer näher. Im November 1945 verschrotteten Reichsbahner in Gotha die Fragmente des

Fahrgestells. Es waren Schlosser des Ausbesserungswerkes. Ein Teil der noch vorhandenen furnierten Holztäfelung kam zersägt in die heimischen Bulleröfen, die im Winter 45/46 Deutschlands pappvernagelte gute Stuben weniger als unzureichend erwärmten. Schnödes Ende für ein Vehikel, das nach dem Willen des Führers einst Höherem geweiht war.

Der Architekt Wilhelm Kreis hatte nach dem Sieg über Frankreich in der Reichskanzlei Pläne für eine Soldatenhalle vorgelegt. Ein Kubus mit einer Länge von 250 Metern und einer Breite von 100 Metern. In der Weite dieser monumentalen Schachtel sollten an der Seite der Gebeine von Friedrich dem Großen die brandenburgischen, die preußischen und die deutschen Feldmarschälle ihre letzte Ruhe finden. Die von Kerzen erhellte Krypta bliebe den Särgen vorbehalten; die achtzig Meter hohe Vorhalle mit den Wandelgängen bot in den Augen des Führers und Reichskanzlers den ewigen Hort für Voiture Restaurant Nr. 2419 D.

Am 15. Juli 1955 veröffentlichten sechzehn Nobelpreisträger – unter ihnen Otto Hahn und Arthur Compton – ihre »Mainauer Erklärung«, in der sie vor Mißbrauch der Kernenergie für politische und kriegerische Zwecke warnten.

Am 29. Januar 1957 empfing Bundesverteidigungsminister Franz Josef Strauß Otto Hahn und eine Gruppe von Kernphysikern, die eine öffentliche Erklärung gefordert hatten, die Bundesrepublik werde Kernwaffen weder herstellen noch lagern. Der Minister versuchte den Wissenschaftlern klarzumachen, daß seine Bemühungen, Deutschland gegen die Sowjetunion zu stärken, behindert würden und der Westen für derlei Intervention durch Nicht-Politiker kein Verständnis aufbringe. Unterdessen hatte der Ministerpräsident der »Ostzone«, Otto Grotewohl, die Bemühungen von Otto Hahn in seinem »Friedensappell« bejaht.

Am 12. April 1957 sahen sich Max Born, Carl Friedrich von Weizsäcker und Otto Hahn gezwungen, auf eine Bundestagsrede von Minister Strauß zu reagieren, in der dieser erläutert hatte, die »taktische Atomwaffe sei im Grunde nichts anderes als eine Weiterentwicklung der Artillerie« – eine Einschätzung, in der er sich im Konsens wußte mit Bundeskanzler Konrad Adenauer. In der Erklärung der Atom-Wissenschaftler hieß es besorgt: »Wir können nicht zu allen politischen Fragen schweigen. Wir bekennen uns zur Freiheit, wie sie heute die westliche Welt gegen den Kommunismus vertritt. Wir leugnen nicht, daß die gegenseitige Angst vor der Wasserstoffbombe heute einen wesentlichen Beitrag zur Erhaltung des Friedens in der ganzen Welt und der Freiheit in einem Teil der Welt leistet. Wir halten aber diese Art, den Frieden und die Freiheit zu sichern, auf die Dauer für unzuverlässig, und wir halten die Gefahr im Falle eines Versagens für tödlich.« Außer Born, Hahn und von Weizsäcker unterschrieben fünfzehn weitere Gelehrte den Offenen Brief; unter ihnen von Laue, Gerlach, Heisenberg, Mattauch, Pauli, Wirtz und Straßmann. Ihr Protest wurde als die »Erklärung der Göttinger Achtzehn« zum Begriff. Und lehnte sich bewußt an die berühmte Denkschrift der »Göttinger Sieben« an, in der im Winter 1839 sieben Gelehrte der Universität Göttingen (unter ihnen die Brüder Jakob und Wilhelm Grimm) ihren König Ernst August zur Rechtsstaatlichkeit ermahnt hatten. Der Hannoversche Monarch hatte gepoltert: »Professoren, Huren und Ballettänzerinnen kann man für Geld überall haben.«

Im Juli 1957 gründete der Ministerrat den Forschungsrat der Deutschen Demokratischen Republik. Einer der Männer der ersten Stunde, Manfred von Ardenne, erhielt den Auftrag, eine Zentrale Entwicklungsstelle für radiologische Technik und medizinische Elektronik ins Leben zu rufen. Die Arbeiten schritten derart zügig voran, daß die DDR dem Tüchtigen die höchste wissenschaftliche Auszeichnung zuteil werden ließ, den Nationalpreis Erster Klasse. Für »bahnbrechende Arbeiten ... und für umfangreiche Beiträge in der Literatur der Kernphysik.«

Im Sommer 1957 sah Fritz Straßmann nur noch wenig Hoffnung für sein Vorhaben, auf dem campus in Mainz einen Kleinreaktor bauen zu können. Unerwartete Schützenhilfe leistete Otto Hahn. Der schrieb an den Bundesminister für Atomenergie und Wasserwirtschaft, Siegfried Balke: »Ich glaube deshalb mit gutem Gewissen den Antrag des Herrn Professor Straßmann auf den Kauf des von ihm geplanten Reaktors unterstützen zu können. Der Preis des Apparates selbst ist ja auch nicht hoch. Wie Herr Straßmann mir mitteilt, etwa 1,4 Millionen DM.«

Windscale in Nordwestengland hat trotz seiner Nachbarschaft zur Irischen See nie besonderen Reiz offenbaren können. Als Objekt der Begierde, dem feinen Nuklear-Club anzugehören, rückte es schon 1946 in den Mittelpunkt des Interesses. Geheim (und unter dem Deckmantel von »Top Secret« jedes Veto verhindernd) wuchsen die Fundamente eines gewaltigen Kraftwerkes, das seine Energie aus atomaren Brennstoffen beziehen sollte.

Sorgfältig dosiert geschah die Information der Ansässigen. Eine Desinformation, die nicht unterbleiben durfte. Zu rigide war Terrain konfisziert worden, zu schroff waren die Absperrmaßnahmen, zu augenfällig die plötzliche Vollbeschäftigung.

Das neue Kraftwerk – dieser Schwur wurde über die Insel posaunt, und die Presselords in der Fleet Street bliesen kräftig die Backen zur Unterstützung – sollte ausschließlich friedvollen Zielen dienen.

In Wahrheit hätte die Regierung keinen Penny lockergemacht, wäre es um den Strom für Teekessel und Toaster gegangen. Strom für ein graues, gottverlassenes Weit-Weg-Land irgendwo zwischen Südschottland und Ostwales.

Churchill – alles an Amerikanischem voll abgrundtiefem Mißtrauen beäugend – dämmerte, daß das Empire, sollte es nicht jeden Rest von Bedeutung verlieren, Atommacht spielen mußte. Mutterseelenallein den Parforceritt zu wagen, war ein Ding der Unmöglichkeit. An wissenschaftlicher Potenz mangelte es um Cambridge und Oxford beileibe nicht. Doch die Kassen des Siegers waren leer. Aus keinem der Etat-Töpfe war ein Aberhundert-Millionen-Experiment zu wagen, zumal ein geheimes.

Ein Zuviel an Mauschelei mit undurchschaubaren Geldquellen hätte dann doch die Presse aufgescheucht. Vor allem die amerikanischen Verlage und Redaktionen hatten noch nicht verziehen, daß die Bombe von Hiroshima an Presse und Parlament vorbei gebastelt worden war.

Es begann das allgemein übliche Schachern. Höflich, aber bestimmt gaben die US-Emissäre zu verstehen, daß weitere transatlantische Kooperation beim Bau von Kernwaffen im Bereich des Möglichen liege, aber Britanniens kluge Köpfe müßten dafür eigene Forschungsfelder beackern und deren Erkenntnisse abliefern. Eine Ernte zum Nulltarif – dies verstünde sich von selbst. So sei er möglich, der Deal unter Freunden und Waffenbrüdern.

Die Eintrittskarte: eine leistungsfähige Kernkraft-Anlage.

Zwar war Churchill zu diesem Zeitpunkt nicht der Premier, aber die unübersehbare graue Eminenz in den Kulissen. Selbst wenn er als der Mann in der Opposition von der rüden Tonart der Truman-Administration abgestoßen gewesen wäre (der »kleine Kleiderhändler aus Missouri« stand auf dem Gipfel der Macht und zeigte das selbstbewußt nach außen hin), hatte London keine Wahl. Denn Sir Winston erkannte als einer der wenigen eine ganz andere theoretische Gefahr hinter dem Tellerrand: Das Aufeinanderzugehen von Amerikanern und Russen, die in einer besser kalkulierbaren Nach-Stalin-Ära auf einen nuklearen und unvernünftig teuren Wettlauf verzichten und einen totalen Atomtest-Stop aushandeln könnten. Das war – in der Theorie und vor der Koreakrise – durchaus möglich.

So wuchs Windscale heimlich still und leise in den regengrauen Wolkenhimmel. Das Meisterwerk ist von Anfang an eine Fehlkonstruktion gewesen. Denn die Neutronen, die bei der Uranspaltung entstanden, blieben zum Teil im Graphitmantel, dem »Bremser« des Spaltungsvorganges, stecken. Aber: Dieses Graphit, in Gittern angeordnet, wird immer energiereicher. Ein unerwünschter Nebeneffekt. Entdeckt hatte das Phänomen Eugene Wigner. Als »Wigner-Effekt« kam es in die Fachliteratur.

Wie dem aber in der Praxis entgegentreten?

Die Lösung: Man erhitzt das Gitter. Es genügte (das ist

hier wesentlich simpler gesagt als tatsächlich in der Anlage getan), die Luftkühlung abzuschalten. Bei einer Marke von etwa 250 Grad Celsius wurden die Generatoren und Gebläse wieder in Betrieb gesetzt. Zwar tauchten von Anfang an regelmäßig Probleme bei dieser Manipulation auf, aber den Briten fiel als Ausweg eben nichts Besseres ein. Zumal da in den USA derlei offenkundig ebenfalls über den Daumen gepeilt wurde...

Am 6. Oktober 1957 ergaben Routine-Messungen, daß sich der Wigner-Effekt zunehmend stärker bemerkbar machte. Die Ursache ließ sich durch den diensttuenden Operateur nicht ermitteln. Die Crew entschied, die Kettenreaktion des Urans im Lauf der kommenden 36 Stunden nicht zu kühlen. Dies geschah, ohne darüber nachzudenken, was sein könne, wenn...

Als im Meiler die Wärmefühler (angeblich) wieder 250 Grad auswiesen, fuhr der nun Verantwortliche die Kettenreaktion selbst für sechs Stunden zurück. Fraglos eine einigermaßen einsame Entscheidung. Ungeklärt ist das nun folgende Problem: Das Hauptinstrument pendelte sich bei regulären Werten ein, eine Reihe von Nebenfühlern wies aber permanent steigende Temperaturen aus. Der Reaktor wurde wieder auf volle Leistung gefahren und das, obwohl die Hitzewerte unterdessen im Schnitt schon bei 300, wenig später bei 350 und partiell deutlich über 400 Grad lagen: keinerlei Präventivmaßnahmen, kein offizieller Alarm. In der Nacht vom 9. zum 10. Oktober 1957 schaltete der Schichtleiter, ein promovierter Kernphysiker, die Ventilatoren des Meilers zur Kühlung ein. Zunächst geschah scheinbar nichts.

Bis ein Sensor auf der Krone des 466 Fuß hohen Schornsteins ansprach und das Anzeigeinstrument in der Schalthalle wie rasend tanzte. Über der Anlage stand – kein Zweifel mehr möglich – eine dichte Wolke hochradioaktiver Partikel. Das hieß, daß mindestens ein Uranbehälter geplatzt sein mußte. Das von seiner Fessel befreite Uran oxydierte sofort und erzeugte nun noch mehr Hitze. Der Brand, der im Meiler ausgebrochen war, fand ständig neue Nahrung.

Von diesem Augenblick an war die Natur von ihren Fesseln befreit. Die Instrumente, die einer Kontrolle dienen sollten, schmolzen wie Wachs in sich zusammen. An den Skalen fiel das Informationssystem aus. Nichts hatten die Menschen in der Hand, was in Windscale die Elemente hätte zur Räson bringen können.

Panisch taten die Hilflosen das Naheliegende und Falsche: Sie versuchten, das Feuer mit Hilfe der riesigen Ventilatoren auszupusten und heizten die Verbrennung durch die beschleunigte Oxydation nur noch mehr an. So wurde der Meiler endlich mit Wasser aus der Irischen See geflutet, mit insgesamt fünf Millionen Litern, die aus dem hochradioaktiven Meiler herausströmten, in den Boden sickerten und durch alle Erdschichten hindurch wieder in die nahe Irische See zurückflossen! Der Wind hatte schon die gewaltige Wolke weggeschoben. Die Radioaktivität, gemessen in Curie, trat offen aus. Ermittelt wurde ein Wert von insgesamt 20.000 Curie, die innerhalb der folgenden 48 Stunden über England niedergingen.

Ein Evakuieren von annähernd 25.000 Menschen in der nächsten Umgebung war zwar vorübergehend in Erwägung gezogen worden, aber Premier Harold Macmillan lehnte dies entschieden ab. Der Transport von so vielen Leuten sei logistisch nicht zu bewältigen, beschied er. Ihr Aufenthalt auf freien Straßen mache die Lage bedrohlicher als das Ausharren in Zimmern. Die Fenster seien zu schließen – dies möge man den Betroffenen ausrichten.

Die strikte Nachrichtensperre filterte alle Gefahr und gebar die Meldung, daß wegen eines »unbedeutenden Zwischenfalls« die Milch der Kühe, die um den Meiler weideten, präventiv aus dem Handel genommen werde. Für die 2.000 Tonnen Milch, belastet mit 3.700 Bequerel pro Liter(!) erhielten die Landwirte einen Ausgleich, den sie als »einigermaßen honorig« empfanden. Das Gros der Bauern läßt sich heute nicht mehr befragen. Die Zeitzeugen deckt der satte Rasen in nassem Grün. Die Häufung von Krebs und Leukämie war so unübersehbar, daß Ärzte in den Grafschaften Alarm schlugen.

Das Dementi eine reine Formsache. Vorproduziert.

Schließlich habe es ja damals eine unabhängige Untersuchungskommission gegeben, die schon am 15. Oktober 1957, also drei Tage nach Löschen des Feuers, ihre Arbeit aufgenommen hätte.

Was die Unabhängigen da aber rapportierten, war zu unabhängig. Der Premier persönlich pfiff die Wissenschaftler zurück und verdonnerte sie zum Nachsitzen. Der geschönte Bericht wanderte unverzüglich in Stahlschränke und wurde dreißig Jahre später freigegeben. Dezennien, in denen mindestens 33 Personen »eindeutig« an den Folgen der Strahlung gestorben waren. Eine Dunkelziffer ist bei seriösem Ermitteln nicht festzulegen. Es gibt aber Verantwortungsbewußte, die den »unbedeutenden Zwischenfall« mit fünfhundert Toten zwischen 1957 und 1994 in Zusammenhang bringen.

Der Verbündete beim nuklearen Handel, die USA, wurde intern in Kenntnis gesetzt. Und auch der sah vorausschauend ein, wie unbedeutend das Ganze gewesen sei und nahm dem ehrgeizigen Junior-Partner die gefährliche Panne nicht weiter übel.

Am 13. August 1961 errichteten Einheiten der bewaffneten Kampfgruppen der DDR die Berliner Mauer. Kennedy erfuhr von der Aktion an Bord seiner Yacht. Den Brief, den Willy Brandt ihm schrieb und in dem er den Präsidenten anflehte, um der Freiheit von siebzehn Millionen Menschen willen nicht tatenlos zuzuschauen, schob JFK unwirsch beiseite: »Ich lasse mich von dem doch nicht in seinen Wahlkampf einspannen.« Der Mauerbau beseitigte ein Schlupfloch durch den allerorts undurchlässigen Eisernen Vorhang. Der – längst ausgehandelte – status quo war hergestellt. Die Formel von der friedlichen Koexistenz hatte ein solideres Fundament. Aus dem Kalten Krieg erodierte ein kühler Waffenstillstand. Die Kernwaffen-Arsenale reichten aus, den Globus dutzend- und aberdutzendfach in die Luft zu jagen. Auf ihren jeweiligen Versuchsfeldern experimentierten die USA, Großbritannien und Frankreich mit immer moderneren Nuklearköpfen. Ohne auf Geheimhaltung bedacht zu sein; die »andere Seite« sollte dies alles wissen. Die »andere Seite« wußte und experimentierte – allein in der Steppe von Kasachstan in vier Jahrzehnten fast fünfhundertmal.

Der grau gewordene Bonvivant Johannes Heesters zeichnet für die ARD seine erste TV-Show auf: »Heut geh' ich ins Maxim.« Sendetermin: Oktober 1961. BILD urteilte: »Der charmanteste Danilo, den es je gab.«

Sir Winston Churchill starb am 24. Januar 1965 in seiner Stadtvilla in London. Er, der älteste der Großen Drei mit Roosevelt und Stalin, ging als letzter. Seine Ruhe fand er unweit seines Geburtsortes Blenheim in Blendon in der Grafschaft Oxfordshire. Von der immensen Zahl seiner großen Reden, die er dem weltumspannenden Empire ins Stammbuch geschrieben hatte, suchten sich die Chronisten in ihren Nekrologen wie selbstverständlich das Zitat von »Blut, Kampf, Tränen und Schweiß« heraus. Die Worte, die er als Premier in seiner letzten nachdenklichen Bilanz im März 1954 vor dem Unterhaus als Mahnung hinterließ, waren offenkundig in Vergessenheit geraten, jene mit der Prophetie des alten Weisen resignierend formulierte Feststellung: »Wir haben es nun offenbar soweit gebracht – und das ist höhere Ironie –, daß die Sicherheit das stramme Kind des Schreckens und das Überleben der Zwillingsbruder der Vernichtung ist«.

Auf einer katzenzungenschmalen Insel im Susquehanna River liegt im US-Bundesstaat Pennsylvania das Kernkraftwerk Three Mile Island mit seinen beiden Einheiten TMI-1 und TMI-2. Dort, fünfzehn Kilometer südlich der Hauptstadt Harrisburg, sind der erste Block im September 1974 und der zweite Block im Dezember 1978 in Betrieb genommen worden. Der Reaktorhersteller ist Babcock & Wilcox, der Betreiber die GPU, die General Public Utilities Corporation. TMI-1 liefert 800 MWe, TMI-2 ist auf 900 MWe angelegt.

Am 28. März 1979 gegen vier Uhr morgens ereignete sich ein Zwischenfall: Die Pumpen im sekundären, also nichtradioaktiven Wasserkreislauf von TMI-2 schalteten sich ungewollt und ohne erkennbare Ursache ab. Die Folge: Die Temperatur im Dampferzeuger stieg. Deutlich über den Sollwert hinaus. Seit der ersten Unregelmäßigkeit waren hundertvierzig Minuten vergangen. Noch deutete alles auf eine »normale« Lösung des Problemes hin. Beruhigt waren die Ingenieure, als sie feststellten, daß sich bei Überschreiten des Sollwertes – wie vorgesehen – zunächst die Turbine und dann der Reaktor selbst abschalteten. Wie in den Handbüchern für solche Störungen vermerkt, erhöhte sich der Druck im Primärkreislauf. Um diesen Überdruck abzulassen, öffnete sich – ebenfalls nach Plan – ein Ventil.

Aber von diesem Augenblick an war der Plan nur noch bedrucktes Papier. Denn dieses Ventil, das sich korrekterweise geöffnet hatte, schloß sich nicht automatisch. Und: Es gab keinen, der dies bemerkte. Zum technischen Fehler gesellte sich menschliches Versagen.

Folge: Um die Restwärme im Reaktor abzubauen, schalten sich bei Pannen ebenfalls automatisch drei leistungsstarke Notpumpen ein. Da zugleich der Wasserpegel im Reaktor ständig sank, erhitzte sich der trockengelegte Kern. Die Brennstabhüllen aus einer Zirkoniumlegierung verformten sich. Zweihundertsechsundzwanzig Minuten nach Auftreten des ersten Fehlers durchbrach eine geschmolzene Masse aus Uran und Brennelementhüllen seine Ummantelung. Ein zwanzig Tonnen schweres höchstradioaktives Konglomerat aus Metall und Keramik stürzte auf den Boden des Reaktordruckgefäßes.

Den Männern der Elektrizitätsgesellschaft war zu diesem Zeitpunkt jede Kontrolle über ihre Anlage entglitten. In den Auffangbehältern flossen 2.300 Kubikmeter radioaktiven Wassers zusammen. Die Radioaktivität wurde mit 150 Microcurie pro Kubikzentimeter gemessen.

Ein Teil der Bevölkerung der Kleinstadt Middletown, in deren Gemarkung die Drei-Meilen-Insel liegt, wurde evakuiert.

Nachdem sich herausgestellt hatte, daß die Betonhülle halten würde und der GAU ausgeblieben war, kehrte der Alltag am Fluß wieder ein. Veterinäre registrierten in den folgenden Monaten eine erhöhte Zahl von deutlichen Verkrüppelungen an neugeborenen Kälbern und Schweinen. Und die Souvenir-Branche entdeckte Aschenbecher in der charakteristischen Form der betonierten Wasserkühler als den Renner der Saison. Unter der Voraussetzung, daß auf den Aschern der Schriftzug »Three Mile Island« deutlich zu lesen war.

In der Nacht vom 21. auf den 22. November 1979, von einem Freitag auf Samstag, schickte der Aufklärungssatellit »Vela« digitale Daten auf die Patrick Air Force Base auf Kap Canaveral in Florida. Im Air Force Technical Applications Center gab es für die Experten wenig später nicht mehr die Spur eines Zweifels, was diese aus dem All aufgefangenen Daten bedeuteten. Israel hatte seine Bombe. Der militärische Nachrichtendienst DIA alarmierte das Pentagon. CIA und DIA informierten den Sicherheitsberater des Präsidenten, Zbigniew Brzezinski, gegen sechs Uhr morgens, sie weckten ihn telefonisch. Nach und nach wurde zur Gewißheit: Etwa 1.200 Seemeilen südöstlich des Kaps der Guten Hoffnung in der Nähe der Prinz-Edward-Insel war es zu der nuklearen Detonation gekommen, deren Blitz »Vela« nur per Zufall durch ein enges Wolkenfenster bemerkt hatte. Die geographischen Koordinaten des Tests bewiesen: Israel und Südafrika hatten in Kooperation ihre Eintrittskarte in den Plutonium-Club gelöst. Was erst später durchsickerte: Es war dies schon der dritte Anlauf der israelischen Kriegsmarine, eine atomare Artillerie-Granate zu zünden; die beiden Fehlschläge hatten verheimlicht werden können. Die in außenpolitischen Fragen ohnehin völlig aufgescheuchte Administration von Jimmy Carter reagierte hilflos und versuchte, zu vertuschen, was sich vertuschen ließe. Außenminister Cyrus R. Vance eröffnete ein Breefing mit den Worten: »Scheiße! Du großer Gott – was machen wir jetzt?«

Am 22. April 1980 starb Fritz Straßmann in der Mainzer Universitätsklinik. Sechs Jahre zuvor hatte er innerhalb von sieben Monaten zwei Schlaganfälle erlitten, die schwerwiegende körperliche Folgen mit sich brachten.

25. April 1986; 01 Uhr 00: Der Reaktor-Block IV wird von seinem Standardwert von 3.200 Megawatt heruntergefahren.

25. April 1986; 10 Uhr 00: Der Reaktor läuft mit halber Kraft.

25. April 1986; 14 Uhr 00: Das Notkühlsystem wird vorsätzlich abgeschaltet – ein klarer Verstoß gegen das innerbetriebliche Handbuch.

25. April 1986; 14 Uhr 30: Die Kommandozentrale in der Hauptstadt untersagt den Operateuren ein weiteres Herunterfahren, sie benötigt den Strom des Kraftwerkes und kann eine Leistungsminderung nicht akzeptieren. Der Reaktor läuft ungeplant mit halber Kraft weiter. Es wird vergessen, das Notkühlsystem wieder in Gang zu setzen.

26. April 1986, 00 Uhr 30: Versehentlich wird der Befehl »Leistung halten« nicht in den Systemcomputer eingegeben. Die Leistung stürzt ab – von 700 Megawatt auf 30 Megawatt – der Reaktor ist instabil.

26. April 1986; 01 Uhr 00: Dem Schichtleiter ist es gelungen, nach Herausziehen der Kontrollstäbe den Block bei 200 Megawatt zu stabilisieren. Aber statt der zwingend vorgegebenen fünfzehn Stäbe stecken nur noch acht im Kern.

26. April 1986; 01 Uhr 20: Wasserdampf beginnt unkontrolliert zu kondensieren, der Wasserpegel sinkt dramatisch. Um den Reaktor nun »noch irgendwie« halten zu können, schaltet die Belegschaft von Hand die gesamte Sicherungsautomatik ab.

26. April 1986; 01 Uhr 23; Der Reaktor befindet sich in einem (so der spätere Rechenschaftsbericht) »ungewöhnlichen und unzulässigen« Zustand.

26. April 1986; 01 Uhr 24: Der Reaktor explodiert, seine Halle und ein großer Teil des Turbinengebäudes werden zerstört, der Himmel brennt. Der Justierer Wladimir Schaschenuk und der Techniker Walerij Tschodemschuk sind die ersten Todesopfer; Tschodemschuks Leiche liegt noch immer unter den Trümmern. Sie wird – nach derzeit möglichem menschlichen Ermessen »nie« geborgen werden können. Es sei denn, in tausend Jahren. Der Ort, an dem sich

der Zwischenfall zutrug, hieß Tschernobyl. Der Rest ist allgemein bekannt...

Post scriptum I:

Manfred von Ardenne erhält anläßlich des vierzigjährigen Bestehens der DDR die Ehrenbürgerwürde der Stadt Dresden, die ihm nach seiner Rückkehr aus Suchumi zur Heimat wurde. Die Laudatio hebt des Geehrten Meriten beim Bau der ersten sowjetischen Atombombe hervor. In seinen »Erinnerungen« vermerkt von Ardenne, daß Oberbürgermeister Wolfgang Berghofer die Auszeichnung vornahm. In Vergessenheit freilich gerieten das Warum des Termins. Und das Weshalb der Ehre.

Post scriptum II:

Weltweit waren 1994 in dreißig Staaten der Erde 432 Atomreaktoren mit einer Gesamtleistung von 339.000 Megawatt am Netz. Davon 109 Anlagen in den USA, 57 in Frankreich, 49 in Japan, 27 in Rußland. Im Herbst 1994 entschied Washington, Nordkorea mit einer Unterstützung von vier Milliarden Dollar unter die Arme zu greifen, damit das kommunistische Regime in Pjöngjang seine Atomkraftindustrie modernisieren könne. Die Zahl der Kernkraftwerk-Neubauten sank zwischen 1991 und 1994 auf insgesamt sechs. In den Arsenalen der GUS-Staaten und der Vereinigten Staaten von Amerika schrumpfte der Vorrat von insgesamt 70.000 Einheiten auf rund 50.000 Einheiten – mit sinkender Tendenz. Diese 50.000 Atomsprengköpfe reichen aus, um den Erdball hunderte von Malen in die Luft zu jagen.

Post scriptum III:

Windscale existiert nicht mehr. Es ist umgetauft worden und heißt heute Sellafield. Die Anlage gilt als die größte Atomwiederaufbereitungsanlage der Welt. Dort lagern 52,9 Tonnen Plutonium.

Post scriptum IV:

Der Stellvertretende Vorsitzende des weißrussischen Ministerrates erklärt am 26. Juni 1994 bei einer Tagung des Deutschen Verbandes für Tschernobylhilfe in München, daß zwischen 1986 und 1994 in seinem Land insgesamt 279 Fälle von Schilddrüsentumoren bei Kindern »mit Sicherheit« diagnostiziert worden seien. Außerdem hätten die medizinischen Fachkräfte – so Iwan Kenik – 650 Kinder mit Tumoren im Blutsystem behandelt. Als »mehr als erfreulich« wird der Umstand zur Kenntnis genommen, daß aus der Bundesrepublik Deutschland insgesamt 8.700 Tonnen an Hilfsgütern ins Krisengebiet geschickt worden waren. Etwa zu gleicher Zeit enthüllt eine Denkschrift, daß die Atomkraftwerke Rußlands so veraltet seien, daß mindestens zwanzig Milliarden US-Dollar in ihre Sanierung investiert werden müßten. Zudem ist gänzlich ungeklärt, wie die Menge von 610 Millionen Kubikmetern hochgradig gefährlichen Atommülls jemals entsorgt werden könne. In einer Moskauer Planungsstudie heißt es dennoch, daß das Land mindestens weitere 26 Kernkraftwerke errichten müsse, um bis zum Jahre 2030 seinen Energiebedarf zu sichern.

Post scriptum V:

Trinity Site bei Alamogordo ist von April bis Oktober am jeweils ersten Samstag eines Monats zur Besichtigung freigegeben. Wer sich nicht scheut, bei sommerlicher Hitze 85 Meilen durch die Glut von New Mexico zu fahren, findet an den Besuchstagen eine am Maschendrahtzaun befestigte Wand mit Fotos, auf einem Sattelschlepper eine in ihren Maßen identische Nachbildung von »Fat Man«, der Bombe von Nagasaki, sowie eine graue Steinpyramide vor, die exakt auf Ground Zero steht. Jenem Punkt also, an dem die erste nukleare Bombe explodierte. Umlagert sind vor allem die beiden Imbiß-Buden, die mitten in der Unendlichkeit ihr marktwirtschaftlich bedenkliches Monopol nutzen und für eine Büchse Budweiser zwei Dollar und fünfundachtzig Cent verlangen. Liegt es daran, daß der Strom der Interessierten deutlich nachließ? Nur etwa zweitausend Wißbegierige wurden zuletzt gesehen – tausend weniger als in den guten Jahren.

Post scriptum VI:

Die Bergarbeiterstadt Joachimsthal, heute Jachymov, wenige Kilometer südlich von Oberwiesenthal, erinnert an seine Vergangenheit mit dem Modell eines Urankerns, das sowohl am Ortsein- als auch -ausgang einen Steinblock krönt. Noch ist ein Förderturm über dem engen Tal deutlich auszumachen. Das Bürgerpalais am Marktplatz, gleich hinter dem Rathaus, soll an die Bergarbeitertradition erinnern, die schon im sechzehnten Jahrhundert ihre Wurzeln findet. Auffallend in dem Ort, in den von Karlsbad aus ein Nahverkehrsbus fährt, ist das gewaltige Sanatorium, das den Namen »Curie« trägt. Und der Einfluß der Vietnamesen, die den gesamten Straßenhandel diktatorisch regieren. Geboten werden käufliche Liebe, Nylonblusen, Krimsekt und unverzollte Zigaretten. Etwa einen Kilometer hinter dem Ortsausgang haben tschechische Bauersfrauen die Hochebene über dem Wald okkupiert. An der Landstraße halten sie Obst, Gemüse, Pilze und Beeren feil – je nach Jahreszeit. Ohne vietnamesische Kontrolle.

Post scriptum VII:

Dezent geführt von seiner um sechsundvierzig Lenze jüngeren Ehegattin trat Johannes Heesters auf die Bühne des »Theaters an der Wien« und sang im Herbst 1994 den Ohrwurm »Heut geh' ich ins Maxim...«

Die stehenden Ovationen für den Neunzigjährigen wollten kein Ende nehmen.

Ein sehr kurzes Nachwort

»Bei Lidvall«, schreibt Otto Hahn am 7. Dezember 1946 in sein Tagebuch, »außer Frackanprobe 1 Mantel, 1 dunkeln 1 weniger dunkeln Anzug ausgesucht ... Edith kauft 2 Abendkleider, Schuhe ect. Das nicht gebrauchte Geld wird blockiert ... Insgesamt sind es 121.000 Kr. Nicht fortgesetzt, weil keine Zeit dazu übrig.«

Zu diesem Zeitpunkt hatte er die Welt schon verändert...

Danke

Ohne die tatkräftige und nie ermüdende Unterstützung von Frau Irmgard Straßmann, die – Weggefährtin über ein halbes Jahrhundert – das Fritz-Straßmann-Archiv in Mainz zusammentrug und betreut, wäre dieses Buch nicht realisierbar gewesen. Auch Martin Straßmann, der Sohn (Chemiker wie sein Vater), trug seinen Teil zur Vervollständigung bei. Es wäre unredlich, aufzureihen, wer wieviel an Hilfe, Rat, Zuspruch und Kritik beisteuerte und welchen »Stellenwert« er sich dabei erwarb. Und es ist unmöglich, jede und jeden von ihnen aufzulisten. Gedankt sei den Archivaren und den Mitarbeitern der Bibliotheken beim Ullstein-Verlag in Berlin, beim Süddeutschen Verlag in München, beim Deutschen Museum, beim Westdeutschen Rundfunk in Köln, gedankt sei auch der US-Mission in Berlin, dem Japanischen Kulturinstitut, dem Auswärtigen Amt in Bonn, dem Postmuseum in Berlin, dem Militärgeschichtlichen Archiv in Freiburg und Potsdam und dem Truman-Memorial-Center in Babelsberg. Elke und Charles Lambroschini in Paris und Dylan Mackay in Washington und Princeton gaben bei ihrer Spurensuche nie auf. Stets unersetzlich: Nina Will, Karin Selle, Renate Puckaß, Gabriele Köhler, Helga Moser und Klaus Rösler. Mit einbezogen auch die Mitarbeiter des »Diwan« in Berlin – last but not least...

Anmerkung

Durch die unterschiedlichen Quellen, zu Teilen in Originalsprache, ergaben sich abweichende Schreibweisen von Namen. Um eine Einheitlichkeit zu erzielen, wurden bewußt

Abweichungen von den Ersttexten in Kauf genommen. Dies muß vor allem für Schreibweisen von Personen aus Japan und der Sowjetunion bzw. Rußland gelten. Der Name von Fritz Straßmann wird in internationalen Arbeiten zwangsläufig mit ss geschrieben, laut den zuständigen Standesämtern der Bundesrepublik jedoch mit ß. Trotz größter Sorgfalt werden sich in der ersten Auflage Errata nicht verhindern lassen. Autor und Lektorat erbitten Nachsicht und Verständnis und selbstredend entsprechende Korrekturhinweise.

Abbildungsnachweis

Archiv für Kunst und Geschichte, Berlin
Deutsches Museum, München
Süddeutscher Verlag, München
Ullstein Bilderdienst, Berlin
US-Army
Zapp – Berghäuser
Archiv des Autors

Literaturverzeichnis

Abelshauser, Werner: Wirtschaftsgeschichte der Bundesrepublik Deutschland; Frankfurt 1983
Ardenne, Manfred von: Die Erinnerungen; München 1990
Autorenkollektiv: Jahrbuch des Märkischen Museums; Berlin div. Jhg.
Autorenkollektiv: Wissenschaft in Berlin; Berlin 1987

Backer, John: Winds of History; New York 1983
Bar-Zohar, Michael: La chasse aux savants allemands; Paris 1965
Berninger, Ernst H.: Otto Hahn; Reinbek 1974
Blanchard/Koselleck/Streit: Taktische Kernwaffen; Frankfurt 1987
Boardman, Barrington: From Harding to Hiroshima; New York 1988
Bohlen, Charles: Witness to History; New York 1973
Bonner, Jelena: In Einsamkeit vereint; München 1986
Boyer, Paul: By the bombs early light; New York 1985

Christoffel, Udo: Berlin Wilmersdorf; Berlin 1985
Churchill, Winston: Memoiren; München 1989
Compton, Arthur Holly: Atomic Quest; New York 1956

Dollinger, Hans: Die letzten hundert Tage; München 1965
Dzygoluk, Rosemarie: New Mexico; Alexandria 1994

Ebersbach, Volker: Begegnungen der Weltgeschichte; Leipzig 1994
Edmonds, Robin: Die großen Drei; Berlin 1992
Eisenhower, Dwight D.: Crusade in Europe; New York 1948

Fermi, Laura: Atoms in the Family; Chicago 1954
Fest, Joachim C.: Hitler; Berlin 1973
Fest, Joachim C.: Der Staatsstreich; Berlin 1994
Fields, Alonzo: My 21 years in the White House; New York 1961
Fölsing, Albrecht: Albert Einstein; Frankfurt 1993
Freund, Michael: Deutsche Geschichte; Gütersloh 1960

Giovanetti, Len / Fred Freed: The Decision to Drop The Bomb; New York 1965
Goebbels, Joseph: Tagebücher 1945. Die letzten Aufzeichnungen; Hamburg 1986
Gromyko, Andrej: Erinnerungen; Düsseldorf 1989
Grüning, Michael: Ein Haus für Albert Einstein; Berlin 1990

Haffner, Sebastian: Anmerkungen zu Hitler; München 1978
Haffner, Sebastian: Churchill; Reinbek 1991
Haffner, Sebastian / Wolfgang Venohr: Preußische Profile; Königstein 1980
Hahn, Otto: Das Kaiser-Wilhelm-Institut für Chemie ; Berlin 1991
Hahn, Otto: Mein Leben; München 1968
Harenberg, Bodo: Die Chronik-Bibliothek des 20. Jahrhunderts; Dortmund 1988
Harriman, W. Averrell: In geheimer Mission; Stuttgart 1979
Havemann, Robert: Ein deutscher Kommunist; Reinbek 1978
Heise-Schirdewan, Rosemarie / Günter Grützner: Cecilienhof 1945; Potsdam 1985
Hermann, Armin: Einstein; München 1994
Hermann, Armin: Werner Heisenberg; Reinbek 1976
Hermann, Armin: Max Planck; Reinbek 1973
Highfield, Roger / Paul Carter: Die geheimen Leben des Albert Einstein; Berlin 1994
Hildebrandt, Irma: Die Frauenzimmer kommen; München 1994
Hillgruber, Andreas / Gerhard Hümmelchen: Chronik des Zweiten Weltkrieges; Bindlach 1989
Hoffmann, Dieter: Operation Epsion; Berlin 1993

Jablonski, Edward: Amerika im Luftkrieg; New York 1982
Jenkins, Roy: Truman; London 1986
Jorisch, A. I. / I. D. Morochow / S. A. Iwanow: A-Bomba; Moskau 1980

Kästner, Erich: Gesammelte Schriften; Zürich 1969
Kennan, George F.: Rußland, der Westen und die Atomwaffe; Berlin 1960
Knightley, Phillip: Die Spione im 20. Jahrhundert; Berlin 1992
Kogon, Eugen: Der SS-Staat; München 1972
Kozaczuk, Wladyslaw: Im Banne der Enigma; Berlin 1987
Krafft, Fritz: Im Schatten der Sensation; Weinheim 1981
Kreisky, Bruno: Im Strom der Politik; Berlin 1988

Lavrence, William L.: Dawn over Zero; New York 1947
Leicht, Robert: ZEIT Punkte; Hamburg 1992
Leonhard, Wolfgang: Die Revolution entläßt ihre Kinder; Berlin 1962

MacArthur, Douglas: Reminiscences; New York 1964
Manchester, William: Churchill ; München 1990
Mann, Golo: Deutsche Geschichte des 19. und 20. Jahrhunderts; Frankfurt 1992
Moss, Norman: The man who stole the atom bomb; London 1987

Neumann, Thomas: Mittelweg 36; Hamburg 1993

Oppenheimer, J. Robert: Atomkraft und menschliche Freiheit; Reinbek 1957
Oversch / Saal: Das III. Reich ; Augsburg 1991

Pawlas, Karl: Waffenrevue (88); Schwäbisch Hall 1993
Portisch, Hugo: Die unterschätzte Republik; Wien 1989
Powers, Thomas: Heisenbergs Krieg; Hamburg 1993

Ranke, Wilfried: Preußen – Versuch einer Bilanz; Reinbek 1981
Reid, Robert: Marie Curie; Düsseldorf 1980
Remdt, Gerhard / Günter Wermusch: Rätsel Jonastal; Berlin 1992
Ribbentrop, Joachim von: Zwischen London und Moskau; Leoni 1953
Robinson, Edgar E.: The Roosevelt Leadership; Philadelphia 1955
Rollka / Spiess / Thieme: Berliner Biographisches Lexikon; Berlin 1993
Ruge, Friedrich: Scapa Flow 1919; Hamburg 1969
Ryan, Cornelius: Der längste Tag; Frankfurt 1976

Sacharow, Andrej: Mein Leben; München 1991
Sauerbruch, Ferdinand: Das war mein Leben; Gütersloh 1956
Schäfer, Hans: Berlin im Zweiten Weltkrieg; München 1991
Schmidt, Paul Otto: Statist auf diplomatischer Bühne; Bonn 1950
Serke, Jürgen: Die verbrannten Dichter; Weinheim 1977
Shirer, William L.: Aufstieg und Fall des Dritten Reiches; München 1963
Shukow, G. K.: Erinnerungen und Gedanken; Berlin 1969
Snyder, Louis L. / Richard B. Morris: Hier hielt die Welt den Atem an; München 1962
Solschenizyn, Alexander: Der Archipel GULAG; Reinbek 1978
Speer, Albert: Erinnerungen; Berlin 1969
Stachel, John: The Collected Papers of Albert Einstein; Princeton, 1987
Steffahn, Harald: Adolf Hitler; Reinbek 1983
Stresemann, Wolfgang: Wie konnte es geschehen; Berlin 1987
Strohm, Holger: Was Sie nach der Reaktorkatastrophe wissen müssen; Frankfurt 1986

Trbuhovi-Gjuric, Desanka: Im Schatten Albert Einsteins; Stuttgart 1985
Truman, Harry S.: Memoiren; Bern 1955
Trutanow, Igor: Die Hölle von Semipalatinsk; Berlin 1992
Tully, Grace: F.D.R. My Boss; New York 1949

Vögtle, Fritz: Alfred Nobel; Reinbek 1974

Walker, Mark: Die Uranmaschine; Berlin 1990
Wehler, Hans Ulrich: Grundzüge der amerikanischen Außenpolitik; Frankfurt 1990
Weizsäcker, Carl Friedrich von: Der Mensch in seiner Geschichte; München 1991
Wiesenthal, Simon: Segel der Hoffnung; Berlin 1991
Wilderotter, Hans / Klaus-D. Pohl: Der letzte Kaiser; Gütersloh 1991
Wilk, Gerard H.: Truman und Berlin; Berlin 1986
Wittmann, Reinhard: Hundert Jahre Buchkultur in München; München 1993

Zentner, Christian: Große Geschichte des Dritten Reiches und des Zweiten Weltkrieges; München 1989

Personenregister